精益改善学习手册

魏俊超　编　著

机 械 工 业 出 版 社

本书是一本专注于企业全面精益改善的指导手册，共 3 篇 26 章，详细介绍了从精益思维到制造现场改善，再到组织运营改善，涵盖了营销、研发、计划、采购、生产、工艺、物流等企业全价值链的精益改善策略。

本书为企业提供了一套系统的精益改善体系，可帮助企业优化组织结构、提升运营效率，从而使企业在竞争中占据优势地位。本书不仅传授理论知识，而且注重实践能力的培养，通过案例分析和经验分享，帮助读者更好地理解和应用精益改善方法，助力企业向精益化、高效化方向发展。

本书可供制造型企业的领导者、中高层管理者、专业的精益改善人员、IE 工程师、管理咨询顾问等使用。

图书在版编目（CIP）数据

精益改善学习手册 / 魏俊超编著. -- 北京：机械
工业出版社，2025. 3. -- ISBN 978-7-111-78091-5

Ⅰ. F273-62

中国国家版本馆CIP数据核字第20254KQ727号

机械工业出版社（北京市百万庄大街22号　邮政编码100037）
策划编辑：周国萍　　　　　　　责任编辑：周国萍　章承林
责任校对：龚思文　梁　静　　　封面设计：马精明
责任印制：单爱军
唐山三艺印务有限公司印刷
2025 年 6 月第 1 版第 1 次印刷
169mm×239mm · 28.75 印张 · 497 千字
标准书号：ISBN 978-7-111-78091-5
定价：99.00元

电话服务　　　　　　　　　　网络服务
客服电话：010-88361066　　　机 工 官 网：www.cmpbook.com
　　　　　010-88379833　　　机 工 官 博：weibo.com/cmp1952
　　　　　010-68326294　　　金 书 网：www.golden-book.com
封底无防伪标均为盗版　　　机工教育服务网：www.cmpedu.com

前　言

在全球错综复杂的大环境下，我国企业面临着前所未有的挑战。需求减少、竞争加剧、成本上升，如同巨石压在企业身上，检验着企业的生存能力和发展潜力。在这样的背景下，精益改善作为一种有效的管理工具，其重要性越发凸显。

本书不仅涵盖了精益生产的核心知识和实践方法，还进一步扩展至企业运营的各个层面。本书共分为3篇：精益思维及推进策略篇、生产制造精益改善篇、组织运营精益改善篇，旨在为企业提供一套全面的精益改善体系。

在"精益思维及推进策略篇"中，我们回顾了工业发展的历程，深入探讨了精益思维的本质，并详细阐述了企业精益改善的推进策略。我们希望通过这些内容，使读者能够深刻理解精益改善的基本原理，并为其在企业中的实践奠定理论基础。

"生产制造精益改善篇"则聚焦于生产制造领域的精益改善。我们介绍了价值流图析、制造浪费识别、拉式计划体系等关键技术和方法，旨在帮助读者在生产制造过程中实现更高的效率和更低的成本。

而"组织运营精益改善篇"则是本书的一大亮点。多年的实践表明，单纯的现场改善对企业的帮助有限，企业是一个系统，只有将精益拓展到企业的方方面面，才能打造成真正的精益企业。我们介绍了企业运营管理的意义及范围、年度经营策略及计划管理、企业精益运营自评、部门及岗位职能分工规划等内容，旨在帮助读者优化企业的组织结构、提升运营效率，从而使企业在复杂的环境中保持竞争力。

本书不仅注重理论知识的传授，更强调实践能力的培养。我们希望通过具体的案例分析和实践经验分享，使读者能够更好地理解精益改善在企业运营中的作用，并在实际工作中加以实践。需要强调的是，丰田公司在学习了美国福特公司的大批量生产方式之后，并没有照抄照搬，而是结合企业情况和国家情况开发了精益生产方式，我国企业在学习精益生产方式时是不是也应该有同样的气魄呢？今天的世界变化太快，精益的解决方案需要不断与时俱进，我们的责任就是继承精益先驱不断创新的精神，持续应用精益原理解决企业面临的实际问题。

　　本书适合制造型企业的领导者、中高层管理者、专业的精益改善人员、IE工程师、管理咨询顾问阅读。让我们一起踏上精益改善的征程，共同探索企业管理的奥秘，为企业的未来发展贡献智慧和力量。

作　者
2025 年 3 月

目 录

第3篇 组织运营精益改善篇

第1篇

精益思维及推进策略篇

第1章 工业发展与近代制造业面临的挑战

1.1 全球工业发展演变史

1. 工业的萌芽

世界工业的萌芽，可以追溯到公元前 5000 年前，人类开始使用手工工具生产农业产品。公元前 3000 年左右，铜器和青铜器的制造技术开始出现，为金属加工奠定了基础。

2. 工厂手工业

在中世纪早期的欧洲，皮革加工业、砖瓦、玻璃工业与纺织业等生产不断发展，从 18 世纪中叶开始，许多英国贵族和地主开展了轰轰烈烈的圈地运动，导致许多农民失去土地，不得不到城市打工。这一运动在很大程度上促成了工业革命的发生。在当时的英国，棉纺织业获利非常丰厚，熟练工人日渐增多，生产规模发展迅速，通过作业分工，提高熟练度，进而提高效率，家庭手工业逐渐过渡到工厂手工业。

3. 蒸汽时代

17 世纪中期到 18 世纪初期，欧洲开始出现手工业向机器工业转移的趋势。1765 年，织工哈格里夫斯发明"珍妮纺织机"，揭开了工业革命的序幕。1784 年，英国发明家詹姆斯·瓦特试制成功可从两边推动活塞的联动式蒸汽机，这一划时代的技术革新，使蒸汽机成为一种非常实用的动力设备，解决了工业发展中的动力问题。蒸汽机将燃煤产生的热量作为动力，使生产效率大幅提高。随着蒸汽机逐步运用于化工、冶金、交通、运输等部门，在英国工业发展中起到了决定性的作用，工业化也带动了城市化的发展，许多城市在工业革命的影响下不断壮大，进一步促进了工业化进程。

4. 电气时代

1831 年，英国化学家迈克尔·法拉第首次发现电磁感应现象，进而得到产生交流电的方法。20 世纪初，尼古拉·特斯拉发明了交流电发电机和变压器，极大地促进了电力工业的发展。电器的大规模生产使人们的生活更加便利。1886 年，卡尔·奔驰制造出世界上第一辆汽车，从此人类的交通工具就从马车过渡到汽车，汽车工业也开始飞速发展。1903 年，莱特兄弟成功发明了第一架可控飞行的飞机，使航空工业得到了巨大的发展。第二次工业革命促进了社会的进步和变化，革命性的发明如电话、电视和汽车等都给人们的生活方式带来了革命性的变化。

5. 计算机时代

从 20 世纪 70 年代开始到 21 世纪初期的一个时期，通常被称为工业 3.0，主要特征是计算机技术被广泛应用于生产制造领域。在这个时期，可编程序控制器以及数控机床的发明，使自动化技术得到迅猛发展，机器人和自动化设备开始被广泛应用于生产制造领域，传统的手工操作逐渐被自动化生产取代，大大提高了生产率。以数字化为主要技术特点，通过数字化技术将实体产品数字化，从而实现生产线的智能化、数字化控制和自动化管理，进一步提高了生产率和生产质量。

6. 智能制造时代

2011 年，德国提出了工业 4.0 的概念，将互联网和物联网技术应用于制造业。人类利用物联网、云计算、大数据分析和机器学习等技术，将使得工业制造系统更加智能化、生产率更高、灵活性更强。工业互联网与智能算法是这个阶段的基础。

（1）智能制造　通过数字化技术对生产过程进行控制，从而实现自动化生产、智能化生产、自动化决策等。

（2）智能物流　可以实现物流系统智能化，通过大数据分析技术，可以大大加快物流效率，提高仓储和运输安全性。

（3）自动驾驶　随着智能化汽车的普及，车联网技术正在得到广泛应用。车辆可以通过云计算和大数据分析实现自动驾驶、路线规划和故障检测等智能化功能。

（4）GPT（生成式预训练转换器）超级 AI（人工智能）　2015 年，循环神经网络（RNN）和长短期记忆网络（LSTM）的兴起为自然语言处理（NLP）开辟了新的道路。2021 年，OpenAI 发布了 ChatGPT；2022 年，OpenAI 发布了 GPT-4。

GPT 具备自然语言处理和深度学习能力，可以对生产制造过程实施智能化监控和优化。通过分析生产过程的数据与信息，能实现生产制造过程的智能监测、预测与调整，进而提升生产率和质量，降低成本。另外，GPT 的语言生成能力能应用于产品设计和制造的自动化。制造业产品设计往往需要大量计算和分析，GPT 的自然语言生成能力可根据设计要求和规格参数，自动生成相应设计方案和制造工艺。这既能提高设计制造效率，也能降低成本。

目前 GPT 在工业中的应用还在探索阶段，但毋庸置疑，GPT 作为当今人工智能领域的佼佼者，将在工业中引发许多改变和创新，提升人们的工作效率和体验，同时也给各个领域带来了更多发展机会。

过去，有一种观点认为，工业 4.0 会快速发展，取代工业 3.0。实际上，各种时期的工业特征都一直存在，它们交织在一起，只是竞争的格局更为复杂和激烈。

1.2 泰勒与科学管理原理

弗雷德里克·泰勒于 1856 年 3 月 20 日出生在美国宾夕法尼亚州的费城。他来自一个中产阶级家庭，父亲是律师，母亲是家庭主妇。在家庭环境的熏陶下，泰勒从小就接受了严格的教育和道德观念。

泰勒的父亲希望他成为一名律师，于是他进入了宾夕法尼亚大学的法学院。然而，泰勒在接触到大学的一系列课程后发现他对机械工程和工业领域更感兴趣。于是，他决定离开法学院，在切斯特工程学校学习工程学。

1881 年，泰勒开始他的职业生涯，成为一名机械工程师。他先后在美国的铁路公司和钢铁公司工作。在这些公司工作的时候，泰勒对工人的生产方式和生产率产生了浓厚的兴趣，他开始通过观察和实践寻找提高效率的方法。

《科学管理原理》浓缩了泰勒一生的管理思想（见图 1-1），他强调管理的主要目标应该是确保雇主的财富最大化，同时也要保障雇员财富的最大化。雇员的财富最大化，不仅指与同等级工友相比得到更高的工资，也意味着每个人都达到效率最大化的状态。大部分人认为，雇主和雇员的利益是对立的，而泰勒认为，没有雇员的财富最大化，雇主的财富最大化就不具备可持续性，反之亦然，在工人得到他想要的高工资的同时，雇主得到他最想要的工厂劳动成本的降低，这是非常可能的。财富的最大化只能是生产力最大化的结果。

图 1-1　泰勒与《科学管理原理》

泰勒对磨洋工和效率低下的现象进行了深入分析，找出了三个原因。第一个原因是大部分工人认为，如果他们努力工作，生产率得到提高，他们就会失业，实际情况却是，每一次技术进步和改良都会促进生产力的提高和成本的下降，这样会引起人们对这一类产品需求的大量增加，反而会给这个行业创造更大的就业机会。第二个原因是雇主不知道工人完成各种类型的工作需要的适当时间，工人害怕雇主把他们创造的纪录作为计件工资的基础，所以他们尽可能地磨洋工。第三个原因是工人从管理者那里获得的帮助和建议相对较少，由于自己需要对结果负责，他们只能按自己所想的最好的方法工作，这种对工人的孤立，导致工人不愿意接受新的方法或标准。

泰勒强调的科学管理原理包括 4 个方面的原则。

1）对工作中的每个工序进行研究，形成一门科学。这种科学代替了以前的经验法则。

2）选择合适的工人完成特定的工作。

3）对工人进行科学教导和培训。

4）管理层与工人之间需要亲密友善的合作。

泰勒也提出了激励员工努力工作的管理机制，如差别工资制、时间研究、标准化、提前安排工作计划等，并强调了管理机制和管理原则的不同。

泰勒应用科学管理原理，在伯利恒钢铁厂将生铁搬运工序从每人每天 12.5 长吨（1 长吨 = 1016.046kg），提升到 47.5 长吨，效率提升将近 4 倍。在铲装作业中，通过实验发现，最适合的装载工作量是 21lb（1lb = 0.45359237kg），通过规范不同大小的铲子，使得工人总数从 400 ~ 600 人下降到 140 人，工人平均每天的搬运量从 16 长吨上升到了 59 长吨。

1.3 福特汽车与大批量生产管理

亨利·福特祖辈是爱尔兰人，为了生计，全家移民美国。福特的父亲是一名农场主，希望福特子承父业。福特小时候对拆卸农具和钟表等兴趣十足。1876 年 7 月，13 岁的福特和父亲乘坐运货马车前往底特律，途中，一辆蒸汽车迎面驶来，福特一下子就被这台会走路的机器吸引住了，从此迷上了汽车。成年后的福特在爱迪生照明公司工作，掌握了很多最新的机械技术，并且能够熟练运用，很快晋升为总工程师，但他一直胸怀造汽车的理想。福特在 36 岁时辞去了爱迪生照明公司的职务，全身心地投入于汽车的研制之中。

　　福特汽车公司于 1903 年 6 月 16 日正式成立。福特任公司副总裁兼总经理和总工程师，公司成立不到一个月的时间，就推出了"A"型车，并且取得销售的成功，继 A 型车之后，福特公司又连续推出 N 型、R 型、S 型等大众化汽车。这些产品在销售上获得了巨大的成功，使福特更加坚定了走汽车大众化的路子。1907 年，福特宣布："生产一种设计简单的人人都能买得起的标准化大众车，是本公司今后的主要目标。"独霸天下的 T 型车于第二年 3 月 19 日诞生了（见图 1-2）。T 型车集中了福特产品的所有优点，而且价格低廉，农民、低收入家庭等都能买得起。

图 1-2　亨利·福特与 T 型车

　　面对雪片般飞来的 T 型车订单，福特意识到原始的手工组装技术和工序应当像马车一样退出历史舞台。恰值不久前他在芝加哥参观过屠宰厂流水线，他看到一头头活牛被赶进屠宰线的起点，到流水线终端时，整头牛已被分解成一块块牛肉。福特大受启发，提出了与此相反的工作流程，流水线上配备汽车所需的零件和材料，工人们站在流水线旁边，每个人只负责自己那一环节的装配工作。大批量生产方式就像流动不息的河流一样，在正确时间涌出材料、原料的源泉，然后汇合成一股零件的河流，这条河流又以正确时间汇聚成大零件的河流，当这些以正确时间流动的河流汇集到河口出处时，一辆完整的汽车就诞生了。

　　生产流水线上马后，生产率倍增，一辆汽车的装配时间从原先的 12h 减少至 90min。就这样，每个装配环节所需的时间都在年复一年的技术创新中被缩短，大规模的标准化生产被广泛运用于汽车生产中。1913—1914 年，福特汽车的产量翻倍有余，但工人数量不增反降，从 1.4 万多人减少到 1.28 万人。生产率提高，成本下降，汽车开始进入寻常百姓家。福特创造出了世界上第一条流水线。到了 1927 年，流水线每 24s 就能组装一部汽车。

　　神奇的流水线生产，从汽车工业逐渐推广到其他行业，成为制造业的标配，演变成生产方式的革命，开创了科学管理的新时代，后世称之为"大批量生产方式"。大批量生产方式是以标准化、大批量生产来降低生产成本提高生产率的方式。这种方式适应了美国当时的国情。

1.4　丰田汽车与精益生产管理

丰田创始人丰田佐吉出生于日本静冈县湖西市，是木棉之乡，当地很多家庭都把织布作为家庭副业。丰田佐吉从小立志发明方便、高效率的动力织机。丰田喜一郎是丰田佐吉的长子，在大学期间攻读机械专业。大学毕业后，丰田喜一郎来到父亲的纺织机械公司当了一名机械师，后担任管技术的常务经理。1929 年底，为了将纺织机专利卖给当时势力强大的普拉特公司，丰田佐吉派丰田喜一郎前往英国谈判。他花费了四个月的时间体验了英国的汽车交通，走访了英、美尤其是美国的汽车生产企业。这次国外之旅给他留下了极为深刻的印象，坚定了他发展汽车事业的决心。

1933 年 4 月，丰田喜一郎购回一台美国"雪弗莱"汽车发动机进行反复拆装、研究、分析、测绘，1933 年 9 月，他着手试制汽车发动机，拉开了汽车生产的序幕。在研究这台发动机的过程中，他产生了指导日后公司发展战略的认识观点："贫穷的日本需要更为廉价的汽车，生产廉价汽车是我的责任。"

1934 年 9 月，丰田喜一郎和他的研发团队获得的第一个成果是动力强劲的 3389mL 6 气缸直列发动机，机型为 A 型，最大功率可达 47.8kW。1935 年夏天，丰田喜一郎开发了 A1 型小客车。1935 年 8 月，丰田喜一郎领导的公司生产出它们的第一辆货车，称为 G1 型汽车。

丰田喜一郎曾对丰田英二说："像汽车生产这种综合工业，最好把必要的零部件非常准时地集中到装配线上，工人每天只做必要的数量。"这是 JIT（准时化）思想的由来。

大野耐一，1912 年出生于中国大连，1932 年毕业于名古屋高等工业学校机械科，同年进入丰田纺织公司。1943 年，他调入丰田汽车公司，1949 年任该公司机械厂厂长。

第二次世界大战后，丰田曾陷入非常危险的境地，年汽车销量下降到 3275 辆。汽车销售不出去，工人开始罢工，而且持续相当长时间，丰田几乎濒临破产。那时的丰田不但面临资金短缺，还面临着原材料供应不足，日本汽车制造业的生产率与美国差距巨大。在如此严峻的现实面前，丰田喜一郎提出：降低成本，消除不必要的浪费。用三年时间赶上美国，否则，日本的汽车产业将难以为继。

大野耐一从此把眼睛死死盯住现场管理。他日思夜想：为什么美国的生产率比日本高出几倍，一定是日本存在着大量的浪费，那么如何能找到更好的生产方式呢？

首先是生产线的整流化。大野耐一学习福特的流水线工作方式，将"以设备为中心进行加工"的生产方式改变为"根据产品的加工工艺来摆放设备"，形成专线生产。

其次是拉动式生产。丰田之前的生产方式是生产计划部门把计划发给各个工序。由于各个工序发生故障时间不同，导致有的工序生产的部件多，有的工序生产的部件少，不仅导致生产线运转不流畅，而且循环往复地造成库存。为了解决这些问题，大野耐一从美国超市的取货中受到了启发，创造了后工序到前工序取件的流程，从而使推动式生产变成了拉动式生产。

1973 年爆发了石油危机，经济萎靡不振，很多企业受到巨大冲击，丰田公司却能够经得起冲击，很快恢复元气，受到业界关注。20 世纪 80 年代初，麻省理工学院教授詹姆斯·P. 沃默克（James P. Womack）和丹尼尔·T. 琼斯（Daniel T. Jones）领导了一项研究项目，旨在对丰田生产方式进行深入研究和总结他们的研究成果。1990 年，他们出版了专著，名为《改变世界的机器》，该书通过对全球汽车制造业的调研，总结出了丰田生产方式的关键原则和做法，称为精益生产方式。

图 1-3 为丰田喜一郎与大野耐一。

图1-3　丰田喜一郎与大野耐一

1.5　数字化管理与信息系统认识

计算机问世之初主要用于科学和军事领域，后逐渐引起了企业的关注。大型企业开始使用计算机来管理和处理复杂的业务数据。

20 世纪 60 年代，人们为解决订货点法的缺陷，提出了 MRP（物料需求计划）理论。70 年代出现了第一代企业信息系统，即管理信息系统（MIS）。MIS 主要用于数据收集、存储、分析和报告，以帮助企业管理者做出决策。这些系统主要以批处理为基础，数据处理比较缓慢。

20 世纪 80 年代，MRP 在计划物料需求的系统中增加了对企业生产中心、加工工时、生产能力等方面的管理，发展成 MRP Ⅱ。随后在 MRP Ⅱ 软件和企业财务管理软件的基础上开发，将物料管理、财务管理、价值管理和人力资源结合起来，最大限度地利用企业资源以提高效率，配合企业实现 JIT 管理、全面质量管理和生产资源调度管理及辅助决策等功能，称为 ERP（企业资源计划）。

20 世纪 90 年代后期，除了企业内部管理外，ERP 扩展到企业外部信息的管理，从而开发了 CRM（客户关系管理）、SCM（供应链管理）和其他最常用的功能模块。通过打通信息孤岛，提高运营效率。

ERP 作为资源计划类系统，其实施应用效果与企业管理的规范性和成熟度有关，对财务的规范化、灵活性，进销存环节的成熟度要求非常高，显然很多企业并不具备这个条件，结果必然是喜忧参半，引入 ERP 的企业很多，问题也很多。

随着大型数据库和计算机网络技术的飞速发展，信息系统从局部、事后的反映方式向全局、实时的方式发展，为 MES（制造执行系统）的发展提供了基础。MES 已经在生产排产、质量追溯、订单执行、状态追踪、自动叫料等领域实现了广泛的应用。

而 APS（高级计划与排产）的应用也随着多品种小批量的市场环境再次被重视。数字化管理成为当前的管理热点。

数字化管理是指利用工业互联网打通内部各管理环节，打造数据驱动、敏捷高效的经营管理体系，推进可视化管理模式普及，开展动态市场响应、资源配置优化、智能战略决策等新模式的应用探索。

1.6　智能制造与智慧工厂认识

工业和信息化部、财政部在 2016 年联合发布的《智能制造发展规划（2016—2020 年）》中对智能制造明确定义：智能制造是基于新一代信息通信技术与先进制造技术深度融合，贯穿于设计、生产、管理、服务等制造活动的各个环节，具有自感知、自学习、自决策、自执行、自适应等功能的新型生产方式。此定义点明了智能制造的技术基础、应用的环节。

智能制造的核心是制造，特征是智能化、网络化、数字化和自动化，基础是设计、工艺、装备和管理方面的先进技术。其中，四个特征是递进的。首先是自动化，需要注意的是自动化不一定意味着数字化甚至电气化，最典型的自动化案例是抽水马桶。

然而自动化要想进入智能制造的范围，就必须建立在数字化的基础上。从产品设计、工艺到过程控制和检测，并延伸到过程的管理，都需要把过程参数值转换成数字数据，通过数字化控制（数控）达到智能制造的目标。因此智能制造的基础是数字化，而不是人工智能。

完成数字化基础上的自动化后，就需要网络化来提升设计制造管理的效率，实现多设备的互联互通，这需要建立在工业互联网基础上。

最后，通过网络采集的数据，对整个制造进行智能（辅助）决策，实现比较强的智能化制造过程。这个阶段需要人工智能、优化算法的加持，最终的目的是在一定的水平上代替人工，一方面是降低成本，另一方面是发挥计算机在计算上的优势。

智能工厂是实现智能制造的载体。在智能工厂中通过生产管理系统、计算机辅助工具和智能装备的集成与互操作来实现智能化、网络化分布式管理，进而实现企业业务流程与工艺流程的协同，以及生产资源（材料、能源等）在企业内部及企业之间的动态配置。

"工欲善其事，必先利其器"，实现智能制造的利器就是数字化、网络化的工业软件和制造装备，包括以下类型：

1）计算机辅助工具，如 CAD（计算机辅助设计）、CAE（计算机辅助工程）、CAPP（计算机辅助工艺设计）、CAM（计算机辅助制造）等。

2）计算机仿真工具，如物流仿真、工程物理仿真等。

3）业务与生产管理系统，如 ERP（企业资源计划）、MES（制造执行系统）、PLM（产品全生命周期管理）等。

4）智能装备，如高档数控机床与机器人、3D 打印机、智能传感与控制装备、智能物流与仓储装备等。

在智能工厂中，借助于各种生产管理工具 / 软件 / 系统和智能设备，打通企业从设计、生产到销售、维护的各个环节，实现产品仿真设计、生产自动排程、信息上传下达、生产过程监控、质量在线监测、物料自动配送等智能化生产。

　　比如在设计与制造过程中，沙发工厂可以自动生成一定参数下的设计方案，然后进行自动排版、自动裁剪皮料，这在很大程度上提高了效率，降低了成本，为单件小批生产奠定了基础。电缆线工厂可以实现自动检查电线外径，自动调节，要知道在过去，这个工作是由工人手动进行的，工人一疏忽，就会产生数千米不合格的电线。在过去，企业只能打电话给供应商催进度，对于一个品牌企业，这个工作量非常巨大，现如今，供应商可以通过浏览器录入订单进度，采购人员在办公室就可看到所有物料的进度。

　　总之，智能工厂（见图 1-4）的建立可大幅改善劳动条件，减少生产线人工干预，提高生产过程可控性，最重要的是借助于信息化技术打通企业的各个流程，实现从设计、生产到销售各个环节的互联互通，并在此基础上实现资源的整合优化和提高，从而进一步提高企业的生产率和产品质量。

图 1-4　智能工厂举例

1.7　国内近几年制造业发展的特点及挑战

1. 人力成本逐年提高，自动化水平不断提高

　　根据国家统计局数据显示，2019 年全国规模以上企业就业人员年平均工资为 75229 元，比上年名义增长 10%；城镇私营单位就业人员年平均工资为 53604 元，比上年实际增长 5.2%。人力成本总体上逐年提高，很多企业想通过提升自动化水平达到减人增效的目的，自动化生产线、智能工厂越来越被企业关注。

2. 企业更加注重研发和营销，均衡发展

　　随着消费需求的多样化和市场竞争的加剧，我国企业开始更加注重自主研发

和营销策略的创新。2022年我国研发经费投入达30782.9亿元，首次突破3万亿元大关，比上年增长10.1%，已连续7年保持两位数增长。2022年全球创新指数（GII）对132个经济体的创新表现进行排名，突出各自的创新优势和劣势，由此揭晓全球最具创新性的经济体。我国继续攀升，位列第11名。企业越来越倾向于运用数字营销、社交媒体营销和精准营销等新兴技术手段，以更好地满足市场需求，提升品牌认知和销售业绩。

3. 与供应商建立紧密的合作关系成为必然的结果

随着产品越来越复杂，企业需要与供应商建立紧密的合作关系，以确保供应链的稳定和高效运作。供应商也是企业成本结构的一部分，与供应商建立紧密的合作关系，可以帮助企业在采购和供应方面获取更好的价格和条件，并进一步降低成本。现代市场对于产品的定制化和及时性的需求越来越高。与供应商建立紧密的合作关系可以更好地满足这些需求。

4. 竞争愈加激烈，品牌与服务成为关键

在竞争激烈的市场中，建立强大的品牌认知是至关重要的。具有良好品牌认知的企业能够在消费者心中建立信任，并提供与其他竞争对手不同的价值主张，品牌认知差异化通常是企业营销战略的一部分。消费者对于个性化和定制化的需求日益增加。提供优质的个性化和定制化客户服务，满足消费者的特定需求，能够提高客户忠诚度，强化品牌效应。比如定制家具，已经成为各大家具企业必备的一种服务模式。

5. 订单模式已转向少量多样，对管理提出新要求

由于订单数量较少，但种类繁多，供应链管理需要更加灵活和高效。企业需要实时监控库存、预测需求、加强与供应商之间的协作，以确保及时交付和避免库存过剩或缺货。

为满足多样化的需求，企业需要建立敏捷的生产和运营体系，打造快速切换的能力，采用灵活的生产流程和设备配置，以便能够在短时间内适应订单的变化，并保持高效率和高质量。

6. 客户订单越来越小，插单多，需要快速反应

对于小订单和插单，企业需要具备快速生产和快速调整的能力。优化生产流程，缩短生产周期，确保能够及时完成订单。同时，灵活调整生产安排，快速响应插单需求。

1.8　多品种小批量对制造业造成的困扰与挑战

传统的制造业更适应大批量的生产方式，批量越大，单位成本越低，企业获利越大，进而可以降低成本，更好地满足客户需求，这是大批量盛行的基本逻辑，它在一定时期推动了经济的发展。但在多品种小批量的环境下，企业就会非常不适应。

1.　研发周期要求越来越短，新产品开发工作量越来越大

随着多品种小批量需求的激增，企业面临的市场竞争压力越来越大，同时消费者的喜好也日益多样化，企业需要更快地推出新产品来满足市场需求，因此研发周期要求更短变得很常见。由于市场需求变化迅速，新产品加速迭代升级，很多企业研发部门的工作量都在增加。

2.　采购物料种类越来越多，供应商越来越多

随着产品线的扩展，企业需要采购更多种类的物料以满足不同产品的制造需求。这意味着企业需要与更多的供应商建立合作关系，以获取所需的物料。采购物料种类的增加和供应商数量的增多也带来了一系列管理和协调的问题。当面对众多供应商时，企业需要有效地评估和选择供应商，确保它们的质量和可靠性，同时需要维护好与供应商的关系。

3.　生产频繁切换，员工需要更多的技能

由于订单种类繁多且数量较少，企业需要经常调整生产线来适应不同的产品要求。这意味着生产流程需要更频繁地切换和调整，以满足不同产品的制造需求。在这样的环境下，员工需要具备更多的技能，以便能够快速适应不同产品的制造要求。如员工需要了解并掌握不同产品的加工工艺、操作流程和质量标准，以确保产品的质量和交付时效。

4.　更多元化的人才需求，招聘培养难度加大

企业需要具备不同专业背景、技能和经验的人才来满足需求。这种多元化的人才需求使企业在招聘过程中面临更多的挑战。企业需要广泛寻找招聘潜在人才的渠道，并采用创新招聘策略，如将社交媒体招聘、校园招聘和专业网络招聘相结合，以吸引并筛选出适合多样化要求的人才。同时，企业还需加大人才培养力度。由于要求人才具备多种技能和经验，因此企业需要配套相应的培训和培养机制，以帮助员工不断提升能力并适应多技能需求。

1.9 生产制造常见的管理痛点

1. 小批量订单越来越多，准时交付成为瓶颈

小批量订单的增加，反映了客户需求个性化、定制化的市场趋势，尤其在移动互联网平台，如抖音、视频号等上面接到的订单，量小，客户一下单，就急着要货。很多企业习惯于过去大批量的生产方式，还不具备小批量生产的能力，导致不能准时出货，准时交付对于客户满意度和公司声誉至关重要。如果无法按时交付订单，客户可能感到失望、不满，甚至会转向竞争对手。

2. 自动化程度提升，库存反而增加

企业自动化程度提升的主要目的是提高生产率和运营的效率、降低人力成本、提高产品质量和准时交付能力。然而企业在导入自动化时，往往没有办法实现全流程自动化，某些自动化生产线通常需要批量生产，以实现最高效的运行和资源利用。这可能会导致一次生产出较多产品，进而增加库存。在实施自动化系统的过程中，没有系统分析瓶颈工序的节拍，导致系统配置不当或管理不善，造成库存管理不精确，进而导致库存水平的增加。

3. 员工招聘难度加大，留任率低

在竞争激烈的市场环境中，员工渴望得到更好的薪酬待遇、福利和发展机会。如果企业未能提供具有吸引力的福利待遇，员工可能会寻找更好的机会。现如今，员工更加关注企业的文化和价值观，以及自身的个性化发展，希望找到与自己价值观接近的工作环境。如果企业的文化和价值观与员工不匹配，员工可能选择离开。相当多的中小企业也不愿意花费成本来培养员工，而是希望拿来即用，导致实用性人才短缺，一方面企业招不到合适的员工，另一方面员工找不到合适的工作，流动率非常大。

4. 为了满足客户需求，不得不备库存

现如今，很多客户对交货期的要求都很短。根据近年来的辅导案例，大量的客户要求交货期都在一周以内，很多是三天，甚至是一天，这个时间与企业的生产周期相比是非常短的，企业能做的唯一选项是做库存，大量的原材料库存、半成品库存、成品库存。以库存作为快速反应的手段，导致企业资金占用大，现金流紧张，更严重的是，当市场环境发生变化时，企业很难快速调整方向。因此，如何控制库存成为企业必须面对的问题。

5. 汇率或关税对利润影响很大

据海关统计，2023 年前 5 个月，我国进出口总值 16.77 万亿元，同比增长 4.7%。其中，出口 9.62 万亿元，增长 8.1%；进口 7.15 万亿元，增长 0.5%；贸易顺差 2.47 万亿元，扩大 38%。数据反映了疫情之后，外贸总体向好，稳步发展，也反映了出口企业比重较大，出口企业的经营对经济影响更大。

如果国内货币升值，出口所得的外币收入在本国货币计价下就会减少。这将对出口企业造成不利影响，因为它们需要以更高的本国货币成本换取较少的外币收入。在这种情况下，出口企业的利润就会减少。如果某些国家对某一产品征收高额关税，出口企业产品在该国市场上的售价就会提高，从而降低竞争力，可能导致出口量减少，如果企业不涨价，就意味着用利润抵销关税，进而影响企业的利润。近年来，中美贸易战等因素对我们出口造成了很大的影响，企业在恶劣的环境中求生存，通过精益改善提升竞争力显得尤为重要。

6. 人才不能满足企业发展的需要

在企业看来，只有满足企业相关岗位职能的人员才能叫作人才，这也是我国每年有大量受过高等教育的学生走入社会，却满足不了企业需求的原因。企业需要具备特定技能和知识的人才，但现有人才市场中的人员可能缺乏特定的技能或知识，随着科技的进步和行业的变化，新的技能需求随之出现，而教育系统和培训机构可能无法及时跟进，导致供需不平衡。就拿精益人才来说，能够真正帮助企业降低成本，提高效率的人才，在企业中是非常受欢迎的。

7. 供应商能力差，物料保障能力亟待提高

现在的企业越来越需要供应商提供配套的零部件，相当多的民营企业在技术和管理水平上与大型企业仍然存在较大差距。缺乏先进的生产技术和高效的供应链管理系统，有些企业连基本的品质检验都没有，导致品质问题频发，主观上是为了降低人力成本，实际上却影响了整个供应链的快速周转。同时，民营企业相比国有企业可能面临更严格的资金限制，资金短缺会影响供应商的采购能力和库存管理，导致供应链的断裂或延迟，物料保障能力亟待提高。

8. 大部分中小企业改善能力依然薄弱

中小企业通常由少数创办人管理，他们通常缺乏丰富的管理知识和经验。这导致他们在改善能力方面的计划和执行上存在不确定性和挑战。缺乏相关的知识和经验使中小企业在改善过程中面临诸多困难。一些中小企业习惯于保守的经营思维和文化，对改变和创新持保留态度。这使它们不愿意主动进行改善

和变革，从而限制了改善能力的发展。中小企业在改善能力方面可能缺乏专业的支持和指导。创办人可能愿意买豪车，但是不愿意出钱给员工培训，不愿意寻求顾问的帮助。

1.10 从制造水平看中国企业的改善空间

如图 1-5 所示，从当前制造水平来看，存在大量的传统工厂，它们库存高，制造周期长，生产率低；一部分比较开明的企业已经开始学习头部企业的管理方法和先进的管理思想，如精益生产，通过持续改善，降低库存，缩短周期，快速响应客户需求；极少数优秀企业开始了智能工厂的探索，并建立了标杆工厂，这些工厂在精益工厂的基础上，通过应用智能制造技术，进一步提升企业的效率。整体上来讲，企业转型升级是企业发展必须要走的路，由于企业基础差，转型升级任重而道远，非一日之功，从传统工厂到精益工厂，再到智慧工厂，需要大量的改善工作，而作为传统工厂到智慧工厂桥梁的精益工厂是没有办法跨越的一道坎，必须踏踏实实地夯实基础管理，才能为智慧工厂打下坚实基础。

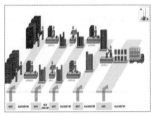 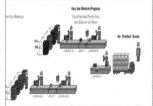 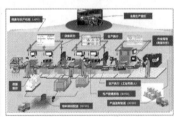

传统工厂：
① 来料无限制，库存量较大
② 孤岛作业多，制造周期长
③ 流程断点多，半成品较多
④ 管理不透明，易隐藏问题
⑤ 生产不紧张，产出效率低

精益工厂：
① 库存有限制，极少量库存
② 工序整流化，制造周期短
③ 物流准时化，场地占用少
④ 管理数据化，问题解决快
⑤ 生产节奏快，保质高效率

智慧工厂：
① 智慧工厂 = 精益 + 自动 + 智能
② 智慧工厂是建立在精益工厂的基础上，减少对人工作业的依赖，过程管理更为自动化、数字化，让生产高效、管理方便

图 1-5 从传统工厂到智慧工厂

思考题

1. 全球工业发展经历了哪几个阶段？
2. 多品种小批量市场环境给传统制造业提出哪些挑战？
3. 谈谈人工智能在工业发展中的作用和意义。

2.1 理解什么是管理

管理是一个耳熟能详的词汇，大家平日里使用很多，但是要给管理下个明确的定义，就没那么容易了。因为管理本身就是一个多维度的概念，下面从不同角度对管理进行诠释。

定义一：管理是运用他人，达到所想要达成的目的。这句话首先明确了管理的目的性，管理者的行为和决策都是为了实现某种预期的结果或目标。其次明确管理者的职责与角色，这句话强调了管理者与他人之间的关系和相互作用，管理者依赖他人执行工作和实现目标，而他人则依赖于管理者的指导和支持来发挥他们的潜力和能力。在日常工作中，很多管理者每天都在忙，但是目标不明确，最后是没有结果，没有产出。很多管理者总觉得安排别人做事太累，不合自己的心愿，所以就亲力亲为，使自己很疲惫。

定义二：管理就是运用五大程序（计划、组织、指挥、协调和控制）达成目标。这是从管理的职能角度指明管理者达成目标的途径，这最早是由法国管理学家法约尔提出的。

所谓计划，是为了达成组织目标，制定行动步骤和决策的过程。计划在此可以是比较宏观的规划，也可以是比较微观的计划。它包括战略与战术两个层面。

所谓组织，为了达成企业目标，需要调动人、财、物等资源，就必须建立有效的组织，包括明确企业的组织架构、部门职责、岗位职责、权限等。这样在落实行动计划时，就知道由谁来负责。

所谓指挥，有了明确的计划，有了组织保障，为了落实行动计划，需要给员工安排工作并指导，称为指挥。指挥的形式是多样的，比如开会布置任务、现场工作教导等。

所谓协调，就是当组织内各部门、人员出现矛盾或冲突时，调整当事双方的关系，使大家的努力方向趋于企业的目标。这种关系包括部门之间的关系、上下级之间的关系、员工之间的关系。

所谓控制，是指对各项在执行过程中的行动计划进行监督和检查，及时发现问题并采取纠正预防措施，以促进目标达成。比如建立质量控制标准并检查、落实改进措施等都属于控制范畴。

定义三：Plan(Standard)-Do-Check-Action，这是从持续改善角度提出的，提出人是戴明博士，亦称戴明环，PDCA-SDCA 是两个循环。

PDCA 是改善流程，P 是计划，D 是执行，C 是检查执行情况是否达到要求，A 是检查后根据情况进行调整，如果结果达到预期，需要对方法进行标准化；如果不理想，需要制订新的方案，重新开始。SDCA 是维持流程，建立标准、执行标准、检查、更新标准。很多企业都把 PDCA 的循环张贴在公司比较明显的位置，但是不知道怎么用，比如一些精益做得不好的企业，一般是在 CA 阶段做得不够好，没有检查或者没有把做得好的地方标准化，从而没有办法传承，这个时候就要强化检查和标准化的工作。

定义四：管理就是管好一个"理"。在管理过程中，尽可能不要出现人治化管理，更要倾向于法制化管理。所谓法制化就是将管理过程转化为管理流程、标准与目标，当实际执行过程中出现与标准流程或目标达成有偏差时，则会出现管理介入的行为。

2.2 卓越管理的实践路径

一个企业如何不断提升管理水平，追求卓越的绩效，主要还是通过 PDCA-SDCA 的双循环，不断夯实管理基础，提升管理能力，最终实现自主运作、自发向上。卓越管理实践路径如图 2-1 所示。

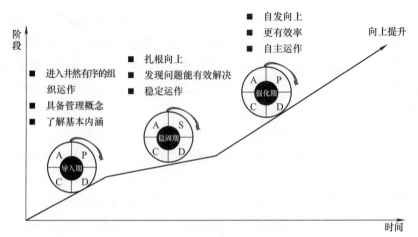

图 2-1　卓越管理实践路径

一个企业在初级阶段，各种基础都比较差，管理粗放，这个时候应该通过学习理解管理的含义，按照管理的基本概念规范企业的管理活动，比如企业有没有计划、组织架构，岗位职责是否明确，对过程有没有监督检查。逐渐完善这些过程，管理就可以上一个新台阶，企业经营活动就会进入井然有序的状态。这个阶段实现了从 0 到 1。

之后企业不断总结好的管理方法，建立管理标准，并在日常的管理过程中持续优化，建立问题解决机制，好的方法不断巩固，不好的方法持续优化，企业的管理水平稳中有升，好的管理方法被越来越多的人接受，企业的各项绩效指标也会不断提升。

随着时间的推移，企业中的大部分人都认同了新的管理模式与管理要求，企业员工逐渐从被动管理到自主运作，把管理要求贯彻到日常的行为中，从被要求做到主动自觉做，这样管理效率就大大提高了。企业管理上升到一个新的水平，所有的提高都是通过不断改善实现的。

2.3　企业管理的目标及科学管理原理

企业是营利性组织，它最基本的目标就是持续盈利，如果企业不能盈利，企业目标再多，比如帮助员工成长、为社会创造价值等都会沦为空谈。泰勒在《科学管理原理》中做了非常清晰的阐述。他认为，企业管理的主要目标应该是确保雇主的财富最大化，与此同时，要确保每个雇员的财富最大化，最终达到各行各业的财富最大化，也就是企业的发展要与社区、行业甚至国家息息相关。

传统的观念认为雇主和雇员是一种对立的关系，比如老板多拿一点，员工就拿少了，员工多分一些，企业的净利润就少了，劳资双方的斗争在工业发展过程中是屡见不鲜的。泰勒在这里强调了雇主与雇员的真正利益是一致的，除非实现了雇员的财富最大化，否则不可能永久实现雇主的财富最大化，反之亦然，劳资双方的双赢是有可能的，也是必须实现的。

泰勒强调了提高效率的重要性，如果雇主想获得财富最大化，就要把每个员工的效率发挥到最大化，雇主可以得到劳动成本的降低，员工可以得到最高的工资。没有雇员财富的最大化，雇主财富的最大化将没有可持续性。

在现实中，一些企业希望尽可能从员工身上获得最大的产出，给员工的工资尽可能少，或者喜欢给员工画饼，不愿意分钱，比如说一方面想学习华为打造狼性团队，一方面不愿意给员工吃肉，这客观上影响了企业团队的稳定或者导致企业招不到优秀的人才。在中国改革开放的40年里，尽管经济发展迅猛，但企业发展也是极不均衡的，有些企业做大做强，有些企业发展缓慢，有些企业淘汰出局，这说明一部分企业家需要学习成长，需要提高认知水平，通过不断学习科学管理知识，可以帮助企业家转变观念，促进劳资和谐，提高管理效率。

2.4 有效提高管理效率的两种手段

想要提高效率首先应该分析效率低的原因，效率低可以从两个大的维度分析，一个是方法面，一个是人性面。

方法面也就是员工是否掌握了最佳的作业方法，会不会操作的问题。作业方法不科学，不会操作，自然会有很多浪费，效率就会很低。寻找最佳作业方法无疑是工业工程学科发展的原动力，从亚当·斯密的分工到泰勒的标准化，再到福特的流水线，再到丰田公司的消除八大浪费，都是建立在通过作业方法改善的基础上的，把作业者的时间用在最增加价值的工作上。从方法上提高效率，经过前人的不断探索，总结出很多工具，如流程分析优化、作业分析优化、布局分析优化、生产设备优化、组织结构及职能优化等工具。这些工具是精益改善的基础工具。

人性面解决的主要是员工不愿意干的问题。很多时候，即便是计件工资，员工也不愿意干，磨洋工现象在企业里并不少见。方法是好的方法，员工也掌握了，但是按照方法做并不一定能实现员工利益的最大化，通常情况下是机制出了问题，比如计件工资工价不合理，员工花费很多时间，但挣的钱比较少。有些员工做了大批量的订单，产出高，有些员工做了小批量的订单，产出低，员工觉得不公平，所以磨洋工。尤其是在当前多品种、小批量、定制化的市场条件下，工时工价的制定有一定难度，很多矛盾不去解决，势必会影响员工的积极性，导致得不到应该有的效率。从人性面角度解决问题，经过多年探索，也形成了很多管理方法，比如计件工资、绩效考核、晋升机制、个体承包、股权激励等，通过综合运用这些管理方法来提升作业者人性面的积极性。

2.5 企业精益改善的两个满足点

精益改善的两个满足点如图2-2所示。通过精益改善提高企业运作效率，打造竞争力固然是核心，但现实中解决企业形象问题也很重要，"里子"问题、

"面子"问题都是应该给予关注的。在很多情况下，"里子"与"面子"是相互影响的，酒香也怕巷子深，没有人愿意通过你邋遢的外表，了解你高尚的灵魂。企业外在的形象很重要，因为它是企业的第一张名片。通过改善，让企业现场更整洁、规范、有序，让走进来的人员一目了然，清爽舒服，提升员工的精神面貌，增加归属感，有利于提升企业品牌形象。现实中，有些企业现场脏乱差，求职人员一看就心灰意冷，认为这样的企业管理差，不愿意加入，企业招人难。有些外贸客户非常重视验厂，看到邋遢的现场，自然会与粗放的管理联系起来，哪有信心下订单。这样的企业一定要快速导入 5S（整理、整顿、清扫、清洁和素养），给企业变个样。有些企业家对这方面不重视，直到被客户停了订单，才开始进行改善。

从"面子"上提升	从"里子"上提升

图 2-2　精益改善的两个满足点

也有些企业对外部形象非常注重，如有一家汽车零部件工厂，一年有三千万元的营业额，从工厂大门到文化墙、接待室、办公楼，再到参观通道，都是高大上的装修，到处摆放着各种荣誉证书、各种绿色植物、各种宣传标语、各种看板，然而到生产线上细看，库存大量堆积、大量搬运和等待，人均产值只有三十几万元。这样的企业非常需要通过精益改善提高生产及运营管理效率，降低成本及品质损失，让有限的资源创造更大的产值目标，把浪费降到最低，最终实现企业利润最大化，回报股东及员工。

做精益改善要内外兼修，两手都要抓，两手都要硬，当然在一定时期内，肯定是要有个重点的。

2.6　丰田公司的成长与精益生产的形成

詹姆斯·P. 沃默克和丹尼尔·T. 琼斯两位教授于 20 世纪 90 年代初期在麻省理工学院创立了"国际汽车生产流程研究组"（International Motor Vehicle Program），他们深入研究了丰田公司管理模式，后来将其命名为精益生产方式。这种命名一度在业界广为传播，多年下来，给人们造成一定误解，认为精益的方法论只适用于生产，现在更通用的叫法为精益管理。所以丰田生产方式和精益生产或精益管理本质上是一致的。精益生产的由来如图 2-3 所示。

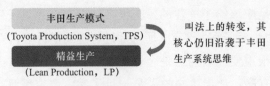

图2-3　精益生产的由来

第二次世界大战后，日本百废待兴，很多企业家想重振日本工业。当时很多企业还是套用美国的大批量生产方式，但当时的日本市场已经显现了多品种小批量的需求特点。丰田提出要适应多品种小批量的市场环境，造出的汽车还必须便宜，老百姓要能买得起。丰田公司在1950年派人到美国福特公司考察后，发现福特汽车的流水线批量很大，车的款式和颜色都非常少，单一的车型不需要频繁换线，大量的标准化作业可以更好地应用自动化设备，作业分工很细，熟练度容易提升，生产率非常高。而日本国内的订单是多品种小批量的形态，如果按大批量生产，大概率是卖不掉的，而如果投资大量的自动化流水线，丰田公司也没有那么多资金。丰田提出不能照抄照搬美国的生产模式，要打造适应本国市场特征的生产方式。经过不断研究讨论，丰田提出了小批量混线生产的思路，并进行了试点研究，在这个过程中他们遇到了很多困难，他们成立改善小组，组织团队攻关，期间他们也受到了很多人抵制，但他们克服重重困难，不怕失败，不断优化新方案，直到大野耐一被任命为丰田的厂长，新的生产方式才完全在丰田工厂建立起来。后来，他们持续努力，把这套方式应用到丰田的供应商中。

2.7　丰田公司的生产制造特点

丰田公司的生产制造系统是围绕低成本、高效率、高质量地进行生产，最大限度地使顾客满意这个目标而逐步发展起来的。效率这个词在现代企业管理中被反复提及，它最本质的含义还是降低成本。成本降低了，更多人具有了购买的能力，产品质量又好，社会需求就会增加，进而增加了产品的销量，企业有了订单，自然会不断发展壮大，这是在泰勒时代就被证实的企业发展规律，在福特时代被发挥到极致，可是当经济下行，老百姓没有购买力，靠增加批量、降低成本的方式就行不通了。只有充分发挥人的能力，杜绝一切无效劳动和浪费，才能达到在经济低迷的环境下持续降本的目的。丰田提出了准时化（JIT）和自働化两大贯穿这一基本思想的支柱，如图2-4所示。

准时化

自働化

图 2-4　丰田生产方式两大支柱

所谓准时化，就是希望在一辆车装配过程中，物料按照需要的数量，在需要的时间到达生产线对应的工位上。如果能做到这一点，生产线上的库存就接近于"零"，这对缺少资金的丰田来说无疑是非常重要的。可是对于几千种零部件，如何才能保证它们能按要求集结到指定的工位上，是非常困难的。零部件的生产加工不可能完全按计划的时间节点进行。物料不齐套也确实是很多装配型工厂面临的难题。大野耐一发现"生产计划好像是为了改变才订立的"，而计划改变的原因有很多，比如预测不准、出现不合格品、设备出故障、人员请假等。如果这些原因导致某道工序出现停机，后面工序就会缺料，使需要的没有，不需要或不紧急的零部件一大堆，这将导致生产率下降。大野耐一试着按生产流程相反的流程考虑问题。如果后工序在必要时间向前工序领取，前工序只要提前生产好足够领用的物料，就可以满足非常准时的要求，生产计划下到总装工序，由总装一道一道向前追溯，最后到供应商。这样这个链条就连贯起来了。

丰田公司生产制造的另一个重要特征是被称为带人字旁的自働化。意思是给设备赋予人的智能。在大批量生产时代，机器已经被广泛应用到制造领域，机器的效率越来越高，一旦出现故障很可能出现大量的不良品，给企业造成严重损失。这种机器既不能监控不良品的产生，也不能自动检测故障的发生。丰田家族在研发织布机的过程中，积累了这方面的经验和技术，比如当一台织布机在工作时纬线断了，会通过一些简易的装置触发自动停机，就不会持续生产不良品。带自动停车装置的机器，给自动化设备加上了人的智慧，改变了管理模式。工人不需要在机器正常运转时一直盯着机器，只有在机器停下来或发生故障时，工人才去处理。所以可以实现一人多机，人的工时有效利用率大幅提升，生产率大幅提升。机器自动停止，也是目视化的一种手段，通过停机把问题暴露出来，管理人员可以快速获得信息，立即处理并想办法改进机器，而工人一直盯着机器，一有问题就简单处理，机器很难得到实质改善。这个观念后来被应用到以手工为主的装配线上，如果发生异常，工人按动按钮或拉动绳索，生产线就会停下来，并给管理人员传递清晰的信号。对于品质要求高的产品，比如汽车，当生产线出现异常或某台设备出现故障时，应该可以立即识别出来。在很多管理水平比较高的日资企业，加工设备出风口，有一个小风车在转动，就是这个用意，丰田把自働化作为第二个支柱。

在推行准时化和自働化的过程中会暴露出很多问题点，需要通过改善来消除，持续改善无疑是丰田生产方式提高效率的重要方式。传统的提高效率，无非是产量不变，减少人力投入或者是人力投入不变，提高产量，不管哪种方式都不能避免把员工变成生产线上的机器这一倾向，而丰田公司采用小团队活动 [QC（品质控制）小组、合理化建议制度] 推动自主改善，这种方式有助于解决生产率和人性之间的矛盾，增强整个团队的主人翁责任感。广汽丰田 2018 年人均提案数量为 14 个，如果有 5 个改善提案取得了明显的效果，按 7000 名员工来计算，2500 个提案能给企业带来非常大的收益。除了有形的收益之外，通过建立改善文化，一旦有新的管理变革需要导入时，大家都愿意倾听、尝试，而不是顽固的抵制，这将为企业降低大量的沟通成本。

2.8 如何正确理解精益生产

麻省理工学院的教授们总结了丰田生产方式，并提出了精益生产的说法。精益对应的英文是 Lean，意思是精干的、无脂肪的、脂肪少的、瘦且健康的，指企业没有臃肿的组织架构，去除大量的浪费，企业是一个有机的整体，各部分职能强有力地连接在一起。通过消除浪费实现周期缩短如图 2-5 所示。

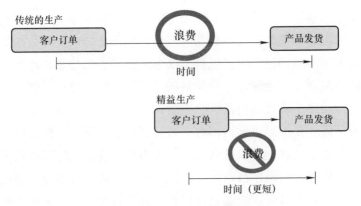

图 2-5　通过消除浪费实现周期缩短

制造型企业每天都做着同样的工作，从接单开始，到产品设计，再到产生生产计划、采购、生产、组装、发货到收款，这是一个完整的循环。这个循环有些企业时间很短，可能 3 ～ 5 天，有些企业时间很长，可能 1 ～ 2 个月。除了产品的差异外，很多时候是企业的管理模式、管理水平决定的。作为制造工厂，肯定是希望周转得越快越好，周期越短，周转的次数越多，每周转一次，就带来一次净利润。有点像饭店的翻台率，每天招待的客人次数越多，利润越高。精益不仅仅是降低成本的工具，也不仅仅是流程改善的工具，它是围绕周期缩短的一整套方法论。大野耐一说："所有我们做的，就是不断压缩从客户下单的那一刻起，直到我们收到货款所用的时间。我们通过消除无附加价值的浪费来缩短时间。"

准时交付和快速交付在精益体系里占据着非常重要的地位，这也是 JIT 作为丰田生产方式一大支柱的原因。在现今的市场环境下，比当年丰田生产方式创立之时面对的多品种小批量有过之而无不及，很多企业在抖音等移动互联网平台上接单，订单小，交货期非常短，而且还需要满足定制化需求，交付周期的压缩要求更为迫切，很多企业的业务人员抱怨，他们接不到订单是因为企业的交付周期太长了。而实现快速交付的核心就是缩短周期时间。而缩短周期时间，在精益体系里主要是缩短等待时间、缩短搬运时间、缩短加工时间，如图 2-6 所示。

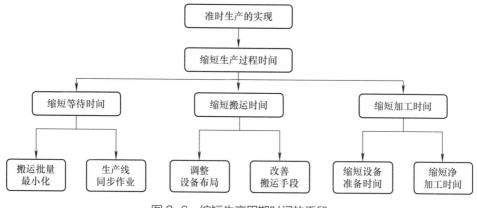

图 2-6　缩短生产周期时间的手段

2.9　如何避免不正确的精益做法

精益生产追求高效率，追求准时快速交付，达到这样的目标可以有不同的方法，不是所有达成目标的方法都是精益的，精益生产要求在生产与客户需求之间保持适当的平衡，按照需求运行机器，安排合理的人员并进行质量控制。很多企业为了达成上述目的，制造了大量的浪费，比如为了满足快速交付的需要，企业大量生产来储备库存，虽然客户需求在短期内得到了满足，一旦市场发生变化，如产品销售不畅，就会产生库存积压，导致大量资金占用，无法周转，库存放置时间长，就会贬值，风险极大。顾问曾经辅导一家生产凉席的企业，过去 2～3 年的产品还在仓库里，已经过时了，因为库存积压，企业没有资金采购原材料，没有办法更新产品线。有些企业为了提高效率，不愿意停机，尤其是当机器投入成本很高时，不管有没有订单，都开足马力，大量生产，他们认为这样的效率高，单位成本低。实际上是，提前和过量生产都是假精益的做法，从长期来看，假精益对企业是有很大危害的。从局部来看，两者的目标一致；从整体来看，真精益是磨砺企业体质，假精益是饮鸩止渴。真精益与假精益的对比如图 2-7 所示。

精益不是……	精益是……
● 大量储存产品，在客户要求的时候发货给客户……	● 平衡生产和客户的需求
● 让所有的人不停地制造和生产……	● 按照生产量安排合适的人员数量
● 让所有的设备不停地运转来保持一个高的利用率……	● 按照需求运行机器
● 储存大量的库存以防生产不正常……	● 仅保持适量的库存来确保平稳的生产流
	● 在生产过程中建立质量控制

精益意味着达到一种最合适的"动力学"，保证工厂持续地流动制造

图 2-7　真精益与假精益的对比

2.10　精益生产的评价原则

美国学者在《精益思想》一书中提出了精益生产的五个原则，分别是价值、价值流、流动、需求拉动、完美，可以通过企业对五个原则（见图 2-8）的把握和推动程度来评价精益生产的水平。

图 2-8　精益生产的五个原则

第一个原则：价值。更完整的说法是定义价值，价值只能由最终客户决定，站在客户的角度，做有价值的事情，剔除没有价值的动作。在生产过程中，需要很多类型的动作以实现产品的价值，比如加工、检验、搬运、储存等，除了加工，其他动作都不真正地创造价值，客户不愿意为没有价值的动作买单，没有价值的动作做得越多，产品在价格上就越没有竞争优势。这些动作有时候不能完全去除，但要想办法尽量减少。在流通领域，比如京东，它给客户创造的价值之一是快速反应，所以京东是重资产，自建物流体系，通过前置仓等手段实现快速交付。对于拼多多的客户群，他们更多的需求可能是便宜，这样的客户群对快速交货就不是特别敏感，所以拼多多选择与通达系的物流企业合作。一旦企业对客户进行区隔，深入分析客户的需求，就会发现客户对于交付指标的重要性排序是不同的。

第二个原则：价值流。价值是通过流程传递的，看价值必须从流程开始。在流程中有各种活动，这些活动可以分为三种类型：

1）明确的能创造价值的活动，比如家具企业给板材打孔，铁路部门为客户提供高铁运输服务等。

2）明确的不能创造价值的活动，以目前的技术水平不能去除，比如产品在生产过程中的首检、过程检验，在相当多的企业里是没有办法去除的。

3）明确的不能创造价值的活动且可以立即去除，比如连接两个零件的钢筋，每次都长出一截，需要工人花很多时间去除，这种情况在钢筋制作时就应该处理好，这样这个后期的动作就可以消除了。

只有把流程连起来看，才容易看出问题，比如供应商送货时，用了很多软包装，站在供应商的角度是减少包装成本了，但产品在加工前需要拆包装，此时生产现场会出现很多垃圾，需要人员清理，又增加了成本。价值流的识别不仅应在企业内部进行，有条件的企业要拓展到上下游企业，以识别和降低整个价值链的浪费。

第三个原则：流动。一旦识别了价值流，消除了明显的浪费，就可以考虑让创造价值的步骤流动起来。所谓的流动就是从某个工序开始，产品一个一个地流向下一个工序，做一个传一个，一旦产品停下来，就形成了库存。让库存再流动起来，就需要搬运。单件流动或者称为连续流是流动最理想的形式。现实中，有些产品太小，做一个传一个并不方便，可以用小容器装起来，一小批一小批地往后流，单件流做不到，就做小批量流，批量越小，流动越快，工序间的在制品就越少，工序可以离得更近，这样生产更紧凑，搬运更少，更节省空间。1913 年秋天，福特把汽车总装连起来，形成连续流，大量的搬运减少，不良品减少，使 T 型车的总装工作量减少了 90%，大野耐一的时代把福特的滔滔江河变成了涓涓溪流，以适应多品种小批量的市场。

第四个原则：需求拉动。当流动被导入到系统中时，意味着生产周期可以大幅度缩短，这样可以在客户容忍时间内安排生产，即可以按照客户的实际需求组织生产，而不是按预测生产。当客户可以随时得到他们想要的产品，不需要提前准备时，企业也不需要做大量的促销去处理卖不掉的产品，此时客户的需求变得稳定。按照后工序是前工序客户的思想，每个工序都是从后工序收到需求信号，没有信号不生产，这是需求拉动最基本的原则。

第五个原则：完美。也称为尽善尽美，持续改善的意思。不管对一个流程改进多少次，使之更为精益，但总能找到更多更好的方法在品质、人力、时间、场地方面发现浪费。管理者需要不断观察价值流、不断观察价值的流动、不断观察客户拉动的价值，看到不完美之处，从而寻求改善目标，以达成更好的绩效。

2.11 传统工厂与精益工厂的区别

如图 2-9 所示，传统工厂与精益工厂的区别可以很明显地看出来。

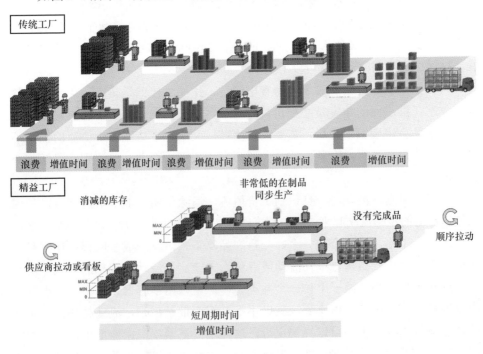

图 2-9　传统工厂与精益工厂对比

　　1）传统工厂的库存很大，无论是原材料库存还是半成品库存，传统工厂比精益工厂都多很多。传统工厂的成品也很多，而精益工厂是生产出来直接装到运输车辆上，这样减少了入库出库的动作。当然这只是一种努力方向，不代表所有的精益工厂都必须把成品直接装在车上。

　　2）传统工厂在工序间有大量的在制品，工序之间距离远，零件批量移动，周期长，出现质量问题不易被发现。精益工厂生产线已经实现单件流，做一个传一个，生产线上在制品极少，流水线紧凑，有质量问题容易发现。

　　3）传统工厂的原材料库存距离生产线很远，从原材料仓库到现场需要专门的人员负责搬运，而精益工厂因为距离很近，不需要单独人力搬运。

　　4）传统工厂库存巨大，没有明确的控制要求，精益工厂制定了最高最低库存控制标准。

　　5）传统工厂是推式生产，从左向右，生产完成直接向后道工序流转。精益工厂采用拉动方式运作，库存消耗掉后会向前道工序发出补货信号，前道工序会进行补货。

　　图 2-9 通过示意图的方式，直观给出传统工厂和精益工厂的区别，现实中，两者的区别更大，除了显著的生产方式有区别之外，还有支撑生产系统运作的组织、流程、绩效等都有着本质的差异。

2.12　精益工厂的主要指标性挑战

　　在精益改善中，工厂和客户对改善的指标关注度不同。前面讲述精益生产的五个原则时，强调了要明确客户的价值，即客户的需求，所以首先应该站在客户的角度思考需要解决的问题。

　　对客户而言，客户关注的指标包括质量、可靠性、准时交货率、交货周期长短以及产品的价格、订单处理的灵活性等，这些都是客户能直接感受到的。比如一旦质量出了问题，客户或者客户的客户就会很无奈，平添很多烦恼，影响正常的生产生活，而对于供应商工厂的运作不是所有的客户都会关注。

　　站在工厂或者供应商的角度，不仅要让客户满意，以保证客户愿意下单，还要考虑企业的盈利情况，客户满意了，企业不赚钱也不行。比如材料成本、劳动力成本、生产率等，都是内部确保赚钱而必须保持稳定的。

　　从精益改善的角度，首先要从客户的角度出发，同时内外都要兼顾到。只有把这些指标都做好，企业才能在竞争中获胜。本质上是客户与供应商之间要追求双赢，因为单方面满足需求是没有办法持续的。精益改善关注的指标如图 2-10 所示。

客户关注的指标	工厂关注的指标
➤ 交货质量	➤ 材料成本
➤ 产品的可靠性	➤ 劳动力成本
➤ 准时交货率	➤ 生产率
➤ 交付周期	➤ 库存量
➤ 灵活性	➤ 质量成本
➤ 价格	➤ 生产量

图 2-10　精益改善关注的指标

2.13　知识提升有助于精益改善效果的实现

精益改善是对企业原有生产方式的革新，需要全员参与，有很强的专业性。培训在精益改善中的作用是不言而喻的，主要包括以下几个方面的作用。

（1）知识传递　培训将精益改善的核心概念、工具和技术传授给员工。员工了解如何识别和消除浪费，以及如何改进业务过程。这种知识的传递是必要的，因为精益改善需要全员参与，而不仅仅是高层管理人员。

（2）意识提升　培训可以提升员工对改善的意识和重要性的认识。通过培训，员工可以更好地理解改善所带来的积极影响，并激发他们参与改善的动力和热情。

（3）技能发展　培训可以帮助员工培养和发展精益改善所需的技能和能力。这包括问题解决、数据分析、流程改进等方面的技能。通过培训，员工可以学习如何应用工具和技术来解决问题，并成为改进项目的关键参与者。

多年的咨询实践证明，组织中的每个人都应该了解精益生产的基本知识，关键流程的主管和精益推行者需要更进一步的培训，全组织大约 10% 的人员需要扎实的培训。对于那些坚持开展精益培训的企业，尽管有时候看不到直接的效果，但从长期来看，企业在改善中的抗拒变少了，推动更顺利，改善活动更容易见效果。

精益改善知识提升需要有相应的培训体系，通常培训课程的设置应该根据管理层级的不同而不同。层级越高越要有高度，强调理念、方法论。层级越低越要体现实际的可操作性。通过培训，高层拓宽了精益的视野，知道在改善过程中如何配合精益的推动；基层知道了具体要做什么、怎么做。图 2-11 所示的培训体系仅供参考。

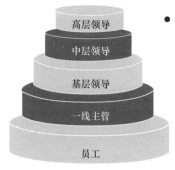

- 精益领导力与变革管理 精益战略部署
- 价值流分析 供应链管理 精益运营
- TPM（全员生产性保全）TQM（全面质量管理）JIT 项目管理 LCIA（低成本智能自働化）
- 快速换模 / 换线 标准作业 QCC（品管圈）
- 八大浪费 6S 与目视化

图 2-11 不同层级的课程体系

2.14 精益征程：路有多长

精益改善只有起点没有终点，精益的方法论讲究的是长期主义，通过长期的磨砺，强健企业的体质，这种竞争优势是最不容易被复制的。所以，精益生产一旦开始，就要长期坚持，不能半途而废。作为企业，导入精益改善，肯定需要在有限的时间内产生明确的产出，企业高层也会对成果有明确的期待，所以在多长时间内能够见效达成期望的目标，是经常被问到的问题。

在实际的导入过程中，因为国情、企业情况不同，不同的环境进展快慢不同。比如有些国家，职业化程度比较高，员工答应做的事情就会尽力去做；有些国家，员工即便答应了，在实际过程中也可能不执行，需要不断推动。在一些外企，很多高层对精益的理解很深，会主动带头去做。在一些民企，老板只是听过而已，也只是在试探性地导入，做的过程中犹犹豫豫，不够坚定，这一切都会被员工看在眼里，影响员工的执行。所以改善的快慢与企业文化有很大关系，希望制订一个进取性的进度计划，通过强力推动，让员工在较短的时间内感受到改善带来的变化。

一般来讲，要制订阶段性的目标计划，比如先建立一个试点，选择某个生产区域进行改善，改善周期为 3 个月。试点顺利，大家有了认识和信心之后，可以进行全方位的生产车间改善，时间可以设为半年或一年。这个阶段的改善完成之后，企业对精益认识更深入了，可以推动更大范围的精益改善，比如全工厂甚至供应链系统，时间可以设定为 1 ～ 3 年。这个时间不是很精准，但是可以给不熟悉精益改善的企业领导一个大致的预期，便于高层领导匹配资源，做出决策。

2.15 精益改善实施的过程

很多企业在不断发展过程中会遇到各种各样的问题，比如企业销售额越来越高，成本也越来越高，库存高企，现金流紧张，加之精益改善逐渐成为制造业公认的管理方法，很多企业就萌发出导入精益改善来降低成本、提升竞争力的想法。也有一些企业，管理水平较高，紧跟当今社会主流的管理思维，在企业经营处于良性状态下，导入精益管理。90% 以上的企业是在发展出现危机的情况下，希望借力精益改善，突破困境。

企业有了改善的想法之后，因为对精益并不熟悉，通常会导入培训，通过对管理层进行培训，让他们对精益体系有了比较完整的认识之后，再逐步组织内部培训，比如车间开展 TPM 培训，采购计划部门开展供应链培训。企业有可能派管理干部参加与职能相关的公开课，也可能邀请老师到企业做内训。这个过程可以弥补员工基础知识的短缺。

之后是规划与准备阶段。有些企业请外部咨询机构指导，这个过程主要是咨询顾问主导，企业配合即可；也有些企业想自己推动，会招聘一些有从业经验的人员主导推动。这个阶段主要是前期的调研，并在调研的基础上制订改善方案。调研的内容包括当前的绩效指标、企业流程、主要的问题点，通过对问题点的分析，逐步提炼出改善的思路，建立改善项目，以及明确项目先后顺序，并设定改善要达成的绩效指标。

再后面是改善实施过程。改善过程中要有针对性的培训，为项目扫除知识层面的障碍，同时培训也能鼓舞士气，凝聚共识。要强化项目管理，改善要有进度计划、有员工承诺、有资源匹配、有阶段目标、有问题解决机制、有检查与纠偏、有奖惩机制、有高层率先垂范。如果项目管理做得不到位，容易导致项目松散，本身大家都是很忙的，做项目无疑会增加高层领导的工作量，高层领导们可能会说自己很忙，没有时间参与，将很多任务布置下去，但执行不到位。项目进展缓慢，长时间看不到结果，最后大家都失去了信心，项目就不了了之了。项目要出效果，要狠抓执行，领导要带头，有些老板把项目丢给工程师或顾问老师，过程中很少过问，就只等结果。有些高层领导会抽出时间参与项目，一起讨论方案，一起监督实施，一起解决问题，这样的项目在实施中就会顺利很多。

精益改善实施的过程如图 2-12 所示。

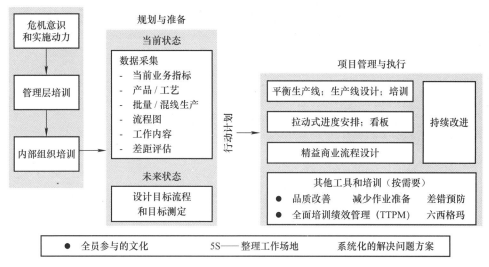

图 2-12 精益改善实施的过程

思考题

1. 谈谈你对管理的理解。
2. 真精益和假精益的区别在哪里？
3. 如何理解精益生产的五个原则？

第3章 企业精益管理水平成熟度评估

3.1 制造企业的八大浪费认识史

大野耐一认为日本的生产率之所以是美国的九分之一，一定不是要日本员工比美国员工多做九倍的工作量，而是在工作中存在着很多无效劳动。要想提高效率，必须发现和消除这些浪费。企业中的无效劳动和浪费是数不尽的，丰田公司总结出八类最主要的浪费现象。分别是：

1) 制造过多或过早的浪费。

2) 库存的浪费。

3) 等待的浪费。

4) 搬运的浪费。

5) 动作的浪费。

6) 过度加工的浪费。

7) 不良品的浪费。

8) 员工创造力的浪费。

3.1.1 制造过多或过早的浪费

制造过多或过早的浪费也称为过量制造的浪费，也就是生产的量与需求的量不匹配，或者是提前生产了，即制造过早或者是生产大于需求，制造过量。

1. 弊端

1) 提前消耗了材料费、加工费、管理成本。

2) 在制品库存多，生产周期延长。

3) 积压大量的资金，企业现金流困难，增加利息。

4) 现场库存多，导致很多问题不容易发现，很容易发生磕碰等质量问题。

5) 现场库存多，导致现场改善困难，比如 6S 管理难开展。

2. 原因

1）信息流不通畅。客户需要的时间、计划的时间和生产的时间没有衔接好，尤其是在有变更的时候，沟通不到位，就会导致过量生产。

2）预测不准。很多产品生产周期长，客户等不及，只能依赖销售预测，也就是在没有订单的情况下，把产品生产出来，生产出来后发现市场不景气，导致大量库存。

3）计划不合理。计划需要在产供销之间形成一定的平衡，实际上，在这个过程中，人机料法环都处在变动之中，导致各个部门、工厂、供应商、客户之间匹配不上，比如产品已经生产出来，但客供的包材还没有到。

4）为提高效率，降低成本，导致批量生产。比如某注塑企业订单非常小，每次都是几十千克物料，为了降低成本，企业每次都多生产一些，产品种类多，多做的又卖不掉，导致库存非常高。

制造过多的浪费如图 3-1 所示。

图 3-1　制造过多的浪费

3.1.2　库存的浪费

库存在制造业中是必要之恶，一方面占用大量资金，根据顾问老师的经验，大部分中小民营企业的库存周转达不到六次，也就是多于两个月的库存，这显然是一笔巨大的资金；另一方面，库存可以在供需不平衡的环境下，提供缓冲，保证交货。在满足交货的前提下，企业应尽可能地降低库存，加速周转，这是精益生产中非常重要的工作。库存直接或间接地导致企业出现很多弊端。

1. 弊端

1）库存需要大量的厂房空间，有些企业仓库放不下，把车间挤得水泄不通。

2）库存需要管理，会产生额外的搬运、盘点、防护等费用。

3）库存太多，导致先入先出的顺序没办法被遵守。某企业的成品库存太多，早先生产的产品放在里面，致使通道堵死，发货困难，仓管人员不愿意花费大量时间进行清理。

4）库存会贬值。某个做凉席的企业，因销售不畅，过去2～3年的产品堆放在仓库里，积压了大量资金，致使企业没有资金进货。

5）在制品库存太多，会导致生产现场混乱，优先顺序不清楚，进而影响物料的齐套性。

2. 原因

库存产生的原因有很多，下面归纳了一些主要原因。

1）"时代错误"的库存。很多企业习惯了以产定销的生产方式，大量投产后往市场推销，结果发现市场不如预期，产品卖不出去，只能放在仓库里。比如一些家电企业喜欢渠道压货的模式。

2）"积习难改"的库存。相当多的企业对大批量生产方式情有独钟，对多品种小批量的市场环境非常不适应。某个做托盘的企业，订单非常零散，每次负责生产的领导都不愿生产，副总只好让他们多做一些，做出来的产品很多时候没有订单，自然形成库存。

3）"产能不均"的库存。一个产品要经过很多道工序才能加工完成，各工序的产能在多品种小批量的环境下很难平衡，即各工序生产的快慢不一致，产品经过节奏快的机器，很快就堆在节奏慢的机器前面，形成库存。

4）"制程集结"的库存。传统的生产方式喜欢将功能相同的设备布置在同一个区域，称为功能式布置，这就导致不同工序的设备距离较远，只能采用批量加工的方式，加工一批后再转运，导致在制品库存。

5）"候鸟作业"的库存。有些时候，设备的产能偏大，销售订单少，不能满负荷生产，只能是员工先到某台设备上生产，达到要求的数量后，再移动到下一台机器上，像候鸟一样，不停地迁徙，必然形成库存。

6）"讨厌换模"的库存。有些设备在更换品种时，换模时间长，这段时间是没有产出的，尤其是在计件制的工厂里，工厂里的员工通常喜欢把相同模具的订单集结在一起生产，或者多投料，生产的不是后工序当前需要的，就形成了库存。

7）"月底赶货"的库存。企业给销售人员或代理商一定的奖励政策，比如达到销售目标就可以拿到佣金或返点，在月初或月中销售人员或代理商都是按照正常的节奏在进行，到月底发现达不成指标，就会加大力度销售或进货，导致短期销售量增大，库存增加。

8）"顾及安全"的库存。企业为了应对供应周期的波动以及销售需求的波动，比如采购周期是 5 天，理论上工厂备 5 天的库存就可以了，实际上因为供应商出现突发状况，没有按时到货，这样的情形如果想不断货，就要多备库存。

9）"基准没改"的库存。不管是成品库存还是原材料库存，很多企业设置了库存的标准后，很少去改动它，比如采购周期缩短了，或者进入了淡季销量降低了，这个时候企业还是按原来的基准准备库存，库存就偏高了。

10）"季节变动"的库存。有些产品季节性非常明显，比如服装、凉席、烟花。服装过季销量会大幅下降，如果生产过多就会形成库存尾货，需要降价甩卖。

3.1.3 等待的浪费

等待有狭义和广义之分，狭义的等待指人因设备、物料等条件未准备好而空闲，无事可做；广义的等待，包括设备等人、物料在车间排队等待机器加工、物料等待形成一个批次往后工序流转等。人对机器的监视也可以视为等待，要尽力消除。

1. 弊端

1）浪费人力成本，还要安排加班赶工。

2）影响计件员工的情绪和工作表现。

3）影响准时交付。

4）生产周期拉长。

2. 原因

1）生产线不平衡，作业时间短的工位等待作业时间长的工位。

2）生产线切换，流水线在换线时，作业不能继续，流水线越长，浪费越大。

3）缺料导致生产不能继续。

4）上游出现异常，导致下游无事可做。

5）生产计划安排不合理。

3.1.4 搬运的浪费

搬运（物流）本质上不创造价值，但在大多数情况下又不能完全消除，因此需要尽可能地减少搬运或者减少搬运投入的成本。在我国，一般企业的物流成本占销售额的 20%～30%，改善空间很大。

1. 弊端

1）搬运（物流）速度慢、影响使用。

2）搬运需要消耗人力。

3）搬运需要投入设施、工具。

4）搬运多，容易磕碰，会产生质量问题。

5）满载率低，浪费运力。

2. 原因

1）加工工艺设置不合理，搬上卸下动作多。

2）搬运工具配置不合理，不好用。

3）工厂布局不合理，搬运距离远，路线不合理。

4）批量小，为了提高效率，延迟发货。

3.1.5 动作的浪费

动作的浪费指在作业过程中产生了多余的动作，不符合动作经济原则，浪费了人力、物力，也会导致员工疲劳。主要的动作浪费类型有：

1）双手空闲。

2）单手空闲。

3）步行过多。

4）动作幅度大（大转身、弯腰、身体前倾等）。

5）使用的动作等级不对，比如能用手指完成的动作，用了手腕或前臂。

主要的原因是：

1）工位布局不合理。

2）工装夹具设计不科学。

3）作业未按标准进行。

4）缺乏培训。

3.1.6 过度加工的浪费

过度加工的浪费指多余的加工或超过客户要求精度的加工，比如沙发里面的木架，因为在包装里面，不需要做得特别平滑。再比如有些审批手续过于烦琐，消耗了多余的人力、物力，浪费了时间。原因是对客户的需求掌握不准，没有明确的产品规范和标准，有些产品更改了，但制作规范却没有改；观念保守，认为越安全越好，没有重点。

3.1.7　不良品的浪费

生产过程中产生不良品，或者成品发到客户处，发现不良。

1. 弊端

1）导致材料损失，相当多的成品不良，需要更换配件。

2）设备、人员需要重新加工部分零部件，导致浪费。

3）产品拆卸维修、重新检验的浪费，有些在国外维修，费用非常高。

4）影响发货，客户满意度受损。

5）维修和返工通常需要占用场地。

2. 原因

导致质量不良的原因有很多，核心还是人机料法环五大要素。

1）作业员操作错误，作业员没有按照标准作业，比如螺钉没有拧紧或者漏打螺钉，作业员将零部件装反等。

2）机器不稳定，机器在加工过程中，由于设备故障、刀具磨损等原因，都会导致加工精度达不到要求，产生不良品。

3）原材料不良，在入库环节没有发现原材料不良或者没有对原材料进行挑选，上线了发现异常或者做成成品后发现异常。

4）方法不科学，产品设计图样不合理或者有错误，导致无法装配，或者加工作业方法达不到要求。

5）环境不达标，比如光线不足、作业者看不清楚、室内洁净度不够、灰尘大等，都会导致产品出现质量问题。

3.1.8　员工创造力的浪费

员工在生产一线，每天与设备打交道，对现场环境非常熟悉，知道哪些作业不方便，哪些效率低，内心深处会有很多改善的想法，只是员工的创造力在很多工厂没有发挥出来，工厂没有给员工发挥才能的空间，员工就像一颗螺钉，每天在工位上重复相同的作业。这是巨大的浪费，只有公司认识到这一点，并搭建员工发挥聪明才智的平台，员工的创造力才有可能释放出来。

在八大浪费中，库存、等待、搬运的浪费可以归为宏观层面的浪费，当流程中出现断点时就会产生等待，也就是物料或零部件停在车间等待处理，物料从停止状态到移动状态（到下一个加工点）就需要搬运。而过多或过早的生产是产生上述浪费的主要原因。在微观层面，在工位上，可能发生的浪费主要有动作的浪费、过度加工的浪费、不良品的浪费，当然也有等待的浪费。如果想快速见到效果，抓住并消除宏观层面的浪费，比较容易看到效果。

3.2 精益价值流图分析

在学习了八大浪费之后，很多精益从业人员就会一头扎进浪费的海洋里，到处改善，消除浪费的改善在短期内能够见到效果，但经过一段时间的努力后，改善就会陷入停滞，因为看不到持续的价值或成本节省。比如，精益从业者把车间内 2 ～ 3 个工序连起来，形成流水线，工序之间的库存就大幅度降低了，从局部看是改善了，但实际上这些库存转移到流水线之后又堆积起来。麻省理工的教授们发现了这个问题，就推出了《价值流程图分析》（*Learning To See*），希望让人们看到整体，从整体上分析价值、区别价值与浪费，从而有顺序地消除浪费。这种提法在丰田称为物料与信息流程图，它不仅是一种培训工具，更是一种学习观察的手段，可以在现场一边观察，一边绘制。

价值流图用一系列符号，把从接单到出货的整个过程都目视化出来。它重点体现两个流程：一个是从接单到计划部门，再到形成生产计划和采购计划并下达的过程，称为信息流；另一个是从供应商送货到工厂，物料在工厂各工序之间流转，从成品仓出库到送达客户，称为物流。工艺过程中相应的工位加工特征也提供了关键信息，比如节拍、作业人数、换线时间等细节信息。整个企业在宏观层面的运作特点都呈现在价值流图上。它具有如下意义：

1）价值流图用于表述信息流程和物料流动的工具。

2）价值流图是发现问题、制订改善计划、沟通改进活动的工具。

3）与流程图不同的是，它体现了信息流对物流活动的指挥和控制。

4）通过描述当前状态和未来状态，价值流图为流动改善提供了蓝图。

一个企业是否听说过八大浪费，是否对浪费和价值达成了共识，是否对整个工厂都做了浪费识别，是否在价值流中持续地消除浪费，可以作为评价一个企业精益成熟度的衡量标准。

价值流图示意如图 3-2 所示。

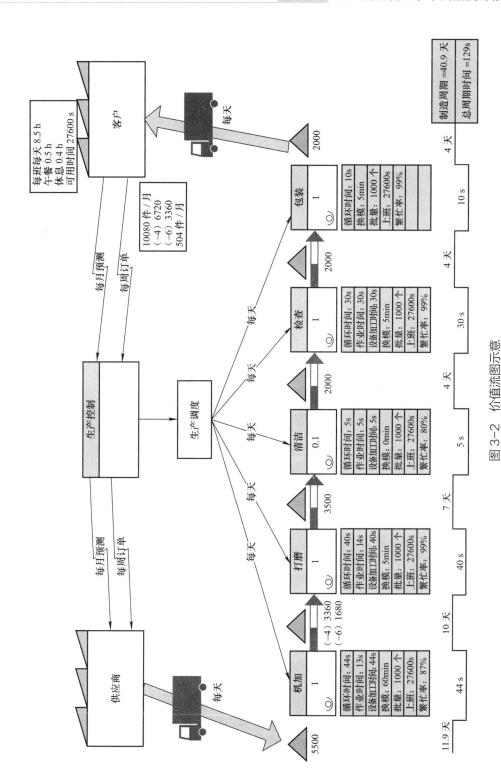

图 3-2　价值流图示意

3.3 精益制造水平成熟度评估

很多企业希望与其他企业对标，找出本企业在精益推动中存在的问题或缺点，这就需要采用合适的方法对精益的成熟度进行评价。评价指标如果选择过少，即看问题的维度太窄，或者是颗粒度太粗，可能不足以反映精益的方方面面。如果评价指标选择过细，可能会导致重点不突出，企业之间本来就有很多差异，尤其是不同行业差异会更大，比如铸造工厂与 SMT（表面安装技术）无尘车间对环境的要求就有很大不同，SMT 无尘车间 5S 做得比铸造车间好很多，虽然可能还达不到要求。所以指标分得过细，并不一定能反映实质的差异。

在此提供两种方法，一种是比较粗的、定性的方法，另一种是比较细的、定量的方法。

3.3.1 定性评价

定性评价参考表 3-1。

表 3-1 精益成熟度定性评价表

等级	特征
作坊式	现场 5S 很差，没有划分区域，没有完善的作业文件
标准化	已经建立了基本的标准化文件，有初步区域划分和标识，有作业指导书，有标准工时
流水化	现场 5S 较佳，一部分工序实现了流水作业，应用了 ERP 软件，标准化作业文件齐备
拉动	多能工技能完备，快速换模／换线被应用，生产系统导入了拉动机制和单元线，较好地应用了 ERP、MES
均衡化	可以按小时均衡订单，供应链实现需求驱动，供应链数字化扩展到供应商与客户

3.3.2 定量评价

精益运营系统被拆解为 4 个一级指标，分别是质量（Q）、成本（C）、交期（D）、现场（M/S），每个指标又分为若干个二级指标。这些维度基本上涵盖了精益管理的方方面面，因与成本和效率的相关性很高，所以放在一起。精益运营评价指标体系如图 3-3 所示。

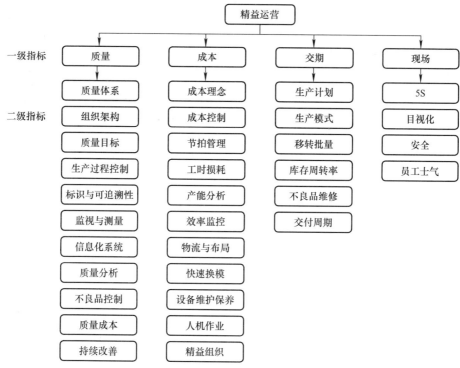

图 3-3　精益运营评价指标体系

表 3-2 ～表 3-5 按照不同的二级指标，按 5 分制的原则进行了等级划分，给出了对应不同等级的标准，供读者参考，标准可根据不同的行业做出修正。

表 3-2　质量评分表

项目	得分				
	1	2	3	4	5
质量体系	没有体系	有体系，执行有较大偏差	基本上按体系执行	质量体系伴随公司发展不断改善	有信息系统支撑，确保问题快速识别并得到解决
组织架构	没有质量部门，由生产负责	以检验为主，主要是处理质量异常	定期举行质量会议，推动改善是工作的一部分	在先期质量策划中承担重要的责任，由改善变预防	取消了专职的质量部门，管理质量的职责分布在各职能部门内部
质量目标	没有质量目标	质量目标没有分解成过程指标，改善行动效果差	质量目标有分解成过程指标，改善效果较好	质量目标经分解落实，基本上能达成设定目标	以六西格玛作为质量目标
生产过程控制	没有作业指导书	重要工位有作业指导书	大部分岗位有 SOP（标准作业程序），人员在上岗前进行技能确认	有严格的质量控制计划，注重训练多能工	制程稳定，质量反馈系统敏锐，没有批量事故

43

（续）

项目	得分				
	1	2	3	4	5
标识与可追溯性	没有标识，混料较频繁发生	有初步的区域划分，但是仍然乱放	有标识，库存信息能够清楚掌握，无法追溯到不同批次	标识明确，使用MES确保部件和成品的可追溯性，可以追溯到不同批次	有追溯系统，可以贯穿供应链各个环节并追溯到每个批次或订单
监视与测量	过程检验由员工自己负责	有来料检和出货检，检验职能不全面	建立关键质量控制点，并实施首件检验和过程检验	监视系统有预警功能，问题可以及时纠正和预防，预防措施有效	有在线检测系统、统计过程控制、自动停线机制，发现问题及时，解决问题迅速
信息化系统	只有手工单记录生产数量	部分车间统计了质量合格率，数据不齐全	生产过程数据收集齐全，形成了计算机报表	从来料到出货各环节的质量数据都录入了系统，相关质量要求也可以在系统中查询	质量数据涵盖了从供应商、工厂到客户，数据标准化程度高，按定制模板自动形成分析报告
质量分析	经验分析，无工具	偶尔使用QC手法	广泛使用QC手法	使用IATF16949五大工具对问题进行分析改善	熟练应用六西格玛等工具
不良品控制	维修或报废	来料在线挑选，有不合格品存放区域，客户退货返修或报废	来料不良由品管判定处理，对生产线不合格品进行隔离，有停线标准和批量不良标准	发现不良品就进行分析解决和反馈，不良品预防措施有效，有防错机制	发现一件不合格品就作为重大问题进行研究，有完善的防错机制
质量成本	没有质量成本的概念	大致知道质量成本的构成，但没有核算过	核算过质量成本但不准确	有质量标准的核算制度并进行改善	按照标准定期核算，质量成本持续降低
持续改善	发现问题，解决问题	开展过改善活动，但没有形成制度	有制度，保证改善活动得到落实，并有激励措施	改善纳入领导的绩效考核	持续改善成为公司的文化，全员参与并与晋升挂钩

表3-3　成本评分表

项目	得分				
	1	2	3	4	5
成本理念	关注直接成本	关注作业成本，了解成本动因	关注整个生命周期的成本	从战略角度来研究成本的形成与控制	全员、全过程、全方位的成本管理
成本控制	以减人或压价为主要手段	对成本构成基本了解，很少进行专项改善	脱离成本数据，做提高效率、减人增效的改善	以成本构成数据为抓手，有针对性地进行改善	协助供应商进行降本改善

（续）

项目	得分				
	1	2	3	4	5
节拍管理	只有工价，没有工时	个别岗位有标准工时	有标准工时，开展了线平衡改善的活动	按节拍进行生产，线平衡率≥80%	节拍可以灵活调整，线平衡率≥85%
工时损耗	没有统计	有统计，无分析，无改善	建立效率检讨会议，推行改善活动	建立工时损耗的快速处理机制，如安灯系统	与供应商一起降低工时损耗
产能分析	没有产能负荷分析	有关键工位的产能分析	开展月度产能分析	以周为单位进行产能分析与调度	实时产能分析与调度
效率监控	没有统计效率指标	数据统计不准确或不及时	每月检讨效率过高或过低	小时效率监控	实时效率监控
物流与布局	没有优化布局的观念	功能布局，离散作业	部分工序按流程布置，人流、物流较为合理	灵活运用精益布局的方法，有大小线、单元线	实现成组布局，实现设备小型化、柔性化
快速换模	没有快速换模的概念	无明确的换模流程，换模时间长	有换模流程，换模时间缩短一半	优化了换模流程，单分钟换模	不断优化换模流程，部分工序实现瞬间切换
设备维护保养	机器很脏、经常出现故障，没有保养	部分机器进行了保养，以设备维修人员为主	建立了机器保养记录和病历卡，所有的设备都有保养计划、点检表，多数的保养都按计划进行，以工人为主、维修人员为辅	机器的日常保养和计划保养有序进行，相关文件记录规范，良好的保养降低了故障发生的概率，并开展了改善活动	通过持续改善活动不断进行保养，且多数本质上是预防性的，设备故障极少发生
人机作业	一人看一台机器，有空闲时间	一人看多台相同机器，空闲时间减少	一人可以操作多台不同类型的机器	工人负责上料和下料	工人只进行上料的动作，产品加工并自动下料
精益组织	没有精益负责人	有兼职的精益岗位	有专职的精益人员，开展效率提升的改善活动	精益功能渗透到各个业务领域	精益组织职能涵盖供应商

表 3-4 交期评分表

项目	得分				
	1	2	3	4	5
生产计划	生产部门自主安排生产	建立了PMC部门，由其安排计划	计划下达到所有车间（工序），按计划组织生产	计划下达到定拍工序，定拍工序拉动生产	计划下达到定拍工序，均衡排产

（续）

项目	得分				
	1	2	3	4	5
生产模式	完全功能布局，离散作业	装配式流水线，存在大量离散作业	一部分加工流程是连续的	不能连续流动的工序，通过超市拉动	实现了混流生产
移转批量	没有固定的批量	明确了转移批量	按转移批量移动，部分实现单件流	按最小包装量的倍数传递	按最小包装量传递
库存周转率	小于4次	小于6次	小于10次	小于18次	大于18次
不良品维修	维修经常不及时，影响交货	对维修过程进行了跟踪管理，对交货有较大影响	生产线上有维修工位进行在线维修，不良品多，维修来不及时，进行线下维修，对按时交付有一定影响	有安灯系统，快速解决，基本不影响交货	不良品极少，即使出现也能快速解决
交付周期	交付周期比行业长很多	交付周期与行业差距不大，但波动比较大	交付周期与行业持平，且表现稳定	交付周期比行业大部分企业略短	交付周期在行业内最短，优势非常明显

表3-5　现场评分表

项目	得分				
	1	2	3	4	5
5S	脏乱差，通道堵塞	进行了初步的三定，通道基本畅通	70%的物品实施了三定，建立了5S标准，且得到较好遵守	严格按照5S标准执行，现场整洁有序	工作现场舒适安全，员工形成了遵守制度的好习惯
目视化	现场没有目视化的元素	区域、产品具有了基本的标识	各种运行数据都通过看板进行了目视化	色彩搭配科学合理，现场状态醒目和谐，有美感	能够迅速发现问题，并且知道问题的处理方法
安全	没有安全教育，安全事故多发	有口头的安全教育，安全事故时长发生	建立了安全教育流程和基本的防范机制，安全事故偶尔发生	安全防呆、预警机制较完善，员工安全意识强，很少发生安全事故	安全防呆、预警机制非常完善，相关教育训练规范有效，极少发生安全事故
员工士气	员工对现场非常不满意，为了生活只能接受	员工对现场不太满意，专注于赚钱养家	员工对现场较满意，工作过程心情较愉悦	员工对现场非常满意，身心愉悦	员工对现场非常满意，对企业有一种强烈的归属感，心情舒畅

　　通过对全部维度进行打分，就可以得到这个企业的得分，我们可以从雷达图上看到主要的薄弱环节，如图3-4所示。当然也可以计算平均分，获得这个企业的最终等级评分，以便从整体上对标。

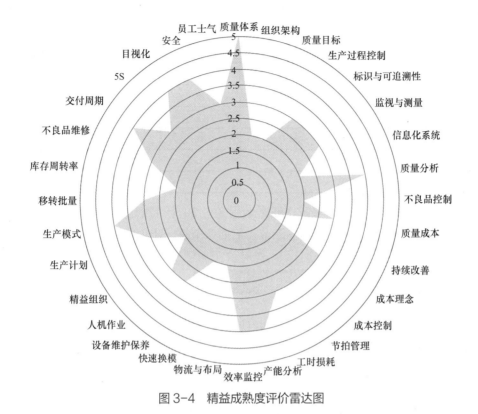

图 3-4　精益成熟度评价雷达图

3.4　运营管理水平成熟度评估

　　运营管理是管理学的重要分支，它是指对企业经营过程的计划、组织、实施和控制。过去西方管理学喜欢把有形产品的生产称为"Production"或"Manufacturing"，把提供服务的活动称为"Operation"，现在的趋势是把两者都称为运营。运营管理最基本的职能包括财务、技术、生产运营、市场营销和人力资源管理。五大职能根据管理的需要可以进一步细分，比如生产运营可以进一步细分为生产、计划、采购、物流、设备管理等。运营管理的精益化或称精益运营指的是如何使运营系统更有效率、更健康，这与提高运营管理水平是一致的。

　　通过对各维度进行评价，可以掌握企业发展的水平和均衡性，与头部或腰部企业对标以寻找差距、改善不足。运营管理的成熟度评价可以采用 5 分制或百分制。一般而言分数越低，成熟度越低。运营管理成熟度评估指标如表 3-6 所示。

表 3-6　运营管理成熟度评估指标

序号	运营管理类别	得分	序号	运营管理类别	得分
1	经营管理		7	设备管理	
2	销售管理		8	资材管理	
3	研发管理		9	人资管理	
4	生技管理		10	财务管理	
5	品质管理		11	成本管理	
6	生产管理		12	资讯管理	

运营管理涉及的面比较宽，通常选用 8 ～ 20 个维度进行评价，每个维度可以拆分成若干个小的维度。具体细节在后面章节进一步说明。

3.5　智能制造能力成熟度评估

智能制造是制造业转型升级的大方向，它标志着企业的生产方式向自动化、智能化的新阶段迈进。通过能力成熟度评估，在宏观层面对企业的发展水平进行定量评估，有助于从整体上把握智能制造水平，为企业补短板提供依据。国家对智能制造非常重视，在 2020 年出台了 2 个智能制造评估标准，GB/T 39116—2020 和 GB/T 39117—2020。GB/T 39116—2020《智能制造能力成熟度模型》，明确了评估模型的构成，即等级划分、评价维度、达到某个等级的标准等。评价维度或称评价域，主要从人员、技术、资源、制造四个大方面，二十个细分维度来进行评估，如图 3-5、图 3-6 所示。

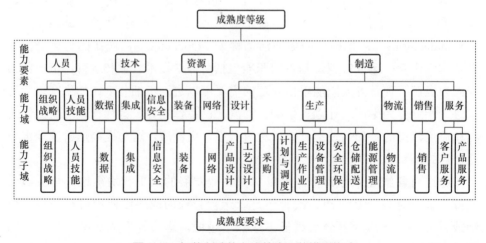

图 3-5　智能制造能力成熟度评估模型构成

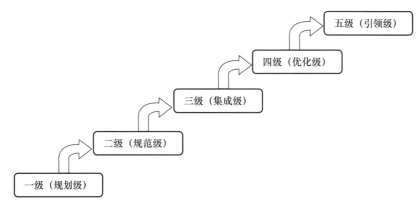

图 3-6　成熟度等级

GB/T 39117—2020《智能制造能力成熟度评估方法》明确了智能制造能力成熟度评估的方法，即如何组织开展评估活动，包括评估的流程、评估域的确定、评估域的权重、打分方法、总分计算等。智能制造能力成熟度评估流程如图 3-7 所示，读者在需要时，可以查阅相关国家标准。

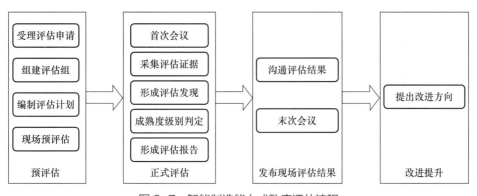

图 3-7　智能制造能力成熟度评估流程

思考题

1．价值流图与工艺流程图有什么区别？

2．尝试对自己企业进行精益成熟度评价。

3．你所在的企业智能制造在什么水平？

第4章 常见精益改善推进策略

精益管理是一个庞大的体系，可以涵盖公司的每个环节。当一个企业想导入精益改善时，有很多的路径可以考虑，从哪里开始，到哪里去，先做什么，后做什么，都需要根据实际情况审慎考虑。制定推进策略需要考虑当前企业面临的主要矛盾和问题，需要考虑团队的管理水平和精益成熟度，需要考虑企业的规模和企业文化等。如果改善项目是从公司总体目标出发，最终落实到现场改善，这种方式称为自上而下的方式；如何改善项目始于工作现场的问题点，通过一些问题点的改善，逐渐发掘出更深层次的问题点，这种方式称为自下而上的方式；也有些改善项目是根据日常较大的问题点展开的，这种方式称为随机型的项目改善。

4.1 基于工时及效率管理的精益改善

标准工时在企业日常的运营过程中具有非常重要的作用，企业应当对现有生产管理系统进行优化，并打造一个以标准工时为核心的数据化、科学化生产管理及持续改善机制，确保各部门能够可自发性地寻找问题并对其进行持续改善。

标准工时是指经过训练，具有平均熟练度的作业人员在正常的作业环境下，用合适的作业方法，按普通速度完成合格产品所需的时间。在现实中，工人加工某个零件的时间是波动的，如何在波动的基础上得出标准工时需要科学的方法。在不同的市场环境下，不同的使用目的需要应用不同的方法。当企业的问题点与标准工时密切相关时，比如报价不合理导致企业亏损或流失客户；多品种小批量的产品没有制定标准工时，日计划形同虚设；生产率低下，员工抱怨工价不合理，此时就是启动基于工时的精益改善的大好时机。

标准工时的用途如下：

（1）产品报价　客户在购买之前会询价，价格中涵盖了材料成本、人力成本、固定资产折旧，其他如房租、水电等固定成本。其中人力成本在部分公司占比较大。通过标准工时计算，可以精准掌握人力成本，避免报价过高失去客户，报价过低企业亏损。

（2）标准产能确定　产能的确定对工厂确定设备、人力数量非常重要。比如说加工一个零件的标准工时是 1min，如果每天上班 8h，就有 480min，1 台设备的产能是 480 个 / 天，考虑异常占用 10% 的时间，实际的产能是 480×0.9=432 个 / 天。

（3）计件工价制定 在我国，很多企业的劳动用工都是计件制，这是在企业管理水平比较低的情况下，没办法的做法。如果工价定得高，企业所有者就会吃亏；如果工价定得低，工人期望落差大，工人就会闹情绪，甚至引发离职等问题。而工时是工价的基础，比如当地某一类工种的小时工资是18元，某个工序需要15s的时间，做一个产品的工价就是18/3600×15=0.075元。

（4）产能负荷分析 分析公司所接订单的负荷与产能是否匹配，如果接单负荷超过产能，肯定做不出来，需要提前想办法。订单负荷的计算也是基于产品标准工时。

（5）人力、设备需求计算 也就是计算工厂配置多少产能，比如规划新工厂，年产一万台注塑件，每个注塑件标准工时是5min，需要多少台某种型号的注塑机，一人看两台机器，需要多少人，这些都可以通过标准工时与机器的产能计算出来。

（6）生产绩效日报与改善 一个管理好的企业，每天都要监控生产绩效的表现，比如每天工作8h，称为投入工时，某天做了1000个产品，每个标准工时是0.5min，1000×0.5min=500min，称为产出工时，用产出工时除以投入工时就是生产率，如果算出来的生产率过高或者过低，都是有问题的，需要查找原因进行改善。

标准工时在产品实现过程中的应用如图4-1所示。

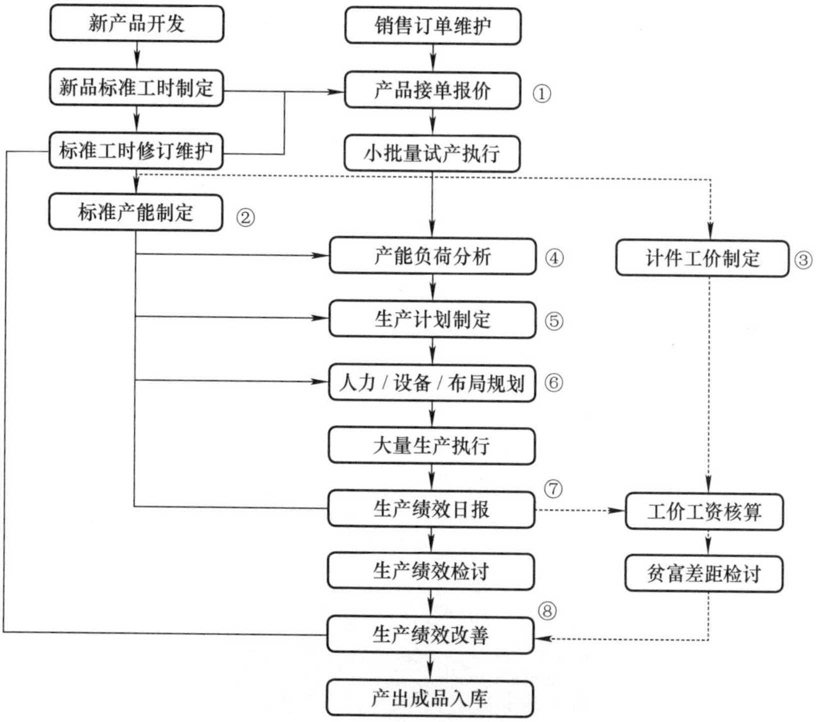

图4-1 标准工时在产品实现过程中的应用

4.2 基于现场 5S 及目视化的精益改善

现场 5S 在精益生产体系里占有非常重要的位置，它被视为丰田生产方式的地基之一。因此很多企业推动精益生产方式从 5S 开始。5S 改善至少可以达到以下三个方面的目的。

（1）改善企业形象　很多企业忙于生产，对现场环境要求低，导致现场脏乱差，很多新人到现场之后，对企业的管理方式表示怀疑，导致新员工不稳定。很多客户到工厂参观或验厂，对现场特别不满意，认为企业管理水平差，不敢下订单。这种情况下就有必要推动 5S 改善。

（2）提高效率，改善质量　工厂的很多设备、物料、工具摆放混乱，查找非常困难，浪费很多时间，同时因为物料堆积导致磕碰，物料混放导致用错，产生质量问题。当这些问题频发时，就有必要启动 5S 改善。

（3）培养员工形成良好的习惯　现阶段，我国的产业工人职业化素养还有待提高，比如有标准不执行，工作随意性强。5S 恰恰是提高工人素质的好方法，通过不断纠正，让他们懂得要遵守企业的规章制度。

目视化是利用形象直观、色彩适宜的各种视觉感知信息来组织现场生产活动，达到提高劳动生产率目的的一种管理手段，也是一种利用人的视觉进行"一目了然"管理的科学方法。通过目视化把企业的问题暴露出来，再结合 5S 的整理整顿进行持续改善。

开展 5S 和目视化管理，需要在企业内部建立 5S 管理职能小组，并规划 5S 执行标准、区域责任人及奖惩机制，并通过持续不断的现场指导（包括现场规划、整理整顿、目视优化、看板实施等）及定期 PK（包括点检及奖惩），不断优化现场至规范化、整齐化及高效化，提升企业现场的管理水平，最终实现员工满意、客户满意的效果。如果现场物料太多，5S 改善通常难以维持，强烈建议先做降库存改善，再推行 5S。某公司 5S 实例如图 4-2 所示。

图 4-2　某公司 5S 实例

4.3　基于生产模式升级的精益改善

精益生产强调快速流动，尤其是在当前多品种小批量短交期的背景下，持续地加快流动，缩短生产周期非常重要。除了从管理的角度去改善外，生产模式升级也是至关重要的。主要是将块状工厂改成线状工厂，为适应小批量环境，长的流水线可以改成短的流水线，大批量流动可以改成小批量流动。

为了达到上述目的，需要就目前整体车间布局及生产模式进行深度分析，研究基于精益流水线作业的生产模式。通过方案的规划研讨、样板线的试行、全面生产线的拓展复制，来实现产品的快速流动作业。在优化确定后的生产模式上进行持续不断的现场改善，包括动作、布局、工装、快速换模换线等改善，确保现场降本、提质、增效。

输送带线模式转单元生产线如图 4-3 所示。

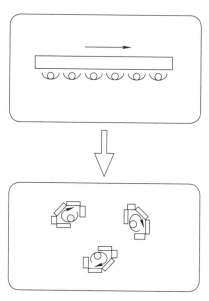

图 4-3　输送带线模式转单元生产线

4.4　基于精益仓储管理及优化的精益改善

精益管理的一个重要方面就是尽量压缩库存，实现快速周转，仓储管理与物流管理也是一个重点。包括原材料库存、半成品库存、成品库存，以及外部整个供应链上的库存管理，需要对仓储管理现状进行分析，包括仓储布局合理性、库存量合理性、收管发物料流程、盘点机制，以及厂内厂外物料配送的方式。基于高效物流及快速有效服务生产的思维原则，开展相应的改善活动。

通过该主题的改善互动，可以有效减少仓库面积，提高仓储人员工作效率，降低库存量，并确保生产过程中的物料供应。如果公司规模较大，出入库非常频繁，可能涉及的改善还包括：装卸货位是否足够，是否有车辆等待时间过长，拣货方式是否合理，拣货设备是否合理，拣货动线是否太长。精益强调小批量补货，在这个过程中，是否会导致实质的运输成本增加等。精益仓储配送实例如图 4-4 所示。

图 4-4　精益仓储配送实例

4.5　基于精益质量管理系统的精益改善

丰田生产方式有两大支柱，其中之一是带人字旁的自働化，通过给机器赋予人的智慧，保证产品质量。随着人们对生活品质的要求越来越高，质量改善已经成为精益改善不可或缺的一部分。通过自働化、停线机制、自工程完结等技术帮助企业解决质量问题是精益改善的重要模块。

企业内部质量管理团队及各部门管理人员应当检讨现状品质表现，通过对外部客户及内部制造过程中的质量表现进行数据采集及深度分析，针对损失较多的质量项目进行专项小组攻关，确保品质损失不断减少。通过该主题，可有效提升质量水平，最终转化为财务收益的节省。

某公司精益品质改善体系如图 4-5 所示。

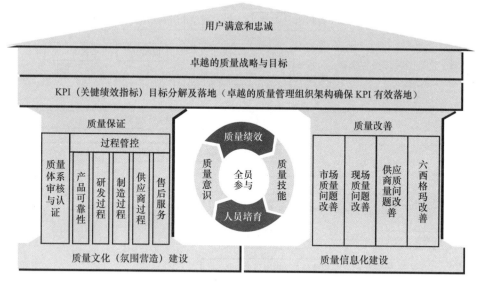

图 4-5　某公司精益品质改善体系

4.6　基于全员自主提案的精益改善

全员自主提案改善是指鼓励每个人都能参与到问题解决和创新的过程中，发表自己的想法和建议。这一理念在许多组织中被广泛应用，被认为是促进持续改进和创新的重要途径。

全员自主提案改善能够鼓励每个人都参与到创新和改进的过程中去，包括那些不常被视为创新者的人。这有助于打破传统上存在的层级和部门壁垒，让组织中的所有人都有机会贡献自己的想法和创意。通过给予员工自主提案改善的机会，可以激发他们的工作动力和参与度，并增强他们对组织的归属感。当员工感到他们的意见和建议被重视和采纳时，他们更愿意投入精力来改善工作流程和解决问题。

全员自主提案制度并不是简单制定一套奖励机制就可以发动起来。对于基层员工来讲，完成当前的工作是他们的主业，多一事不如少一事，不是给他们一点奖励，他们就有积极性了。这个活动需要精心策划，需要完善制度、反复发动，加强价值感、荣誉感建设。一个企业能拿出一部分资金支持改善提案制度，并且在有专人负责的情况下，可以采用本策略。

某公司改善提案流程如图 4-6 所示。

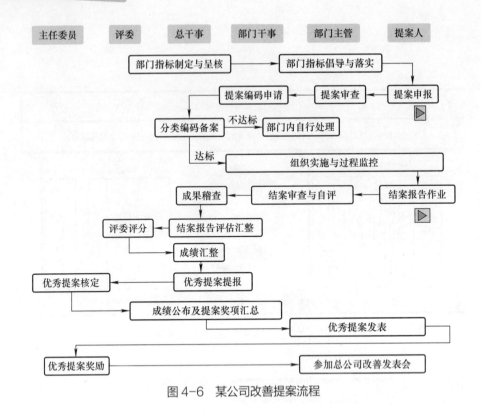

图 4-6　某公司改善提案流程

4.7　基于小组课题型 QCC 推进的精益改善

　　QCC（Quality Control Circle）传统上称为品管圈或 QC 小组，其特点是由基层员工组成工作小组，由同一现场或问题相关工作人员组成，人数不能太多，也不能太少，一般为 3 ～ 10 人。通过适当的培训，采用不同的工作方式，比如会议、现场观察等手段，分析和解决日常工作中存在的问题。QCC 最初被用来解决品质问题，现在的发展方向是解决所有领域的问题，只要问题是在基层员工能力范围内的，都可以采用这种形式。

　　QCC 活动一方面是发挥基层团队的力量，解决问题；另一方面也是培养员工团队合作的精神，从而激发员工的创新意识，帮助员工不断进步和发展。QCC 活动需要员工积极参与和投入，但有时候员工可能缺乏动力或对活动的兴趣不高，这可能导致活动的效果不如预期。有些问题可能非常复杂，需要团队成员具备相关的专业知识和技能来分析和解决。此外，公司领导层的支持和推动也起到关键作用，他们需要向员工传达活动的重要性并给予合适的资源支持。

QCC 活动基本步骤如图 4-7 所示。

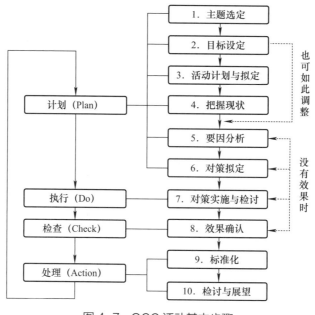

图 4-7　QCC 活动基本步骤

4.8　基于人才教育训练驱动的精益改善

在精益推进的现实中，很多企业管理基础差，员工没有接受过系统的教育训练，因此补齐相关的知识短板就非常有必要了。在学习新知识的过程中，最好的方式是边学边做，学以致用。

通过职务梳理及能力盘点，寻找人员能力与岗位要求缺失的部分，形成训练课程。通过"学中做、做中学"的方式，以理论 + 实践 + 案例分享的方式，推进问题解决、能力提升及精益文化形成。

教育训练与企业实际问题相结合是非常重要的，根据国外对成年人学习规律的研究，通过听讲一周后留存率只有 5%。通过讨论后的留存率为 50%，通过实践后的留存率为 75%，如果能教授他人，效果会更好。所以在课程设计中，要结合企业当前的问题，进行实践，在解决问题之后要进行发表，可以结合改善课题开展点滴教育，效果会更好。

成年人学习规律与教育训练流程如图 4-8 所示。

图4-8　成年人学习规律与教育训练流程

4.9 基于价值流分析的精益改善

价值流分析在精益改善体系里是一个中等级别的工具，它能展示从接单到出货的整个流程，并反映信息流对物流、工艺流的指挥模式。价值流分析通常用来识别流程上的大问题，改善订单的流动性，达成短交期、快周转的目标。

价值流改善可以是从计划到执行模式上的改变，比如引入拉动机制，也可以从整个制程上着手，至少在一段的制程上建立连续流，可以通过制程点改善，解决低效率、低品质及高成本问题。这种改善策略通常需要公司在流程上进行比较大的变革，需要比较大的资源投入，同时需要高层的深度介入。当流程中大的问题点被清除后，流动更顺畅，流程时间大幅缩短，企业应对市场的能力更强，企业的竞争力可以得到有效提升。

某公司价值流图实例如图4-9所示。

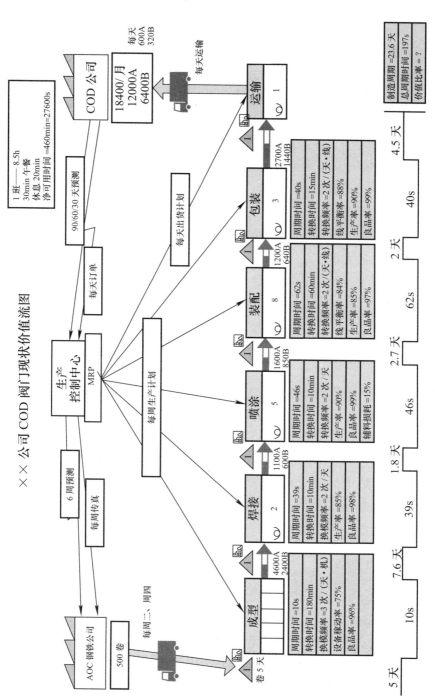

图4-9 某公司价值流图实例

59

4.10 基于管理过程中重点问题解决的精益改善

在企业经营或管理过程中，不定期会出现一些突发型、瓶颈型问题，这些问题对企业的影响是很大的。一旦出现这种问题，企业就需要马上成立专案来进行优化改善。如：

1）质量问题过多：系统性质量改善 TQM（全面质量管理）。

2）交期不佳或存货过多：系统性产销计划管理。

3）人员稳定性不佳：人员稳定性改善或人力资源系统改善。

4）人员管理动能不足：绩效考核机制建立。

顾问在一家工厂辅导时，一个大客户突然冲到生产部，表示他的产品出现了致命缺陷，他要求工厂立即查明原因，并明确回答生产系统是如何控制品质的。顾问老师马上召集相关人员开会，成立改善专案，查明原因。经过与客户沟通，出台了六项改善流程，经过客户确认后，发布执行。对于这种突发型的问题，要快速行动，不能拖延。

4.11 基于新工厂规划阶段的精益改善

工厂规划是精益价值创造的最佳契机，企业可趁新厂建造初期就进行精益规划，这样可大幅度提升制造模式及未来的运营效能。随着企业管理水平的提高，越来越多的企业认识到了工厂规划的重要性。跟产品设计一样，浪费要从源头抓起，一旦形成事实，再去改善，势必会受到很大限制，投入巨大成本。在工厂规划阶段就要考虑精益生产方式的导入，从大的布局到线体的形式，再到库存存储空间、配套的管理流程、信息系统设计等，都要植入精益理念。精益新工厂设计需要考虑以下几方面。

（1）流程顺畅 无论是工序流、物流还是人员的流动性，都要能够确保良好的衔接，确保快速流动、快速交付。

（2）办公协同 减少部门之间的沟通距离与障碍，基于价值流来拉近上下游之间的距离，方便交流，高效协同。

（3）环境舒适 无论是办公区、作业区还是其他区域，尽可能以人性化的考虑，打造绿色舒适、让人工作轻松的环境

（4）生产高效 科学化评估订单模式与生产模式的有效结合，根据产品特性打造高效的生产制造系统，让作业高效化。

（5）质量保障　基于客户要求的角度来评估产品质量要求，打造能够确保生产及物流过程中产品质量稳定的工厂环境。

（6）人员节省　在顺畅工作流的基础上，不断审视、评估优化作业条件，从作业方法及设施优化上来实现省人化方案。

（7）柔性制造　从公司的发展及产品拓展的角度思考，打造具备灵活性的柔性生产方式，包含配套管理及设施的柔性。

4.12　基于 VA/VE（材料降本）的精益改善

VA（Value Analyze）称为价值分析，VE（Value Engineering）称为价值工程。VA 一般是对量产后的产品进行价值分析，VE 一般是在新产品设计阶段过程中使用，目的都是降低成本。它们在实际使用过程中是没有界定这么清楚的，统称为VA/VE。VA/VE 主要思想是通过对选定研究对象的功能及费用进行分析，提高研究对象的价值。这里的价值指的是反映费用支出与获得功能之间的比例，用数学比例式表达如下：价值 = 功能 / 成本。对于客户而言，提升价值的路径可能有三种：成本不变，功能提升；功能不变，成本降低；成本少量增加，功能大幅增加。如果功能相对于客户需求过剩，也是需要降低的。在进行 VA/VE 分析时，首先要抓内部开发，怎么在产品形成过程中，使成本最低，需要在设计方案上体现。其次是与零部件供应商合作，有实力的供应商应尽早参与到产品设计中来。VA/VE 分析一般在企业内部管理降本遇到瓶颈，需要从技术层面进行降本时导入。VA/VE 分析流程如图 4-10 所示。

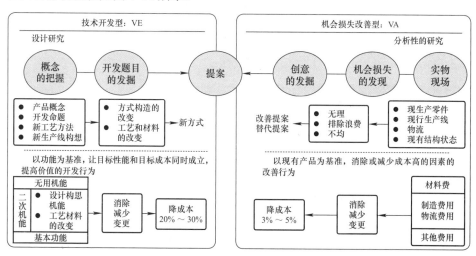

图 4-10　VA/VE 分析流程

4.13 基于创新型生产技术升级的精益改善

企业在精益改善过程中，为了达成缩短周期、降本增效、提高质量的目的，一方面是通过管理手段，消灭存在的浪费；另一方面是通过创新生产技术，改善加工工艺，来达到上述目的。技术创新是非常重要的，只是围绕精益的目标进行创新并不是技术人员容易理解的。需要精益从业人员参与其中。举例如下：

1）某公司的热处理加热炉很大，需要集批生产，以减少电能的浪费，导致等待时间长。为了缩短生产周期，把热处理电炉重新设计，实现小型化。

2）某公司压铸之后，要去毛刺，采用传统的抛丸工艺，一次处理一批。为了实现单件流，采用冲模工艺去除铝件上的毛刺，做一个传一个。

3）某汽油发动机生产商，原来在装配过程中，需要打胶，打胶后需要老化4h，现在改用新型胶水，打胶后立刻向下一道工序流转。

4）某定制家具生产线导入了机器人（见图4-11），由机器人代替人工负责上料和卸料，大幅度降低了人力成本。

图 4-11　某公司导入机器人实例

4.14 基于节能减排的精益改善

节能减排是我国能源发展的基本国策，也是企业降本增效的重要手段，随着竞争的加剧，越来越受到企业的重视。一些企业把节能减排纳入精益改善的范畴，比如通过改善提案制度，推动节能降本。节能可以有大有小，积小成大，一些耗能高的企业，比如炼钢厂，通过技改活动大幅降低能源使用量。一些使用动力的工厂，空气压缩机释放的热量可以再回收利用。江苏某大学，导入了物联网，所有的照明灯、水龙头都被监控，当发现它们没有被及时关闭时，可以通过预警机制进行远程关闭。

某公司工厂屋顶设置了隔热涂料，如图 4-12 所示。

以前　　　　　　　　　　　　　　　后来

隔热涂料

图 4-12　某公司工厂屋顶设置了隔热涂料

4.15　基于财务数据监控与主动推进的精益改善

财政部在 2014 年发布了建立管理会计体系的指导意见，加快会计职能从重核算到重管理决策的拓展，通过利用相关信息，有机融合财务与业务活动，在企业规划、决策、控制和评价等方面发挥重要作用。在财务信息化相对规范的今天，相当多的财务工作可以用计算机来做，财务人员转型业务财务是大趋势。

财务人员通过设置一些关键的财务指标，比如销售额、库存量、计件工资占比、固定费用占比等，监督这些指标的变化，从中发现管理的盲点，有针对性地进行改善，改善的成果也最终以财务指标的变化来体现，这样是最有说服力的。比如，通过自动化导入，削减了人力，最终使得人力成本降低了多少，这个降低的比例是否超过了新增固定资产的折旧费。这些工作需要财务与精益人员的密切合作。通过不断完善管理会计职能，一家企业由被动型财务到主动型财务，从传统财、税、出纳型会计到指导成本控制、现金流改善、提高资金利用效率的改善型财务。某公司的管理驾驶舱系统如图 4-13 所示。

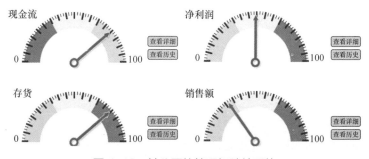

图 4-13　某公司的管理驾驶舱系统

4.16 基于年度经营计划规划及推进的精益改善

如果把企业比喻成人体，领导就是人的大脑，当高层领导想把企业带到一个新的高度时，大脑就要发送指令告诉人体各个功能模块要做什么反应，企业各个部门就要各司其职，密切配合，围绕相同的目标努力。

为了达成上述目的，企业一般要进行战略规划，战略规划的目的是明确企业在哪些方面建立竞争优势以及要达成的目标。一旦一个明确的、可以衡量的目标确定后，就要给各个职能部门部署指标，各职能部门围绕各自的指标，弄清楚指标和现状之间的差距。差距找到了，围绕差距要做的具体工作整合在一起就形成了年度经营计划。比如公司明年规划销售额增加30%；公司要打造多品种短交期的竞争优势，业务部门的目标是把成交率提升10%，生产部门是把生产周期缩短30%；研发部门要增加20款新品，研发周期要缩短20%。围绕这些指标，思考具体应该做什么。比如销售部门如何布置成交的现场、如何规划销售流程、如何培训销售人员、如何配置销售道具、如何保证畅销品要货有货，用精益营销的思维把具体要做的行动整理出来，按计划推动改善。

这种模式是围绕公司目标和战略进行的改善，具体改善动作和目标之间具有清晰的逻辑关系，不容易跑偏，能够比较好地打破部门之间的壁垒，一起朝着共同的方向努力。

某公司年度规划流程如图4-14所示。

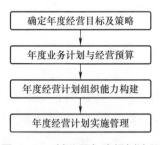

图4-14　某公司年度规划流程

思考题

1. 常见的精益改善策略有哪些？
2. 不同策略的应用时机是怎样的？
3. 结合公司的实际，谈谈应采用什么样的导入策略。

5.1　精益领导范式的背景

当今很多企业着力推进企业转型升级、开源节流、降本增效，精益生产工作的开展也自然而然地被提上企业日程。然而仅有少数企业，能成功地将精益的理念植入到企业运营的血液和灵魂里，多数企业则是照猫画虎，或是将精益生产作为一个阶段性项目，在短期内获得一定成效后，随着业务的变化消耗殆尽。

那么到底哪儿错了呢？简单来说，员工没有理解 TPS 背后的文化。他们没有努力来持续改进这套系统和提高他们自己。只有员工能让这套体系真正实际应用，这样员工才能更好地工作、沟通、解决问题，一起成长。当我们观察一些应用精益原则非常好的企业时，非常明显的是员工都充满动力、能得到支持，真正实现了全员参与。

企业的精益变革，通常是以中高层管理者作为变革的代理人，也作为组织架构金字塔顶端与基础的构建连接者，可以说，中高层管理者对精益的理解，往往代表了整个企业对精益的理解。这些管理者在精益变革中所需的领导力称为"精益领导力"，而"精益领导力"所对应的行为方式和思考模式则称为"精益领导范式"。

5.2　精益领导力的重要性

《吕氏春秋·察贤》中记载，孔子有两个学生，一个叫宓子贱，一个叫巫马期，两个人都做过单父这个地方的行政长官，宓子贱通过弹琴和用人之术来治理县政，而巫马期则亲自处理政事，日夜不停。虽然两者都使单父得到了治理，但宓子贱的方法更为高效和轻松。

在巫马期与宓子贱身上，我们看到了不同的领导方式，管理的本质是通过团队拿到结果，领导者应该能够影响他人的行为，激发他们的潜力，并带领他们朝着共同的愿景前进。这需要不断学习和发展，并且能够适应不同的情境和挑战。作为一名精益型的领导，在推进精益过程中，不可避免地会面对各种各样的困难，需要有非同寻常的坚持能力。需要坚定不移地培养各级领导，只有把领导干部培养起来了，大家都认同精益，精益的成果才能固化。让大家认同精益，最重要的是带领团队做一些重要的改善，并获得成功，取得真正的业绩。除此之外，精益领导者的思维模式和行为方式在日常工作中无时无刻不在影响着周围的人。这些行为和思维的范式恰恰是精益领导力最重要的体现。很多领导者不能做到率先垂范，而是以工作忙为由躲在远处等结果，这样的精益自然无法持续。

5.3 传统领导和精益领导的 12 个范式

传统领导与精益领导在思维和行为模式上有着巨大的差异，所以在此用"范式"强调两者的截然不同。这种差异大到什么程度呢，比如在过去，人们认为宇宙是围绕地球转的，后来哥白尼发现地球是围绕太阳转的。巨大的认识改变导致他的理论被教会称为异端学说。再比如当帆船发明后，人们为了加快船速，不断地增加帆的数量，刚开始是有效的，随着帆的数量增加，效果越来越小了。这个时候再按照原来的思维模式坚持下去，就不会有大的突破，采用其他动力代替风力，才是正确的方向。"范式"举例如图 5-1 所示。

图 5-1 "范式"举例

精益的实践者在传播精益的过程中，发现精益通常在短期内有效，没办法产出可持续的业绩，深入研究之后，认为精益也许改善了现场的布局，改变了流水线，但没有改变干部骨子里面根深蒂固的传统思维和做事习惯，丰田的成功在于他的领导者。精益的实践者基于对丰田的研究，提炼出 12 项精益领导者应具备的领导思考和行事习惯，称为精益领导力 12 范式（见表 5-1）。要想精益取得成功，精益领导者应该坚定地践行精益领导力范式。

表 5-1 传统领导和精益领导的 12 个范式

传统领导	精益领导
关注短期结果	关注长期目的
产出导向（推动）	市场导向（流动 & 拉动）
局部优化（加快节奏）	总体优化（减少浪费）
标准限制创造力	标准促进持续改善
掩盖问题	暴露问题
我们不能停产	停线并解决问题
员工是负债	员工是资产
领导是老板	领导是老师
看报告决定	亲自到现场查看
责任人是谁	问 5 个为什么
快计划，慢行动	慢计划，快行动（强调共识）
专家解决问题	全员解决问题

5.4 从关注短期结果到关注长期目的

传统领导力强调漂亮、出色地完成某一个阶段性任务或目标，然而这些任务或目标有时却往往对企业的成长或发展产生不了太多价值，甚至背离企业的愿景及价值体系。

顾问老师在推广精益时，经常被问到项目需要多长时间能看到效果，多长时间能收回成本。企业关心投资回报率无可厚非，尤其是一些企业，如果三个月内没有看到非常明显的效果，那么项目持续的概率会非常低。如果一个企业只关心短期的投资回报就会产生很大的问题，就像一个人的成长，从幼儿园到初中、高中，再到大学，一直都需要投入。再看看农民的劳动，春天播种，秋天收获，在整个植物生长过程中，需要种植、施肥、除草、抗旱、收割等辛勤的付出。没有长时间的坚持，哪有收获时的硕果累累。一个企业只追求眼前短期的财务回报，那些不能立竿见影的项目就会被抛弃，如培训、精益体系的建设、人才的培养等。

精益领导者首先关注企业使命、愿景与核心价值观，从长期目的分解到短期目标，制定 5 ～ 10 年，甚至更长的战略规划，用以指导企业长期的、良性的发展。比如像华为、格力等企业愿意投入大量资金开展研发工作，提升企业的核心技术。有些企业却只想做简单的加工与装配，在经济形势好的时候，可以赚到钱，但在竞争激烈的今天，很容易被市场淘汰。丰田公司在 2023 年 7 月预计订单不足时，也没有辞掉正式员工，对于被提前终止合同的劳务派遣员工，也是按照政策范围的最高水平进行了补偿，这是长期思维指导下的行为。而大多数企业，在员工关系、供应商关系上面没有长远的考虑，就会非常被动，所谓人无远虑，必有近忧。"关注长期目的"示意如图 5-2 所示。

图 5-2 "关注长期目的"示意

5.5 从产出（推动）导向到市场（拉动）导向

传统领导范式认为只要我们的产品产能足够、质量够好，就一定会获得客户的青睐，也就是以产定销的模式，开足马力生产，然后把产品投入市场进行推销，认为这样的生产方式效率高，产品能不能卖出去，另当别论。虽然在当下的市场经济环境下，大部分企业对市场的认知明显加强，但管理人员通常与市场距离远，加之企业的机制不够完善，企业希望大批量生产，更喜欢大订单。

精益领导范式强调市场导向，一切生产经营活动的目的就是为客户创造价值，客户的需求才是有价值的，客户不需要的就要尽量减少或消除。客户导向使产品不断改进、创新，以适应市场需求。同时不要多做，做得越多，与需求脱节的可能性越大，所以要加强企业的快速反应能力，想方设法以少量的库存满足市场的需求。

5.6 从局部优化到整体优化

相当多的管理者非常努力地做局部优化，比如采购部门为了降低采购成本，倾向于大批量采购；生产部门为了提高效率，喜欢集批生产；物流部门为了节省运费，一定要能装整车才发运。每个部门各自的绩效指标可能很漂亮，可是企业整体的效果就差了，企业可能深陷交货不及时、高库存、现金流紧张的境地。这个问题的本质是缺乏整体优化的思维，每个部门站在局部角度进行优化，也可以说是局部最优不等于整体最优。

企业管理者通常每天都在忙于救火，应对各种各样的异常。相当多的管理者倾向于收集大量的问题点，然后一个一个去改善。这些点的改善有时候效果明显，有时候效果不明显或没有效果，有时候当时有效果，但事后维持不了，这些问题点背后通常具有深层次的原因，需要管理者通过系统性思维解决问题。

我们不否定任何的改善，每个员工都可以在自己能力范围内进行改善，无论是提升改善意识还是使工作更得心应手都是有积极意义的，但是要把局部改善和整体改善结合起来。精益提供了诸如精益战略部署、价值流分析等工具，帮助企业开展整体改善。从局部优化到整体优化示意如图 5-3 所示。

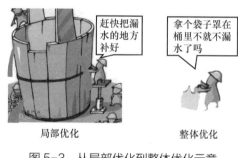

图 5-3　从局部优化到整体优化示意

5.7　从标准限制创造力到标准促进持续改善

不同企业文化下的管理者对于标准的理解有很大的不同。有些传统的管理者常会说：制定那么多条条框框有什么用，员工他怎么舒服怎么来！他们认为建立标准会限制个人的主观能动性。还有些传统管理者会严格要求员工按照标准执行，即使标准制定得不合理也在所不惜，这样的公司通常有一套绩效考核机制，用持续检查来驱动员工按标准执行，没按标准执行会受到处罚。

精益管理者的想法是把当前最好的方法做成标准作业，然后推广给其他员工。同时看看别人还有没有什么更好的建议。精益管理者把标准作为基准，认为标准建立的过程是持续完善的过程。在工作中持续寻求更好的标准，并把标准固化下来。显然，精益管理者利用标准作业固化了现阶段最好的方法，同时为后续的持续改进又敞开了一道大门。只有标准化才能作为企业开展持续改进工作的客观依据。标准化示意如图 5-4 所示。

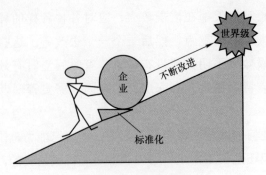

图 5-4　标准化示意

5.8　从掩盖问题到暴露问题

现实中，人们在面对压力和困难时，会选择逃避、掩盖、欺骗，而结果往往不会称心如意，这被称为鸵鸟心态或掩耳盗铃。在明知道自己不懂的情况下，不积极向别人请教，害怕丢面子。在企业管理中，这样的行为模式有深层次的原因，比如潜在的企业文化导致有问题就会被追责，有问题就会被认为是管理者的无能。

对一家追求精益的公司而言，绝对没有理由不让问题尽可能显现出来。一个问题被遮掩的时间越长，就越容易被认为不是一个问题。大野耐一过去常常说，采用丰田生产体系就是为了让问题显形，给人们提供一种挑战，让人们成长，能更好地解决问题，成为更有能力的人。让大家愿意暴露问题，现实中需要配套的机制，比如丰田的绩效奖励主要与公司的业绩有关，与个人标准的达成关系不大，这样员工不会有太大的压力。

5.9　从不能停产到停线解决问题

传统的管理者把企业的效率看得非常重，认为一旦停线，对设备、人工会造成很大浪费。尤其是在计件制的工厂里，员工对停线非常抗拒。究其本质，还是没有把客户的需求放在第一位，对品质重视不够。

丰田强调带有"人"字旁的"自働化"，意思是一旦出现问题，机器立即停止加工，这种机制后来演化成安灯系统。其真正的意义在于：

1）防止不良品流入下一道工序。

2）将品质管理内建到每一道工序中。

3）使问题暴露出来。

停线解决问题相比事后返工，最初的过程是极其痛苦的，然而结果却是问题被杜绝、绩效的持续提升。所以精益的管理者会说：质量不是检查出来的，而是制造出来的。如果把准时化系统与自働化结合起来，实际上就是打造没有办法隐藏问题的系统。建立停线机制反映了丰田公司对质量的态度。当然最主要的是建立快速响应机制，在丰田公司，当触发了停线机制时，相关负责人会快速就位，解决问题。丰田的停线机制如图 5-5 所示。

图 5-5　丰田的停线机制

5.10　从员工是负债到员工是资产

传统的领导者认为员工是成本，所以要尽可能减少；认为员工的劣性大过积极性，所以要被考核管理，甚至要通过更换人员来改变工作状态。这也是在经济不景气的时候，大部分公司裁员的原因。

精益的领导者把每一位员工当成"宝"，认为他们都有可被"开发"而增加的各种潜能。因此，他们不断通过企业发展去规划对员工的能力要求，同时也会对员工的工作能力进行不断评估，通过不断的赋能来提升团队的战斗力。好的企业通常愿意培训员工，每年预算一定的费用安排员工外出学习或者请老师做内训，这种投入的回报在短期内可能是不明显的，但在长期的坚持下，产生的竞争优势是没办法复制的，比如因员工稳定带来的品质稳定和管理成本的减少。在参观一家知名的世界级工厂时，企业的精益负责人说："我们的员工年龄大了，干不动了，要想办法减轻工人的劳动强度。"这种思维和把员工当作螺钉，用过即弃是完全不同的。

因此，人其实是企业最佳的资源，领导者要善用人力资源来达成管理或经营的目标。

5.11 从领导是老板到领导是老师

传统的领导者认为我是上司，所以我是老板。老板思维的特点是我找这些人过来是解决问题的，所以请给我结果。结果不好的时候，首先考虑是谁的问题。如果你解决不了问题，证明你能力不行，领导是没有责任的。有这样思维的领导请了顾问老师，通常喜欢自己撤出，静观其变，注定是没有结果的。而领导是老师的思维有以下特点：

1）老师（领导）的主要工作是培养学生，培养学生对自我发展负起责任。

2）如果员工没有发展或没有学会，是老师没有教好。

3）一个好的老师应该和学生一起查看流程，提出问题，给出建议。

精益的领导者对下属的发展负主要责任，衡量一个领导好坏的标准是他培养了多少领导者，下属学了多少东西，而这些下属又培养了多少优秀的员工。现实中，有些职业经理人会说，我在某个企业时，企业经营得很不错，我一离开，这个企业就越来越不行了，这样的企业其实没有把企业系统搭建起来，更多的是依赖少数人的个人能力，这样的领导也是不称职的，他没有培养出有能力的下属。

5.12 从看报告到亲自到现场查看

传统的领导者平时多习惯于通过看报告、报表来进行决策。虽然数据化管理很重要，也会形成良好的报表，但若领导者能够到现场进一步进行确认，将会掌握更加真实的状况，有助于决策的准确性。

亲自到现场查看，也称现地现物，在丰田体系里被上升到价值观的层面。现地现物不仅仅在于领导者深入现场掌握第一手资料，更多的是关系到领导者如何做决定的理念。精益的领导者认为，所有的领导者都应该对自己管辖范围的事情了如指掌，否则就不能在事实的基础上发现根因并加以解决。

很多时候，在问题发生时，由于没有在第一时间搜集第一手资料，领导者不了解实际情况，在会议室里，大家互相争执，谁也说服不了谁，浪费很多时间，或者解决方案是拍脑门或者凭经验做出的，不能够对症下药，不能有效解决问题。一旦发现大家对问题有不同的看法，达不成共识，就要立即停下来，到现场确认事实。丰田的三现主义如图 5-6 所示。

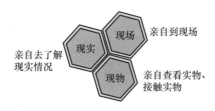

图 5-6 丰田的三现主义

5.13 从责任人是谁到多问几个为什么

通常当现场出现问题的时候，传统的领导者会在第一时间询问、追责相关责任人，而不是将重点放在问题发生的根源追溯及对策处理上，这样容易导致问题无法得到有效改善。

精益的领导者会优先将重点放在问题发生的过程及原因分析上，通过多问几个为什么的方式（见图 5-7）来寻找原因，并探讨事情的处理方法，先付诸行动去改善，最后才会追责责任单位，其目的也是防止问题再次发生。

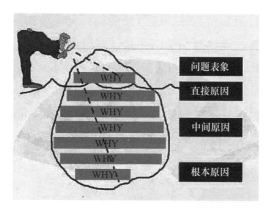

图 5-7 多问几个为什么

这两种处理问题的方式有着本质的不同。第一种是责任思维，更多地从处罚的角度解决问题。第二种是从寻找更好的方法上解决问题的思维。比如在电缆线的制作过程中，线径是一个非常重要的参数，一家企业的做法是要求员工在加工的时候，隔一段时间就用卡尺测量一下，发现问题及时调整参数。员工在上夜班时，不是很清醒，加上计件工资制，质量意识不是很强，产生了十几千米的不良品，损失巨大。生产副总把这个员工叫过来，当场宣布罚款 1000 元，这名员工随后提出了辞职，本来就缺人的岗位更是雪上加霜。后面企业采用了在线监测线径的手段，从方法上彻底解决了这个问题。

5.14 从快计划慢行动到慢计划快行动

传统的领导者在面对问题时，通常没有经过深入系统的研究过程，没有找到真因或者考虑问题不够全面，大家在会议室里讨论一下就马上行动，看起来好像很有效率，但做的过程中会出现很多预想不到的问题，而在实际的行动实施过程中会陷入困境无法持续。比如：某个企业产能不足，计划新增一个工位，开会时，要求车间负责人将一块区域清理出来，清理完之后发现需要的工具还没有采购，需要的人员也没有提前沟通、提前培训，没有办法立即投入生产。某些企业在引入新设备时，也是仓促上马，等设备到厂安装时会出现很多问题。某些企业在导入数字化软件时，也有很大的盲目性，到实施阶段就有很多问题暴露出来。

精益管理的慢计划快行动是一个管理原则，强调在实施行动之前进行充分的计划和准备工作，以确保高效和有效的执行。所谓慢计划是指在采取行动之前，需要进行充分的策划和准备。这包括明确目标、辨别问题、收集数据、制订计划、明确步骤等。慢计划不是指花费过多时间来计划，而是强调在行动之前确保有清晰的目标、明确的路线和可行的方案，减少不必要的错误和浪费。所谓快行动是指一旦计划制订完毕，就立即采取行动。快行动强调积极主动地去实施计划，不断地进行试验和学习，以快速实现结果和改善。快行动也意味着之前严谨的方案制订，可确保方案执行阶段的顺畅有效。

5.15 从专家解决问题到全员解决问题

企业在遇到问题时，不愿意投入时间让团队来研讨，而是依靠训练有素的专家来分析解决问题。本质上这种想法的根源是认为企业是一种等级结构，专家负责流程的设计，经理负责在目标和标准的指导下确保流程的严格遵守，工人只要执行就可以了，没有任何改善建议的机会，工人被认为不需要思考。

如果把改进交给少数专家，就没办法实现持续改善，只有当所有员工都不断对照标准、检查流程并采取措施解决问题，才有可能实现持续改善。没有人比一线操作工更懂得如何做出调整，而不是设计了流程，从来没有亲自使用过的专家们。精益思维要求所有员工对部门流程有深刻的认识，并且能对变化做出快速反应，要做到这一点，就需要不断对所有人进行培训，开展全员改善，同时赋予员工思考的权力。专家解决问题与全员解决问题对比如图 5-8 所示。

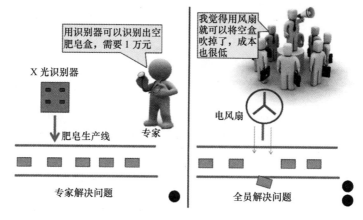

图 5-8　专家解决问题与全员解决问题对比

思考题

1．谈谈你对范式的理解。
2．谈谈你对长期理念的看法。
3．对照 12 范式，谈谈公司哪些领导方式需要改变。

6.1 精益改善是谁的工作

　　精益改善到底应该是谁的工作，不同人有不同的看法，期间可能涉及很多岗位，诸如董事长、总经理、厂长、经理、主管、班组长、员工。有些人认为精益是精益工程师的工作，就会等着精益改善人员提方案、拿结果。有些人认为改善是员工的工作，做一套奖励办法张贴出来，就等着员工提出好的想法，这样的做法通常不会得到非常好的结果。

　　当然，精益改善可大可小，比如线平衡改善，可能需要 IE 工程师与生产线的管理员以及作业员配合就可以了。如果需要改善工装或引入自动化设备，就需要工程人员介入，也可能需要高层的审批。如果一家公司想把精益上升到战略层面，希望通过精益打造决定性的竞争优势，就需要在全公司范围内推广精益，改善的广度和深度将是前所未有的，精益需要所有职能部门都动起来，上至董事长，下至每一名员工。一旦高层行动起来，就会给中层、基层很好的示范作用。具体到每个层级的领导在改善中扮演什么角色，尤其是高层起什么作用，都要仔细规划。比如在董事会中引入懂精益的人员，可以增加董事会对精益的认知；让高层亲自参与改善项目，让他们获得体验感来更好地支持精益改善等。

　　人无头不走，鸟无头不飞，精益改善总要有一个带头人，对于集团公司，建议由一名副总裁负责；对于中小型公司，最好是由董事长（老板）亲自负责。这不代表董事长要事必躬亲，亲力亲为，而是要定期过问、定期检查，甚至参加一些大型方案的研讨。顾问老师辅导的一家跨国公司，董事长每个月在国内只有几天时间，每个月就利用这几天时间把方案研讨出来，改善措施就比较容易贯彻执行，发现存在问题，董事长就会快速解决。一家企业的高级 IE 工程师应聘到另一家企业做精益专家。在以前的企业，他可以经常与总经理沟通，交流改善问题。到了现在的企业，发现没有改善的文化氛围，阻力很大，领导也不说支持，也不说不支持。顾问老师的建议，既然企业招人过去，总体上肯定是支持的。很多时候是顾问或精益人员没有清晰地传递需求，高层领导不知道怎么支持，比如每次开会都希望董事长参加，刚开始，他强调了改善的重要性，后面发现每次都没有事情做，慢慢地他就不参加了，所以并不是每次开会都要高层参加，而是有什么事情需要他拍板，哪些事情需要他当众表明立场，这些问题事先要跟他沟通好，他就知道怎么支持了。精益改善的领导者如图 6-1 所示。

图 6-1　精益改善的领导者

6.2　组织中不同位阶的角色分工

要理解组织中各层级在精益改善中的作用，首先应该理解组织中各层级的角色分工，一般的制造业可以分为四个层次：睿智的经营层；坚实的管理层；强化每日工作进度的监督层；充满活力、努力不懈的作业层。董事长和总经理一般属于经营层，也称高层，这个层面的领导主要是决定公司的经营方针和目标，而经理、主管所在的管理层，更多是在公司经营方针和指示的基础下，设计执行计划，然后将具体的计划交付给下属去执行的一个阶层。因此管理者应把下属视为手足，将上级交付的任务具体化后由部属彻底执行，且不只"授责"亦应"授能"。部属执行时若遭遇困难应立即协助排除障碍，必要时应向上级报告并请求支援。班组长属于监督层，把具体的生产任务分派给员工，对员工进行教育训练，并监督执行。从精益的角度出发，经营层负责引入精益，向公司传递坚定的改善决心，并且给各部门制定改善指标。各部门经理按要求制定改善重点和改进计划，并把计划传递给下级执行。具体涉及生产线的，需要班组长去落实，比如流水线快速换线，班组长要按照换线流程指派员工换工艺卡、换料、换模具。作业员按要求执行，并提出改善建议。

组织中各层级扮演的角色如图 6-2 所示。

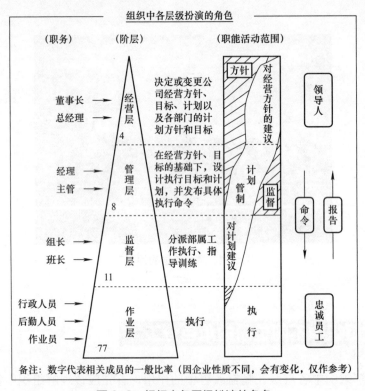

图 6-2　组织中各层级扮演的角色

6.3　不同企业的精益组织形态

精益在企业中组织形态有很大差异，取决于企业的规模、行业、文化和实施精益改善的程度等因素，一家企业在推动精益变革时，可以同时采用几种形态的组合，而不是单一的模式。

（1）高层分管主导推进型　顾名思义，就是由一名高层负责，组织推动，落实改善。这样做的好处是，高层重视，示范效果明显，落实阻力会比较小，高层之间的协调相对容易些。这种方式需要高层对精益有较深入的理解。

（2）各部门年度立项改善型　通常见于比较大的企业，要求各部门报项目，通常是比较大的项目，根据项目预算经费，审批项目。这样做的好处是，项目经过比较明确的流程被确定下来，会对结果进行验收，项目负责人会有一定压力。不足之处是，有的企业尤其是大企业对预算卡的比较死，项目可能中途没有经费，一些临时发现的问题想要立项也比较困难。一个比较极端的例子，一家企业推行 5S，发现没有胶带了，不得不停下来，因为胶带超预算了。现实中，真正需要精益改善的企业，各种状况都有可能发生，像丰田、丹纳赫改善氛围那么好的企业少之又少。

（3）内部专职团队推进型　对精益有一定认知的企业，尤其是想长时间推行精益的企业，通常愿意设置精益生产办公室 [或 IE（工业工程）部门]，招聘专职人员进行推动，这样做的好处是，相关的过程都有人去组织落实、去跟进、去检查监督，精益专职人员因为受过不同程度的训练，可以弥补其他领导对精益理解的不足。当然，这样做必然需要花费一定的人力成本。

（4）外部顾问项目推进型　通过聘请外部顾问推动精益在业界已经是一个普遍的现象。外部顾问无论是在精益技能上还是在推动技巧上，都有着非常明显的优势。尤其是在企业长期固有思维下，依靠内部自主推动非常困难，引入外部顾问是必然的选择，企业通常会担心，付出了成本，没有取得预期的效果，或者顾问走了，效果难以保持。企业在引入外部顾问时，除了加强考察评估之外，应该摆正心态，做企业就是有风险的，把所有风险都转嫁给顾问，公司是不明智的。企业要扮演好改善主体的角色，顾问是老师，不能把顾问当管理层用。在顾问辅导过程中是否注重人才培养，是改善能否持续的关键。

（5）学点知识回来尝试型　有些企业喜欢学习，会定期安排骨干员工外出学习，学习之后，骨干员工根据自己的理解，觉得哪些知识可以在企业导入，尝试在企业应用。这种方式总体上是有积极意义的。骨干员工经常学习，可以开阔视野，避免思维固化。通过适当的应用，也可以巩固学习者对知识的理解，但是这种改善方式通常不够系统，实际的效果受限于学习者的转化能力。

（6）完全没有了解不做型　对精益完全没有了解，没有学习的动机，没有推进的机制。

精益组织形态如图 6-3 所示。

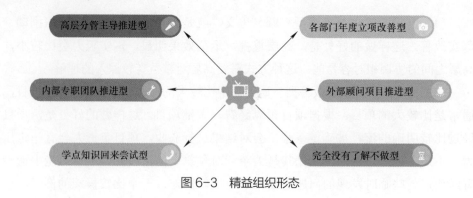

图6-3　精益组织形态

6.4　专职精益推进职能设立的必要性

（1）可以系统、有序地推进组织的精益改善工作　有些企业会设置专职的精益推进职能，一般称为精益办，这是非常必要的。现实中，企业中各个岗位都很忙，如果没有专职负责精益推动的人员，而由其他岗位兼管，每个岗位都有自己的主业，很难把精益改善放在首位，此外，不同岗位的人对精益的理解也存在很大差异。由其他岗位兼管可能在某个点、某个时间段上比较努力，但很难系统、有序、持续地推动精益改善工作。

（2）可以分担企业高层的改善理念及行动落地　企业有了专职的精益人员，可以根据高层确定的改善重点落实改善，比如高层认为这段时间工厂的5S很差，也有大客户要来参观，精益办就可以执行5S相关的改善步骤，推动执行。高层想抓采购降本，精益办可以与采购部门一起分析改善空间，制定改善措施，相关的问题和进度都要及时向高层汇报。

（3）可以有效指导其他部门的精益改善方法　精益办相关负责人通常接受过精益的系统培训，对精益的推动方法有所了解。可在日常改善中对其他部门进行培训，进行改善的指导。比如流水线平衡，先培训，培训完了，要求线长测工时，指导线长调整工序，工序调整后，再衡量产量提升的比例。通过这样的形式，相关的管理人员可以体验改善的过程，如果没有设置这个职能，就只能靠生产部门自己摸索。

（4）能够主导和推进跨部门复杂流程性精益改善　当遇到跨部门的问题时，比如车间说物料没有及时到位影响生产，采购部门反映计划总是改单，把采购计划打乱了，这就涉及跨部门的流程问题了，每个部门都说自己的理。这个时候，精益办就可以进行深入调查，分析原因，然后与各部门沟通协调解决问题，如果协调不了，再把问题上升到副总或总经理层面。

（5）能够降低企业对外部高昂顾问费用的成本依赖　企业有了专职精益改善人员后，在引入外部顾问时，可以负责与外部顾问对接，顾问与企业团队研讨后，确定改善方案，精益负责人负责跟踪落实，这样顾问老师就不需要花费太多时间待在企业，可以减少顾问老师的出勤费用。

（6）可以持续性推进企业的长期精益活动　企业引入了精益部门后，该部门可以长期专职负责精益活动，不容易被其他工作干扰。可以根据企业的年度目标进行分解，制订年度改善计划，有步骤、有顺序地进行改善推动。

（7）若有外部顾问指导，可以有效对接并传承　如果企业聘请了外部顾问，精益部门负责对接，落实相关改善项目。在项目结束后，继续推动项目进行，而不是老师走了，各部门都很忙，后续的工作没人管。

（8）复合型高级主管及改善型人才的培养储备　精益改善涉及企业的方方面面，涵盖所有流程，经过几年的历练，精益人员可以作为高级主管及改善型人才的候选人。这样的人才知识结构比较全面，系统思维能力比较强，同时又具有较强的改善意识。在企业日常管理中，这样的人才通常会比较有章法，思路清晰，而不是头痛医头，脚痛医脚。

6.5　专职精益推进职能的设定过程

一个企业的高层认识到精益的重要性，或者在遭遇到成本、交付、质量的压力与危机感下，会寻求精益解决问题。这个时候就是精益改善出现的最佳时机。

初期导入精益改善时，可以招聘有精益改善经验的专业人士，人数不要多，在这个时候，企业对精益的认知还处在了解和怀疑阶段，所以要控制人数，以免增加太多人力成本，此时企业会有很多杂音出来，最重要的是通过一些实际的改善在局部打造成果，增加大家对精益的认知和信心。这个阶段建议在 6 个月以内。

在初尝精益改善实践的"甜头"之后，企业则可根据必要的负荷评估来增加精益工程师团队的人数，以增加绩效的产出。在一些点上，大家看到了改善成果，比如通过某条生产线的改善，提高了效率，节省了人力，领导们觉得精益确实能为企业带来价值。经过 6 个月的实践，精益人员对企业的组织架构、高层的想法、人际关系、资源分配等有了较深入的理解。这个阶段可以根据实际的负荷情况增加精益工程师的数量，比如一名工程师负责一个车间，或者根据项目的需要，给精益工程师搭配精益专员，扮演不同的角色。如果前期对问题的把握比较精准，通过人员的增加，就能获得更大的效益，精益的影响力进一步加大。

当精益改善的工作已逐渐成熟，大部分部门和高管对精益的认知都是正向的，则应当给精益工程师"正名"，可以建立独立的改善部门，至于改善部门设置在企业组织架构中的什么位置，后面会进一步讨论，有了独立的部门，精益办或推进办可以担当更大的责任，可以赋予更多职能以创造更多的价值。

精益职能设定过程如图 6-4 所示。

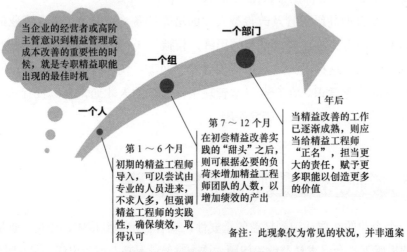

图 6-4　精益职能设定过程

6.6　专职精益推进职能的架构归属优劣

精益部门设置在公司组织架构的什么位置，因公司规模和对精益认知程度的不同而不同。通常情况下，有以下三种方式。

1）对于大型集团公司，精益部门隶属于集团公司（见图 6-5），采用矩阵式管理方式进行管理，负责拟定集团精益实施计划，赋能并督导各公司的精益职能发挥，定期进行绩效检讨，总部精益部门要对各分公司精益绩效承担一定的责任，同时也具有对各分公司考核的权限。各分公司有些会设有精益主管或精益专员的岗位，以配合总公司的领导。对于一些项目，精益部门设置在总部，有权力从各个事业部临时抽调人员，组织改善小组，到某个事业部去做改善。这样的方式既能发挥集体的力量，也能帮助大家互相学习，取长补短。

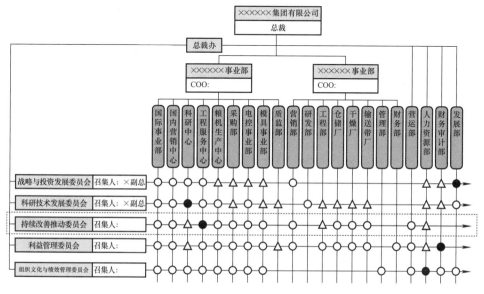

图 6-5　精益部门隶属于集团公司

2）常规独立公司，精益部门架构于最高职能层，由总经理直接管控（见图 6-6），充当"参谋""顾问"的角色，权限相对较大，工作展开较易，为较理想的精益架构组织。当精益改善工作进展到一定水平后，通常会涉及多个部门的协调，需要有整体思维的领导支撑，在一个公司最有整体思维的岗位就是总经理或董事长。有些公司认为精益是生产改善，想把精益部门放在生产副总之下。在实践中，这不是最理想的选择，高层的意见有时候也是不能统一的。如果公司的总经理非常繁忙，比如主抓业务，精益部门最好划给常务副总。公司需要认识到精益推进的第一责任人是总经理，因为总经理很忙，同时在精益领域也不专业，所以精益部门是总经理手臂的延伸。

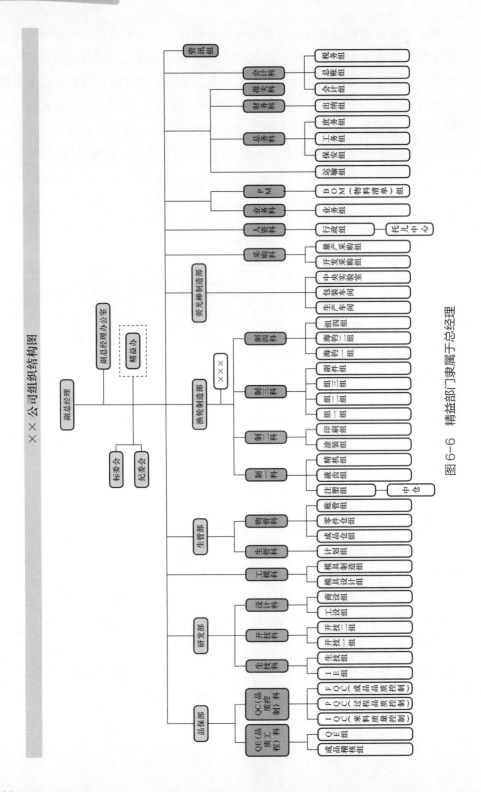

图6-6　精益部门隶属于总经理

3）常规独立公司，精益部门架构于工程技术（或制造）部门下面一个组级（见图6-7），较多处理工艺规划及现场精益改善的工作，无法涉及系统精益的推进，工作面拓展机会不大。此处需要强调的是，很多时候企业的高层对于什么是精益、精益推进部门应该放在哪里，并不是很清晰，需要精益从业人员自己去争取，顾问老师以前在企业做精益负责人时，都是在面试时与企业的总经理谈好的，如果不能够影响高层的决定，未来开展工作时会有很多障碍。

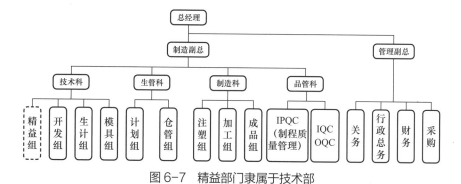

图6-7 精益部门隶属于技术部

6.7 专职精益推进职能的职能规划

一旦公司决定要设立精益部门，就要明确该部门的职能。部门职能的规划一般要根据公司的中长期战略和年度目标，梳理出精益推进部门应该承担的职能，然后将职能细化为比较具体的内容，最后把部门职能分解至岗位职责。至于要赋予精益部门哪些职能或权力，需要考虑当前的改善重点，部门职能也可以根据公司的需要进行调整。表6-1是某造船公司精益办部门职责。

表6-1 某造船公司精益办部门职责

基本任务（一次展开）	任务细项（二次展开）	职责（三次展开）
依照公司发展战略方向，以科学化、高效化现代造船公司为目标，通过规划、设计、评价、创新等手段来推进公司各种降本增效活动	1. 标准工时制定及维护	1.1 生产工艺流程分析整理
		1.2 工序物量标准分析统计
		1.3 标准作业分析及优化
		1.4 标准工时的计算与建立
		1.5 标准工时的核对与优化
		1.6 标准工时在 ERP 系统的维护
		1.7 标准工时制定规则的建立

（续）

基本任务（一次展开）	任务细项（二次展开）	职责（三次展开）
依照公司发展战略方向，以科学化、高效化现代造船公司为目标，通过规划、设计、评价、创新等手段来推进公司各种降本增效活动	2. 标准工时应用管理	2.1 企业工时应用场景分析
		2.2 工时在产能负荷分析中应用
		2.3 工时在生产日报记录中应用
		2.4 工时在异常工时管理中应用
		2.5 工时在标准成本核算中应用
		2.6 工时在成本差异分析中应用
		2.7 工时在成本降低改善中应用
		2.8 工时在应用过程中的异常处理
	3. 标准成本改善推进	3.1 直接人工成本改善
		3.2 间接人工成本改善
		3.3 日常管理成本改善
		3.4 能源耗材成本改善
		3.5 其他财务科目成本改善
	4. 人员工效改善推进	4.1 工序联合作业分析
		4.2 作业方法工效改善推进
		4.3 标准化作业推进
	5. 材料降本改善推进	5.1 外购外协物料成本改善
		5.2 制造过程物料损耗改善
		5.3 产品结构（材料用量）改善
	6. 工具设备改善推进	6.1 工装容器模具改善推进
		6.2 设备利用率提升优化
		6.3 省人化、自动化设备的研究及导入
	7. 生产流程改善推进	7.1 定期性关键产品价值流分析
		7.2 准时化生产改善
		7.3 工序间流程分析及优化
		7.4 厂内物流过程分析及优化
		7.5 工序流动分析及库存降低改善
		7.6 现代新制造技术的研究及导入
		7.7 数字化、信息化优化的参与

（续）

基本任务（一次展开）	任务细项（二次展开）	职责（三次展开）
依照公司发展战略方向，以科学化、高效化现代造船公司为目标，通过规划、设计、评价、创新等手段来推进公司各种降本增效活动	8. 合理化建议活动推动	8.1　合理化建议的拟定与修订
		8.2　改善方法的教育训练
		8.3　合理化建议资料的审查及管理
		8.4　改善过程的实践跟进指导
		8.5　改善效果的验收确认
		8.6　优秀提案的奖励与宣传
	9. 精益改善知识传播	9.1　精益改善课程培训计划制订
		9.2　精益改善培训课程的开发
		9.3　精益改善培训课程的实施
		9.4　公司改善类宣传看板的制作及维护
	10. 顾问承接及高层参谋	10.1　外部咨询项目的导入评估
		10.2　外部咨询项目的过程参与
		10.3　团队管理与种子人才培养
		10.4　定期性持续改善策略的提出
		10.5　高层不定时交办任务的处理

6.8　优秀精益工程师的角色扮演

在精益改善过程中，精益工程师要想做好改善工作，至少要扮演六种角色，精益工程师应该自我对标，看看哪种角色做得不够好，需要完善自己的技能。

（1）技术专家　精益改善首先是一项技术活动，比如如何实现单件流、如何做低成本自动化改造、如何做 3P 新工厂布局设计、如何实现拉式生产、如何做订单的均衡化、如何通过价值流分析发现问题等。精益工程师首先要对这些改善技法烂熟于心，只有具备了专家的水平，才能指导影响他人。

（2）顾问　精益工程师需要扮演顾问的角色，作为高层领导的参谋，为管理层提供决策方案和改善建议。在没有引进外部顾问的时候，精益人员通常扮演了顾问的角色，企业要做哪些改善，如何做改善，都要给领导提出建议，在这个过程中尽量给领导做选择题，把有几个方案以及各个方案的优势和缺点都列出来，要领导做出权衡。

（3）倡导者　精益改善要取得成功，需要大多数人转变观念，宣传鼓动工作不能少，也就是建立精益改善的文化，要通过一系列具体的活动来宣传精益的好处，营造改善的氛围。

（4）教练　精益关于教导的理念有一句话是这样讲的，"如果学生不会做，就是领导没有教好"。精益工程师有责任教授各种改善方法，并且确保现场领导掌握了这些方法。精益工程师指导和训练员工需要有计划、有科学的方法。

（5）研究者　在企业现实中，有很多问题并不是非常清晰，也没有固定的答案，需要精益从业人员有一定的研究能力。比如，有一家公司的仓管员提出离职，一会儿说要回老家发展，一会儿说要生二胎，本来当地招人就比较困难，培养一名仓管员不容易。精益专员经过深入研究发现，问题的根源是财务每次盘点时，发现数据不对就罚款，可是仓库晚间没人值班，技术、生产拿取物料都不自觉登记，责任却由仓管承担，该问题一直没人解决，因此调查研究是精益工作者的一项重要技能。

（6）促进者　精益工作者研究出好的方法，需要落实，才能产生真正的业绩，而对现场作业人员而言，当他们还没有看到新方法的价值时，通常是反对的，这就需要有人去推动。对精益工程师而言，推动有很多方法，比如建立奖惩机制；比如请高层示范；比如给责任人分析利弊，消除疑虑；比如拉着车间干部一起干等。

6.9　优秀精益工程师的能力要求

上面讲到精益工程师需要扮演不同的角色，因而对其能力也有很高的要求。精益工程师要通过不断学习，提升相应的能力。

（1）能想　所有正确行为的前提就是要先有思考，这种思考来自对事物本质的理解，对行动目的的理解。在新冠疫情期间，有一家汽车零部件厂被客户要求提供防止断供的措施。这个要求看起来非常棘手，没有固定的答案，需要发挥想的能力，要结合疫情的轻重，提出一些能做的管理措施。

（2）能写　好的想法需要用一种特定的方式来展开表达，文案是想法表达的最佳方式。精益工程师应该能用包括 WPS、Visio、CAD、草图大师等基本的工具来展示方案。比如很多企业老板看不懂 CAD 平面图，如果精益工程师能提供三维的布局图，沟通就会容易很多。

（3）能说　配合更为清晰流畅的表达能力，将会让精益工程师的文案得到别人的认可并成功实施。表达能力的关键是要有逻辑性、条理性。需要了解听众的背景知识和兴趣点，以便调整表达方式和用词，也可以采用一些比喻的表达方式，让晦涩的内容生动化、繁杂的内容结构化、单调的流程旅程化。

（4）能变 改革总不会一帆风顺，过程中的困难与阻力需要通过灵活的技巧来应对，并不断挑战新的目标。比如某个供应商送货方面配合得非常不好，经常不及时，生产车间抱怨不断，经过现场调研，发现供应商距离工厂很近，顾问与企业老板协商，给需要该零件的车间主任一些补贴，送货不及时的时候，车间主任开车去取，当一条路走不通时，要想想能不能变通。

（5）能做 不是每个改善对象都能够快速理解并接受精益工程师的想法，精益工程师需要通过良好的行动力来影响他们。很多时候，人们不是一下子就接受精益工程师的想法，而是在做的过程中一点一点知道改变的好处。为了让大家动起来，精益工程师需要亲自动手，比如把工位物料架搭好，把流水线平衡调好等，一旦看到了变化，现场的态度就会发生转变。动手能力在一定程度上有助于精益活动的开展，但是不要让现场干部认为那是精益工程师的工作，通过动手实现教导才是其目的。

6.10 精益改善方案制订技巧

制订精益改善方案最基本的目的是给领导审核，获得领导的支持，所以方案的制作需要一定的技巧，只有方案得到认可，精益工程师的想法才能被付诸实施。

（1）尽可能做成 PPT，方便演示 在商业演示中，PPT 无疑是最普遍的展示工具，通过一些数据与图表的使用，能较直观地反映问题，也方便讲解。

（2）逻辑若站不住脚，很容易被推翻 逻辑的严谨性非常重要，也就是问题、问题背后的原因以及改善对策要一一对应。有一家企业长时间都无法实现持续增长，有人认为某台设备是瓶颈，限制了企业的发展，企业负责人非常不认可，他觉得如果设备是瓶颈，企业买两台设备就可以了，这显然没有找到真正的原因。

（3）依赖数据，不能靠个人主观想法去撰写 很多企业对数据的认识还不够深，但通过精准的数据进行说明会有说服力。顾问在一家企业进行调研时，企业负责人认为两个产品系列中，只有一个准交率差，另一个产品简单，问题不大，顾问坚持要求用过去三个月的数据统计，发现两个产品系列准交率都很差。

（4）虽有数据，但若过于浅薄，也无法客观反映实事　比如统计准交率、不良率这些指标时，如果只统计一周的数据，可能会因为一些特殊性，不能反映全貌，至少选择三个月的数据才有代表性。

（5）有想法，有方案，但投入产出不划算也难通过　作为企业，做决策要计算投入产出比是非常正常的事情，在哪些环节投入的产出最大，都应该进行分析。比如很多企业投资 MES，但实现的产出非常有限，因此作为精益工程师一定要有财务思维。

（6）闭门造车，缺乏对各部门实际作业的了解，也会失败　一些新加入企业的精益工程师，喜欢把自己过去企业的做法照搬到现在的企业，结果是水土不服，不被认可。每个企业都有个性化的特征，需要精益工程师深入企业查找问题，并分析原因。在深入了解企业问题和文化背景的前提下，提出改善策略。

（7）方案无法体现出目前存在的问题，将突出不了变革的必要性　企业的问题很多，不是所有的问题都值得立即解决。一些精益工程师没有抓住重点，提出的一些解决方案不能有效针对当下最紧迫的问题，或者不能满足高层的期待，比如企业交货不及时，被客户催交，整天忙于赶货，此时，精益工程师提出改善现场 5S，就不太容易得到支持。

（8）尽可能用精益的工具表达内容，从资料感观上体现专业　为了体现专业性，用专业的工具展示也是非常必要的。在精益的体系里有很多工具，比如价值流分析、流程程序分析等，即便企业的管理者之前不熟悉这些工具，他们看到这样的表述方式，会感到很专业，增加改善的信心。用布局图展示布局方案如图 6-8 所示。

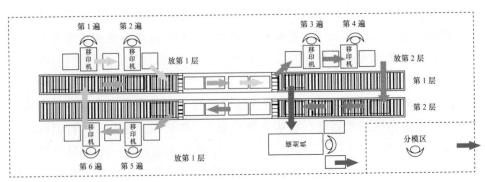

图 6-8　用布局图展示布局方案

6.11 精益改善团队的组成技巧

一个项目要想成功，可能需要多个部门介入，就拿最基本的现场改善而言，可能需要介入的部门包括生产、工程、技术、品质，这取决于项目的性质。所以管理者要善于整合资源，善于"搭班子"、组团队，同时，高层是必须要参与的，他是资源的支持者，没有高层的介入，各部门在配合上会有很多问题。精益工程师作为"项目参谋或干事"，在这个过程中指导、推动项目进行，重点改善部门管理者做"项目负责人"，这一点非常重要，谁的问题谁负责推进改善，不能把主体弄错。比如开展 5S，负责人应是各个区域的管理者，而不是精益工程师，谁是主体、谁配合谁一定要明确，心态摆正了，项目才会顺利。改善团队组成示例如表 6-2 所示。

表 6-2　改善团队组成示例

职能	名单	部门	职责	备注
项目负责人	何总监	制造中心	主导整个项目，包括会议的召集，各责任项目的监督等	
项目顾问	魏工	精益部	项目展开的协助、跟进，方案对策的整理及改善的指导	
核心成员	王科长	制造	参与项目，针对生产现场出现的问题进行分析、改善及预防	
	肖科长	工程	参与项目，针对产品技术异常进行分析、改善及预防	
	张科长	品管	参与项目，针对来料的品质异常进行分析、改善及预防	
	杨科长	生管	参与项目，生产计划的饱和性落实	
	黎科长	采购	参与项目，缺料异常工时的分析、改善及未来的预防	
	龙科长	仓库	参与项目，缺料异常工时的分析、改善及未来的预防	

6.12 精益改善方案的项目管理技巧

（1）"高情商"是精益改善的第一推动力　情商是指个体在情绪管理、人际交往、自我意识和社交意识等方面的能力，它在个人和职业生活中都非常重要。情商高的人更容易与他人建立良好的关系，解决冲突，有效沟通，并在团队合作中展现领导力。在精益推动的过程中，不可避免地存在各种矛盾、冲突，如何沟通有一定艺术的成分，需要精益人员加强自我修炼。

（2）表现出一个改善导师角色，而不是批评家　改善导师应该以教导、引导为主，比如给员工一些提示，协助挖掘问题，当开发解决方案遇到障碍时，能帮助员工开拓思路，而不是喜欢批评，表达不满，等着别人拿结果。

（3）鼓励参与者，并协助他们分享改善的成绩　当参与者取得一定的成绩时，要及时给予鼓励和认可，要指导他们把改善的过程、改善的成果发布出来，比如可以指导他们做 PPT，可以要求他们试讲。通过分享让员工感受到成就感，也是员工学习成长的途径之一。

（4）能够灵活善用一切有效资源，尤其是技术资源　精益改善涉及面很广，很多技能不是精益人员可以掌握的，比如模具的制作、设备的调试等，需要其他部门支持，所以精益人员要做资源的整合者。

（5）理清并把握好变革过程中的利益群体　改善过程中涉及不同部门或人员的利益，比如要增加换线次数，生产部门可能有意见；要控制提前交货的原材料，采购部门可能有意见；要销售部门统计客户投诉，可能增加他们的工作量。方方面面的事情需要做好权衡和预案，有理、有据、有节。

（6）在满足精益改善的愿望上，切勿忽略被改善者的诉求　不同人的背景、角色、动机不同，对于要改进什么，可能有不同的期待。副总可能希望把现场 5S 搞好，因为经常有客户来验厂。车间主任可能希望增加一些人手，分担他的工作量。总经理怀疑车间主任工资算得不合理，希望知道标准工时里有多少水分。基层员工可能希望按时发工资。这些问题要统筹考虑，争取获得大部分人的支持。

（7）每一步实施都应有事前的计划及可能的后果判断　做改善要养成做计划的习惯，在实施前应该充分论证改善方案的可行性，并对方案实施中可能的后果有预案。某公司为了降低成本，引入了高精度的加工设备，但工人需要较长的学习周期，工人拿计件工资，意见很大，不配合，部分员工离职，导致交付出现问题，企业非常被动。

（8）必要的正向激励手段能够促进团队的改善热情　开展一些物质和精神的奖励对改善开展是有好处的，精益人员应该事先与企业决策者进行沟通，申请适量的经费，改善工作配合适当的激励手段，更容易营造氛围，把大家的竞争意识激发出来。除了物质奖励，星级认证也是不错的激励手段。要注意避免把员工培养成动机型员工，有钱就做，没钱就不做，员工得到的应该是自己价值被认可的成就感。

（9）及时做好阶段总结，确保计划与实际的步调一致　好的改善一定要及时总结，最好是每周总结、每月总结，发现计划不能按照预定的时间节点完成时，要找到原因，必要时要求高层介入。发现项目脱离了轨道时，要及时纠偏。

精益改善方案研讨示例如图 6-9 所示。

图 6-9　精益改善方案研讨示例

6.13　如何有效借助外部专家赋能

现在越来越多的企业选择引入外部顾问团队，帮助企业导入精益变革，这样做的好处是不言而喻的。需要提醒的是，顾问专家工作重点应该是对团队赋能，也就是人才提升与机制建立，企业不应该在精益执行层面长期依赖外部顾问。

（1）第三方的视野，更容易发现自己看不到的问题　企业管理者在行业中的时间很长，很多问题司空见惯，不认为是问题，自然就没有改善的动力。顾问专家对企业不熟悉，反而不太容易被同化，更容易识别出真正的问题。

（2）更有效的资源整合，让团队效能发挥最大化　顾问专家和企业的领导没有直接的利益关系，可以站在更客观的角度看问题。在整合资源时，各方容易把自己真实的想法表达出来，便于解决问题，促使各方密切配合，发挥最大效能，同时顾问专家在企业外部也有很多客户资源，可以为企业所用。

（3）更专业的方法，来赋能团队精益战斗力提升　顾问专家通常接受过专业系统的训练，辅导过不同类型的企业，在方法工具层面能够比较精准地给企业改善团队提供指导，有助于在短时间内见到效果，提升团队士气。

（4）以导师的身份，减少企业内部职务间沟通障碍　导师属于外部短期介入模式，另外我国向来有尊师重道的文化，在协调内部沟通过程中，不会有太多的顾虑，企业领导也不会有太多担心，工作协调会更有效率。

（5）与高阶形成战略层面的讨论，让精益更系统　顾问专家可以与企业高层召开战略研讨会，就企业未来发展的大方向达成共识，明确目标和现况的差距，在此基础上，制定精益改善的目标，使精益改善更系统、更聚焦。

思考题

1．谈谈建立专职精益部门的必要性。
2．对照精益工程师的六大角色，谈谈你的不足。
3．制订精益改善方案有哪些注意事项？

第7章 常见精益推进误区规避

7.1 知识理解层面

　　企业中高阶主管对科学管理、丰田管理、精益思维的内涵了解不够，中基层人员对精益改善技法的了解不够，导致对精益的立项、推进及改善要求发生偏差，造成效果不佳。错误的认知势必会影响精益的推行，下面几点是企业在推行精益时经常会遇到的问题。

　　1）认为自己的企业特殊，不适合开展精益。

　　2）认为精益就是现场改善。

　　3）认为精益就是做几个项目，降低成本。

　　4）认为精益是若干工具的应用。

　　5）认为精益是一次成功、一劳永逸的事情。

　　6）认为精益应该全面开花。

　　7）认为精益就是零库存。

　　8）认为精益是现场管理者的事情。

　　9）认为花钱找人来了，自己不需要参与。

　　10）认为大企业的成功方法就是好方法。

　　11）追概念，认为新方法就是好的，比如阿米巴，就想试试。

　　对精益不正确、偏颇的认知会直接影响管理决策，在精益推进过程中，磕磕绊绊，步履艰难，问题不断，如果没有强有力的高层支持，精益的效果恐怕会令人失望。

　　建议企业中高阶主管、核心流程主管、关键推进者一定要进行深度的精益训练。基层干部要掌握各种精益改善的方法，甚至全体员工都要了解精益的思想及要求。这里需要强调的是，有些企业基础确实很差，比如说，有些公司基层干部大部分都不是脱产的，高层通常不建议对干部培训，认为由精益工程师或顾问老师制订改善方案，让他们去执行。实践下来，这样的方式并不理想，因为基层干部对现场的情况是最了解的，只有他们充分介入，方案的可行性才会最大。要解决因为培训、开会等原因给这部分干部带来的问题。

7.2 推进策略层面

企业缺乏定期性的精益成熟度自评，无法系统、准确地制定符合公司发展需要的中、长期精益改善策略，导致想到哪里打哪里，出现盲打无效行动，错失企业发展良机。

最近，国内一家知名的实木家具企业在走清算破产的流程，让人倍感痛心。随着人们生活水平的提高，实木家具既笨重也不舒服，更谈不上时尚，严重脱离当今主流消费群体的"时尚、舒适、有设计感"需求。加上传统企业在互联网上获取流量的经验有限，现在的市场趋势是实木的需求在不断减少。软体家具在不断扩大。市场份额被全屋定制、高定整装逐渐蚕食。这家企业本该在产品上转型升级，并围绕新产品开发导入精益改善，以加快新产品迭代速度，可是源于固有的思维模式，企业聘请顾问做内部管理和营销改善，花费大量时间和成本也不能扭转企业的败局。

精益的起点是定义客户的价值，也就是理解客户的真实需求，在此基础上明确企业的发展战略，根据企业的战略目标和当前的差距，确定精益改善的主题，一般称为精益战略部署与方针展开，而不是各个部门每天围绕着自己的工作，不断打磨与优化，以期达到最好的效果，尤其在企业缺乏订单时，一定要重新审视客户价值，不能盲目改善。建议企业要定期组织核心主管、精益推进者进行系统性的精益战略分析及部署研究，最好是以年为周期进行精益成熟度自评或战略解码分析，形成有效的改善计划并落实行动。

7.3 人员能力层面

精益改善本身涉及的范围比较广泛，比如流水线改造、车间布局、低成本自动化、JIT、供应链等，涉及大量的知识体系。企业的种类也是千差万别，有些是装配型的，有些是加工型的，有些是流程型的。企业领导的个性也是各不相同，比如有的领导是老虎性格，自主性强，坚持己见，有很强的控制欲，不喜欢细节；有的领导属于分析型的，做事情注重细节，小心谨慎，对方案的逻辑性要求很高；有些领导是孔雀型的，喜欢表达，思维开阔，有理想色彩。这些特点都对精益改善人员的能力提出了很高的要求。

　　现实中，精益工程师虽然经过较为系统的培训，但大部分没有像咨询顾问一样经历过若干个公司，经历过不同的企业形态，因此推进精益的工程师或专职团队自身能力较弱，难以树立管理权威，影响推进的效果。所以，精益工程师需要定期进行自我能力盘点，结合企业精益改善需要，找出能力差异，并不断学习提升。

　　这些能力体现在学历、企业运营管理知识、专业精益理念及技法、产品结构及生产工艺知识、项目管理知识、基本的外语及计算机软件操作等方面。图7-1给出了各知识模块所占的比重，就目前大部分企业的精益人员而言，在企业运营管理知识、专业精益理念及技法、项目管理知识、报告文书处理能力方面欠缺较多，精益技法的实战经验尚且不足，需要加强学习与实践。

	知识模块	知识比重	职业要求	实际状况
1	基本的学历知识	15%	高中或大学以上	较佳，基本都可满足
2	企业运营管理知识	10%	熟悉企业各职能及运作流程	掌握不足，缺乏系统观
3	专业精益理念及技法	42%	掌握基础 IE 与现代 IE 技能	尚可，但实践性不足
4	产品结构及生产工艺知识	5%	快速熟悉所在企业产品工艺	较佳，一般都会掌握
5	项目管理知识	10%	能够整合资源推动改善	掌握不足
6	报告文书处理能力	5%	能够制作出清晰的方案书	较缺乏
7	沟通及交际能力	5%	良好的语言表达及亲和力	尚可
8	计算机软件操作能力	3%	Office、CAD、Visio、ERP	尚可
9	外语能力	1%	非外资一般无要求	尚可，部分过度投入
10	其他	4%	综合的社会知识	尚可

图 7-1　精益改善人员的能力要求

7.4　利益分配层面

　　科学管理原理提出，企业通过员工的效率提高可以获取更多的利益，但必须分配一部分利益给员工，让员工也增加收入，切勿忽略员工的收入待遇提升！

　　现实中，很多企业，尤其是管理理念不够成熟的中小企业，往往忽视了经营者和员工利益的平衡。比如说，每次效率提升，就降工价，导致计件员工一点积极性都没有，更有甚者，要求员工提出改善建议，通过改善合并了某些工位，员工被辞退了。这样的企业精益改善是不可能持续的。

　　商鞅变法时，为了取信于民，在城南门立了一根木头，说谁要能把它搬到北门就奖励十金，民众无人相信，后来加到五十金，有人禁不住诱惑，将木头搬到了北门，最终得到了奖励，老百姓相信了，这为变法提供了民意支持。现实中，有些老板喜欢画饼，比如说愿意拿出增量的多少比例给大家分配，说完了又不愿意兑现，员工自然不愿意改变，没有好处，他为什么要改变呢。

　　企业负责人的一种想法是，认为改善的效果是因为企业投入了成本，比如请了外部顾问，这个成果自然应该归企业所有。另外一种想法是，企业希望能够把成本压缩到极致，把员工当负债而不是资产。员工在变革过程中要配合熟悉新的方案，有些员工的工作量也有增加，员工对待遇提升也有不同程度的期待。企业的变革与员工没有关系，他们又怎么会感兴趣呢，只有双赢的解决方案才能长久。从激励的角度而言，奖励的时间跨度不能太久，有些公司喜欢到年底甚至到第二年才兑现奖励，这不利于激发员工斗志。按月或者按周是比较好的方式。

　　经营者与雇员利益的平衡如图 7-2 所示。

图 7-2　经营者与雇员利益的平衡

思考题

1．谈谈贵公司在知识层面有哪些欠缺。
2．在精益改善过程中，为什么要注重员工的利益？
3．对照图 7-1，谈谈自己哪方面能力欠缺。

第2篇

生产制造精益改善篇

第8章 价值流图析与制造浪费识别

8.1 对精益的理解

前文已经介绍过八大浪费，精益改善就是要去除流程中的浪费，即去除非增值时间以加速流动，提升客户的价值体验。企业的流程包括：订单处理、采购下单、供应商备料、运输、来料检验、原料存储、搬运和等待、加工制造、检验和返工、成品存储、成品发运、货款回收等环节。这个从订单处理到货款回收的整个时间段称为交付周期，而从来料检验开始到成品发运这段时间称为制造周期。周期的概念如图8-1所示。

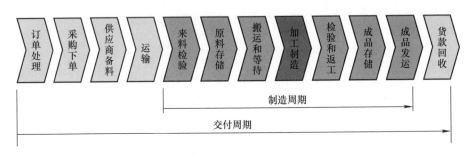

图8-1 周期的概念

习惯上用流程中的增值时间除以整个流程时间的比例来衡量流程的效率。增值时间指站在客户立场看制造过程中的增值动作和时间，如改变形状、改变性能、组装、包装等，实务上这个比值非常小，大多数情况下，改善空间巨大。增值比率计算如下：

$$增值比率 = \frac{增值时间}{制造周期} \times 100\%$$

8.2　精益五个原则详解

8.2.1　价值

　　一家做电动自行车电池的企业，电池技术取得了突破，续航能力大幅度提升，同时为了防止电池的偷盗，在电池上安装了远程报警系统，一旦电池被盗走，会自动发送电池的位置信息。企业本以为这样的技术创新会赢得很大的市场空间，实际上应者寥寥，虽然技术突破了，但产品的成本也增加很大。对于常规的锂电池而言，已经可以做到续航 80km，对于大部分上班族而言，已经可以满足每天的需求。企业看好的防盗功能，因为现在很多小区都安装了摄像头，电瓶丢失的问题在消费者心中没有厂家想象的那么重。尽管技术很先进，但消费者不愿意为新技术买单。

　　以上例子说明产品或服务真正的价值是由客户定义的。客户只愿意付款买他们真正需要的东西。一个企业缺乏订单，很大的一个原因是它提供的价值对客户而言不够大。长久以来，人们习惯于干自己习惯做的事情，然后拼命向客户推销，比如擅长 5S 的老师，对企业诊断的结论是 5S 太差。擅长流程梳理的老师，给企业诊断的结论是流程有问题。而没有站在客户的角度去看价值。同样，客户也习惯于要求他们曾经得到过的东西，而不去研究下游客户的需求是否得到有效满足，总想着让供应商降价。客户需要的价值是承载在具体的产品或服务上的，当价值明确了，就要分析产品或服务的流程，即价值流。

8.2.2　价值流

　　不管是具体的产品还是服务，价值的实现都是通过一系列的步骤来传递的，称为价值流。为了实现对价值创造的整个流程进行管理，首先对设计、接单、生产过程中的每个行动进行目视化，称为价值流图。这样做的基本目的是把各种动作分成三类：①客户可以真正接受的有价值的行动；②不创造价值，但不能马上消除的活动（1 型浪费）；③不创造价值，但可以马上消除的浪费（2 型浪费）。通过一步步将活动展开来，就会发现，大部分情况下，真正创造价值的活动所用的时间很少，占整体时间非常少的比例。价值没有流动起来，等待、搬上、卸下、不良品等，站在客户的角度都不创造价值。

　　在新产品开发过程中，也存在着大量的等待，比如等待研发物料的到达，等待专家给出判定意见，等待产品打样，等待新产品试销安排等。要消除这些浪费，需要掌握流动的技术。

8.2.3　流动

当病人到医院看病的时候，大部分时间都是在不同的部门排队等待，真正看医生的时间很短。当一批物料被领到车间，大部分时间是在等待加工，或者等待形成一个批次转移到下一个工序。所有这些活动都可以形成流动。如果能将一个产品完成的所有步骤排列成一个稳定的连续流，其中没有浪费、没有批量、没有干扰，无疑对客户来说是最理想的。把流动应用于人类活动的各个方面，不是件容易的事情。需要管理者克服很多困难，这样做的好处也是显而易见的，通常的结果是时间、空间、人力、库存等投入都可以大幅度降低。这要打破部门、工种、甚至企业之间的界限，把相关的步骤连在一起，之后是仔细研究工作方法、工具设计以消除各种阻碍流动的原因。流动的改善示例如图 8-2 所示。

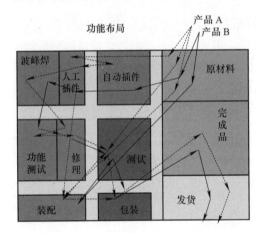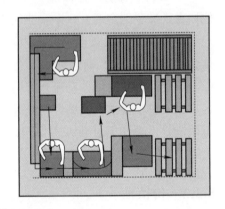

图 8-2　流动的改善示例

在零售领域，国内大部分中小型商超都能实现每天补货，这样与每周补货相比平均存货数量会低很多，但是对于生鲜蔬菜类产品，每日补货不一定能满足客户的要求，有些时候，可能看到一些蔬菜不够新鲜，从而影响销售；同时，宝贵的货架空间也被浪费了，产品没有流动起来。

由于传统的"标准成本"会计制度，会引导管理者追求局部效率，导致设备、人员不能停止，因而制造没有需求的产品，产生库存；同时，传统会计体系要求库存在资产负债表中以资产形式存在，从而制造了大量浪费。

为了实现连续流动，需要人员、设备处于良好状态，所有工序同时工作，就需要训练多能工在需要的时候顶岗，需要 TPM 使设备保持稳定，需要防呆机制，避免不良品流到下一道工序。对于不适合连续流动的工序，短时间内只能设置缓冲库存，后续推动快速换型以使批量最小。当然还需要标准化、目视化等精益技术。

流动思想的最终目的是完全消灭整个生产过程中的停顿。一个企业如果把精益技术用在没有需求的时候让商品流动更快，这就是在制造浪费。拉动的目的就是，如何做到在人们真正需要的时候提供快速流动的商品或服务，如何把不能紧密连接在一起的部分建立联系。

8.2.4　需求拉动

拉动的本意是在下游客户没有提出具体的需求前，上游企业不能生产产品或提供服务。比如对于汽车保险杠的生产，首先是生产计划下达到焊接车间，当焊接车间的半成品原料即将用完之前，生产指令送达到上一道工序冲压车间，冲压车间根据焊接车间的需求组织生产，同样下料车间根据冲压车间的需求组织生产。出厂时间和节拍时间决定了整个生产的节奏。这种拉动模式的关键是设备有快速换型的能力，这样订单到达就可以快速响应。原来客户可能每月下一次单，比如 A 类型 2000 件，B 类型 4000 件，C 类型 8000 件，按 20 天计算，A 每天生产 100 件，B 每天生产 200 件，C 类型 400 件，意味着每天换线 3 次。如果客户能够每天根据实际需求下单，原来按月计划下单导致的需求不匹配以及频繁调整订单的问题就大幅度缓解。如果实现了按需求拉动生产，实际上就具备了快速生产少量订单的能力。

传统的下单模式通常是按周或按月下单，因为相信经济批量的作用，希望节省更多的运费，鼓励客户下大单。为了减轻库存的压力，经销商处通常放置周转快的商品，一些特殊的商品或零部件放在区域配送中心，如果需要，通常采用加急方式。对于一些远距离的供应商，空运有时候是不得不采用的方式。

从精益的角度出发，理想的情况是经销商、门店根据需要的量每天下单或补货，这样订货批量就会减少，但准确性会提高。批量小会增加运输成本，为了提高供应商的满载率，需要在配送中心之前设置物料集结仓库，这些仓库通常离供应商较近。供应商把货物送到集结仓库后，再通过整车运输至配送中心。同时，在仓库里，需要把原来的大包装改成小容器，货品按发货频率和货物的大小重新进行布局，方便拿取。订货批量的减少，会导致库存降低、仓库面积减少、仓管员移动距离减少、效率提升，通过培养本地供应商，可以进一步降低库存、节约空间，仓库可以存放更多的品类，满足客户需求的能力提升。

以上介绍了如何将流动技术与需求拉动相结合来带给客户价值。

8.2.5　追求完美

不断追求完美或称尽善尽美，是精益思想的基本原则。追求完美有两种方法，一种方法是针对价值流中的每个步骤进行持续改善，另外一种方法是构建完美的蓝图，比较现况与完美之间的差距，进而决定首先应该选择何种浪费进行改善。这意味着，追求完美的改善更应该优先推动突破性改善，以大幅改善流动。

为了构建尽善尽美的蓝图，改善人员应该审视价值流，观察产品和服务的流动，观察客户如何拉动订单运转，进而形成清晰可见的改善目标，且这种目标应该是现实的。在此过程中，要知道阻碍改善最大的障碍，是传统的加工工艺不适合在连续流下灵活地进行小批量生产，这为未来的改善提供了方向。

很多企业在改善的过程中，从很多方向上追求尽善尽美，不够聚焦，分散了精力，而没有大的结果，正确的方式应该是选择两三个重要的事情去干，并干成，其他的事情留到后面去做。需要说明的是，把企业从长期的批量生产中解脱出来，改善人员需要坚定有力去推动，在这个过程中，只有最大限度地解决人们的难题，精益思想才能被认可。

8.3　价值流图析的认识

价值流图析是一个通过用特定的图标绘画来表现整个价值流的过程，包括物流、信息流和工艺流，寻找各种浪费，推动精益改善。最早由大野耐一、新乡重夫发明，称为物与情报流。如图 8-3 所示，右上角是客户名称 COD，每月生产两个品种，共 18400 件，客户提供 30 ～ 90 天的滚动预测，生产控制中心接到每日的订单，通过 MRP 运算，以周计划的形式下单给各个车间。同时提供 6 周的预测给供应商，每周通过传真给供应商下单，供应商每周二、周四给客户送货。物料从仓库发出来后，依次经过成型、焊接、喷涂、装配、包装完成生产，每天发货给客户。各工序之间存在着大量的库存。整个物流的流程用时 23.6 天。

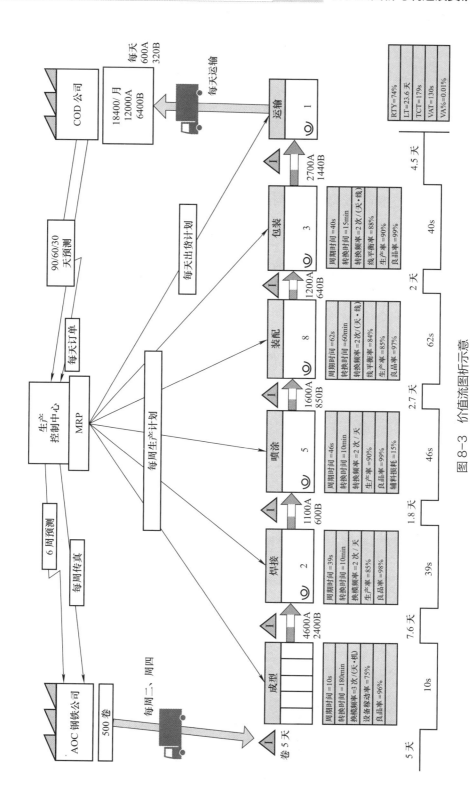

图 8-3 价值流图析示意

8.4 价值流图析的意义

价值流图析是从宏观角度审视接单到出货的流程，如果站在总经理的角度看问题，他关心的是整个企业的问题。但长久以来，大部分部门负责人都会把注意力放在本部门工作上，希望本部门作业效率更高，可是局部效率的提高有时候会产生极大的浪费。而通过价值流图析可以对企业整体效率进行分析。

1）价值流图析是发现浪费和问题的工具，它从宏观角度，从输入 - 输出的流程上审视业务及制程，可以更容易地看到浪费源（过多的库存、返工、等待、搬运、检测等），这是企业进行系统化改善的基础。

2）价值流图析是确定和区别改善重点的优先次序的工具，可以避免"只挑容易的"来改进，使改善的投入回收比最大；通过观察整体可以找到影响流动的最大问题，而不是只看局部，见木不见林，造成眉毛胡子一把抓。

3）价值流图可以作为流程、制程改善的通用语言，可以方便不同部门之间进行有效沟通；有了标准化的问题展示方式，部门之间沟通的障碍会减少很多，容易减少沟通中的自说自话，言不及义。

4）价值流技术是编制改善计划及实施计划的基础。通过价值流分析梳理出流程中的重大问题点，基于这些问题点，编制改善计划，进一步明确责任人及时间节点，可以更好地实施改善计划。

两种看企业的角度如图 8-4 所示。

图 8-4　两种看企业的角度

8.5　价值流的绘制过程

8.5.1　价值流图基本结构

如图 8-5 所示，如果对价值流图进行拆解，可以分为 5 个区域，右上角的区域 A 为客户区域，左上角的区域 B 为供应商区域，中间的区域 C 为指挥枢纽，通常称为 PMC，再往下为作业区 D，代表不同的车间或不同的工序，体现产品的工艺流程。最下面的 E 区域是各种活动关键的数据区域，体现了问题点和改善空间。

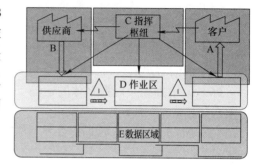

图 8-5　价值流图结构

8.5.2　价值流图例说明

价值流图有一些专用的符号，代表不同的含义，这些符号总体上分为两类，一类代表物流，一类代表信息流，以下对一些使用较频繁的符号做进一步说明。

1. 物流

物流图例如图 8-6 所示。

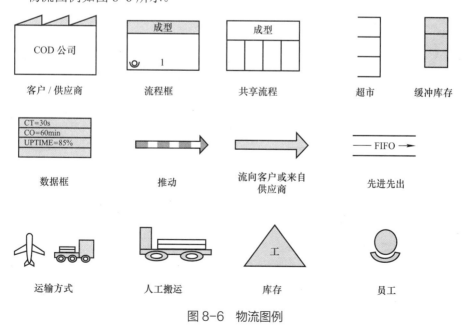

图 8-6　物流图例

（1）客户／供应商　如图 8-6 所示，左上角，顶部像锯齿一样的图形，有点像房屋，用来标识客户或供应商。

（2）流程框　分为两部分，上面是流程的名称，下面是一个小人，旁边是人数。如果下面改成一些小格子，则为共享流程，表示这个流程节点，比如冲压是给多个流程提供加工服务的。

（3）数据框　数据框一般是放在流程框的下面，不与流程框连在一起，可以记录关键的管理数据，比如加工时间、换模时间、生产及品质数据等。

（4）推动　一般用带箭头的非连续箭头标识物流在工序间的流转。

（5）流向客户或来自供应商　一般情况下用有一定宽度的空心箭头表示。

（6）运输方式　根据具体的运输工具种类放置合适的图标，并标明送货的频次。比如货车、飞机、手工搬运等。

（7）库存　用一个里面写有"工"字的三角形表示，工字代表英文库存的首字母 I（Inventory）。

（8）超市与缓冲库存　缓冲库存可以理解为常规的仓库或缓冲区，超市在精益里是一些物料的暂存区，具有先进先出的功能，常见如装配线旁边用精益管搭建的货架，有一定的倾斜度。

（9）先进先出　工序之间的在制品是有限制数量的，按先进先出的顺序处理，后工序取走一个，前工序加工一个。

（10）员工　用一个圆圈加上一个半圆表示，类似一个人的笑脸。

2. 信息流

信息流图例如图 8-7 所示。

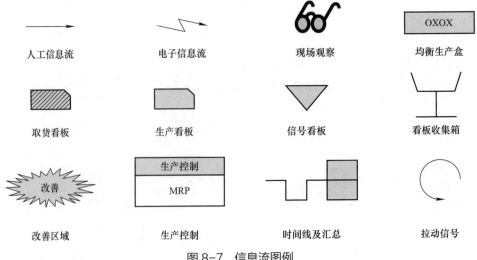

图 8-7　信息流图例

（1）信息传递　用来表示信息由一方传到带箭头的一方，带折线的表示电子信息流，比如邮件、传真、微信等；不带折线的表示人工信息流，比如打印的纸质文档或手写的看板。

（2）专用符号　有一些符号，比如均衡生产盒、取货看板、生产看板、信号看板、看板收集箱等与看板相关的图例符号，是基于汽车行业的特点和丰田的管理水平定制的，大部分企业平时用得很少。需要说明的是，近年来丰田也逐渐在使用电子看板。

（3）改善区域　对于一些重要的改善点，用闪电的符号展示出来，起到醒目的作用。

（4）生产控制　可以理解为传统的计划部门上面写着生产控制，下面用MRP 表示物料需求展开，实务上也有一些变形，不是说一定要这么画。

（5）时间线及汇总　在凸凹的形状上面标示各环节的增值时间和非增值时间，形成时间线，汇总是对增值时间和总的流程时间进行加总，并计算增值时间占总流程时间的比例。

（6）拉动信号　用一个带箭头的圆弧表示，前工序的生产时间、生产数量由后工序的指令决定，称为拉动。

8.5.3　数据框资料

在绘制价值流图的过程中，获得数据是很重要的步骤，数据大致可以分为三类。第一类是生产区域相关数据，包括 CT（循环时间），机器加工一个零件的标准工时；TT（节拍时间），客户订单决定的完成一个产品需要的时间；CO（转换时间），一个生产批次转换到另一个生产批次所需的时间。第二类是停滞区域相关数据，包括在库时间、收容数等，其中 WIP 数量指的是在制品库存数量。

第三类是 L/T 汇总区域相关数据，就是在价值流图的最下面区域的数据，用来计算增值时间和总的制造周期，以及两者占比。增值时间比例越小，说明整个周期时间中浪费的时间越多。详细内容如表 8-1 所示。

表 8-1　数据框内容分类汇总表

序号	生产区域 作业流中有价值的操作制程区域	停滞区域 作业流中操作制程间的 WIP 区域	L/T 汇总区域 增值 / 非增值时间汇总区域
1	CT	WIP 数量	增值时间
2	TT	在库时间	制造周期时间
3	CO	搬运频次	增值比率

（续）

序号	生产区域 作业流中有价值的操作制程区域	停滞区域 作业流中操作制程间的 WIP 区域	L/T 汇总区域 增值 / 非增值时间汇总区域
4	操作人数	每次搬运量	……
5	班数及每班时数	收容数	
6	机器（线体）数量	搬运方式	
7	生产率	搬运距离	
8	OEE	搬运时间	
9	直通率或报废率	……	
10	L/B（生产线平衡率）		
11	加工批量（Batch Size）		
12	……		

8.5.4　绘图前准备

绘图前应该明确研究对象，因为产品种类很多，不可能对所有品类一次研究，通常会选择一类有代表性的产品，一般应该考虑单价高的，在营业额中占比大的，流程比较复杂或者是库存高的，获利率低的产品，也就是比较急迫需要改善的或者改善之后预判有较大的绩效提升的产品。选择了产品系列后，需要选择关键路径，一个产品可能由几个零部件组成，会涉及不同的工艺路线，需要一条一条研究，需要优先选择通过瓶颈工序的，或周期最长的、问题多的路径。当掌握了价值流图的基本符号，并准备了基本的工具就可以到现场，一边调研，一边画图，切记要用实际的数据画图。研究对象选择原则如图 8-8 所示。

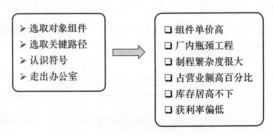

图 8-8　研究对象选择原则

绘图前，需要准备一些工具，并注意绘图要点，如图 8-9 所示。在现场绘制后，需要回到会议室，把绘制的结果整理到大白纸上以便进一步讨论。

要点 1：物品、工具准备

现场使用：
1. 秒表（1 个）
2. 硬板夹（1 个）
3. A3 白纸（若干）
4. 铅笔

会议室使用：
1. A0 大白纸（若干）
2. 30cm 塑料直尺（1 把）
3. 白板笔（红、蓝、黑色各 1 只）

要点 2：绘制要点

1. 沿着整个门对门的价值流，快速地走上一圈，了解整个流程和各个工序，然后回过头来，收集每个工序的详细数据
2. 应当由发货端开始，朝价值流的上游追溯，而不是从收货端开始朝下游推进
3. 带着你的秒表进行实际测量，不要依赖那些不是你亲自测到的、所谓的标准时间或信息
4. 即便有好几个人一同参加价值流的准备工作，你还是应当独立完成整个价值流图的绘制
5. 到现场用铅笔手工直接绘图

图 8-9 绘图工具与绘图要点

8.5.5 绘制步骤

第一步：收集客户信息，包括客户名称和地址，每日、每周或每月的"产量需求"，具体的装运要求，比如每个包装箱内装的产品数量、装运方式等，当前对客户的交货准时率是多少，当前对客户的不良率是多少。收集完这些数据后，将它们和客户图标放在价值流图的右上角。收集的数据越多、越全面，对分析越有利。一个企业可能会有很多客户，要选择有代表性的客户。判断哪些客户是有代表性的，可以按客户的订单金额选择或选择客诉多的客户。研究的过程本来就是要解决客户的问题。客户信息绘制如图 8-10 所示。

以某制造公司为例：
➢ 该制造公司主要生产各类叉车用阀门，其重要客户之一 COD 公司，主要需求两种产品，A 和 B，每月需求量 18400，其中 A 为 12000，B 为 6400。
➢ 公司为两班制生产。以 A 和 B 作为项目绘制价值流图。

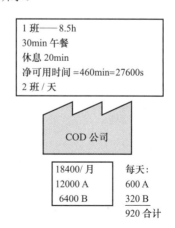

图 8-10 客户信息绘制

第二步：记录产品如何发货给客户，多久交一次货，每次交货数量是多少，通过何种运输方式交货。把这部分内容画在图右侧最后一个流程与客户中间。

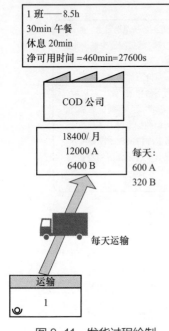

1 班——8.5h
30min 午餐
休息 20min
净可用时间 =460min=27600s

COD 公司

18400/ 月
12000 A
6400 B

每天：
600 A
320 B

每天运输

运输
1

图 8-11　发货过程绘制

有些公司是成品仓库安排出货，直接从库存符号拉出一条线连接到客户即可。因为发货指令是下到仓库的，是否需要展示更多的物流信息取决于物流问题的多少和大小。发货过程绘制如图 8-11 所示。

第三步：绘制各工作中心流程框。弄清楚流程的先后顺序，从左到右排列，先画后工序，再画前工序。比如整个流程从成型→焊接→喷涂→装配→包装，绘制工作中心的顺序是从右向左，意思是每一道工序都是前道工序的客户。在现场绘制时，可以询问各工序对前道工序的服务是否满意，有什么问题。工序的名称写在上面，下面写人数，对于共享流程，不用写具体的人数。工作中心绘制如图 8-12 所示。

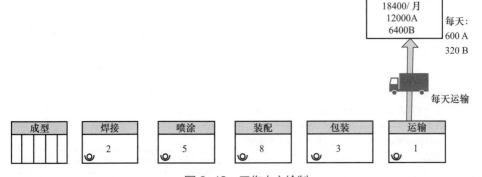

图 8-12　工作中心绘制

第四步：填写数据框和库存水平。为每一个流程步骤收集数据，确定哪些数据是需要事先收集的，通过观察收集尽可能多的数据。记录库存地点和数量，记录各项具体信息，如零部件编号、数量、金额，记录库存的各个存放位置，包括流程之间和流程内部的库存信息。比如成型对应的数据为周期时间 10s，换模时间 180min，换模频率每天每机 3 次，设备稼动率 75%，良品率 96%，在成型和焊接之间的库存为 A 4600 件、B 2400 件。所谓流程内部的库存信息，是指在这个流程中间，比如成型可能需要几个步骤，在中间过程中可能会有很多库存，如果库存多就不能忽略，要统计出来，写在旁边；如果在加工过程中，加工的单位发生了变化，比如前面工序是一个加工，后面是一盒一盒加工，建议使用加工时间即可，不需要折算。对于多种产品，加工时间 CT 不一样，建议给出一个范围，而不是计算平均值。数据填写示例如图 8-13 所示。

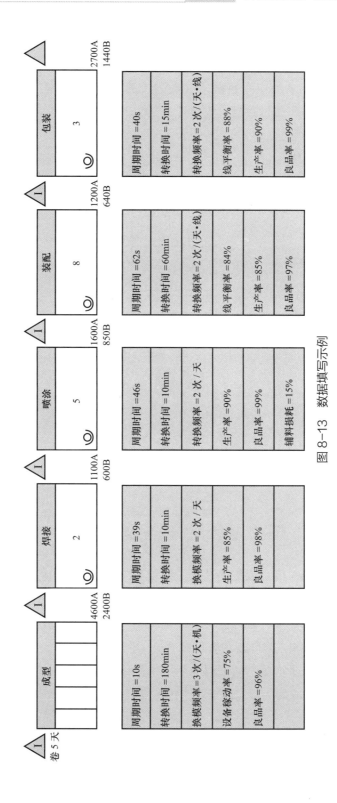

图 8-13 数据填写示例

113

第五步：记录供应商数据。主要记录供应商的名称与地址、材料的交付方式、交付频率、交付数量，集中记录最大的供应商（可能有两到三个），如图 8-14 所示，供应商每次交货 500 卷，每周二、周四用货车装运发货。现实中，大部分客户是按采购计划发货，用运输符号从供应商指向原材料仓库即可。一个企业的供应商很多，不可能全部画出，要画出有代表性的供应商，比如采购周期长的、来料品质问题大的供应商。

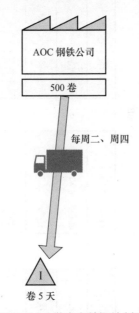

图 8-14　供应商数据绘制示例

第六步：记录信息流传递过程。记录客户订单信息如何传递，供应商需求及信息如何传递，记录工厂车间计划及外部采购的传达方式，记录运输部门出货信息是如何传达的。这部分信息体现了工厂的指挥职能，可以把业务部门、采购部门都画出来，以体现更多的细节。如图 8-15 所示，客户提供滚动的预测给工厂，每日下单，工厂端采用的是周生产计划加日发货计划的模式，计划部门给供应商提供 6 周的预测，每周用传真给供应商下单。

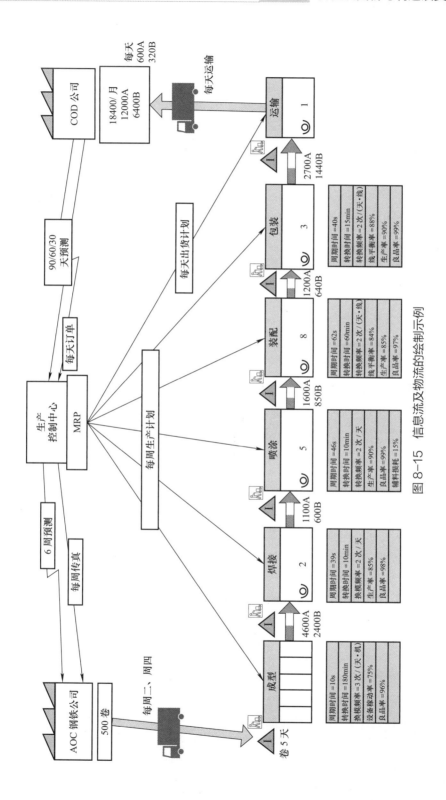

图 8-15 信息流及物流的绘制示例

115

第七步：记录材料是如何流动的。在绘制价值流材料之间流动的方式的时候，我们需要弄清楚以下几点。

1）各流程步骤之间材料是如何转移的；是通过货车、手工搬运，还是小车搬运；不同的转移方式，使用不同的图标。如：

手工搬运图标

小车推运图标

2）材料的流动是由下游拉动的还是由上游推动的。如：

推动图标：

拉动图标：

3）是否先进先出。如：

先进先出：　FIFO

根据材料流动的实际情况将相应的图标带入相应的位置（见图8-15）。

第八步：表达生产周期时间线。时间线画在页面底部，显示每一步骤的周期时间（含库存时间）、循环时间以及增值时间。其中加工时间在凹线上，库存等待时间在凸线上。库存数量一般要转换成天。在计算库存的等待时间时，建议用库存量除以平均日发货量，而不是乘以下一道工序的加工时间。

第九步：计算增值比率。将工序中所收集到的周期时间、转换时间等标在相应的位置，即得到了完整的价值流图。

带有时间线的价值流图示例如图8-16所示。

8.5.6　多工序流并行作业价值流图例

以上的案例是比较简单的情况，现实中很多产品由多个零部件组装而成，如果想看到价值流的全貌，可以把主要的零部件价值流都画出来，当然如果已经明确改善哪条流程，也可以单独画。对于时间线以及增值时间的计算，因为是并行作业，可以选择最长的路径代表整个价值流，如果想看整体的增值时间，也可以把几个零部件的增值时间加起来。

多工序流并行作业价值流举例如图8-17所示。

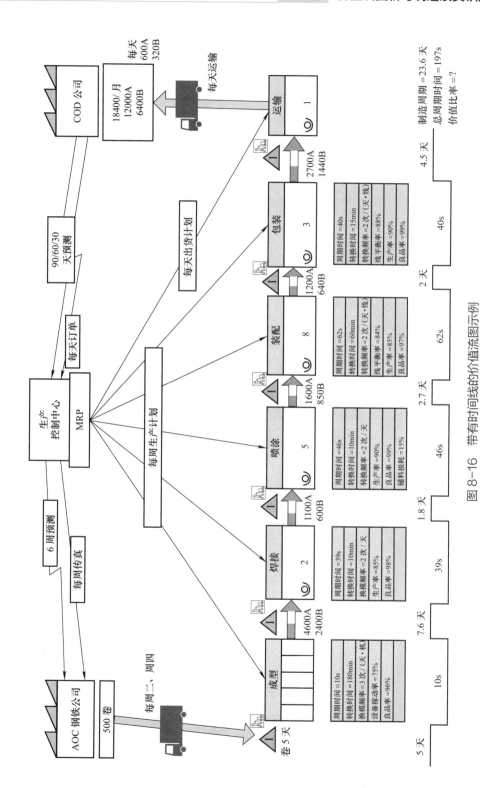

图 8-16 带有时间线的价值流图示例

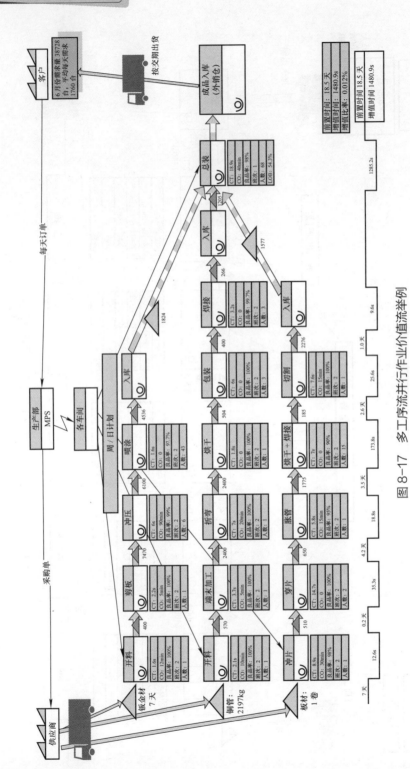

图8-17 多工序流并行作业价值流举例

价值流图最初发展于汽车行业，汽车行业总体上属于手批量比较大的行业，现在的市场形态多为多品种小批量特征，在使用中会有一些特殊情况，需要灵活处理。基本原则是围绕使用目的，抓主要问题，并非一定要循丰田的模式。

8.6 浪费识别和改善方向确定

价值流图画好之后，就是根据以往学习的八大浪费知识，以及精益五个原则中的流动和拉动两大原则进行浪费识别，比如说整个生产周期太长、品质不良率高、换模时间长、订货批量大等都是浪费，此外还要识别各车间是根据各自的生产计划独立生产，还是根据后工序的需求来生产，准交率是否让企业满意。对于发现的重点浪费可以用红色的闪电符号在图中标识出来，要选择一些大的浪费点作为改善方向。改善方向选定如图 8-18 所示。

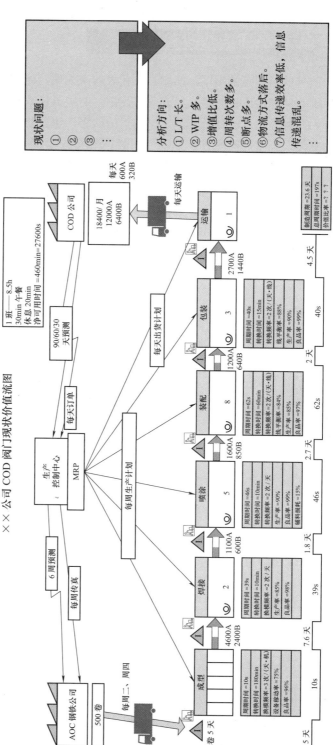

图 8-18 改善方向选定

8.7 价值流浪费改善的分工

改善的问题点清晰了，问题点不代表解决方案，要通过研讨，找到问题背后的原因，并制定改善对策，形成改善计划，明确责任人和改善时间节点。改善可以分为两种类型，一种是基于工序的点的改善，也就是要消除岗位上的浪费，主要的责任人应该是现场的干部，比如做线平衡改善，需要以车间主任、IE/精益工程师、班组长这些现场干部为主，高层管理者适当支持。另一种是基于大的价值流改善或称突破性改善，比如由推式生产改为拉式生产，因为问题复杂，涉及的部门多，需要协调更多的资源，改革的阻力也会比较大，需要高层倾注更多的注意力，甚至亲自上场，组织研讨，落实方案。

两种改善的关注度对比如图 8-19 所示。

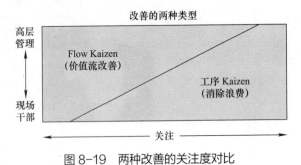

图 8-19 两种改善的关注度对比

思考题

1. 谈谈你对精益五个原则的理解。

2. 不是所有的产品都只有一条工序流，两条、三条、四条的情况下又该如何绘制？

3. 如果遇到有外协工序，你该如何绘制价值流图？

第9章 有效消除浪费的各种精益方法

9.1 从生产方式改善的精益方法

9.1.1 流动生产

流动生产方式是相对批量生产方式而言的，它最早始于亨利·福特的装配线，但亨利·福特并没有在加工车间实现快速流动。传统的加工车间仍然是加工一个批次，转移一个批次。批次越大，产品在车间停留的时间越长；批量越小，产品在车间停留的时间越短。最理想的情况是产品在车间里只有两种状态，不是在加工，就是在移动，如果能做到加工一个，移动一个，就是单件流，此时，流动速度最快。即便是装配型流水线，很多工厂在工序间也会积压大量在制品，无法达到流动的最佳状态。丰田改善了福特的流水线，在加工车间，通过把一些设备摆在一起，实现了连续流动。

举例：一条理想化生产线，一共 10 个工序，各工序加工单个产品用时均为 1min，工序间转移批量为 100 个，也就是完成 100 个产品才能往后流转，下道工序才开始加工。从第一道工序开始生产，第一个工序完成一个 100 个批量，需要 100min，前面 9 个工序共需要 900min，第 10 个工序第 1 个产品出来需要 1min，从第一道工序开始，第一个产品流过 10 道工序的用时为 $(1 \times 100 \times 9 + 1)$ min = 901min。每道工序前都有 100 个在制品，工序间在制品为 10×100 个 = 1000 个。

如果工序间转移批量为 10 个，从第 1 道工序开始，第一个产品流经所有工序的时间为 $(1 \times 10 \times 9 + 1)$ min = 91min，流动明显加快了。工序间在制品一共为 10×10 个 = 100 个，在制品明显减少。

如果工序间转移批量为 1 个，第一个产品流经所有工序的时间为 10min，工序间在制品为 10 个。

可见转移批量越小，下线速度越快，工序间在制品越少。单件流是最理想的流动形态，是不断努力的目标。在做不到单件流的前提下，尽量缩小转移批量是流动生产的现实方向。

批量生产和单件流如图 9-1 所示。

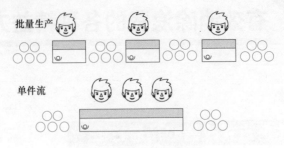

图 9-1 批量生产和单件流

9.1.2 单件流

单件流也称连续流，是通过设备、人员、工具的合理配置，将零部件通过各个设备做一个，传一个，检查一个，而不是做一批传一批。单件流有哪些好处呢？

（1）最短生产周期 如上述计算，做一个传一个，生产周期会大幅度压缩，这样可以增强企业反映市场的能力。很多企业抱怨客户的订单总是改变，生产计划被频繁打断，核心问题还是生产周期太长。

（2）在制品库存最低 在制品库存很少，可以释放库存占用的资金，提高企业的资金周转率。

（3）品质问题容易发现 以前是一批一批的进行流转，如果在后工序发现不良品，就是一大批，现在是做一个传一个，问题很容易被发现，可以立即反馈，减少损失。

（4）搬运最小化 为了实现做一个传一个，设备之间距离应该尽可能小，否则搬运成本太高，所以，一般要进行设备布局调整，将设备紧密地排布在一起，可以有效降低搬运的成本，同时由批量运输改为单件运输，这样可以使大型的搬运设备需求量减少，同时也可以节省成本，甚至也会减少工伤。

9.1.3 后拉系统

所谓后拉系统（见图 9-2），是精益需求拉动原则的具体应用。通常由生产系统中最后一个环节驱动（例如出货环节），从而推动前工序的生产安排。对于备货式生产，也就是首先建立成品库存，在精益体系里称为超市，便于实现先进先出，成品超市接收到订单信息后，开始发货，并把补货信息发送到装配线，开始补货，装配线前的在制品消耗到一定程度后，也要向前工序下达补货指令。传统的补货指令为看板，现在多为 MES 发送的订单信息。这种模式因为在工序间做了库存，缓冲了异常，所以流动会比较平稳。对于订单式生产，由最后工序排程倒推前面各工序的完成时间和开工时间，在完工时间上更接近订单的交期，比较符合准时生产的思维。

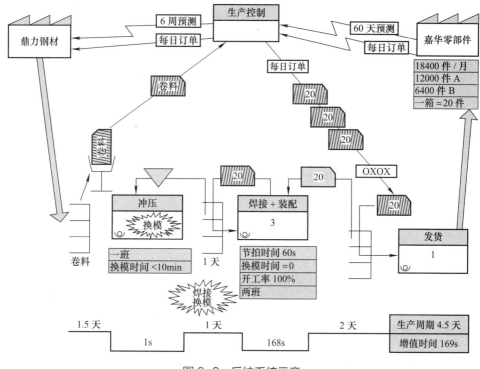

图 9-2　后拉系统示意

9.1.4　平准化生产

平准化生产也叫均衡生产，均衡生产可以分为产量均衡和品种均衡。产量均衡的意思是使订单的负荷与产能相符，实际上，订单负荷总是不均衡的，有时候较低，工厂的产能闲置；有时候较高，产能不足，需要加班或外包。为了满足交付的需要，企业会按高负荷配置产能，低负荷时，就造成了浪费。如果供应商也按高峰期配置产能，必将产生大量浪费，最基本的对策就是根据产能排产，并回复交期，与客户进行产销协调。对于短期内的小幅波动，可以通过加班或提早下班的方式应对。对于长期的季节性负荷变化，可以通过调整产能应对，或储备一些灵活产能。如图 9-3 所示，最上面是按客户交期进行生产，中间表示按产能进行了均衡，大的顺序，还是先做 A，再做 B，最后做 C，当然订单的交期也发生了变化，着眼点是产能与订单负荷的平衡。

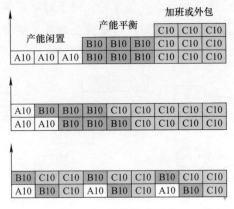

图9-3　均衡生产示意

品种均衡，是把大订单拆成小批，比如订单 A 为 3 个，B 为 6 个，C 为 9 个，拆成 A 为 1 个，B 为 2 个，C 为 3 个，按这样的组合分批加工，可以分批发货，避免采用大批量加工导致库存堆积或缺货，比如 A 的 3 个做出来了，不能马上卖掉，就会形成库存，C 的 9 个还没做，已经断货了。这种均衡方式首先要确认是否可以分批发货，如果不能，小批量制造也还是要等到凑齐整批再发货，比如，有很多外贸订单都是要整批装船发货的。

9.1.5　混流生产

如果品种均衡做到较高的水平，切换的频率非常高，批量非常小，且在一条流水线上装配，就称为混流生产（见图9-4）。有些产品混流生产比较容易，比如仅仅是布料颜色不同，工艺上没有差异，在装配环节不会有太大难度。如果产品在工艺上有些差异，混流生产需要考虑的因素就会比较多。混流生产可能带来以下好处。

图9-4　混流生产示意

（1）小批量快速发货　尤其像汽车这类产品，单台的价值比较高，装配好后，根据订单，一辆也可以发货。对于电动工具，比如手电钻，在工厂端一个一个地卖，可能性不大，混流生产的意义也不大，小批的加工是可以的。

（2）便于生产线的平衡　比如 A 的标准工时是 5s，B 的标准工时是 5.3s，C 的标准工时是 4.7s。通过合适的组合，可以有效减少等待的浪费。

（3）节省成本　如果订单 A、B、C 的零部件制作要使用不同的设备，比如三个产品的规格不同，不能在同一种设备上加工，所以要为订单 A、B、C 配备不同的加工设备，通过均衡，延长了产品的节拍，降低了设备的产能，节省了成本。

9.2　从流程配置改善的精益方法

9.2.1　U 形配置

U 形配置，俗称 U 形线，即把生产线的出口和入口放在同侧，且尽量靠近，也可以把多个 U 形连在一起，如图 9-5 所示，通过对比，来分析 U 形配置的好处。

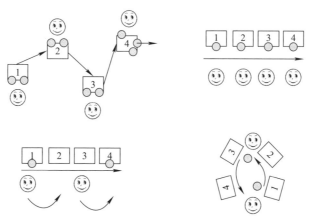

图 9-5　U 形配置示意

左上图所示工序是分散布置的，工序之间距离远，在工序之间传递物料，一般来讲都是批量的，所以在制品库存高。

右上图所示的是，为了缩小工序之间的距离，把各工位排成一排，紧密连接，每个工位都有一个人，这样实现了流水作业，在制品减少，效率提高。缺点是柔性比较差，必须所有的岗位都在线，缺人的时候，不好平衡。

左下图所示的是，当订单量减少幅度很大，需要缩减人力时，直线排布，这样会导致员工走动距离远，浪费时间。

右下图所示的U形配置，可以灵活调整生产线人力，以适应订单数量的变化。可以方便地通过出入口控制在制品数量，比如成品出来一个，投料一个。另外，U形配置使生产线的总长度变短，线长可以一目了然，便于发现生产线问题。U形线要发挥出明显的优势，需要工序之间进行细致的连接设计，不是摆成U形，生产线就可以顺畅流动。

9.2.2 瓶颈改善

瓶颈并不是一个陌生的词汇，在生产领域，瓶颈指的是订单的负荷大于产能的工序（工序中工时最长的工序不一定是瓶颈工序）。如图9-6所示，工序3的产能负荷率为120%，说明产能不足。一条生产线的产量是由瓶颈工序决定的，如果需要提高产量，改善非瓶颈工序是没有用的。

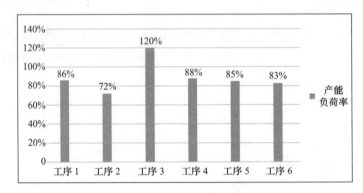

图9-6　瓶颈工序示意

以下是瓶颈改善的措施。

1）区分瓶颈是设备还是人，在少数情况下瓶颈可能是模具。

2）研究瓶颈的时间是否用尽，比如一天工作10h，瓶颈是否一直在工作，有没有停止加工。

3）瓶颈在工作过程中是否做了非增值工作，能否消除。比如瓶颈去取物料或加工了不良品。

4）有没有办法让瓶颈干得更快一些。比如原来一次出一个产品，通过改善一次出两个产品。

5）投资加人或加设备，增加瓶颈的产能。

9.2.3　群组技巧

群组技巧也称成组技术，无论在生产领域，还是在研发领域，群组技术都非常重要，在生产领域可以通过分组，将工艺接近的产品划分为一个产品族，配置在一条生产线里。这样产品在生产线流动的方向是相同的，物流成本低，工艺设计因为产品比较接近也比较容易。将产品分组的方法有三种。

1）根据经验分组。有些公司的产品不是很多，通常有几个系列的产品，比如电钻是一个系列，打磨机是一个系列。企业人员根据工艺流程、产品规格、材质等的差别就可以进行分组。

2）通过建立 Excel 表格，列出各个产品的工艺流程，然后通过筛选，把工艺接近的放在一起，如图 9-7 所示。

编号	名称	工艺						
		锻压	粗车	淬火	精车	打孔	攻螺纹	焊接
50547-D	侧辊	X						
71928	套（一）	X	X					
71972-8	定距环	X	X	X				
81176	轴间挡圈		X	X				
72298	轴颈			X				
81357-T	辊子				X	X		
62966	盖				X	X		
70852	侧辊				X	X	X	
70935	轴				X	X	X	
61354	350 偏心套					X	X	
52594	法兰							X
62575	管接头 I							X
63160	拉杆支座							X
51171	蜗套							X
50763	接料槽							X

图 9-7　成组技术示意

3）有些公司的产品实在是太多，有上万个品类，用 Excel 进行分类就有些力不从心，此时可以提炼产品的特征，并为不同的特征赋予不同的代码，然后通过编程，把每个产品的编号、特征代码输入计算机，用软件检索对产品进行分类。

9.3 从操作优化改善的精益方法

9.3.1 看板

人类 83% 的信息获取来自眼睛，目视化看板可以帮助我们查看信息，快速发现问题。看板是一个非常好的方式，当然随着数字化技术的发展，很多传统的看板被改成了显示屏。看板有多种类型，比如设备维护看板、生产计划看板、产量看板、品质看板等，这些看板在操作优化方面起到配合支撑的作用，这将在后面章节进行深入讲解。看板示意如图 9-8 所示。

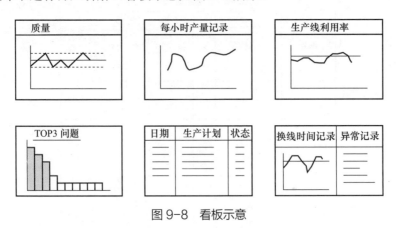

图 9-8 看板示意

9.3.2 多单元操作

多单元操作是把零部件分配在不同的单元中独立加工完成，而不是直接连在主线上。如图 9-9 所示，5 个加工单元生产 5 种零部件，然后通过喷漆工序，到装配线组装，这样做必然产生库存，传统的思维是尽量连线，以实现同步生产。这样做的好处是零部件通过分类，工艺流程接近，流动顺畅，效率高，出现异常时，不会立即影响到装配线。同时，因为主要的零部件被从主线上剥离出来，使主线装配更简单，对人员的要求降低，通过这样的拆解，如果装配线上主要的动作就是拧螺钉，就容易实现人员的替代，比如人员波动大的时候，可以雇用临时工，快速上手，以弥补产能的不足。

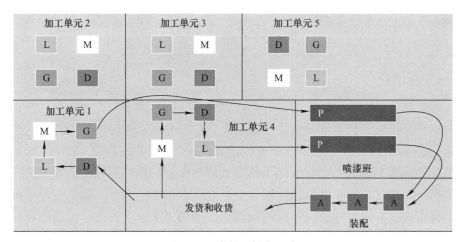

图 9-9　多单元操作示意

9.3.3　多能工

现在是多品种小批量时代，在工厂里，订单的到来是不均衡的，因为工艺流程的不同，各工序的负荷是不同的。有些时候，某些工序产能严重不足，有些工序却在闲置，这就需要在不同工序间调整人力，基本的前提是训练多能工，培养员工多项技能，用到的工具称为技能矩阵，如图 9-10 所示。员工的技能通常被划分为 4 个等级，培训期、独立上岗、操作熟练、能培训他人。没做过的就是空白。近年来，因为员工的流动率很高，习惯上用填充圆圈的方法表示技能水平，但在使用中不是很方便，可以用不同的数字代表技能的不同水平，便于更改。

车间员工技能矩阵表

图例：未做过　培训期　独立上岗　操作熟练　能培训他人

姓名	技能												
	焊接	压力机	切割	水压实验	打磨	抛光							
张三													
李四													
王五													
赵六													
洪七													
马八													

图 9-10　车间员工技能矩阵示意

需要说明的是，一个公司要培养多能工，需要制定相应的政策，因为在学习新技能的过程中，势必会影响正常的产量，影响工人的积极性。同时，企业负责人也会担心多能工数量很多的时候，补贴加起来也是一笔不小的开支。因此企业应该根据具体岗位的需要，逐渐加强多能工的培养，而不是面面俱到地培养多能工。

9.3.4 标准化

标准化的目的是使过程稳定并巩固改善成果，对应不同的控制目的，有不同的标准。比如管控作业要点的工具称为作业指导书，管控设备操作要点的工具称为设备操作指引，保证产品品质的工具是客户的采购规范以及检验标准书。在丰田的体系里，有三种标准化工具是非常重要的，被称为标准作业三票，包括工序能力表、标准作业票、标准作业组合票。工序能力表，就是我们平时讲的标准工时。标准作业票，是在坐标纸上，绘制出工位上的人、机器和物料之间的布局关系，通过优化，使物料的拿取作业最方便，效率最高。标准作业组合票，是在一人多机的情况下，明确作业顺序、作业时间和节拍时间，是管理整个作业循环过程的工具。如果没有在标准时间内完成规定的动作，就要检讨问题在哪里，然后进行改善。需要说明的是，在不同的企业，作业特点不同，应该根据需要部署相应的工具，并且考虑企业的管理水平，而不是照抄照搬。通过标准化稳定系统，尽可能地消灭浪费。标准作业票举例如图 9-11 所示，标准作业组合票举例如图 9-12 所示。

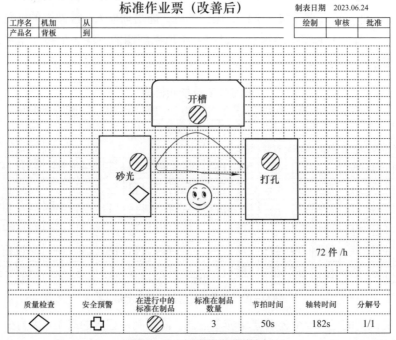

图 9-11 标准作业票举例

标准作业组合票				工厂		×× 分厂								
手工作业				作业 / 流程		零件加工								
机器时间				产能		58 件 /h	节拍	62 s						
行走														

序号	作业内容	时间 /s			10 20 30 40 50 60 70 80
		手工	机器	行走	
1	拿取盘面	3		1	
2	装在铣床上，启动按钮	6	20	1	
3	卸料，安装开槽机，启动按钮	20	30	1	
4	卸料，安装钻床，启动按钮	9	20	1	
5	品质检查，完成品装托盘	19		1	
	小计	57	70	5	
	总作业时间	62			

图 9-12 标准作业组合票举例

9.3.5 少人化

丰田的少人化并不是单纯地减少人员，而是强调生产线具有柔性，人多的时候可以生产，人少的时候也可以生产，可以比较好地适应订单的变化。在手工装配作业时，因为有很多小的作业动作可以进行组合，所以生产线平衡相对容易。对于设备加工型的作业，因为可供合并的作业不多，传统的一人一站的线平衡无法操作，所以采用分块作业更容易平衡。所谓分块作业就是每个作业员负责几道工序，因为采用U形配置，作业员很容易从单元的一边走到另一边，这样的好处是，操作员的工位工艺不需要是连续的，当订单需求发生变化时，重新分配就比较容易，要使每个作业员的作业时间接近节拍时间。这种方式更适合机器的自动化作业能与手工作业分离的情形，可以最大化利用作业员的时间。分块作业仿真示意如图9-13所示。

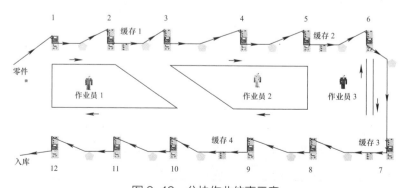

图 9-13 分块作业仿真示意

9.3.6 相互支援

工序之间实现平衡，即加工时间接近相等，这样的时间浪费是最少的。但在实际的作业中，作业时间是波动的，不是特别稳定，延迟等待是不可避免的。如果作业员之间能相互支援，对于消除等待和浪费是非常有必要的，因此需要创造相互支援的条件。如图 9-14 左边所示，作业员被分割，孤岛作业，很难互相帮助，而图 9-14 右边就可以实现互相支援。

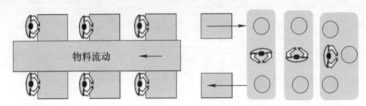

图 9-14　相互支援的基础

9.4 从品质管理改善的精益方法

9.4.1 线上自检

为了达成客户需要的品质，减少不良品的产生，必须进行工序自检，这需要培养员工的质量意识，形成自检的习惯。在很多管理基础比较差的公司并不容易做到对工序进行自检。建议把自检的要求写在作业指导书中，并加强检查。自检的动作应该是清晰可见的，也就是很容易判断员工是否自检，比如员工在把连接线插入设备后，需要用手拉一下导线，以确认是否插牢。另外就是要加强质量意识的培训，要不断询问员工，如果不自检，会出现什么问题，对质量有哪些影响，经过长时间的坚持，员工就会形成自检的条件反射机制。自检写入指导书如图 9-15 所示。

	操作说明
检查 上工序	1. 烟花半成品皮子卷曲粘贴好，无露白，无明显外观不良
	2. 吸塑无飞尘、破损和其他外观不良
	3. 彩片无破损或印刷不良
本工序 作业	1. 一工位员工把吸塑放入热压模穴内
	2. 转到第二工位
	3. 二工位员工把烟花半成品放入吸塑内
	4. 把彩片放入弹簧针中，向前推到底
	5. 缓慢转动转盘，听到碰触开关的声音，立刻停止
	6. 压板自动下降，加热
	7. 加热后压板自动上升，到位后，一工位员工将转盘转出
	8. 将焊接好的产品取出，检查，合格品放入成品周转箱
自检	1. 对外观进行 100% 的检查
	2. 对焊接强度进行甩动检查

图 9-15　自检写入指导书

9.4.2　自动检查

近年来，随着图像处理技术的不断提高，通过视觉检测技术对图像进行模板图片比对，以分辨产品加工是否符合标准，并明确问题点是质量管理领域中比较大的进步，比如通过拍照比对判断 SMT 表面贴片质量是否满足要求，并在不良的位置进行标识，可以有效控制不良品流出。再比如标签打印检查，通过在打印过程中，对标签进行拍照，然后与标准图片进行比对，在出现问题时立即报警，可以极大改善以往人工在核对标签时的低效，对改善质量起到了非常好的效果，降低了对人工检查的依赖。机器自动检查示意如图 9-16 所示。

图 9-16　机器自动检查示意

9.4.3　防呆装置

在制造过程中，可能会出现很多失误，比如，漏打螺钉、用错零部件、零部件装反、工装夹具使用不当等都会导致品质不良，对于这些问题，企业更倾向于要求员工加强注意力，增强责任心，按标准作业。但在实际工作中，人的状态很难一直稳定，总会出现失误，要实现零缺陷，防呆或防错装置是非常有效的措施。如图 9-17 所示，通过增加光栅检测，获得作业员拿取物料的信号，防止漏放；通过模具增加突出部分防止装反都是比较有效的防呆装置。这些方法在失误之前就可以防止失误的产生，作业人员不需要特别注意也不会失误，显然是好的作业方法。在实务上，通过产品或工艺的重新设计并加入防呆技术以消除失误是最理想的方案，此外是通过自动化、传感器等控制技术，使过程更稳定，以降低失误。

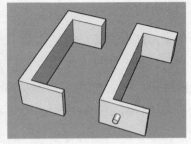

图 9-17　防呆装置举例

9.4.4　线上停线

停线机制是丰田体系质量保证的一个重要手段。如图 9-18 所示，在作业员上方，箭头所指为拉绳，当作业员遇到问题时，拉动绳索，类似于安灯的机制会立即启动，将信号传递给组长，组长立即赶到问题工位，如果不能在节拍时间内排除异常，生产线的某一段就会停线，触发更高级别的干部到现场解决问题。这里面隐含了快速响应机制，哪些问题、谁去处理、多长时间必须到现场、用多长时间解决问题等都是重要的管理指标。

停线机制体现了丰田鼓励暴露问题的文化和对质量问题的态度，很多企业都有快速响应机制，但是因为追求效率胜于品质、计件制等原因，导致对停线非常抗拒，尤其是计件制的工厂，停线会影响员工的收入，再有就是企业责任思维比较重，一停线就追责，导致员工不敢暴露问题。另外就是快速响应机制停留在纸上，问题发生后迟迟得不到解决。

图 9-18　丰田的停线机制

9.4.5　全面品管

全面品管也称全面质量管理，最早在 20 世纪 60 年代，由美国通用电气公司的费根堡姆提出。全面品控突出一个"全"字。在此之前，质量管理的主流思想是以质量检验为中心的管理活动，主要是通过检验员对产品进行检查，剔除不良品以保证质量。产品的质量是制造出来的，也是设计出来的，不是检验出来的，没有从深层次研究怎么通过事前控制来保证质量。费根堡姆提出了全面质量管理，包括以下内容。

（1）全面的质量　产品质量、服务质量、工作质量，把质量管理的思维提升到全局的高度，不单纯强调产品质量，同时强调服务质量和工作质量。服务质量，比如说在接单过程、售后服务过程中是否能快速解决问题，让客户满意。工作质量是指员工在工作过程中的体验是否足够好，是否能全身心地投入到工作之中。如果员工心情舒畅，在工作中产生疏忽而出现质量问题的概率就会降低。

（2）全过程　把品质管理的范围从生产过程拓展到市场调研、产品开发、生产技术等领域。比如市场调研是否高质量完成，是否得到了客户的真实需求，产品开发过程中的质量怎么样，新产品是否设计合理还是问题很多，生产工艺的设计是否高效，是否能保证产品的加工过程稳定。

（3）全员参与　质量控制与改善不单纯是品质部门的责任，而是所有的人都要参与。每个部门、每名员工的工作质量势必会影响到产品的质量。企业可以在全公司范围内开展 QCC 活动，充分调动员工的积极性，通过提出问题、分析问题提高产品质量。

9.4.6　全员设备保养

如果设备没做好保养，会经常出现故障，必然会影响产品质量，所以设备维护与保养对品质保证也是非常重要的。

TPM（Total Productive Maintenance）意为全员生产性保全或全员设备保养。TPM 是以最有效的设备利用为目标，以维修预防、预防维修、改善维修和事后维修综合构成生产维修为总运行体制，由设备的全程管理部门、使用、维修等所有有关人员，从最高经营管理者到第一线作业人员全体参与，以自主的小组活动来推行生产维修，使损失最小化，效益最大化的活动。

设备维护示意如图 9-19 所示。

图 9-19　设备维护示意

9.5　从目视管理改善的精益方法

9.5.1　5S 活动

5S 活动在精益体系里具有非常重要的地位，实施 5S 管理的工厂，地洁物明，井然有序，不仅给人舒适的感觉，还可以提高作业效率，同时，也能通过目视化等手段暴露问题，建立快速解决问题的机制。

9.5.2　信号灯

企业通过采用信号灯以及现代化的安灯机制，实现了问题的快速反馈和快速响应。信号灯的形式有多种，比如设备上的报警信号，不同的颜色代表不同的状态。随着数字化技术的发展，用液晶屏幕作为信号传递工具是未来的趋势。这些手段是建立快速反应的基础。因为后面有专门章节进行深入讲解，此处不再展开。信号显示机制如图 9-20 所示。

图 9-20　信号显示机制

从仓储运输改善的精益方法

9.6.1　满载安排

为了提高运输效率，提高车辆的满载率是非常重要的。满载的车辆安排如图 9-21 所示，需要根据车厢的内部尺寸（长、宽、高），以及物品的尺寸，如果打托盘还需要考虑托盘的尺寸。制订装柜方案，可以采用 Excel 进行排布，如图 9-22 所示，实际货物占用的长度是 5.85m，宽度是 2.3m。为了便于装卸，很多车辆采用了侧面能够打开的双飞翼结构。

图 9-21　满载的车辆安排

850×700	1000×1000	1000×1000	1000×1000	1000×1000	1000×1000	
850×700						2300
850×700	1000×1000	1000×1000	1000×1000	1000×1000	1000×1000	
			1080×300	1080×300	730×300	

5850

图 9-22　装柜方案举例（单位：mm）

9.6.2　混合运送

为了降低库存，保证物料齐套性，很多公司采用水蜘蛛混合送料的方式。具体实现的方式有很多，比如人工送料、拖车送料以及 AGV（自动导引运输车）

送料。不管哪种方式，在拣货时都是根据清单拣选一套或几套的物料。一些头部或腰部企业数字化应用较好，在拣货时，对应物料工位的指示灯会亮起，物料员把货物取出后，放到车上，按指示到下一个工位取料，这样避免拿错或漏取。尤其像丰田这种混流生产作业，如果不实施单套配送，零部件在装配过程中很容易用错，从某种意义上讲，这也是一种防呆机制。配套送料示意如图 9-23 所示。

图 9-23　配套送料示意

9.6.3　小批量多频次交货

为了降低工厂的库存，采用小批量多频次交货方式（见图 9-24），比如每个月需要 16 个，每个月下一次单，在途库存为 16 个，到货为 16 个，在手库存平均为 8 个。如果每个星期交一次货，在途库存仍然为 16 个，到货为 4 个，在手库存平均为 2 个，库存降低 75%。另外，如果订单量大，通过分批交货可以缩短交货周期。当然，小批量交货可能带来车辆满载率低的问题，需要想办法解决。

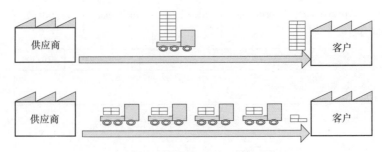

图 9-24　小批量多频次交货示意

9.6.4　标准容器

标准容器是消除浪费、改善流动性的基础。在精益的体系里，希望尽量使用小容器。通常而言，小容器的最大尺寸是 600mm×400mm×320mm，这也是物流的基本模数，这样的尺寸在多数情况下，可以手工搬运，不需要叉车等设备。通常作业者旁边要放几种物料，小容器可以缩短作业者的移动距离，而且小容器更容易搬运，能更好地利用空间。大容器在移动过程中距离比较长，不符合人体工程学，产品的防护、开箱作业、处理包装物等浪费时间较多，还可能因为等待叉车等移动设备，导致延误供应，或当生产发生异常，需要调整物料时，可能需要浪费更多的时间。

中型容器的长宽标准尺寸是 600mm×800mm，是小容器的 2 倍，高度没有硬性规定，搬运中型容器的运输设备也可以运输小容器。大型容器的长宽标准尺寸是 800mm×1200mm，已经达到了托盘的尺寸。对于过长、不能放进标准容器中的零件，可以考虑宽度仍然是 400mm，长度可以选中 800mm、1000mm、1200mm，以实现运输过程中的兼容性。在设计或选用容器时，尽量用标准容器，以提高作业效率。

标准容器示意如图 9-25 所示。

图 9-25　标准容器示意

思考题

1．单件流有哪些好处？
2．讲述你能想到的防呆机制。
3．你们公司做了哪些标准化的工作？

第10章 拉式计划与制造周期缩短改善

10.1 推式生产与拉式生产

丰田生产方式在制造业盛名已久，作为丰田生产方式代表性的拉式生产更是耳熟能详，对拉动进行简单解释，就是除非下游的客户提出要求，否则上游不能生产产品或提供服务，然而，在实务上落实这个原则有些复杂，导致人们对于推式与拉式的理解有很大差异。为理清本质，现在就不同的观点进行诠释。

（1）推式生产是面向库存生产，拉式生产是面向订单生产　实际上，丰田公司也会为一些流行的款式建立库存，这样可以满足客户快速提货的要求。丰田的看板机制本身就是典型的库存模式。事实上，按订单生产可以追溯到工业革命之前的裁缝店。如果认为订单模式是拉动生产，那拉动生产可能真的不是新的生产方式。面向库存和面向订单如图 10-1 所示。

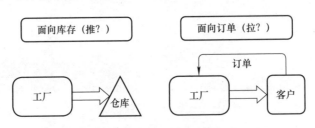

图 10-1　面向库存和面向订单

（2）市场预测和实际需求　这种观点认为基于预测做计划是推式，基于实际需求做计划是拉式，客户的实际需求可以理解为订单，这种观点跟上述观点有相近之处。丰田公司其实也是有预测的，只是相对订单而言，预测的量比较小而已。有相当多的外贸企业都是根据客户的订单做计划的。精益生产的五个原则中讲述了需求拉动，更多的还是从减少预测不准带来的问题出发，不应该等同于生产层面的组织形式。市场预测和客户需求如图 10-2 所示。

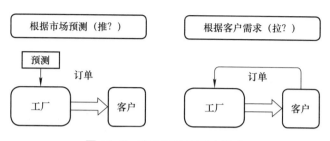

图 10-2　市场预测和客户需求

（3）信息流的方向　生产指令由计划部门下达给各车间，各车间按计划生产，不需要考虑后工序的实际需要，称为推动。这种方式因为车间之间沟通少，导致信息流和物流是分开的，容易脱节。如果生产计划下达到装配车间，再由装配车间向前面车间提出需求，前工序补充物料，称为拉动，这样前后车间（工序）因为沟通紧密，同步性比较好，此时物流和信息流是平行的，同时当订单发生变化时，不需要调整所有车间的计划。信息流与物流的方向示意如图 10-3 所示。

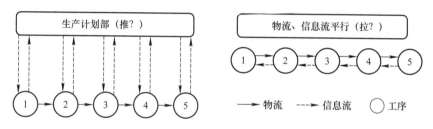

图 10-3　信息流与物流的方向示意

（4）正向排程和逆向排程　正向排程是从接单之日的第一道工序开工的日期排产，后面的工序根据生产周期依次往后排，得到完工日期，称为推动。有订单就可以提前做，这种方式通常被认为生产率比较高，不容易浪费产能。在面对异常或者插单时，也比较容易应对，因为提前生产，容易产生库存。逆向排程是根据订单的交期从最后一道工序往前倒推，依次得到前面各工序的完成时间和开始时间。这种方式因为订单交期接近客户交期，比较符合 JIT 的准时，不提前的理念，同时也是前面车间根据后面需求的时间生产，所以被认为是拉式。这种方式如果出现一些异常，比较容易超期。这种方式比较适合产能余量大的企业。正向排程和逆向排程示意如图 10-4 所示。

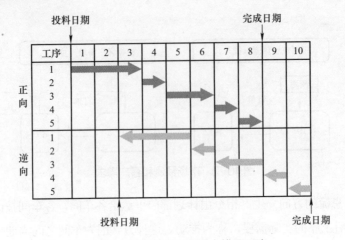

图 10-4　正向排程和逆向排程示意

（5）是否根据反馈信号控制库存　丰田实现 JIT 方式主要有三点：一是按节拍生产；二是能够将工序连在一起，形成单件流；三是如果工序不能连在一起，可以通过看板机制控制工序间的在制品数量。这种机制使库存不会过多也不会过少。丰田生产系统的精髓是建立了在制品控制机制，并把这种机制延伸到客户和供应商。这种机制同时具有以下三个特征。

1）对库存或工作负荷有清晰的限制条件。

2）当工件离开系统时，释放反馈信号给前面某个工序，形成反馈回路。

3）反馈信号驱动补货或释放新的工单，通常是离开系统多少，补充多少。

丰田的看板拉动模式在国内并没有被广泛采纳，因为丰田在供应链中占有绝对的主导地位，可以把均衡生产做到极致，使生产非常平顺，但国内相当多的企业订单波动大，所以没法照搬丰田的模式，但可以建立在制品控制机制，比如计划员根据离开车间的物料情况，组织投料。是否根据反馈信号控制库存示意如图 10-5 所示。

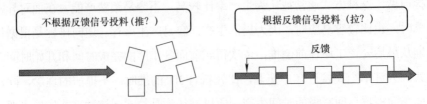

图 10-5　是否根据反馈信号控制库存示意

人们在不同的场景应用推或拉来表达不同的含义，弄清楚词语背后特定情景下的内涵是非常重要的。

10.2 拉式生产计划体系图

生产计划体系图明确了从接单到出货的整个过程，是产销体系的核心流程。

（1）年度规划 首先业务部门每年年底牵头与总经理等高层开会制定年度销售目标和销售策略。然后计划部门参照公司策略和以往问题点制定或完善整个产销管理体系。

（2）基础数据维护 采购部门规范并完善采购周期管理，工程部门建立产品的工艺流程，精益部门建立和完善产品的标准工时和产能数据。不同的企业在职能设置上可能会有些差别，但是这些支撑计划体系的数据、文件必须明确专人负责。

（3）预测管理与安全库存建立 业务部门要进行销售预测管理，预测的目的包括支撑产能的评估、长周期物料的采购、安全库存的设定等。对于成品库存型企业，结合预测销量和生产周期，可以制定成品安全库存标准。

（4）接单与评审 与相关部门进行订单评审，明确客户要求的交付周期、品质是否可以达成，相关部门承诺完成时间是否可以实现。涉及的部门包括业务、采购、计划、品质、工程等，仓库在有些公司是二级部门，在有些公司是一级部门，仓库是否参加可以根据需要，灵活安排。

（5）计划与采购 订单评审后，客户订单变成正式订单，对于一些采购周期长的物料，需要马上下达采购需求，采购下单给供应商，最后编制月计划并进行负荷分析，分析资源与负荷的匹配情况，对一些需要解决的问题，在产销协调会上与各部门协商解决，各部门要回复明确的完成时间和解决方案。然后可运行 MRP 或 LRP，按订单或按批次生成物料需求，采购物料。之后要根据月度计划和订单变动情况，编制装配周计划和需求计划。图 10-6 所示案例中的钣金车间是外包作业，相当于给该车间下订单。装配车间根据周计划做一些产前准备，喷涂钣金车间编制内部的生产计划。采购到货之后，对货物进行质量检验，然后仓库收货入库。

（6）备料、生产与检讨 计划部门编制日计划下达至装配车间，同时下备料单至仓库。各车间按计划执行生产任务，计划部门进行日常计划的监控与异常协调。生产部门填写生产日报表进行报工。每个月由精益部门牵头组织一次效率分析及改善会议。计划部门一般每个月统计一次关键交付指标的达成情况，这个指标一方面作为改善的基础，另一方面是部门考核的依据。绩效指标要呈送给总经理，总经理签字审批后，流程完毕。

产销体系流程图如图 10-6 所示。

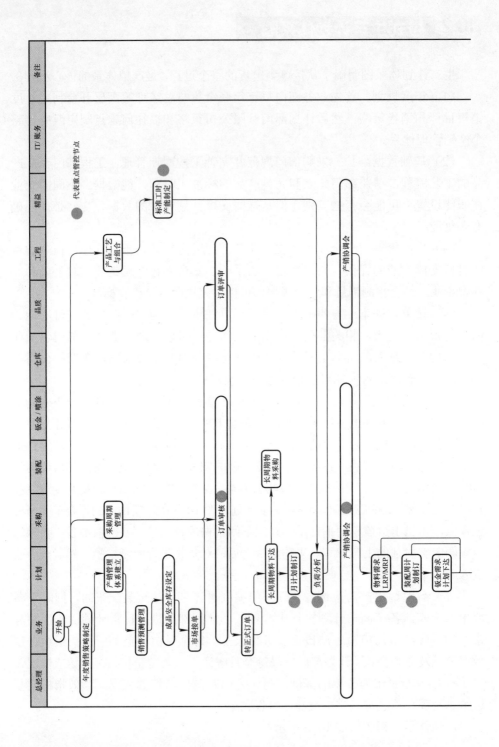

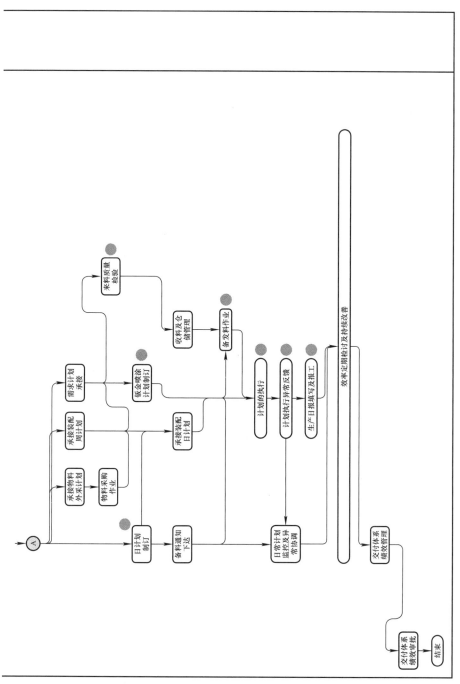

图 10-6 产销体系流程图

10.3 拉式计划体系各职能分工

拉式计划体系涉及的管理职能有很多，以下进行分类阐述。

10.3.1 产销管理体系的建立

要建立产销管理体系首先要将管理体系展开与组织分工整合，即梳理出整个系统需要哪些主要职能，对主要职能进行细化，得到更具体的职能，然后再把相应的职能分派给合适的部门。然后对职能进行重点分析，对重点职能设立绩效指标，如表 10-1 所示。

表 10-1　产销管理体系职能分工表（部分）

重点工作内容		工作输出资料 / 表单	日常监控管理指标	总经理	副总	销一	销二	计划	采购	仓库	总装	钣金	喷涂	品质
销售预测与安全库存管理	销售情报收集、检讨与分析					●	●							
	销售预测与销售计划设定	每月各产品预测量	销售目标达成率	△	△	●	●	△						
	成品安全库存的设定	成品安全库存量	安全库存金额			●	●	△						
	产能需求、主材料需求计划与调节规划				△	△	●							
	产销协调机制建立与推动					△	△	●						
	预测准确性分析及持续改善	预测准确率分析表	订单预测准确率			●	●	△						

10.3.2 销售预测与安全库存管理

（1）销售情报收集、检讨与分析　业务部门通过与现有客户以及潜在客户进行沟通，可以监测社交媒体平台，了解目标客户及竞争对手的动态和行为，通过观察竞争对手的产品、定价、促销活动等收集销售情报，并在此情况下进行分析和检讨，从而对市场情况进行评估。

（2）销售预测与销售计划制订　业务部门在掌握市场情况后，结合以往的销售数据、促销活动，选择合适的预测模型，对未来一段时间的客户需求进行预测，在此基础上，结合公司的年度目标，制订销售计划。

（3）成品安全库存的设定　业务部门在制订了销售计划后，可以结合产品的生产周期与市场波动大小，进行成品安全库存的设定。因不同月份库存量不同，生产量也不同，所以业务部门可以结合现有库存情况，制订生产计划。

（4）产能需求、主材料需求计划与调节规划　有了生产计划后，业务部门就可以根据工时数据和物料清单计算工厂产能需求和物料需求。

（5）产销协调机制建立与推动　如果产能、物料等不能满足客户的需求，业务部门就需要进行产销协调，要建立相关的会议和问题解决机制，推动问题的解决。

（6）预测准确性分析及持续改善　有了实际的订单后，可以与预测种类、数量进行对比，并对准确性进行分析，对于偏差大的，要进行持续改善。

10.3.3　产销管理的基础数据维护管理

（1）定期性产品组合与生产量 PQ 分析　将不同的产品种类按生产量从大到小排列，通常以柱状图的形式呈现，对一些长尾产品要做出去留的决定。

（2）建立并优化各产品制程作业模式　根据 PQ 分析的结果，针对大批量、中小批量、零星订单的产品，优化其作业模式，提高效率。

（3）建立 / 完善各产品或零件标准工时数据库　为满足核算产能、计件工资等需求，要对产品或零部件的标准工时进行测算，并录入数据库存档。

（4）建立各产品或零部件的标准产能及人力　有了标准工时以及投入的设备和人力后，还要考虑效率因素，才可以计算出标准产能。

（5）产品加工组合经验工时掌握　对于一些不容易建立标准工时的作业，比如非标件的钣金加工，可以先根据经验建立工时标准。

（6）采购周期及前置时间掌握　对采购的周期时间和生产周期进行统计，因为上述时间是波动的，要根据统计结果制定可接受的周期时间。

（7）生产制程瓶颈分析与对策改善　瓶颈工序决定了工厂的实际产出，要分析瓶颈问题，制定改善对策，提升产能。

（8）供应链的制程瓶颈分析与对策改善　从供应链的角度出发，分析改善瓶颈，比如供应商的瓶颈工序等。

（9）规划并持续优化符合公司需求的 MES　提升数据反馈能力，为管理决策奠定基础。

10.3.4　大计划（月计划）与负荷管理

此处主要是进行大日程计划的编制，月度计划可以排到周，也可以排到日，通过排单与产能分析找到问题，通过产销协调会解决问题，这个时间段内一般要进行长周期物料的采购动作，以免时间不够。具体内容如下：

1）订单评审及异常反馈处理。

2）月度大计划的分析与排定。

3）产能负荷及人力设备需求分析。

4）定期性召开销协调会。

5）计划调整及交期协调。

6）长周期或策略性物料库存需求计划制订。

7）长周期或策略性物料库存采购执行。

10.3.5　中计划（周计划）及物料需求管理

中日程计划一般指周计划或旬计划，比如每周五制订下周的计划，主要是用来指导短期物料的采购，对订单的变化做出调整，做一些产前准备。具体内容如下：

1）物料需求计划运算。

2）计划性外采物料需求下达。

3）计划性外采物料执行。

4）计划性外采物料进度追踪。

5）装配周计划调整及工单展开。

6）钣金 / 喷涂需求计划下达。

7）备料式生产计划及库存调整协调。

10.3.6　总装小计划（三天滚动计划）与管制作业强化

小日程计划一般指三天滚动的计划，即明天的计划是确定的，不能更改，后天、大后天的计划是可以部分更改的。重点是指导生产，做产前准备。具体内容如下：

1）三天滚动生产计划制订与调整。

2）备料计划制订、通知与发料管制。

3）生产重点、指示及相关情报发布。

4）生产计划的实施执行。

10.3.7　钣金 / 喷涂生产计划的实施及改善

图 10-6 所示案例中的零部件车间是一个外包的车间，所以相当于一个供应商，它的计划相当于一个公司的计划，只是因为规模小、工艺简单，计划不需要太复杂。具体内容如下：

1）钣金 / 喷涂计划职能的规划及督导。

2）钣金 / 喷涂计划需求承接及产销协调。

3）钣金 / 喷涂计划的制订及调整。

4）钣金 / 喷涂生产负荷分析与调整。

5）钣金 / 喷涂计划异常处理及改善。

6）钣金 / 喷涂日常计划的执行。

7）钣金 / 喷涂生产日报表的填写及通报。

8）钣金 / 喷涂生产异常工时的改善。

9）钣金 / 喷涂 MES 优化与有效应用。

10.3.8　供应商整理与管理重点强化

供应商管理主要涵盖供应商寻源、供应商资格审查、供应商选择与评估等相关制度的制定与改善。具体内容如下：

1）主要原物料需求与供应来源稳定性（QCD）评估。

2）主要原物料管理政策与调整方案制定。

3）主要原物料供应商调整方案与实施推进。

4）供应商评选与管理方法必要的修订和改善。

10.3.9　原材料收发作业强化与库存管理改善

主要涉及原材料仓库的规划、与出入库等相关的日常作业流程以及物料管理指标的统计与提报。具体内容如下：

1）原物料储区规划与"三定"标准建立。

2）原物料收、发、退料及料账作业改善。

3）原物料盘点作业改善。

4）原物料呆滞品提报与处理方案改善。

5）库存周转天数标准设定。

6）库存周转天数改善。

10.3.10　生产率统计与异常工时改善

生产率管理主要是建立日报表，按生产线每天统计生产率，并进行月度检讨，对生产率不达标或异常工时找到原因，并制订改善方案。具体内容如下：

1）生产日报表的统计及通报。

2）异常工时的统计及通报。

3）异常工时的责任判定。

4）异常工时的持续改善。

10.3.11 产销绩效评价及持续改善推进

产销体系运作的情况需要通过绩效指标反映，一般来讲每月、每周或每天都需要进行统计，并检查统计方法、统计数据的正确性，根据指标和标准确定问题点，进行改善并执行考核。具体内容如下：

1）产销日常管理绩效指标数据统计。

2）产销日常管理绩效指标点检及异常处理。

3）产销日常管理绩效达成定期检讨。

4）产销日常管理绩效达成持续改善。

5）产销日常管理绩效考核推进。

10.3.12 产销相关之 ERP 配套系统运用与整合协助

ERP 系统现在已成为许多制造业企业的信息化工具，如何通过选型、功能的配置以及二次开发等体现产销体系的管理流程是非常重要的。ERP 是一个工具，能否最大化它的使用价值，以提高效率并进行规范管理，这需要管理者具有清晰的管理思路。

10.4 拉式计划各流程点作业规划

10.4.1 订单评审

订单评审的目的是确保订单能够满足客户的要求。评审人员通常会审查订单的产品规格、交付日期、技术要求等关键要素，并就其中可能存在的问题或风险提出建议或修改意见。通过订单评审，公司可以更好地管理订单流程，确保订单的顺利执行和客户满意度的提升。

订单评审表由业务部门填写，可以由业务部门或 PMC（生产与物料控制）部门牵头召集会议，解决不了的问题要上报副总或总经理。因直播带货等新的销售模式的兴起，某些类型的企业订单剧增，例如日订单可达 200 个，订单评审的形式需要更加灵活，回复客户交期的时间也需大幅缩短。订单评审表的内容因企业而异，比如有些公司可能要确认是否出具图样、技术标准等，可以参考表 10-2 进行调整。

表 10-2 订单评审表示例

客户名称:				下单日期		
订单数量:				交货日期		
订单状态	□紧急订单			□普通订单		□备货
产品状态	□首次 OEM（贴牌生产）新订单			□特殊配置新订单		□复投订单
业务部	订单信息是否完整					
	客户特殊要求是否明确					
	客供物料回厂时间					
技术部	图样完成时间					
	新产品资料完成时间					
	其他					
采购部	加工用材料回厂时间					
	装配用材料回厂时间					
	其他					
品质部	是否有检验标准					
	是否有疑难控制点					
	包装方式是否明确					
	其他					
计划部	MRP 完成时间					
	计划交期					
生产部	对质量要求是否有制造困难					
	对交期是否有异议					
会签:						

10.4.2 月度计划制订

月度计划可以排到周，也可以排到日，时长可以是一个月、两个月，甚至更长，主要目的是掌握后续订单情况，对生产安排有重要影响。它可以根据订单种类与订单数量评估产能盈亏情况，决定是否委外生产。对于交期长的物料采购，月度计划还能为准备图样资料、SOP、检验标准等提供指导。月度计划表举例如表 10-3 所示。

表 10-3 月度计划表举例

2013 年 _____ 月份生产计划

序号	客户名称	产品名称	规格 /cm	前期未完成计划	10 月份计划	合计	月度生产排期										
							21	22	23	24	25	26	27	28	29	30	31
1	××公司	快美特 50	5×10×120	100	200	300	100			200							
2	××公司	新亚 40	5×20×120	50	130	180		130			50						
3	××公司	新亚 80	5×22×120	30	80	110			110								

10.4.3 负荷分析

负荷分析可以按月进行，也可以按周进行，按月工作量小些，结果相对比较粗放，订单在一个月内的分布可能是不均匀的。负荷分析通常分为两部分，设备负荷分析和人员负荷分析，这两部分的原理基本相同，就是用订单所需设备人力或设备人时除以可用工时。所需工时（即订单负荷），用产品在某工序的标准工时乘以产品的数量得出。可用工时是设备或人力的数量乘以可用工作时间乘以效率，通过产能负荷分析可以得出哪些设备、人力是富余的，哪些是闲置的。产能负荷分析示例如表 10-4 所示。

表 10-4　产能负荷分析示例

10 月生产负荷分析表　　　　　　　　　　统计日期：

车间	生产线种类	机器台数	人力可开机数	设备负荷分析						人员负荷分析						对策
				每月工作小时数	每月工作天数	可供机时/h	参考效率	所需机时/h	月设备负荷	h/班次	班次	人/线	可供工时/h	所需工时/h	月人力负荷	人/机/订单对策
2AB车间	尼龙毛/PBT毛/PBT牙刷毛	8	6.0	24	25	4800	90%	2504	58.0%	12.0	2	1.5	5400	3756	77.3%	
2C车间	幼细毛	4	2.0	24	25	2400	90%	833	38.6%	12.0	2	1.5	1800	1250	77.1%	
2D车间	PP/PE毛	4	2.0	24	25	2400	90%	576	26.7%	12.0	2	1.5	1800	864	53.3%	
3C车间	PET/扫把毛/PET半成品	4	2.0	24	25	2400	90%	661	30.6%	12.0	2	1.5	1800	991	61.2%	
切丝车间	切丝/打包	5	3.0	24	25	3000	90%	1115	41.3%	12.0	2	1.0	1800	1115	68.8%	
混料车间	混料/破碎	20	7.0	24	25	12000	90%	0	0.0%	8.0	1	1.0	1400	0	0.0%	
泡头尖毛车间	泡头	2	4.0	24	25	1200	90%	0	0.0%	8.0	1	1.0	800	0	0.0%	
包装尖毛车间	尖毛包装	3	10.0	24	25	1800	90%	0	0.0%	11.2	1	1.0	2800	0	0.0%	

10.4.4　产销协调会

产销协调会的目的是提前掌握市场（客户）需求，以进行生产资源的投入规划，使企业能提早适应市场变化，同时检讨下个月或更久的产能负荷状况，并确立下个月交货及生产计划。

产销协调会一般由业务（销售）部门主导，计划、生产、采购、HR（人力资源）及其他必要部门参与会议。会议时长约 2h，频率为每月一次，通常在月中进行。产销协调会流程如表 10-5 所示。

表 10-5　产销协调会流程

序号	议程	报告者	提报资料	时间
1	清查出席人数并请主席宣布开会	业务	—	—
2	上次会议事项执行报告	业务	会议记录及执行报告	10min
3	中期接单状况及负荷分析	生管	中期接单统计表	15min
4	下月交货及生产排程讨论	生管	月排程表	30min
5	新品开发进度报告	生技	新品开发进度管制表	10min
6	临时动议	—	—	5min
7	宣读会议记录	业务	—	5min
8	主席宣布散会	主席	—	—

如果产能与负荷基本平衡，就不必制定对策。如果产能负荷过低，需要重新安排订单，调整人力，比如减少加班、裁减人员、把人员调整到其他工序，或者安排富余人员做其他工作等。如果负荷过高，产能不足，最理想的方案就是提高作业率或适当加班。如果短时间内靠当前的人力、机器达不到要求，那么只能寻求外协或者增加人力以及设备。如果仍无法完成，那么只能与客户协商，改变订单交期或分批交付。

10.4.5　物料需求计划

有了订单和生产计划，就需要计算物料需求，为采购做准备。现在很多公司使用 ERP 的 MRP 模块进行物料需求的计算。订单的来源包括已经确定的订单和一部分预测的订单，其中有一小部分可能是零部件的订单。软件的操作过程可能会有所不同，通常是根据订单形成主计划，也就是明确产品的交期。MRP 系统会根据订单数量、交期、内部的生产周期、采购周期，同时考虑现有库存数据和物料清单进行运算，得到采购需求计划和内部生产工单。物料需求展开如图 10-7 所示。

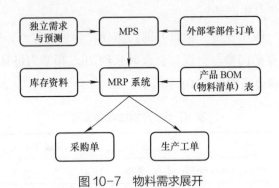

图 10-7　物料需求展开

很多中小企业管理基础差，ERP 运算物料计划时通常选择毛需求，也就是基于订单的实际需求，还需要额外的减库存操作。净需求运算可以把多张订单合并计算，同时考虑在途、在库和已经被前面订单占用的库存，一次就可以把所需采购物料算出来。运行净需求需要很多条件，比如库存的准确性、销售系统的异常订单是否清理、已完成采购订单的关闭状态、BOM 的准确性。如果这些条件不达标，计算结果就是错的，查找原因将非常困难。运行净需求是发展方向，但不能操之过急，要把运行净需求的条件准备齐全才行，需要持续完善。对于没有 ERP 的企业，如果物料种类不是特别多，用 Excel 软件计算也是可以的。

10.4.6　装配计划制订

装配计划可以分为周计划和日计划，周计划是为产前准备工作提供依据，比如工装是否到位、作业指导书是否完成、备料是否齐全，日计划为第二天生产提供指令。车间可以根据计划或生产工单领料，安排生产。计划表的内容通常包括订单的基础信息，比如订单号、料号、数量、交期等，右边是订单的生产日期。如果批量比较小，直接标明生产日期即可，如果批量比较大，可以用甘特图的形式，把每天每条生产线的计划量表示出来。在表格的下方可以统计每条生产线的负荷率。装配计划表如图 10-8 所示。

××公司－生产计划排程表（2014-8-12）

首次任务开始日期 8/8　　每日计划工时

生产线	优先顺序	订单号	料号	数量	交期	库存数量	良率	小时产能	日产能	需生产数量	生产工时	日计划排产量	可投放日期	开始日期	结束日期	排产	8/8 一 22	8/9 二 22	8/10 三 22	8/11 四 22	8/12 五 22	8/13 六 22	8/14 日 22	8/15 一 22	8/16 二 22
1	1	WO001	FG001	6000	8/15		95%	100	2200	6316	63.16	2200		8/8	8/10	100%	2200	2200	1916						
1	2	WO002	FG002	1500	8/15		99%	50	1100	1516	30.32	1100		8/10	8/12	100%			142	1100	274				
1	3	WO003	FG003	1600	8/15	500	99%	100	2200	1112	11.12	1112		8/12	8/12	100%					1112				
1	4	WO004	FG004	2000	8/20		90%	50	1100	2223	44.46	1100		8/12	8/15	100%					270	1100	400	453	
1	5	WO005	FG005	800	8/20		99%	120	2640	809	6.74	809		8/15	8/15	100%								809	
2	1	WO006	FG006	5000	8/15		90%	100	2200	5556	55.56	2200		8/8	8/10	100%	2200	2200	1156						
2	2	WO007	FG007	2000	8/15		90%	100	2200	2223	22.23	2200		8/10	8/11	100%			1044	1179					
2	3	WO008	FG008	1000	8/15		90%	100	2200	1112	11.12	1112		8/11	8/12	100%				1021	91				
2	4	WO009	FG009	1001	8/20		90%	200	4400	1113	5.57	1113		8/12	8/12	100%					1113				
2	5	WO010	FC010	4000	8/20		90%	80	1760	4445	55.56	1760		8/12	8/15	100%					1242	1760	640	803	
3	1	WO011	FC011	2000	8/15		90%	90	1980	2223	24.70	1980		8/8	8/9	100%	1980	243							
3	2	WO012	FG012	1500	8/15		90%	100	2200	1667	16.67	1667		8/9	8/9	100%		1667							
3	3	WO013	FG013	4000	8/15		90%	100	2200	4445	44.45	2200		8/9	8/11	100%		263	1982	218					
3	4	WO014	FG014	5500	8/20		90%	100	2200	6112	61.12	2200		8/11	8/15	100%				2200	2200	2200	800	694	
3	5																								

	8/8	8/9	8/10	8/11	8/12	8/13	8/14	8/15
负荷率 生产线 1	6380 100%	6573 100%	6458 100%	5500 100%	6302 100%	5060 100%	1840 100%	2759 72%
负荷率 生产线 2	100%	100%	100%	100%	100%	100%	100%	46%
负荷率 生产线 3	100%	100%	100%	100%	100%	100%	100%	32%
总负荷率	100%	100%	100%	100%	100%	100%	100%	50%

图 10-8　装配计划表

10.4.7　备发料作业

在产前，仓库应该确认物料已准备好，计划员应该把生产计划提前发给仓库，仓库进行排查。这种排查包括账面排查和实物排查，有些企业管理水平比较低，真正上线的时候还会有缺料的情况发生，所以一般建议做三天的实物备料，要设置一个备料区，在备料的过程中要注意物料配套、数量准确、质量合格，发现问题及时反馈解决。另外备料还可以把物料分成生产线需要的数量。比如 1 袋有 1500 个零件，每条生产线做 500 个产品，生产线更希望仓库把零件分开，如果批量小，零件种类又多，仓库的工作量会很大，仓库更希望生产线的物料员做拆分。对于大部分中小企业，务实的做法是定一个标准，规定多大批量以上要分开。备好料后，车间一般凭领料单领料，双方可能需要确认数量，同时仓管员要根据领料单在 ERP 上生成出库单。

10.4.8　生产执行与报工

生产部门原则上按计划执行，有异常情况时应及时与上级沟通、协调。作业完成后要填写报工单，有些企业采用纸质报工单，有些企业已经可以在手机上提交。提交之后，车间文员要将报工信息录入汇总表。

10.5　产品设计周期缩短的重点策略

在过去，大部分企业销售标准产品，产品开发好之后，就可以重复销售，重复生产，有些偏重于工程项目的订单，需要根据项目的实际需求进行设计。现如今，定制化越来越普遍，每个订单都可能需要设计，有些设计过程耗费相当长的时间，占交付时间的比重较大，因此缩短产品设计周期成为改善重点。

10.5.1　项目的时间管理

产品设计属于研发项目管理，项目管理的核心是项目计划与执行控制。做好计划是前提，结合计划做好时间管理是控制周期的关键。

（1）工作分解　首先产品设计任务可以分解成很多子任务，或分阶段性的任务清单，称为里程碑清单，比如产品的结构设计、电控部分设计、线路板设计等。

（2）任务排序 因为被分解的任务之间是有逻辑关系的，所以需要设计任务排序，明确哪些在前，哪些在后。以泡茶为例，烧水的动作一定在前，泡茶的动作在后，优先顺序图示如图 10-9 所示，箭头表示了先后顺序。

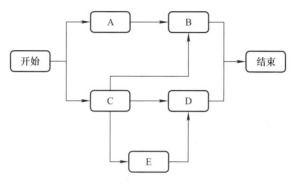

图 10-9　优先顺序图示

（3）资源估算 明确了项目需要哪些任务和任务的优先顺序后，就可以考虑应用哪些资源以及资源的可利用程度。资源可以包括人、设备、资金、材料、客户等。

（4）工时估计 明确了任务和所需资源后，需要根据经验或历史数据估计各任务所需工时。比如任务分解需要一周，结构设计需要两周。

（5）进度安排 根据各任务的先后顺序、工时、客户交期等因素，对进度进行安排，也就是项目计划。可用的方法有关键路径法、关键链法等。

（6）进度控制 有了项目计划进入执行阶段，执行过程中要进行进度控制，以按时完成项目。

10.5.2　项目进度计划

项目进度计划要包括一些基本信息，比如项目的名称、编号、客户、总负责人、项目完成日期等。计划的主要部分是各子项目或任务，要明确这些子项目或任务的执行单位、负责人、计划完成日期。如果没有按时完成，要填写申请延期记录，说明是设计延误还是开发延误，同时应说明任务的实际完成日期。简单的项目可以用 Excel 软件做计划，复杂的项目可以使用项目管理软件，如微软的 Project。研发计划表如图 10-10 所示。

新产品开发试作项目管制表

开发案号	AAAA032	开发案名		×××× 开发案		客户名称	×××	开发设计	张三
机种型号	AAAA65/80	主件编号		×		量试数量	20 件	开发专责	李四
项次	准备工作项目	执行单位	负责人	应完成日	量试预定日 申请延期记录	8月28日 设计延误	开发延误	实际完成	备注
1	新零件设计图面发行完成	研发设计	×××××	3 月 25 日					
2	爆炸图及新开发料件明细表发行完成	研发设计	×××××	4 月 10 日					
3	检具图面发行完成	研发设计	×××××	4 月 10 日					
4	成品质量检验基准确立	研发设计	×××××	5 月 10 日					
5	模具发包完成	开发采购	×××××	3 月 25 日					
6	新零件送样确认合格	采购	×××××	6 月 5 日	2010/6/25, 2010/7/25, 2010/8/10, 2010/8/18, 2010/8/25, 2010/8/27, 2010/9/3, 2010/9/9				
7	BOM 建立	BOM	×××××	6 月 15 日					
8	首次工程样品完成	研发开发	×××××	6 月 28 日	2010/7/7, 2010/7/9, 2010/7/18, 2010/7/24, 2010/8/5, 2010/8/11				
9	可靠度试验报告	研发开发	×××××	6 月 29 日	2010/7/8, 2010/7/10, 2010/7/19, 2010/7/24, 2010/8/4, 2010/8/5, 2010/8/12				
10	异常汇总分析报告/零配件尺寸设计总检讨	研发开发/设计	×××××	6 月 30 日	2010/7/9, 2010/7/12, 2010/7/19, 2010/7/24, 2010/8/4, 2010/8/5, 2010/8/12				
11	标准品外观配备表	业务	×××××	7 月 1 日					
12	外观印刷及包装作业指导图表（含零件图表）	研发设计	×××××	6 月 25 日					

图 10-10　研发计划表

10.5.3 项目进度控制

项目进度控制的方法有很多，其中最重要的是监控点管理。把不同阶段的计划（里程碑）展示在甘特图上，在时间轴方向上设置若干个监控点，在监控点查看项目的进度和质量实现情况，以及预算使用情况，这同时需要配套的项目会议和问题解决机制，比如在项目延迟时，需要拿出解决方案。项目也需要在适当阶段进行总结，提交项目报告。对于在项目过程中因客户需求、项目资源、实施过程中遇到无法克服的困难等导致项目变更，需要启动变更管理流程，相关负责人需要对项目进行评审。在项目进度管控中，最好设置预警机制，即在进度有延迟风险时，提前发出警示，以便尽早采取修正行动。研发进度监控点示意如图 10-11 所示。

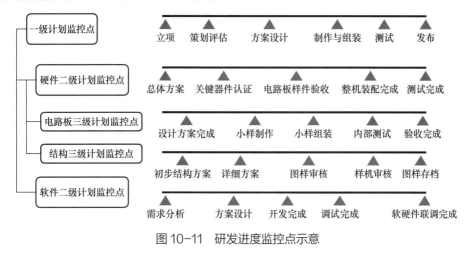

图 10-11 研发进度监控点示意

10.5.4 项目质量管理

如果在产品开发过程中经常出现质量问题，势必会影响开发周期，甚至影响后面的制造过程，所以管理好研发设计的质量能有效减少返工等时间浪费。

要做好研发设计的质量管理，首先要做好产品先期质量规划（APQP），通俗讲就是如何对产品设计和开发进行控制，从而更好地控制产品的进度和质量。通过确定产品设计和开发过程中的阶段和周期，明确何时进行必要的评审、何时进行产品验证和确认，明确相关的职责和权限、内外部资源等。这样做的好处是可以更早地识别需要更改的地方，以按时提供优质产品。图 10-12 中所示为在基本研发阶段的基础上明确周期，并确定评审点。表 10-6 为设计评审表的常用格式。要明确产品名称、评审内容、评审对象，即具体评审哪些内容，要把一些内容细化，比如工艺方案评审，细化之后，可能包括工序能力、工装设计可行性、采购外协可行性等。不同的企业管理水平参差不齐，要抓大放小，随着企业管理水平的提升，逐步完善项目质量管理。

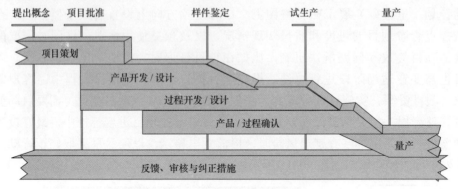

图 10-12　产品先期质量规划流程示意

表 10-6　设计评审表

产品型号：			产品名称：	
评审类别：	□初步技术设计评审		□工艺方案评审	□其他
评审主持人：			评审时间：	
评审对象：				
□初步技术设计评审的对象：设计方案说明书、方案总体图、线路图或原理图、主要零件方案图、设计计算书、特殊外购件清单等初步设计的输出。 □工艺方案评审的对象：工艺方案。				
评审内容：在"□"内打"√"表示通过评审，打"？"表示有建议或疑问，需要在下面说明。				
初步技术 设计评审	1 标准符合性□	2 结构合理性□	3 加工可行性□	4 采购可行性□
	5 工序能力□	6 可检验性□	7 美观性□	8 安全性□
	9 操作方便性□	10 防止误用能力□	11 标准化、继承性□	12 经济性□
	13 环境影响□	14　　　　　□	15　　　　　□	16　　　　　□
工艺方案 评审	1 经济性□	2 工艺流程合理性□	3 检测方法合理性□	4 质控点设置合理性□
	5 工序能力□	6 设备选型合理性□	7 采购外协可行性□	8 工装设计可行性□
	9　　　　　□	10　　　　　□	11　　　　　□	12　　　　　□

10.6　物料采购周期缩短的重点策略

采购周期缩短，对于订单式采购可以更好地缩短整个交付周期，提高市场的反应能力，对于库存式采购可以降低原材料的库存，减轻资金压力。缩短采购周期需要认真分析采购周期的构成，比如下单过程、供应商备料、供应商生产、运输发货，分析各环节的周期长短及改善空间。比如有些比较大的公司采购审批流程长，就可以通过简化采购流程来缩短周期。

（1）备库存　对于通用物料，备库存是站在客户角度比较容易操作的方法，通过备库存，采购周期缩短为零，极大地缩短交付周期，同时也能消除供应周期不稳定给生产带来的困扰。

（2）多批次发货　对于大额订单，若供应商完成全部生产后再送货，时间会比较久，也会造成原材料库存堆积，因此，可以要求供应商分批发货，能够满足生产要求即可。

（3）供应商本地化　有些采购周期长是因为客户距离供应商较远，运费较高，需要凑满一整车才能发货，因此要注意培养本地供应商，200km 以内的供应商较为理想，这是采购部门的重要工作之一。

（4）谈判　在采用任何方法之前，与供应商谈判来压缩周期是首选，快速交货是市场的需要，供应链上的每个环节都有必要压缩周期，要把压力传递给供应商。供应商也可以通过客户分类，为不同客户提供不同的采购周期。

（5）协助改善　有些原因可能是供应商产能不足、供应商在制品高、品质异常差等导致交期长，可以组织计划、采购、工程、技术等部门到供应商处帮助供应商解决问题，这是有实力企业的普遍做法。

10.7　生产制造周期缩短的重点策略

如上所说，缩短制造周期对降低库存、满足客户需求有着极其重要的意义，这也是精益生产的核心。

（1）减少等待时间　现实中，许多物料在车间现场都处于等待状态，正在机器上加工的零件很少，等待占据了生产周期很大的比例。可以通过控制投料、按节拍投料的方法减少车间在制品，可以通过规范排程、强化配套管理等方法，减少配套等待的时间。此外，降低转移批量、快速流转等都可以减少等待时间，提升瓶颈工序产能也可以减少等待时间。

（2）减少搬运时间　可以通过重新调整工厂布局，缩短物流距离；可以通过导入单件流、小批量流使工序间更紧密；可以通过提高搬运设备效率等手段减少搬运时间。

（3）减少加工时间　可以通过 IE 或技术改善，减少加工过程中时间的浪费，或者优化工艺流程，比如特斯拉采用大型压铸机一次成型，缩短加工时间。

（4）减少异常处理时间　因设备故障、质量等问题导致产品流动受阻时，需要根据二八定律，选择关键问题作为重点课题进行持续改善。

10.8 产品安装周期缩短的重点策略

对于设备类产品，比如为机场、物流中心、工厂准备的设备，不仅要按时交付，有时候还要按时安装好，对于装备制造业，很多都是交钥匙工程，缩短安装周期是非常重要的。安装属于工程项目，也属于项目管理的范畴。

10.8.1 精益施工体系

安装周期缩短的基础是精益施工体系的平稳运行和持续改善。精益施工体系主要包括项目施工组织设计、负荷分析、项目进场前准备、项目进场管理，然后是项目施工日常管理、项目施工持续改善、项目汇报及协调，最后是项目收尾及总结，细节如图 10-13 所示。

- ➢ 现场大布局规划
- ➢ 现场物料区规划
- ➢ 现场指挥部布置
- ➢ 安全文明施工海报张贴
- ➢ 人员报道及二次培训
- ➢ 现场技术交底签到
- ➢ 现场施工安全培训
- ➢ 现场安全交底签到
- ➢ 设备及工具配发
- ➢ 劳保用品配发

- ➢ 人员负荷分析
- ➢ 新员工招聘或调度
- ➢ 新员工入职培训
- ➢ 工具设备负荷分析
- ➢ 设备工具的购买或调配

1. 项目施工组织设计	2. 负荷分析	3. 项目进场前准备	4. 项目进场管理

- ➢ 场地勘察策划
- ➢ 项目主计划制订
- ➢ 料需求计划制订
- ➢ 项目施工计划制订

- ➢ 施工现场团队组建
- ➢ 进场必要资料准备
- ➢ 现场其他物料准备
- ➢ 施工前状况分析

- ➢ 作业分析及优化改善
- ➢ 标准工时与定额管理
- ➢ 施工效率分析及改善
- ➢ 提案改善收集及落实
- ➢ 预制作业分析及优化
- ➢ 工艺分析及价值改善

- ➢ 制作质量问题跟踪
- ➢ 收尾工作量汇总
- ➢ 项目收尾计划制订
- ➢ 人员和资源撤离计划制订
- ➢ 项目整体总结报告

5. 项目施工日常管理	6. 项目施工持续改善	7. 项目汇报及协调	8. 项目收尾及总结

- ➢ 日小组派工及跟进
- ➢ 来料、过程质量管理
- ➢ 物料的日常收发管理
- ➢ 物料的备料作业管理
- ➢ 不合格物料的管理
- ➢ 现场 6S 日常督导管理
- ➢ 现场安全作业督导
- ➢ 设备定置保管及日常保养
- ➢ 日常早会、早操开展
- ➢ 员工饮食及健康管理
- ➢ 员工的心理及离职访谈

- ➢ 项目日报及反馈
- ➢ 项目周报及反馈
- ➢ 项目重大异常反馈
- ➢ 偏离纠正措施
- ➢ 重大异常和失误反馈
- ➢ 资源调整计划制订

图 10-13　精益施工体系图

10.8.2 安装计划及进度控制

安装计划通常包括两级计划体系，主计划和二级计划。主计划是根据工艺方案、设备清单、场地情况等制订各环节的进度计划。主计划明确了安装流程中的关键时间节点，除非施工出现重大异常否则不进行更新。它由计划、施工、人事、工艺IE等小组进行研讨确认。二级计划，也就是施工计划，由工程管理员（或现场队长）结合实际的要素情况进行制订。二级计划（见表10-7）可以做滚动变更，变更的原因可能包括项目变更、物料的延期等。对于与主计划偏差较大的施工内容，要及时反馈项目计划组，经研讨确认将确定的计划作为日常工作安排的依据。现场每天根据施工计划、物料到位情况、人员到位情况等安排具体工作任务。

表10-7 二级计划示例

序号	任务名称	工期	主计划 2		工期	施工计划		工程实际		施工达成比率	施工未达成原因
			开始时间	完成时间		开始时间	完成时间	开始时间	完成时间		
1	2200188 华东电商板组 3#库项目 20200705 计划	137 天	2020 年 6 月 19 日	2020 年 11 月 3 日	137 天	2020 年 6 月 19 日	2020 年 11 月 3 日				
2	现场实施基础	62 天	2020 年 7 月 10 日	2020 年 9 月 10 日	62 天	2020 年 7 月 10 日	2020 年 9 月 10 日				
3	卸货区、装车区外墙开洞交付	0 天	2020 年 7 月 10 日	2020 年 7 月 10 日	0 天	2020 年 7 月 10 日	2020 年 7 月 10 日				
4	矩阵区消防门洞交付	0 天	2020 年 7 月 10 日	2020 年 7 月 10 日	0 天	2020 年 7 月 12 日	2020 年 7 月 12 日				
5	消防线管拆除（干涉部分）	0 天	2020 年 7 月 10 日	2020 年 7 月 10 日	0 天	2020 年 7 月 12 日	2020 年 7 月 12 日				
6	2、3#库连廊土建交付	0 天	2020 年 8 月 25 日	2020 年 8 月 25 日	0 天	2020 年 8 月 25 日	2020 年 8 月 25 日				
7	消防断开设备的取电交付	0 天	2020 年 9 月 10 日	2020 年 9 月 10 日	0 天	2020 年 9 月 10 日	2020 年 9 月 10 日				

（续）

序号	任务名称	主计划2			施工计划		工程实际		施工达成比率	施工未达成原因
		工期	开始时间	完成时间	工期	开始时间	完成时间	开始时间	完成时间		
8	网络机房基建交付	0天	2020年9月10日	2020年9月10日	0天	2020年9月10日	2020年9月10日				
9	首批正式主电交付（2#、3#增容3000kV）	0天	2020年7月15日	2020年7月15日	0天	2020年7月15日	2020年7月15日				
10	正式主电完全交付（2#、3#再次增容2500kV）	0天	2020年9月10日	2020年9月10日	0天	2020年9月10日	2020年9月10日				
11	总包	137天	2020年6月19日	2020年11月3日	137天	2020年6月19日	2020年11月3日				
12	现场准备	33天	2020年6月19日	2020年7月22日	33天	2020年6月19日	2020年7月22日				
13	现场基建核对、线体放样	2天	2020年6月19日	2020年6月21日	2天	2020年6月19日	2020年6月21日			90%	
14	现场施工布局规划	1天	2020年6月21日	2020年6月22日	1天	2020年7月22日	2020年6月22日			90%	
15	物料清点	1天	2020年6月21日	2020年6月22日	1天	2020年7月22日	2020年6月22日			90%	
16	摆轮到货时间	0天	2020年7月22日	2020年7月22日	0天	2020年7月22日	2020年7月22日				
17	设备主体安装	65天	2020年6月22日	2020年8月26日	65天	2020年6月22日	2020年8月26日				
18	矩阵区	65天	2020年6月22日	2020年8月26日	65天	2020年6月22日	2020年8月26日				
19	大平台	33天	2020年6月22日	2020年7月25日	33天	2020年6月22日	2020年7月25日				
20	矩阵大平台安装（左侧消防分区）	15天	2020年6月22日	2020年7月7日	26天	2020年6月22日	2020年7月18日	2020年6月22日		80%	钢平台延期、整体工程延后

10.8.3 预装

预装是为了提高安装效率，在安装大设备时，提前把一些零部件或附件安装好，以节省时间。预装由工艺组经理主导，整合研发、采购、制造及工程等部门，共同制定预装方案，大部分方案需要各部门共同验证并实施。哪些零部件可以预装，哪些预装可以提高安装效率，需要发动集体智慧去研究、测试，需要有勇气探索新的安装方法。预装改善列表如表 10-8 所示。

表 10-8 预装改善列表

序号	项目名称	改善类别	改善来源	协助部门	提出时间	状态	备注
154	消防翻转机电动机链条预装	预装率	制造	工程／制造	2020/6/11	不立案	
30	转弯机下封网厂内预装	预装率	工程	工程／制造	2020/4/2	未立案	
48	钢平台加强筋厂内焊接	预装率	制造	工程／制造	2020/4/22	在进行	
49	钢平台模块化及预制	预装率	制造	工程／制造	2020/4/22	在进行	
26	驱动安装封网牙孔回牙	预装率	工程	工程／制造	2020/4/2	准时完成	
27	驱动段主板封网安装孔卡式螺母厂内预装	预装率	工程	工程／制造	2020/4/2	准时完成	
28	驱动段主板封网安装牙孔厂内回牙	预装率	工程	工程／制造	2020/4/2	准时完成	
31	机头段挡板连接折弯耳板厂内预装	预装率	工程	工程／制造	2020/4/3	准时完成	
32	驱动前后封网封板厂内预装	预装率	工程	工程／制造	2020/4/3	准时完成	
38	支腿脚靴厂内预装	预装率	工程	工程／制造	2020/4/8	准时完成	
39	支腿斜顶板厂内预装	预装率	工程	工程／制造	2020/4/8	准时完成	
44	按钮盒与安装板配套厂内预装	预装率	制造	工程／制造	2020/5/20	准时完成	
45	短一体机胶带、同步带厂内预装	预装率	工程	工程／制造	2020/4/22	准时完成	
46	反光板与安装板厂内配套安装	预装率	制造	工程／制造	2020/5/20	准时完成	
50	光眼与安装板厂内配套安装	预装率	制造	工程／制造	2020/5/20	准时完成	
51	合流机电动机挡板厂内安装	预装率	工程	工程／制造	2020/4/22	准时完成	
52	活动挡板折弯板与尼龙板厂内组装	预装率	工程	工程／制造	2020/4/22	准时完成	

（续）

序号	项目名称	改善类别	改善来源	协助部门	提出时间	状态	备注
53	机身封网卡式螺母厂内预装	预装率	工程	工程 / 制造	2020/4/22	准时完成	
54	机头封网卡式螺母厂内预装	预装率	工程	工程 / 制造	2020/4/22	准时完成	
55	机头接口支架横撑厂内预装	预装率	制造	工程 / 制造	2020/4/22	准时完成	
56	机头调节螺栓位置厂内调整	预装率	工程	工程 / 制造	2020/4/22	准时完成	
57	机头轴承罩厂内预装	预装率	工程	工程 / 制造	2020/4/22	准时完成	
58	居中机链条保护罩厂内安装	预装率	工程	工程 / 制造	2020/4/22	准时完成	
59	驱动段电动机封口板厂内预装	预装率	工程	工程 / 制造	2020/4/22	准时完成	

10.8.4　物料管理

为了缩短周期，就要减少安装现场缺料情况的发生，保证安装物料、工具的齐套，可以通过目视化、物料分类、专职物料管理人员提前配送等方式，确保施工小组可专心于安装作业，提高工作效率。为提升物料管理水平，在施工现场的项目办公区附近，可以规划专门的物料放置区。配备工具箱、料架，实现更为规范的物料放置管理，如图 10-14 所示。中大型项目现场还可以增加监控设备，针对贵重物料进行网络监控，确保物料的安全，避免遗失。同时要对物料员进行多次培训作业，以使他们掌握规范的物料管理要求。

图 10-14　现场物料管理示意

10.8.5　作业效率改善

为了缩短周期，有必要提高安装效率，可以通过工装设备优化、工作研究及指导书制定、工艺设计改善优化等方式，减少多余工序，消除浪费，提高效率，制造业常用的 IE 方法都可以用在安装过程中。图 10-15 为安装作业的联合作业分析举例。

时间 / min	作业员 A（熟手）		作业员 B（新手）		作业员 C（队长）	
	工作描述	工时	工作描述	工时	工作描述	工时
1	液压站手动注油	4	辅助注油	1	空等待	3
2			等待注油	1		
3			点动控制柜试运转液压站	1		
4			等待注油	1	准备注油管	3
5	空等待	3	辅助准备注油管	1		
6			等待注油	2		
7					注油管自动注油	1
8	检查油管密封	1	点动控制柜试运转液压站	1	观察油位	2
9	空等待	7	等待注油	1		
10			点动控制柜试运转液压站	1	紧固液压站	3
11			空等待	15		
12						
13					伸缩机行程开关调试	4
14						
15						
16	运转伸缩机	1				
17	空等待	2			观察传动带运转、伸缩机伸长水平	6
18						
19	取支腿安全挡板	2				
20						
21	空等待	1				
22	拆挡板包装	1				
23	摆放挡板到安装位置	1			确认液压站油位	1
24	缩回伸缩机	2			观察伸缩机	1
25					前支腿右侧挡板摆放到位	1
26	切割前支腿左侧安全挡板	1	辅助切割前支腿左侧安全挡板	1		

图 10-15　安装作业的联合作业分析举例

10.9　拉式计划体系的绩效管理

在产销体系中一个重要的部分就是，根据重点工作内容梳理出对应的日常监控管理指标，比如生产计划实施情况可以用生产计划的达成率来表示，如图 10-16 所示；每个指标都应明确指标定义、所属部门、计算公式、谁提供基础资料、多长时间统计一次等信息，如图 10-17 所示。在日常管理指标中选择当前最重要的一些作为考核指标，同时根据指标的表现驱动管理改善。

重点工作内容		日常监控管理指标	重点绩效考核指标
总装小计划（三天滚动计划）与管制作业强化	三天滚动生产计划与调整		
	备料计划、通知与发料管制	生产待料次数	
	生产重点、指示及相关情报发布		
	生产计划的实施执行	生产计划达成率	√
	生产派工与进度回馈与协调	生产异常停线次数	√

图 10-16　产销体系管理指标示意

计划交付体系——管理评价绩效指标项目定义表

	批准	审核	制定

日期：2022 年 03 月 08 日

序号	主责部门	绩效指标名称	计算公式	管理周期	资料来源（表单或标准书名）	报表提供单位	范围（对象）	定义说明（内涵）
1	业务	销售预测准确率	预测准确产品项数÷总预测产品项数 ×100%	月	预测准确率分析表	业务	当月预测类出货产品	
2								
3								

图 10-17　管理指标项目定义表

　　主要的指标包括生产计划达成率、标准工时产品覆盖率、外采物料来料准时率（欠料次数）、生产异常停线次数、钣金/喷涂物料准时交付率（欠料次数）、上线物料不合格次数、装配生产率等，每个企业的情况不同，应根据企业的实际情况和不同的阶段，以及当前的主要问题，选定管理指标。

思考题

1．谈谈你对推式生产和拉式生产的认识。

2．结合书中内容，绘制自己公司的产销体系图。

3．谈谈如何缩短采购周期。

第11章 精益工厂布局与生产线规划

11.1 工厂布局合理性评估方式

11.1.1 工厂布局评估维度

工厂布局评估既可以单纯从物流角度对布局方案进行评估，物流是非常重要的方面；也可以对布局规划方案进行全面评估，比如设备的先进性、是否采用单件流、工厂的运营成本等。以下是比较综合的评估维度。

（1）物流方向 从精益的角度出发，应尽量减少物料的逆向和交叉流动。逆向和交叉流动会导致物流距离延长、在制品库存高、管理困难。

（2）直接人工投入 随着人力成本的上升和智能制造的发展，降低人力需求和提高自动化水平是未来的方向，在人力的使用上应非常慎重，能省则省。

（3）在制品投入 布局方式不同，会导致在制品数量不同，进而影响生产周期、资金占用以及品质管理等方面。

（4）维护与维修空间 设备维护的便利性非常重要，有些工厂投入使用后，发现设备维护非常困难，比如因为空间太小，叉车进不去，核心零部件拆不下来等，这都是规划设计中的硬伤。

（5）物料处理成本 物料报废、客户退货、维修、产品修整等涉及直接作业员、物料员、维修人员产生的成本，比如，很多注塑车间设置专门的不良品存放区来粉碎物料，一些企业会在注塑机旁边设置粉碎机，产生的废料立即粉碎回用，这样处理成本会有所不同。

（6）库存成本 物料存储、搬运、标识等采用不同的方案，产生的成本也是不同的。

（7）质量成本 不同的质量控制措施，产生的质量预防成本、鉴定成本、内外部损失成本会有所不同。

（8）设备的利用率 反映设备的闲置情况，很多公司在新工厂规划中会引入一些设备，但缺乏科学的评估过程，导致设备不好用，利用率低。

（9）监管的便利性　布局方案不同，管理干部对各功能区域监管的便利性也会有不同，是否便于监管也是很重要的。

（10）人员的安全和满意度　是否充分考虑了员工作业过程中的安全性和舒适度。

（11）柔性　工厂是否容易扩展，能否快速适应产品、工艺流程、排程的改变。

（12）工具、模具切换便利性　快速切换模具、工具是适应多品种小批量市场环境的重要因素。

（13）5S管理的可操作性　从布局的角度看日常整理、整顿、定位的难点，包括对质量、产量的影响以及设备或人员导致的污垢、灰尘、烟雾的处理方式是否合理。

可将上述各维度分为5个等级进行评估，分别是差、一般、好、很好、优秀，综合评分最高者为最佳方案。

11.1.2　工厂布局评估工具

（1）布局图　在工厂的布局图上，把大物流的走向标识出来，如图11-1所示，可以看到，大物流整体呈一笔画结构，进料口与出货口在同侧，原材料进厂后直接进到物料仓库，出库后到加工中心，加工后到喷涂车间，之后到总装车间，总装车间旁边是总装的原材料和成品仓库。这样的流程总体上是非常顺畅的，不走回头路，可以认为是比较理想的布局。

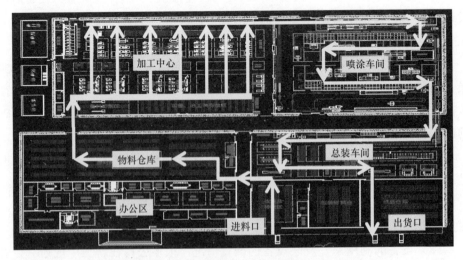

图11-1　在布局图上绘制大物流走向

（2）线路图　对于工艺流程并不复杂的工厂，可以在各个功能区域选择一个固定的点代表具体加工工序或仓库，沿工艺流程用线将各个节点连接起来，这样可以看出物流路线的交叉与迂回。按工艺流程重新布局，可以极大减少物料搬运距离，降低搬运成本，这也是最简单的评估方式。当物流贯穿多个楼层时，可在三维方向绘制线路图。线路图示意如图 11-2 所示。

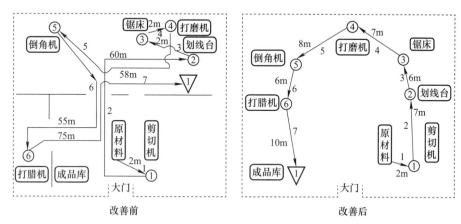

图 11-2　线路图示意

（3）工艺流程图 + 简化布局图　对于产品种类多、工艺流程差异大的工厂，可以通过工艺流程分析对产品分类，划分出不同的产品族，并按产品族的工艺流程，在简易的布局图上绘制物流路线，可以看出哪些作业单位之间的物流更频繁，说明这些作业单位应该靠近，可以根据这个原则进行布局调整。如果能统计不同作业单位之间的物流量，就可以得到定量的数据，作为评估布局优劣的指导性原则。根据工艺流程划分产品族如图 11-3 所示，在简易布局图上标示物流路线如图 11-4 所示。

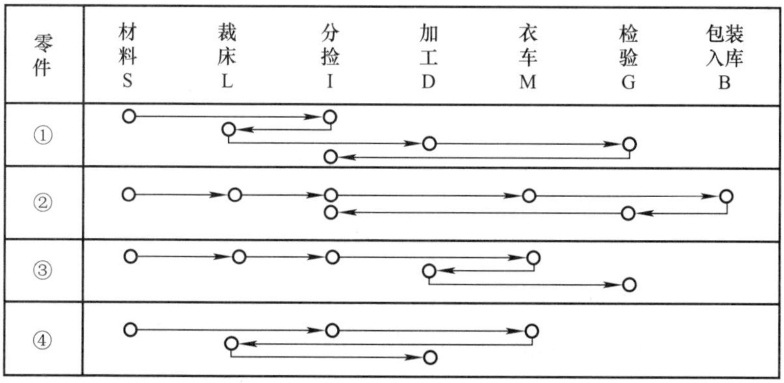

图 11-3　根据工艺流程划分产品族

171

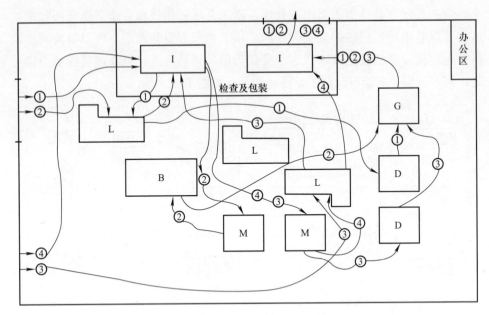

图 11-4 在简易布局图上标示物流路线

11.2 工厂规划的目标

规划一家新的工厂，要保证工厂在今后几年甚至更长时间内的良好运行，所以考虑问题要全面，要有一定的前瞻性。工厂规划的目标不能过于单一。

（1）流程顺畅 无论从物料流、工序流还是人流，都要能够确保各环节良好衔接、顺畅流动，实现快速交付。

（2）办公协同 基于价值流来拉近上下游之间的距离，减少部门之间的沟通距离与障碍，方便交流，高效协同。

（3）环境舒适 无论是作业区、办公区还是其他区域，尽可能打造绿色舒适、让人工作轻松的环境，体现以人为本的理念。

（4）生产高效 根据产品特性打造最高效的生产制造系统，让作业高效化，对订单模式与生产模式的有效性进行科学评估。

（5）质量保障　基于客户要求的角度来评估产品质量，制定能够在生产及物流过程中保证产品质量稳定的措施。

（6）人员节省　在顺畅工作流的基础上，不断审视、评估、优化作业条件，通过设施优化和作业方法改进实现省人化。

（7）柔性制造　从公司的发展及产品拓展的角度出发，打造具备灵活性的柔性生产方式，包含配套管理及设施的柔性化。

11.3　工厂规划的全过程

11.3.1　工厂规划的五个阶段

如图 11-5 所示，这五个阶段在时间上既有先后顺序，也有交集，比如在做整体区划时，可能要考虑一部分细节，在做细节规划时，又可能发现总体规划有些问题，需要调整方案。下面对五个阶段的内涵做进一步说明。

图 11-5　工厂规划的全过程

（1）需求掌握　工厂规划的需求掌握可以分为三个层面，分别是产品相关、场地相关、规划定位。

1）产品相关包括：产品、物料的种类、规格、产量、计划产能、工艺路线、产品 BOM 表、工时数据、辅助服务职能等。

2）场地相关包括：规划用地现场测量、环境分析、周边物流分析，对于已经有现成厂房的工厂，还需要工厂图纸及楼板承重等数据。

3）规划定位包括：自动化、信息化水平，是打造精益工厂还是智能工厂，还是仅调整布局，以及库存控制策略、生产线的建议形式等。

（2）整体区划　整体区划的核心是把工厂划分为大的区块或职能，明确这些区块的关系，形成初步的布局方案，同时还必须考虑厂内大的物流以及与外部公路的衔接。具体涉及的内容包括：大的区块划分、楼层功能划分、建筑单元（比如厂房、办公楼、食堂等）的确定、人员与车辆主路线规划、参观通道规划、区域面积初步规划、厂房尺寸初步设定、布局方案规划与评估等。

（3）详细规划　详细规划涉及很多方面，具体涉及的内容包括以下几方面。

1）产能计算。根据市场需求预测或产品族划分，分析各产品线需要的生产能力。产能是设备、人力选择的基础。

2）工艺流程分析。分析可以采用的工艺以及现有工艺的改善空间，在新工厂规划阶段，对工艺进行升级改造是非常好的时机。

3）设备选型。明确了加工工艺，就可以根据需求进行设备选型。

4）制造单元设定。根据 PQ/PR（产品路径）分析，以及加工工艺，明确设置哪些加工单元，比如对于大批量生产设置大流水线，对于多品种小批量的生产设置 U 形细胞线。

5）设备、人力数量计算。根据产能、设备、人员工时计算设备数量、人员数量。

6）楼层确定。对于多层厂房，需要论证楼层的功能定位。

7）详细布局与物流方案规划，包括设备的具体位置、物流通道及物料搬运方案。

8）辅助设施规划，包括休息区、卫生间、食堂等的规划。

9）建筑参数设定。需要明确厂房的柱距、楼层高、承重等重要参数给建筑设计单位作为设计依据。

10）规划方案评比及确认。选取关键指标对方案进行评比，考虑不同方案的优缺点，调整形成最终方案。

（4）辅助规划　主要包括消防、给排水、采暖、压缩空气、电缆桥架、监控网络、考勤门禁等，其中一部分工作属于建筑设计院的工作，考虑到设计院对工厂的内部运作模式并不是非常清楚，相关设施走向可以先提出方案，给出参考意见，然后与设计院沟通确定。

（5）形成方案　包括布局规划图、方案说明书等相关技术文件。工厂布局图示例如图 11-6 所示。

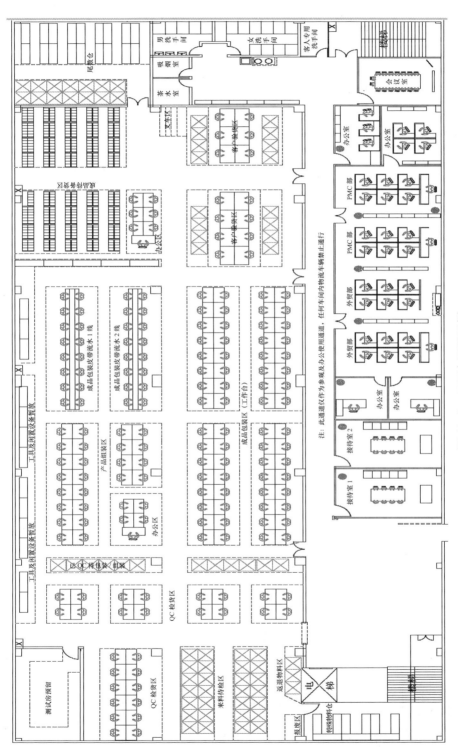

图 11-6 工厂布局图示例

11.3.2 工厂规划的简化流程

工厂规划的项目依需求不同，可大可小，可粗可细，对于一些简单的项目可以遵循简单的流程，Richard Muther 在原有系统布置设计（Systematic Layout Planning，SLP）的基础上提出了简化的 SLP 法，如图 11-7 所示。

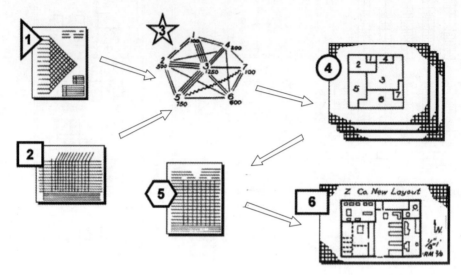

图 11-7　工厂规划的简化流程

（1）确定各功能区域之间的关系密切程度　比如工艺上前后相连的车间应该靠近布置。可以按经验划分为不同的关系等级，一般为 A、E、I、O、U 五个级别，关系从密切到一般。

（2）面积计算　根据产能，同时考虑设备、人员、物料等因素，计算各区域的面积。

（3）绘制位置相关图　根据各功能区域关系的远近，画出位置关系图。基本的原则就是关系越密切，距离越近。

（4）绘制面积相关图　考虑各区域的实际面积，进行位置调整，最终形成初步的布局方案。

（5）方案评比　建立一些评价指标与相关人员进行评估，选出最优方案。

（6）形成布局图　形成具体的布局图，作为工厂施工和搬迁的依据。

11.4 精益工厂规划的原则

（1）均衡生产原则　对车间内的所有资源进行合理规划，协调配置，实现不同工序的设备、人力产能平衡。如果配置不协调，节拍差异大，前后工序衔接不上，可能导致作业中断，或者增加缓冲库存。

（2）流动原则　精益生产强调流动，流动的好处是显而易见的，在规划层面，首先，工厂的大物流最好是一笔画完成，避免交叉和迂回。其次，能用流水线的，不采用离散批量工艺；能采用小批量流动的，不采用大批量的流动模式。如图 11-8 所示，流动的方向可以是一字形，也可以是 L 形，也可以是 S 形，右侧图体现的是逆向物流，不但增加了搬运，管理上也变得复杂，要尽量避免。

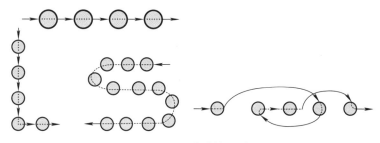

图 11-8　流动的原则

（3）最短距离原则　因为物流成本（物料搬运）占工厂运营成本中相当大的比例，而缩短搬运距离是降低搬运成本最好的方式。物流路线应尽量直线化，尽量避免迂回，尽量按工艺流程布置，如果零部件的工艺流程不同，则需要计算物流量，在布局时，物流量大的作业单元应该尽量靠近。最短距离原则如图 11-9 所示。

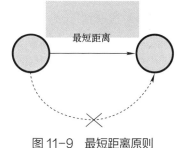

图 11-9　最短距离原则

（4）立体空间利用原则　很多工厂都很注重地面区域的利用，却忽视了空间利用效率。有些工厂厂房内部净高比较高，有大量的空间没有被使用，这是一种浪费。利用空间区域的方式通常包括设置中间阁楼、高货架仓储，以及将空间作为一些悬挂输送链的通道。立体空间利用原则如图 11-10 所示。

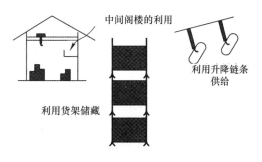

图 11-10　立体空间利用原则

（5）便利、安全、舒适的原则　工厂规划应给员工提供便利、安全、舒适的环境，有助于提高员工的效率和满意度。不良的作业场所表明对员工的忽视。员工日常生活中用到的饮水机、卫生间、停车场、进出通道等必须方便所有员工使用。

员工的安全与产品的重量、移动方式、设备操作、器材保管等均有很大关系，在进行设施布局和物料搬运设计的每个步骤中，都要考虑员工的安全，避免工伤。

员工的舒适度与员工作业空间的设计有很大关系，正确的工作台高度、正确的作业方式可以减少员工的疲劳，在员工休息时需要提供舒适的空间，以使他们快速恢复状态。

安全原则示意如图 11-11 所示。

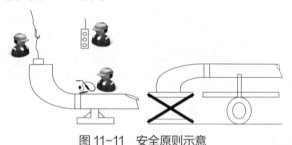

图 11-11　安全原则示意

（6）灵活性原则　所谓灵活性，就是适应工厂产能、产品种类、工艺流程的变更。在多品种小批量定制化的时代，产品更新换代加快，工厂在投产后，变更或调整布局的可能性很大。通常来讲，通用设备适应性更强，专用设备效率更高，如何在效率和适应性上进行平衡非常重要。在设备调整时，一些大型设备移动比较困难，带轮子的、由精益管搭建的工作台重新组合起来比较灵活。水电气等快速接头的使用，就可以提高灵活性。

此外工厂规划时要预留扩建用地，如果公司经营得好，可能需要扩建工厂，如果没有预留空地，就不得不在其他地方建厂，这可能导致物料需要在不同的厂区之间移动，管理新工厂需要新的一套管理人员。如果提前预留了空间，就不必舍近求远，增加成本。

11.5　智能工厂规划要点

11.5.1　智能工厂发展

智能工厂通过自动化的机器设备替代人工作业、人工搬运，生产设备与物流设备在信息系统的指挥下协调运转。通过信息化手段记录管理数据、传递管理结果，使不同维度的管理数据之间能够互联互通。

　　智能工厂是随着社会经济与科技发展而形成的一个必然的制造模式，它与任何一种生产模式的终极目标都是一样的，那就是追求企业盈利最大化。虽然国内甚至全球很多企业号称拥有智能工厂，但不同企业的智能化进程及应用程度是不同的。一些企业可能在某个工位实现了智能化，而有些企业进一步扩展到智能生产线、智能车间，再进一步发展可能扩展到整个工厂，甚至整个企业，智能企业进一步发展将形成智能供应链。图 11-12 是工厂智能化的发展进程。

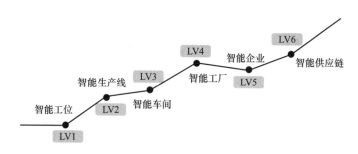

图 11-12　工厂智能化的发展进程

11.5.2　智能工厂三大关键构成

　　（1）精益化　精益化关注制造流程的顺畅、高效、协同。智能工厂的前提是精益化，通过价值流分析、布局分析等工具，识别流程中的浪费，通过消灭这些浪费实现连续流动，没有实现精益化的智能工厂，很可能把浪费通过自动化等手段固化下来。

　　（2）自动化　自动化关注从物理条件上解决少人化作业的问题。在劳动力成本越来越高的市场环境下，通过导入自动化可以大幅度降低人工成本，缓解招工难等问题。同时，自动化还可以使产品的质量更加稳定。

　　（3）信息化　信息化关注让所有的管理数字化，提供最佳管理决策。由于互联网以及信息技术的不断发展，基于信息做决策比过去更容易落实。同时大量的信息处理工作可以由计算机完成，也可以起到降低人工成本的作用。

11.5.3　智能工厂规划遵循的三个原则

　　（1）运营管理是智能制造的基石　建设卓越运营的世界级领先工厂是一项

长期且系统化的工程，企业应秉承精益原则，建立高效的管理团队与运行机制，同时关注工厂运营中诸多的重点管理环节，例如，产销协同、整体设备效率、全面质量管理和全员生产维护等。工厂数字化、智能化固然重要，但更多的是承担赋能作用，协助企业更好地解决具体环节中的实际问题，提高管理效率，而不是违背或代替工厂管理的基本原则。

（2）智能工厂规划应基于工厂战略定位　不同类型的企业，对核心能力的关注点不同。离散生产型企业通常更加关注物料供应与计划执行管理能力，例如通过智能解决方案提升齐套管理、计划管理和生产执行，实现从计划到交付的核心能力提升。连续生产型企业则更关注设备预防性维护、设备效率管理和生产异常预警等赋能生产率核心能力提升的智能解决方案。此外对于这两类企业，也存在诸多共同关注点，例如人员排班管理、能源管理、端到端的供应链可视化、供应链风险管理等。

（3）结合工厂特性进行定制化建设　智能工厂建设需要结合所处行业自身特点及需求，针对性定制智能解决方案，因为不同细分行业间业务流程、重点环节和常见问题各不相同，例如同属设备制造，以定制化精密设备加工与高度标准化设备制造为例，两者在供应链设置、生产模式、交付能力要求等方面都存在较大的差异。在某一具体行业中，智能工厂建设也要考虑工厂所处阶段场景的不同。对不同场景下的智能工厂解决方案进行定制化建设，比如订单太多，可能要导入智能排产，如果现场信息反馈不及时，可考虑导入 MES。

11.5.4　改善机会识别

从传统工厂升级到智能工厂，应从精益化、自动化、信息化等角度识别改善机会，精益化分析已在前面进行论述，此处仅讨论自动化与信息化改善。

图 11-13 为某电缆线工厂价值流图，通过价值流分析进行全系统梳理，尤其是对物流层面以及作业操作层面进行岗位分析，考虑是否可以进行机器替代或者提高自动化水平，从而减少作业时间。比如在仓储物流上考虑自动存储、AGV 等，在作业层面考虑机器人或半自动设备，把这些可能的改善点汇总，形成自动化提升评估表（见表 11-1），对每个改善项目进行描述，对改善收益进行分析，要考虑项目省人员带来的成本减少与项目投入资金的比例，并考虑项目的技术可行性，最终确定具体的改善项目。

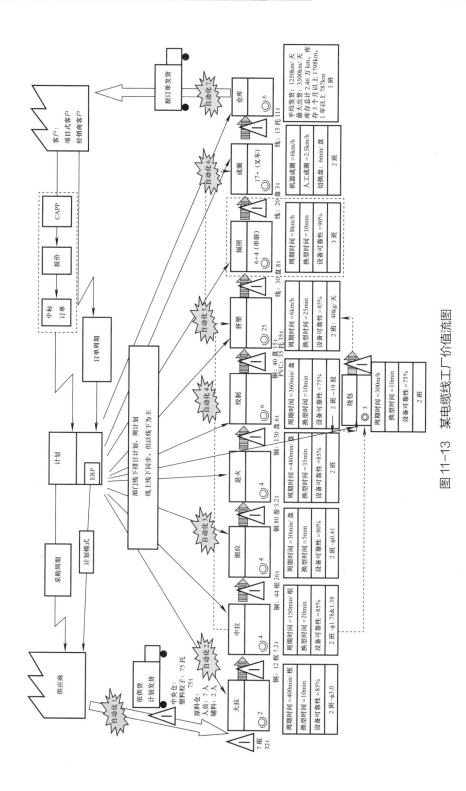

图11-13 某电缆线工厂价值流图

表 11-1 自动化提升评估表

序号	自动化改善项目	改善简述	改善目的	单项改善效益
1	原材料	存储全自动化	提质增效、配合黑灯工厂	现有人力9人，优化后3人，预计节约6人
2	铜杆产能提升	根据需求导入双头大拉机（大中拉工艺均覆盖）	提质增效、节约人力	工位标准人力9人，优化后3人作业，预计比标准节约6人
3	软线产能提升（高速细拉退火）	导入14头连拉连退细拉机	提质增效、节约人力	工位标准人力24人，优化后3人作业，预计比标准节约21人
4	软线产能提升（高速细拉退火）	导入高速束线机、高速绕包机（根据产能需求导入）	提质增效、节约人力	工位标准人力27人，优化后9人作业，预计比标准节约18人
5	中央/集中供料系统	集中化管理、提高效率	提质增效	和接线工位共有标准人力31人，优化后和接线工位共有17人，预计比标准节约14人

完成自动化评估后，要进行数字化改善机会识别，同样是对照价值流图，从客户下单到发货的全流程进行检讨，对现有信息流不畅和能通过数字化手段提高效率和绩效的环节标出数字化改善项目，比如数字化营销、数字化计划和数字化采购等，如图 11-14 所示，再将改善项目汇总到表 11-2 中进行评估。表 11-2 中要区分流程、数字化业务痛点、核心管理诉求、收益价值等。同样要进行投入产出分析，并对技术可行性进行讨论，经论证后形成项目方案。

在机会识别过程中，无论是自动化还是信息化，都可以找 2～3 家在行业中有影响力的公司进行对标分析。明确精益化、自动化、信息化的改善点和改善方案后，就可以参照精益工厂的规划流程进行详细的规划。需要注意的是，智能工厂的前提是精益工厂，企业只有打好管理基础，才能够实现更加成功的智能制造模式。

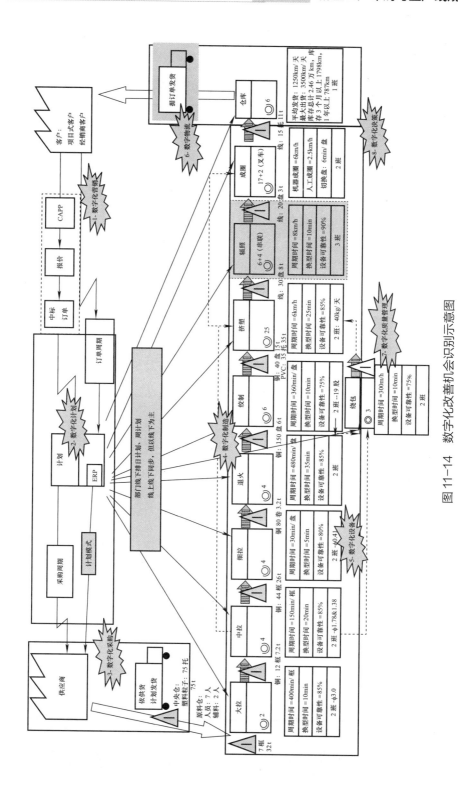

图 11-14 数字化改善机会识别示意图

表 11-2 数字化改善评估表

流程	数字化业务痛点	核心管理诉求	收益价值
订单报价	报价反馈效率低（10 份订单需要报价） 报价工作成本高（技术服务团队 20 人，人为跟踪）	系统互联	报价效率提升 >20% 报价准确性 >95%
计划和排程	准时交货率（派工计划系统锁定难） 生产周期长（计划与生产未形成闭环，人工报工）	高级计划智能排产、自动派工	排程准确性提升 >40%
物料管理	物料推动管理（在产品多） 配送效率低（信息孤岛，无条码管理）	物料拉动管理	在制品降低 >25% 库存降低 >20%
制程管理	车间透明化（信息不及时，看板无） 准时交货率（完工汇报过程人为填报） 工艺流程管理弱（生产与工艺流程符合人为管理）	生产报工、工序过程管控、数据采集	加工能力 >10% 数据准确性提升 >99%
质量管理	质量追溯（批次，订单，工单，工序与设备关联性弱） 质量监控（SPC，对影响质量的关键参数进行实时监控分析） 质量闭环（用 Excel 表统计质量问题，并跟踪）	品质管理、质量追溯、防呆防错	数据准确性提升 >99% 质量提前预警
仓储管理	分拣效率低（无效搬运多，查找定位困难，进行先进先出管控，无装袋、贴码、入盘、搬运、扫描入库等动作） 库存周转率低（库存积压严重、订单交期信息传递不准确等）	库位库区、出入库管控	库存降低 >15%
设备管理	OEE 准确性低（人工记录管理） 运维成本高（维修保养、备品备件、刀具管理、人工管理）	设备联网、OEE 分析、设备预警维修	维护成本降低 >10% 设备利用率提升 >15%
报告和看板	统计效率低（人工完成报告） 准确性低	车间可视化、车间大数据分析	减少人力统计成本

11.6　车间布置常见的几种形态

车间布置常见的形态有四种，各有特点，应根据产品的特征、种类、数量等，选择合适的布置方式。

（1）功能式布置　如果产品或零部件的批量小、种类多，且工艺流程的差别大，就比较适合采用功能式布置，也就是相同类型的机器放置在同一个区域，这种布局容易适应产品和工艺的变更。因为同一场所放置同种机器，在管理上比较容易，在机器出现故障、人员缺勤时也相对容易调配。缺点是搬运路线复杂，距离远，容易造成等待和中途停顿。

（2）流程式布置　如果产品的产量比较大，工艺流程接近，按照工艺流程布置，可有效降低搬运距离，工序间距离近，中间停顿、等待的时间少，生产率高，人员熟练度提高快，这是精益生产最希望的布置方式。缺点是换线浪费时间大，生产线停顿会影响整个生产线，损失大。功能式布置与流程式布置如图 11-15 所示。

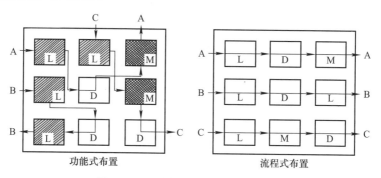

图 11-15　功能式布置与流程式布置

（3）固定式布置　对于大型设备，比如飞机、轮船、重型设备，在装配时，往往采用核心产品不移动，材料与作业员按装配的先后顺序依次完成作业。最典型的固定式布置就是盖房子。需要说明的是，并不是所有的大件物品都要做固定式布置，比如飞机，如果飞机的订单达到一定数量，也可以按流水线布置。固定式布置如图 11-16 所示。

（4）混合式布置　通常情况下，

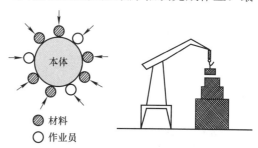

图 11-16　固定式布置

企业既有零部件加工，也有装配，要根据产品和物料的种类特点选择布置方式，所以很多企业属于混合布置方式，比如零部件加工采用功能式布置，装配车间采用流水线布置。

表 11-3 从合理化方向、作业者技能要求、在制品流向、设备选用四个方面对功能式布置和流程式布置进行了比较。从精益的角度来看，车间布置应往流程式布置发展。

表 11-3　两种布置方式对照表

	功能式布置	流程式布置
合理化方向	多机台作业	多工序作业
作业者技能要求	单能工	多能工
在制品流向	乱流（同一工序相同设备越多，乱流程度越高）	整流（同一产品仅在专线生产，定向流动）
设备选用	注重个别效率，采用通用性、高速度、高产能的设备	注重整体效率，采用速度合适、加工质量好的专用设备，以及小型、廉价、速度不太快、强调可动率的设备

11.7　生产线规划的意义

工厂规划在规模上可以分为三个层次，宏观上是工厂的整体布局，中间层级是生产线的规划，微观层面上是每个工位的规划，是一个从粗到细的过程。生产线规划通常包括三方面的内容：首先是物理层面的，比如布置、物料搬运等；其次是相关的管理流程规划，比如质量管理、工程管理、日常维护、物料管理等；最后是人事相关的管理规划，比如组织、领导、培训等。良好的生产线规划可以带来以下好处：

（1）减少物料搬运 67% ~ 90%　通过将设备靠近，通常可以实现上述目标。

（2）减少在制品库存　50% ~ 90% 的在制品库存通常存在于各工序之间，通过单件或小批量流动，可以大幅度减少在制品库存。

（3）缩短生产周期　在制品库存的压缩以及单件流动，大大缩短了生产周期。

（4）提高作业效率　通过工装、工位的合理设计，自工程完结机制的导入，可减少无效动作，减少质量问题，从而提高员工的作业效率。

11.8　生产线规划的全过程

生产线规划的过程可以概括为 18 个步骤,如图 11-17 所示。首先是根据市场调查的客户需求以及企业的发展战略确定规划产能,然后通过 PQ 分析,根据产量的大小,区分采用的生产模式,再通过 PR 分析,把产品线分成不同产品族,确定不同的制造单元。然后通过工时观察,确定标准工时,这是计算人力、设备、岗位派工的需要。通过综合评估,明确生产线的形式,比如是自动线,还是精益管线。生产线形式确定下来后,需要进行初步的设计,确定生产线人力和设备,设定质量控制点,还要考虑生产线与其他环节的衔接,相关的配套设计包括物料配送、信息化设计、目视化、安灯的配置、工序间在制品数量确定、与生产线配套的辅助服务设施规划,比如休息区的设计,最后至少形成 3 个方案,对方案进行最终的评价和修改后就可以形成最终方案。以下对一些主要步骤做进一步讲解。

S1- 产能规划	定节拍	S10- 无缝衔接	流线化
S2- PQ 分析	选模式	S11- 拉动配送	准时化
S3- PR 分析	分工艺	S12- 智慧线体	信息化
S4- 工时观察	排工位	S13- 标识看板	目视化
S5- 综合评估	选线型	S14- 应急响应	置安灯
S6- 集成设计	出线体	S15- 标准手持	便切换
S7- 作业分析	定人力	S16- 辅助设施	建环境
S8- 工艺实现	配装备	S17- 服务设施	人性化
S9- 质量保障	设质控	S18- 方案输出	列指标

图 11-17　生产线规划全过程

11.8.1　节拍时间

所谓生产节拍 Takt Time(TT),是指生产一个产品所需的时间,即一天的工作时间除以一天所生产产品的数量。节拍是规划生产线速度的主要依据,对生产而言,节拍时间等于可用的工作时间除以这段时间客户的需求数量。可用工作时间是用一天的上班时间减去休息、午餐等停顿时间。节拍时间反映了工厂的产能。比如一天生产 258 件,一个月生产 30×258 件 =7740 件。

11.8.2　PQ 分析

PQ 分析(产品 - 产量分析)是把工厂所有的产品按产量从大到小排列,一般要做成柱状图的形式,横轴是产品的型号,纵轴是产品的销量。产品的销量一般大致上服从二八定律,也就是大部分的销量是由少量的品类创造的。结合实际的产量，一般产品可以分成三类：大量生产、中等产量和少量生产。根据产量的多少，选择不同的生产模式以提高生产率。在大批量生产线上生产小批量的产品是没有效率的，反之亦然。PQ 分析图如图 11-18 所示。

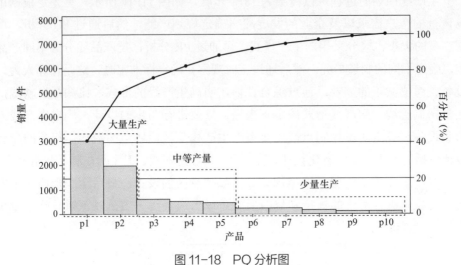

图 11-18　PQ 分析图

产品销售数据的统计一般要参考过去 3 ～ 5 年的销售数据，结合产品在市场上的生命周期考虑，表 11-4 是某企业产品出货数量统计表。

表 11-4　某企业产品出货数量统计表

（单位：台）

品种	20×× 年			20×× 年			20×× 年		
	内销	外销	合计	内销	外销	合计	内销	外销	合计
智能手机	56804	142078	198882	38009	158031	196040	28156	172875	201031
数码相机	175068	3030	178098	136775	5061	141836	107744	6361	114105
智能手表	215120	54865	269985	174500	52274	226774	208512	54928	263440
投影仪	475055		475055	355247		355247	318638		318638
蓝牙音箱	253001	49030	302031	149116	16335	165451	90901	6130	97031
智能观影眼镜	133177	292170	425347	122359	139272	261631	180904	86138	267042
移动电源	1340		1340	809		809	564		564
耳机	40164		40164	32396		32396	72850		72850
附件	466		466	491		491	831		831
总计	1350195	541173	1891368	1009702	370973	1380675	1009100	326432	1335532

11.8.3 线体规划方向

根据 PQ 分析的结果，一般来讲，如果产品生产量大，换线次数少，采用一人一工位的大流水线（见图 11-19）比较好，这样每个人做的动作少，员工熟练程度提高快，生产节拍相对比较短。大流水线的种类有很多，比如是用工装板、手工传递，还是输送带线。在选择、确定大流水线的种类时，需要考虑产品的大小、重量以及移动的难度。因传输设备和控制方式的不同，大流水线又可以分为强制节拍流水线和自由节拍流水线。强制节拍流水线由设备的传送时间决定各工位的加工时间，作业员必须在规定时间内完成工作，否则会影响下道工序的作业。自由节拍流水线由作业员自行保持节拍，每个工位的加工时间由作业员自己控制。两者相比而言，强制节拍流水线对作业员的压力相对大些。

对于中等产量的产品，一般选用图 11-20 所示的 U 形线，一般而言，U 形线的节拍相对长一些，产量相对小一些。多组 U 形线同时作业，可以根据产量的多少，调整开线的数量，也可以调整生产线内的人数。U 形线多为手工传递，也可以结合滚筒等设施。U 形线对于组装类和设备加工类产品都有比较好的适用性。

图 11-19 大流水线图示

图 11-20 U 形线图示

对于产量很少的产品，一般采用如图 11-21 所示的 CELL（细胞）线。人员数量投入少，意味着产量更低，这种生产线避免了因为产品生产数量少而多次换线的浪费。这种生产线要考虑工具和设备的投入，如果设备很贵重，CELL 数量大，投入就会非常大。这种生产线更适合工具简单的组装类作业，因为工位上、工位之间的在制品会比较少，尤其是一人完结的作业单元在制品控制很容易。

图 11-21 CELL 线图示

如果产品的产量少，设备投入又贵，

就要考虑 U 形线或传统的功能式布置。实际的生产线可以是由一条长的大流水线和若干个 U 形线或 CELL 线组成，主线完成产品的总装，U 形线或 CELL 线负责零部件的生产。

11.8.4　产品族分析

产品族分析也称 PR 分析，就是把产品按工艺流程分类，工艺流程相近的产品配置在同一个制造单元里，流程的方向一致，工艺上差异小，比较容易实现较高的效率。如果产品种类少，可以根据经验对产品进行分类，如果产品种类较多，需要应用表 11-5 所示的表格进行分类。表 11-5 左侧是产品的编码，右侧上方是产品的工艺。如果某个产品需要这道工艺进行加工，就在对应的空格里输入一个符号，比如 X，当所有产品或零部件都明确了加工工艺后，就要根据经验进行筛选，把工艺相同或接近的产品筛选出来，最后将这些产品在表格中的顺序重新排序，就产生了不同的产品族。

表 11-5　产品族分析表

编码	工艺							
	锯床下料	激光切割	车外圆	铣平面	钻孔	打磨	焊接	涂装
1004421	X		X	X		X	X	X
1004423	X		X	X	单元 A	X	X	X
1004455	X		X	X		X	X	X
2003567		X		X	X		X	
2003578		X		X	单元 B	X		
2003478		X		X	X		X	

11.8.5　线体选择

明确了生产模式，具体选择什么样的线体可以参考表 11-6，表 11-6 列出了倍速链线、输送带线、链板线、托盘线、滚筒线、精益管线在使用上的优缺点，以及投资对比。此外，同一种线体也可以有不同的运行方式可供选择，比如输送带线，它可以一直匀速运动或走走停停按节拍移动，这需要结合产品的特点进行选择。比如间歇移动的输送带线可以在上面直接拧螺钉，一直移动的输送带线就只能在线外拧螺钉，然后再放到生产线上。精益管线因其拆装灵活，在生产线上得到了较大的应用，是优先考虑的选项。

表 11-6 线体特点对照表

线体类型	主要优点	主要缺点	造价	适用产品
倍速链线	不用取下，在生产线停下来时作业	控制复杂	昂贵	
输送带线	控制简单便宜	需取上取下，用于轻型产品	便宜	
链板线	重型产品	在行进中作业	比输送带线稍贵	
托盘线	重型产品	在行进中作业	同链板线	
滚筒线	可进行长距离运输	声音大，易磨损	比倍速链线稍便宜	
精益管线	方便拆装	无动力	最便宜	

11.8.6 利用标准工时规划工位

选好了线体，就可以根据整个流程的工时，以及产品的节拍时间，换算出需要多少个工位、多少个作业员、多少台设备。根据各个作业的时间以及可合并性，把不同的作业指派到不同的工位上，就是作业指派，在这个过程中，可以通过生产线平衡技术，使各工位的作业时间接近且小于或等于节拍时间。这样的生产线浪费少、效率高。标准工序排位表如表 11-7 所示。

表 11-7 标准工序排位表

机型	CM1580	标准人数（人）	26	标准产能 /（件 /h）		140	版本 / 版次	A/02
日期	2018/12/13	节拍时间 /s	25.70	节拍标准工时 / min	11.14		流程平衡率	90%
				绝对标准工时 / min	10.05			

工序号	工序名称	工序标准时间 /s	人数（人）	工具 / 设备	备注
1	贴硅胶垫、安装机箱后板	21.82	1	手套	
2	主机内外贴条形码序号贴纸	22.42	1	手套	
3	下光头，装避震胶，插入排线	23.49	1	静电手环 / 手指套 / 静电衣	
4	拆光头保护罩、装光头入支架、装弹簧	23.80	1	静电手环 / 手指套 / 静电衣	
5	固定光头，插入排线	22.60	1	静电手环 / 手指套 / 料盒 / 静电衣 / 电批	扭力：（35±5）N·cm
6	贴双面胶、插扁平线、贴扁平线、开保护点、出仓	24.10	1	静电手环 / 手指套 / 静电衣 / 恒温烙铁	温度：（320±20）℃

11.8.7 平面布局方案

根据工序的排位顺序以及设备、人员、物料占地面积和通道尺寸等信息，可以规划生产线的平面布局图，如图 11-22 所示。

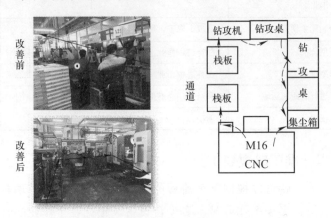

图 11-22 生产线的平面布局图示例

11.8.8 工位规划

明确了哪些作业在哪个岗位完成后，就需要对具体的工位进行规划设计，重要的是以人为中心、以提高效率为目的进行作业空间设计，在这个过程中，需要更关注垂直方向的布局设计。要列出工位设备清单、物料清单、工具清单，分析拿取频率、拿取重量、取用方法等，结合实际的限制条件，进行空间设计。拿取频率越高，重量越大，工位越要布置在人最舒适的工作区域，如图 11-23、图 11-24 所示，具体的尺寸数据以最新的国标为准。

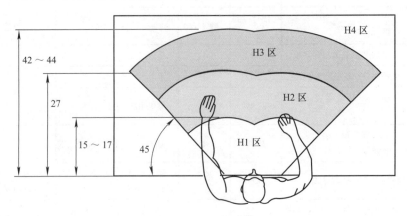

图 11-23 水平作业区域

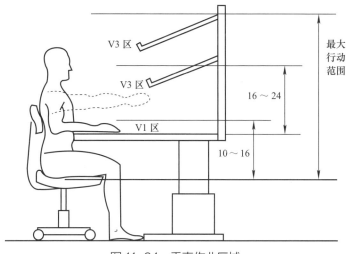

图 11-24 垂直作业区域

11.8.9 辅助规划

生产线的水平布局和垂直布局都规划好之后，还有信息传递、辅助服务设施的规划，比如必要的生产看板及目视化准备。

1）下拉工位安装"蜂鸣器"，可以在有效的节拍内提醒作业员投料生产，利于防呆。

2）拉头安装"状态信号灯"，让生产线状态一目了然，利于管理，便于快速改善。

3）拉头设置"CELL 进度表"，可以加快信息反馈，使生产实绩透明化，有利于提高进度。

4）Andon 系统——快速反应。

目视化举例如图 11-25 所示。

图 11-25 目视化举例

CELL 进度表 　　　　二　组　4　号

时间段	生产产品	目标产量/件	实际产量/件	不良品/件	异常记录	备注
8:00~9:00	FSXIXXIXXI	30	85	5	功能不良3件, 外观不良2件	
9:00~10:00		90	90	0		
10:00~11:00		90	88	2		
11:00~12:00						
14:00~15:00						
15:00~16:00						
16:00~17:00						
17:00~18:00						
19:00~20:00						
20:00~21:00						
21:00~22:00						

图 11-25　目视化举例（续）

11.8.10　形成最终方案

在考虑各种因素对方案进行评比和优化后，形成施工图，根据施工图采购原材料，完善的生产线规划还应包括人员的管理和培训等方案，此处不进行详述。

11.9　精益生产线规划的原则

精益生产线规划要遵循一定的原则，在现实中，因为产品的种类、规格、特征差异很大，不一定能完全做到遵循这些原则，但要向这个方向努力。

（1）使用符合客户需求的生产节拍　在设计生产线时，要根据客户的订单数量确定生产线的节拍。节拍时间公式如下：

$$节拍时间 = \frac{每日净可用时间}{客户每日需求数量}$$

（2）单件流　精益生产强调单件流生产，也就是做一件传一件，在现实中，因为一些设备是适合批量加工的，做不了单件流，要想办法尽量压缩批量。

（3）基于流程顺序的布局（流动）　精益思想是最大化流动，所以最理想的情况是按流程顺序布局，对于流程差异大的产品要通过工艺流程分析，分为产品族。

（4）生产线 U 形布局　U 形布局是相对理想的布局方案，方便落实分块作业、人员增减，也便于管理。

（5）逆时针流动　精益生产认为员工应掌握多项技能，一个人需要在线内走动，右手靠近设备，大部分人右手效率更高。

（6）进出口相连　进口和出口在一侧，便于目视化管理，便于控制在制品数量。

（7）设备空间最小化　设备之间要布置得尽量紧凑，减少空间占用，这样员工在线内走动距离也会减少。除了标准在制品和工具外，不保留其他空间。

（8）无阻碍的流动　在作业员移动的路径上不要有障碍物。

（9）便于移动的设备　设备不要落地生根，要尽量装上轮子，便于拆卸与移动。

（10）便于维护　要预留维护通道，便于维护。

（11）外侧供料　如果是 U 形线，物料应放在作业员前方，不要放在作业员身后。

（12）安全、符合工效学　要在作业岗位上设置防呆机制，减少伤害，布局应符合人体工程学原理，提高效率，使人不易疲劳。

（13）工序品质内建　工序内要开展员工自检，明确检验标准，发现问题及时向组长反馈。

（14）以日或小时展现目视化管理　通过目视化产量，暴露问题，从而驱动改善。

11.10　智能生产线规划的重点

智能生产线是智能制造的重要环节，智能生产线与传统生产线相比具有更高的自动化水平和智能化水平，能够提高工作效率和品质水平。在智能生产线上，每个工位都应该有数据采集功能，可以根据数据情况快速做出决策。智能生产线比传统生产线更复杂，在规划过程中一般要遵循以下内容。

（1）进行需求分析　除了常规生产线的一些基本数据、信息外，智能生产线一定要掌握企业对自动化、智能化以及少人化的明确需求；同时要了解目前的技术水平、物料的一致性水平、企业方预算的投资等信息。

（2）方案的设计　针对智能生产线的方案设计，要考虑生产工艺流程、机器人选择、数据采集、控制系统等的匹配性，要考虑是否能适应多品种小批量的市场特点。智能生产线虽然大幅度减少了人工，但仍可以运用基础IE手法对自动化加工过程进行分析，比如机器人的动作、产品切换时间、节拍的匹配等，以提高效率和控制成本。很多公司的智能化改造效果不理想，就是因为前期工作不到位，导致投产后出现很多问题，难以解决。另外，自动化的物料配送系统与生产线实现无缝衔接也非常重要。

（3）系统集成　生产线应用了很多自动化设备，这些设备间以及设备与控制台之间要实时通信，要慎重考虑技术方案，以保证系统的稳定性和可靠性。比如在多油多灰的环境下，无线传输的速率是否满足要求，设备之间的信息是否会彼此干扰。

（4）系统实施与维护　在系统实施过程中，需要进行大量的调试和测试工作，在这个过程中，要把设备操作、调试的技巧记录下来，不要每次出问题都要厂家来修理，需配备专业人员对数据进行管理和维护，并对异常问题进行处理。智能化虽然减少了对普通员工的依赖，但对管理人员的要求更高了，所以要注重培养这方面人才。

思考题

1. 如何对工厂的布局方案进行评价？
2. 生产线规划的过程是怎样的？
3. 精益生产线规划有哪些原则？

第12章 生产率分析与异常工时改善

12.1 生产率的意义

生产率反映的是生产过程中投入与产出的比例，是一个相对的概念，是实际与标准比较的结果，而标准也会随生产力水平的变化而变化。生产率的相对性还表现在与过去的纵向比较和与其他组织的横向比较，没有这些比较，生产率将失去参照物和参照坐标。所以要与工厂过去的表现进行对比，还要与其他标杆企业对标来寻找差距。生产率既是一个考核指标，更是一个改善指标，纯粹追求效率会使生产率改善失去空间和方向。

生产率的核心是标准工时，标准工时是一个与时俱进的科学管理工具，并不是约束生产率改善的镣铐，需要用运动的观念而不是用静止的观念来看待标准工时，也就是说标准工时是可以改变的。生产率和标准工时是企业管理的基础工作，但不是单纯由基层人员去做的工作，生产率是一个综合指标，与企业任何人都有关系。生产率计算的基本公式是生产率＝产出／投入，计算投入产出比有两种方式，一种是按量，一种是按时间，按时间更合理并且更直接一些，可以反映时间的利用情况。

产量达成率＝实际包装量／计划量

生产率＝（标准工时×实际包装量）／（出勤人数×作业时间）

作业效率＝（标准工时×实际包装量）／（出勤人数×作业时间－外部异常工时）

生产率反映的是整个工厂的效率，因为生产受很多外部因素影响，比如缺料、来料质量异常，这些因素不是生产部门能控制的，因此，扣除外部异常工时后得到的作业效率，更能反映生产部门的实际管理水平。

12.2 标准工时的制定

标准工时是指训练合格且具有平均水准的操作人员，在正常的作业环境及状态下，用合适的操作方法，按普通熟练工人正常速度作业而完成合格的工序或产品所需要的时间。

12.2.1　标准工时的五大要素

标准工时必须满足五个要素才能称为标准工时。

（1）正常的操作条件　工作条件及环境条件都符合作业内容要求并且不易引起疲劳，如女工搬运重量不超过 4.5kg。

（2）熟练程度　大多数中等偏上水平作业者的熟练度，作业员要了解作业流程，懂得机器和工具的操作与使用。

（3）作业方法　作业者按作业标准规定的方法进行作业。

（4）劳动强度与速度　适合大多数普通作业者的强度与速度。

（5）质量标准　以产品符合规定的质量标准，基本原则是操作者通过自检及互检完成。

12.2.2　标准工时的构成

标准工时由三个要素构成，即观测时间、评比系数、宽放时间，如图 12-1 所示。

标准工时 = 观测时间 × 评比系数 ×（1+ 宽放率）

= 正常时间 ×（1+ 宽放率）

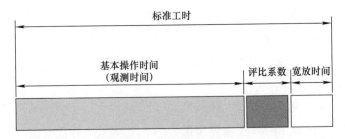

图 12-1　标准工时的构成

观测时间一般是指测量人员通过秒表或摄像机等工具，对生产现场的实际作业过程进行观察分析后，在表单上记录下每一个作业过程的时间值。最终的观测时间通常取若干个测量时间的平均值，还要剔除过程中的异常值。

直接时间测定方法除了常用的利用秒表的方法和利用摄影的方法之外，还有机械转动分析法，有些产品加工时间很长，要测出机器转动一圈刀具进给量的平均值，再换算成总的加工时间。还有一些间接时间测定方法，比如预定时间标准法，如 MTM（方法时间衡量）法、MOD（模特）法等，把员工的动作拆解成标准的微观动作，这些微观动作的作业时间是预先固定的、标准化的。标准时间资料法是指将一些经常使用的动作的时间记录下来，放在数据库里，需要的时候直接使用。凭经验的估计法是在对时间精确度要求不高的场合中使用，根据生产管理者的经验来确定工时。实绩资料法是根据过去的数据资料，比如作业时间与产量，计算出生产工时；机械时间算出法指的是数控机床一类，机器的动作时间在控制系统中做了设置，在此基础上进行统计加总即可。在不同的生产环境下，为满足不同的需要，可以采用不同的方法。

标准工时的测量方法如图 12-2 所示。

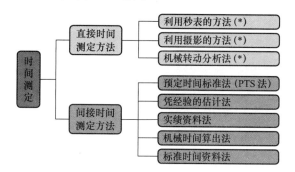

图 12-2　标准工时的测量方法

注：（*）部分为企业较常用的观测方法

12.2.3　时间评比

时间评比是一种判断与评价的技术，其目的在于把实际作业时间修正到合理的作业速度下的时间，消除因被测量人个人的工作态度、熟练度及环境因素对观测时间的影响。在实际测量时，由于个体差异，有人做得特别快，测得的时间就短于标准的作业时间，测量时间要乘以一个大于 1 的系数；有些人做得比标准时间慢，比如新员工，测量值偏大，需要乘以一个小于 1 的系数，以调整到正常作业速度需要的时间。时间评比的基本原理如图 12-3 所示。

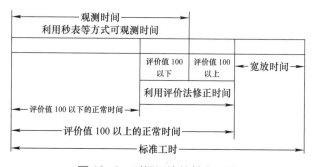

图 12-3　时间评比的基本原理

刚从事测量时间的工程师通常感到评比系数很难确定，因为不能掌握作业者速度与正常速度的差异。那是因为测量工作做的时间短，长时间的测量自然就可以在大脑中建立正常速度的标准。在没有经验的时候，可以采用平均化时间评比法确定评比系数。平均化法从熟练、努力、作业条件和一致性四个方面评价作业速度。

（1）熟练　作业动作流畅性及熟练度，主要体现在动作的韵律及节奏感上。

（2）努力　作业者的劳动欲望，反映了作业者在精神上的努力度与身体状态，与熟练度有直接关系，因此两者等级不应相差太远。

（3）作业条件（环境因素）　对作业者产生影响的环境因素，如符合国家及行业作业环境标准的话，此项可视作平均。

（4）一致性（稳定性）　对周期作业时间稳定性的评价，若偏差达到 ±50% 的话评价为欠佳，基本正常作业可视为平均。

大部分情况下，后面两个因素可以忽略，只考虑前面两个因素即可。熟练度与努力度评价系数表如表 12-1 所示，在具体判断时可以对照表 12-2 的评价标准确定，比如努力度符合动作很快、工作方法很系统、各个动作都很熟悉、对改进工作很有热心的标准。然后在 B1、B2 中再做一次判定，如果选择 B2，系数就是 0.08。总之，熟练度与努力度比平均水平高，系数就大；比平均水平低，系数就小，且为负值。

表 12-1　熟练度与努力度评价系数表

熟练系数			努力系数		
超佳	A1	0.15	超佳	A1	0.13
	A2	0.13		A2	0.12
优	B1	0.11	优	B1	0.1
	B2	0.08		B2	0.08
良	C1	0.06	良	C1	0.05
	C2	0.03		C2	0.02
平均	D	0	平均	D	0
可	E1	−0.15	可	E1	−0.04
	E2	−0.1		E2	−0.18
欠佳	F1	−0.16	欠佳	F1	−0.12
	F2	−0.22		F2	−0.17

表 12-2　熟练度与努力度的评价标准

熟练的评价		努力的评价	
1. 欠佳	4. 良	1. 欠佳	4. 良
常常失败	能够担任高精度的工作	时间浪费多	工作有节奏性
对工作未能熟悉，不能得心应手	可以指导他人提高操作熟练程度	对工作缺乏兴趣	甚少浪费时间
动作显得笨手笨脚	对工作非常熟悉	工作显得迟缓懒散	对工作有兴趣且负责
不具有工作的适应性	几乎不需要接受指导	有多余动作	很乐意接受建议
工作犹豫，没有信心	完全不犹豫	工作地布置紊乱	工作地布置井然有序
	以相当稳定的速度工作	使用不适当的工具	使用适当的工具
	动作相当迅速	工作摸索	
2. 可	5. 优	2. 可	5. 优
对机器设备用法相当熟悉	对所担任的工作有高度的适应性	工作时注意力不太集中	动作很快
可以事先安排大致的工作计划	能够正确地工作而不需要检查	勉强接受建议	工作方法很系统
对工作还不具有充分的信心	工作顺序相当正确	工作比较摸索	各个动作都很熟悉
不适宜长时间的工作	能够十分有效地使用机器设备	受到生活不正常的影响	对改进工作很有热心
偶尔发生失败，浪费时间	动作很快且正确		
通常不会有所犹豫	动作节奏快		
3. 平均	6. 超佳	3. 平均	6. 超佳
对工作具有信心	技术熟练	显得有些保守	这种工作速度不能持续一整天
工作速度迟缓	动作极为迅速，衔接圆滑	虽接受建议但不实施	很卖力地工作，甚至忽视健康
对工作熟悉	动作犹如机器作业	工作上有良好的安排	
能够得心应手	熟练度最高	自己拟定工作计划	
工作成果好		按良好的工作方法进行工作	

评价系数计算案例：

$$评价系数 = 熟练 + 努力 + 作业条件 + 一致性$$
$$= 0.06 + 0.02 + 0.00 + 0.00$$
$$= 0.08$$

当观测的作业时间为15s时，正常时间为：

$$正常作业时间 = 观测时间 \times （1+ 评价系数）$$
$$=15s \times （1+0.08）$$
$$=16.2s$$

12.2.4　宽放时间

作业时间中减去净作业时间外，由于作业者的生理需要、作业方法的问题、管理需要等原因，经常会造成作业中断，从而产生作业时间以外的时间，这种不可避免的必要的时间增加，称为宽放时间。宽放时间的分类如图12-4所示。以下选择部分进行简要说明。

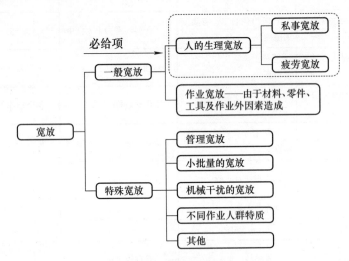

图12-4　宽放时间的分类

（1）私事宽放　是指疲劳以外作业者在生理上的需要，如喝水、上厕所、擦汗等。私事宽放的标准为：

对于轻松工作，为正常时间的2%～5%；

对于较重工作（或环境不良），为正常时间的5%～7%；

对于很重工作（或恶劣环境），为正常时间的7%。

（2）疲劳宽放　由于作业造成的精神及肉体上的负荷所带来的劳动机能衰退及速度减慢称为疲劳。它是客观存在于人体的自然现象，所以必须给予时间宽放，以消除这种时间的迟延。疲劳宽放比例参照表如表12-3所示。

表 12-3 疲劳宽放比例参照表

评价项目	内容	标准宽放率（%）
努力度	1. 较轻松坐式作业	0
	2. 拿轻物上下	1
	3. 重劳动、拿重物、移动、偶尔休息	1.5
	4. 超重劳动无休息	1.75
姿势	1. 稳定的坐式作业	0
	2. 普通步行并携带物品	0.3
	3. 注意力集中，但干干停停，姿势不自然	1
	4. 急速停止、起动、无法休息	1.5
特殊的作业服装与工具	1. 无特别处	0
	2. 口罩、手套等劳保用品有时用	0.2
	3. 基本上需要佩戴上述用品，但偶尔可以拿下	0.6
	4. 不间断使用	0.75
细致程度与眼部疲劳	1. 需要细致作业	0
	2. 偶尔需谨慎细致	0.3
	3. 需要小心细致	0.4
	4. 经常需高度小心细致	0.7
重复动作与紧张度	1. 几乎很少有重复	0
	2. 偶尔忙碌的需要重复动作	0.3
	3. 繁忙且无变化的重复动作	0.4
	4. 强烈反复，枯燥重复	0.7
单调性	1. 有一定兴趣并非反复动作	0
	2. 一定程度的反复动作	0.3
	3. 很单调但偶尔休息一下	0.4
	4. 不停地、连续单调不能休息的状态	0.7
创造性注意力	1. 不需要	0
	2. 需要一点	0.3
	3. 必须具有	0.4
	4. 高度需要	0.7
对责任与危险注意度	1. 不需要	0
	2. 对他人的安全及责任需普通程度的留意	0.3
	3. 对自身及他人的安全责任需特别注意	0.4
	4. 超级危险作业需特别注意自己及他人的安全	0.7
环境相关因素	详见表 12-4	/

表12-4 环境相关因素疲劳宽放率参照表

×××厂各生产车间疲劳宽放率参照表（环境相关）

评价项目	内容	标准宽放率（%）	素材开料	喷涂（5楼）	喷涂（6楼）	冲压	钣金	1车间	3车间（机加）	3车间（下料）	4车间	5车间	6车间	道闸	2车间（非标）
环境	1. 环境清洁	0													
	2. 有少许烟尘和臭味	0.2	0.2			0.2					0.2	0.2	0.2	0.2	
	3. 烟、污染物、臭气，尘灰很多	0.25		0.25			0.25	0.25	0.25	0.25					0.25
	4. 上述污染非常严重	0.4			0.3										
噪声	1. 没有噪声	0													
	2. 少许噪声	0.2								0.2	0.2	0.2	0.2	0.2	
	3. 有噪声，但有间歇	0.25	0.25	0.25	0.25			0.25	0.25						0.25
	4. 持续不断强噪声	0.4				0.4	0.4								
温度	1. 温度正常	0													
	2. 普通的温度变化	0.2	0.2			0.2	0.2	0.2	0.2		0.2	0.2	0.2	0.2	0.2
	3. 温度变化较大	0.25		0.25	0.25					0.25					
	4. 温度变化极大，对人不利	0.4													
光照度	1. 光照度在标准之内	0													
	2. 正常一般照明水平	0.2	0.2	0.2	0.2	0.2	0.2	0.2	0.2	0.2	0.2	0.2	0.2	0.2	0.2
	3. 光线弱或过强，影响人的情绪	0.25													
	4. 非常弱的光线明且明暗变化剧烈，严重影响情绪	0.4													
地面	1. 地面光洁	0													
	2. 普通状态地面	0.2				0.2		0.2			0.2	0.2	0.2	0.2	
	3. 潮湿不干净	0.25	0.25	0.25	0.25		0.25		0.25	0.25					0.25
	4. 潮湿容易滑倒的地面	0.4													
		合计:	1.1	1.2	1.25	1.2	1.3	1.1	1.15	1.15	1	1	1	1	1.2

（3）作业宽放　作业宽放主要是由于材料、零件、机械、工具等生产相关物品造成的非周期性、不规则的准备或是清扫等类似的作业，一般在 15min 内完成，超过 15min 的不计入作业宽放之内。

（4）管理宽放　由于行政管理上的原因，主动或被动中断正常作业，而进行一些无关作业单元的其他工作，如在早会、晚会时间，填写生产工作报表、停机接受制程品管人员的询问或协助检验等。

不同的产品、不同的生产线根据具体情况可以设定特殊宽放，无特别原因的不可以乱加特殊宽放，那样将失去标准时间的客观性与准确性。

作业宽放、管理宽放占多大比例合适，这需要工时制定人员研究一天中消耗在相关事情上时间有多少，然后经过评估后给出比例。

12.3　单人手工作业标准工时及产能计算方法

单人手工作业的特点是一个人完成一件工作，这件工作可能会有几个步骤，作业员一般是按批量作业模式一个步骤一个步骤地去做。如图 12-5 所示，这里面把作业步骤称为工作元素。该工序由三个元素组成，分别是裁断、削皮、印刷。进行工时测量时，一般可以选择一定量的重复作业作为测量单元。比如每完成 100 次截断测量一次总时间。图 12-5 中截断测了 5 次，削皮测了 3 次，印刷测了 2 次。在实务中，每个步骤都测 5 次时间会比较久，在测的过程中要注意观察，如果数据波动小，差异不大，说明工序比较稳定就可以减少测量次数。有了观测时间，取平均值，称为平均观测时间（MT），评比系数取 1，认为是标准熟练员工。标准工时 = 平均测量时间 / 作业次数 × 评比系数 × 宽放率，截断的标准工时是 124s，标准产能为 29 件。将三项工作元素的标准工时相加得到完成一件产品的总工时 238s。用每个步骤的标准工时除以总工时，就可以得到每个步骤用时占总工时的百分比。

作业标准工时测量及计算表

产品型号：APS001　　工序名称：裁断/削皮/印刷　　作业方式：正常站式　　测量人：　　版次：1.0
生产单元：××车间　　工序编号：C1/C2/C3　　工时单位：s　　审批人：

序号	工作元素描述	观测时间/s					观测次数	该元素在观测时间出现的频次	平均观测时间（可靠度 85%）	评比系数	基本工作时间（合计工时）	宽放率(%)（238）	标准工时（小时产能）	标准产能（件/h）（15）	每项工作元素时间占比(%)（100%）
		1	2	3	4	5									
1	裁断（面/底）	10000	9800	9900	9909	10050	5	100	9932	1.0	99	25	124	29	52
2	削皮（面）	8430	8400	8500			3	100	8443	1.0	84	21	102	35	43
3	印刷（面/底）	3900	3920				2	390	3910	1.0	10	21	12	297	5

图12-5　单人手工作业标准工时及产能计算表

12.4 设备类作业标准工时及产能计算方法

设备类的标准工时计算的复杂性在于不仅有设备的加工过程，还有工人的作业过程。整个加工时间可以分为人员单独作业时间、机器单独作业时间、人机共同作业时间。人员单独作业时间通常指人员独立完成的时间，如注塑机成型后由人员进行去除毛边或打包装的作业。机器单独作业时间一般指设备自动运行进行加工的时间。人机共同时间一般指设备在完成作业后需要人员协同进行的零件更换或清理作业时间。

循环时间也就是完成一个产品的标准时间，通常优先选择人机共同作业时间＋机器单独作业工时，这样可以确保设备效率的最大化。如果人员单独作业时间长于机器单独作业时间，则会选择人员单独作业时间＋人机共同作业时间，如图 12-6 内序号 17 的工序，人员单独作业时间是 15s，人机共同作业时间是5s，循环时间为 20s。如果设备是全自动，不需要人参与，基本上就以机器单独作业时间作为循环时间即可。

12.5 流水线作业标准工时及产能计算方法

流水线作业因为涉及多个作业（工序）的平衡，相对较复杂。流水线工时产能计算示例如图 12-7 所示，整个表格分为三部分，最上面是产品和工序的信息以及一些关键参数，中间是工序名称及工时以及产能的计算过程，最下面是线平衡图例。表 12-6 中：

①区域是每日计划产量和每日工作时间，以及用这两个数值算出的节拍时间，也就是目标周期时间。

②区域对应的是工序名称、观测时间、宽放率和计算机建议人数，其中，观测时间×（1＋宽放率）＝标准工时，标准工时／目标周期时间＝计算机建议人数。

③区域在计算分配使用人数时通常参考小数位的大小向上或向下圆整。人均分配工时＝标准工时／分配使用人数。每小时总产量＝3600／人均分配工时。每日总产量＝每小时总产量×每日工作时间。工作量＝计算机建议人数／人均分配工时／目标周期时间。

某电动机车间转子生产标准工时计算表（设备生产为主）

产品型号：××××××

序号	工序名称	设备名称	加工时间						标准产能（件/h）	理论人员需求	实际人数	人员负荷	设备负荷	备注
			人员单独作业时间/s	机器单独作业时间/s	人机共同作业时间/s	循环时间/s	宽放率	标准工时/s						
1	心轴入砂钢片	油压机			15	15	0%	15	240	1.00	1.00	100%	100%	
2	插绝缘精纸	卧式绝缘槽纸插入机		14	3	17	0%	17	212	0.18	0.50	35%	100%	
3	压垫片	气压机			8	8	0%	8	450	1.00	1.00	100%	100%	
4	压整流子	油压机			9	9	0%	9	400	1.00	1.0	100%	100%	
5	整流子切沟	数控开槽机		30	5	35	0%	35	103	0.14	0.5	29%	100%	
6	绕线	双飞叉绕线机		55	6	61	0%	61	59	0.10	0.5	20%	100%	
7	绑麻线及插绝缘端板	绝缘片插入机	8	11	3	14	0%	14	257	0.79	1.0	79%	100%	
8	整流子清刷	整流子清刷机		10	4	14	0%	14	257	0.29	0.5	57%	100%	
9	点焊	变频式点焊机		40	5	45	0%	45	80	0.11	0.5	22%	100%	
10	前段测试	综合测试机	5	6	9	15	0%	15	240	0.93	1.0	93%	100%	
11	滴注凡立水	凡立水机		14	3	17	0%	17	212	0.18	0.4	44%	100%	
12	砂钢片车削	数控车床	4	10	3	13	0%	13	277	0.54	0.6	90%	100%	
13	整流子精车	整流子专用机	2	8	3	11	0%	11	327	0.45	0.5	91%	100%	
14	压风叶	油压机			10	10	0%	10	360	1.00	1.0	100%	100%	
15	整流子清刷	整流子清刷机		6	4	10	0%	10	360	0.40	0.5	80%	100%	
16	二工位去重较平衡	重动平衡机	7	42.5	11	53.5	0%	53.5	67	0.34	0.5	67%	100%	
17	后段测试	综合测试机	15	12	5	20	0%	20	180	1.00	1.0	100%	85%	
									合计	9.44	12.00	79%	99%	

图12-6 设备类作业标准工时及产能计算方法示例

④区域计算生产线平衡率和标准工时。生产线平衡率＝各工序的标准工时之和 /（最长周期时间×使用人数总计）。整个产品的标准工时 = 最长周期时间×使用人数总计 /3600，此处切记不能把各工序标准工时相加的结果当成整个产品的标准工时，但合格的标准工时要建立在生产线平衡率不低于 85% 的基础上，如果达不到，就要重新调整各工序进行作业分工。

生效日期：
页　次：
版　次：

产品标准工时表

产品型号		①		每日计划产量 / 件	10000	每日最大产量 / 件	9844	④ 生产线平衡率	
产品名称	自动扣—打磁铁			每日工作时间 /h	10	每时最大产量 / 件	984	89.1%	
相关产品	通用			目标周期时间 /s	3.60	标准工时总计 /s	35.30	标准工时 /h	
生产单元	包装一组			最长周期时间 /s	3.60	使用人数总计	11	0.11	
工序②代码	工序名称	观测时间 /s	宽放率	标准工时 /s	计算机建议人数	③ 分配使用人数	人均分配工时 /s	每小时总产量 / 件	每日总产量 / 件	工作量	备注
1	擦扣	12.0	6.0%	12.72	3.53	4.0	3.18	1132	11321	88%	
2	上磁铁	3.2	6.0%	3.39	0.94	1.0	3.39	1061	10613	94%	
3	装插销及跳板	6.9	6.0%	7.31	2.03	2.0	3.66	984	9844	102%	
4	打后夹	6.4	6.0%	6.78	1.88	2.0	3.39	1061	10613	94%	
5	包装	4.8	6.0%	5.09	1.41	2.0	2.54	1415	14151	71%	

线平衡图例：

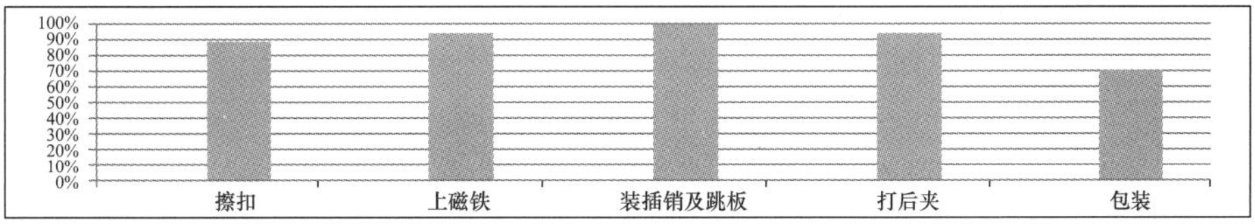

图 12-7　流水线工时产能计算示例

12.6 设备型效率的计算

设备综合效率（Overall Equipment Efficiency，OEE），是以设备为主的工厂效率和质量的综合指标。它实际上反映了设备真正创造价值的时间与负荷时间的比例。

$$OEE = 时间稼动率 \times 性能稼动率 \times 直通率$$

$$= \frac{稼动时间}{负荷时间} \times \frac{标准CT \times 生产数}{稼动时间} \times \frac{良品数}{生产数}$$

$$= \frac{标准CT \times 良品数}{负荷时间}$$

例：某压铸机工作 8h，生产三款产品 A、B、C，1h 生产 A 机型 100 件，3h 生产 B 机型 300 件，4h 生产 C 机型 500 件，不良率为 4%，A、B、C 的标准 CT 分别为 33s、30s、28s，计算当天这台压铸机的 OEE？

$$OEE = \frac{33 \times 100 + 30 \times 300 + 28 \times 500}{(1+3+4) \times 3600} \times (1-4\%) = 88\%$$

OEE 计算图解如图 12-8 所示。

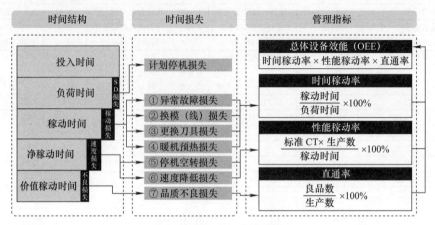

图 12-8　OEE 计算图解

12.7 设备型效率的损失

（1）计划停机损失　包括两部分：第一部分为外部因素停机损失，比如因订单不足、限电等原因导致的时间损失；第二部分为计划停机，包括一些必要的管理活动，比如每天早会、5S 时间、计划内的设备维护等。

（2）稼动损失　包括异常故障损失，从设备故障停机到设备被修好的时间；换模（线）损失，单台设备更换模具的时间损失；更换刀具损失，包括刀具定期更换或因刀具临时出现问题需要维修或更换的时间损失；暖机预热损失，设备停机或维修后开机到能生产出合格品的时间损失；除了以上四种与设备本身相关的时间外，还包括一些管理问题导致的损失，比如缺料、交接班、来料不良等都有可能导致损失。

（3）性能损失　包括停机空转损失，比如机器加工过程中跑空挡；速度降低损失，机器因长期使用性能下降或因来料质量达不到要求不能按设计速度运行导致的时间损失。

（4）不良损失　因品质不良、人工整修所造成的时间损失。报废的和维修的都应记录在内。

表 12-5 通过对不同停机损失类型进行分析发现，导致设备停机的因素是多方面的。有些是订单因素，有些是工艺因素，有些是管理因素，还有一些是作业因素和设备因素，因此需要深入分析，给出对应的改善措施。表 12-5 对于停机损失给出了相关对策，仅供参考，具体问题还是要根据问题、原因进行分析，不能照抄照搬。

表 12-5　停机损失原因及对策

停机损失类型	导致停机主要因素					降低停机的对策
	订单因素	工艺因素	管理因素	作业因素	设备因素	
计划停机损失	√		√		√	提升订单负荷率，避免无单停机 优化管理模式，避免管理性停机 优化 TPM，缩短设备保养时长
异常故障损失			√	√	√	优化标准作业，避免作业失误 优化设备设计，避免设备不稳定 建立 TPM 机制，确保设备稳定 建立快速维修机制，减少停机时长
换模（线）损失	√		√		√	优化订单结构，提高单品数量 实施快速换模改善，缩短停机时长 实施设备改良，提升换模速度
更换刀具损失	√		√		√	优化订单结构，提高单品数量 实施快速换模改善，缩短换刀时长
暖机预热损失		√			√	优化产品工艺，降低预热时长 改良设备功能，缩短预热时长
停机空转损失				√		优化人机作业配合，减少空转
速度降低损失			√		√	做好设备保养，避免设备降速 优化标准作业，避免速度调慢
品质不良损失		√		√	√	推进标准作业，避免人为不良 做好设备保养，避免设备异常

12.8 设备型效率报表的设计

每个公司要结合本公司的特点设计出 OEE 的统计报表，表 12-6 是某注塑工厂的效率报表，仅供参考。表的结构说明如下：

表 12-6 注塑机每日生产综合效率报表

日期	工单号	模具号（料号）	模穴数	标准周期/min	开机起始时间	完成生产时间	实际开机总时间/min	良品数	成型不良数	加工损耗数	总生产数	不良品合计	良品率	A01	A02	A03	小计	B01	B02	B03	B04	B05	B06	小计	时间运转率	性能运转率	设备综合效率	备注
7/1	MK080331088	24005I192	2	1.0	8:00	20:00	720	1253	31	10	1294	41	96.8%	5			5				10	30		40	94%	96%	87.6%	
	MK080331088	24005I192	2	1.0	20:00	8:00	720	1383	4	21	1408	25	98.2%	5			5							0	100%	98%	96.7%	
7/2	MK0803310189	24005I192	2	1.0	8:00	17:50	590	870	14	8	892	22	97.5%	5		30	35	22		12				34	94%	86%	78.4%	
	MK0803310025	23003200	2	1.0	17:51	20:00	130	192	0	0	192	0	100.0%	5			5							0	100%	74%	73.8%	
	MK0803310025	23003200	2	1.0	20:00	8:00	720	1441	24	5	1470	29	98.0%	5	10		15							0	100%	104%	102.2%	
7/3	MK0805075587	23003200	2	1.0	8:00	10:00	120	195	13	6	214	19	91.1%	5			5	20						20	83%	113%	84.8%	
	MK0803310099	21006492	1	1.0	10:01	20:00	600	515	0	0	515	0	100.0%	5		20	25		36					36	94%	91%	85.8%	
	MK0803310099	21006492	1	1.0	20:00	8:00	720	646	16	4	666	20	97.0%	5			5			12				12	98%	95%	90.3%	
小计	NA	NA	NA	NA	NA	NA	NA	6495	102	54	6651	156	97.7%	40	10	50	100	42	36	24	10	30	0	142	95.4%	94.6%	87.5%	

（1）最左侧是基础信息　包括日期、机台编号、生产数据（工单号、模具号），同一台机器生产不同的工单、使用不同的模具。

（2）标准工时　也就是周期时间，因注塑可能一次铸几个零件，所以有模穴数，每个产品的标准工时等于周期时间除以模穴数。

（3）总出勤时间　包括开机起始时间、完成生产时间、实际开机总时间。将完成生产时间和开机起始时间相减，就是实际开机总时间，这是计算机器负荷时间的基础。

（4）产量记录　原始数据为良品数、不良品数，有这两个数值就可以计算出总生产数和良品率。不良品数包括成型不良数和加工损耗数。

（5）计划停机时间　分为三类，A01 为早会时间，A02 为定期保养时间，A03 为 5S 等其他时间。

（6）无效停机时间　就是非计划的停机，包括 B01 为换模时间，B02 为机械故障时间、B03 为模具故障时间、B04 为异常调机时间、B05 为停工待料时间、B06 为其他时间。

（7）时间稼动率　表 12-6 中为时间运转率＝（总出勤时间－计划停机时间－无效停机时间）/（总出勤时间－计划停机时间）。

（8）性能稼动率　表 12-6 中为性能运转率＝（标准周期/模穴数）×总生产数量/（总出勤时间－计划停机时间－无效停机时间）。

（9）设备综合效率　等于时间稼动率×性能稼动率×良品率，这个指标的计算也可以用良品数量×标准周期时间/负荷时间，这里拆成 3 个指标相乘，是为了更清楚地看到损失发生在哪个环节。

12.9　人工型效率的计算

以人工作业为主的企业评估效率与设备型企业有所不同。它是以 OPE（Overall Plant Efficiency）为整体指标的衡量体系。它衡量的对象以人为主。

$$OPE = 稼动率 \times 工时平衡率 \times 操作效率$$

$$= \frac{稼动工时}{负荷工时} \times \frac{单件标准时间}{瓶颈工站CT \times 人数} \times \frac{瓶颈工站CT}{实际CT}$$

$$= \frac{稼动工时}{负荷工时} \times \frac{单件标准时间}{瓶颈工站CT \times 人数} \times \frac{良品数 \times 瓶颈工站CT}{稼动时间}$$

$$= \frac{单件标准时间 \times 良品数}{负荷工时}$$

例：某组装线 20 人，工作 8h，生产三款机型 A、B、C，2h 生产 A 机型 200 件，3h 生产 B 机型 250 件，3h 生产 C 机型 400 件，A、B、C 的单件标准时间分别为 12min、13min、7min，无不良，计算当天这条组装线的 OPE？

$$OPE = \frac{12 \times 200 + 13 \times 250 + 7 \times 400}{(2+3+3) \times 20 \times 60} \times 100\% = 88\%$$

人工型效率结构如图 12-9 所示。

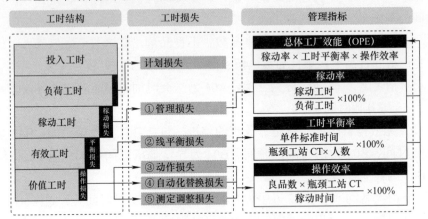

图 12-9 人工型效率结构

12.10 人工型效率的损失

（1）计划损失 指计划内的支援其他部门、工作中间休息、早会、5S、教育训练等时间。

（2）管理损失 可以理解为非计划的停工，没有进行生产。比如缺料导致的待料、等待指令、故障修理、换线损失、交接班过程的时间损失、其他偶发的管理上的损失。

（3）线平衡损失 由于工序之间加工周期时间不同（快慢不均），导致人员等待的损失。

（4）动作损失 不符合动作经济原则发生的损失（22 种损失）；没有标准作业或不按标准作业时发生的动作损失；不够熟练发生的损失；因机器、物料配置不佳，需要更大的动作处理导致的损失。

（5）自动化替换损失 人在操作机器的间歇过程中产生的空闲。

（6）测定调整损失 因品质不稳定，为防止不良发生和流出而频繁地实施测定调整所发生的工时损失。

管理损失是显而易见的，因为停止了作业。平衡损失和操作损失是隐性的，虽然单个数值小，然而累积损失则相当大。

12.11　人工型效率的报表设计

人工型的效率报表的设计根据实际需要一般不会设计得太复杂，但是分析效率损失的时候，还是要结合 OPE 的效率损失进行分析。因为只有找到了时间损失在哪里，才能够想办法改善。

如图 12-10 所示，左侧是一些基本的信息，比如制令号、机种、标准工时，中间部分是出勤人数、作业时间、投入总工时、实际产出量、产出总工时、生产率、作业效率，最后是外部损失工时记录。外部损失工时记录包括损失内容描述、损失工时、对应的责任单位。表格左下方，可以统计管理者出勤人数和作业员出勤人数，并分别统计正常出勤工时与加班工时，两者相加就是一天出勤的总工时，理论上，这个值应该等于或接近于按制令号或工单号填写的出勤工时之和。如果发现有较大差异，一定是哪里出现了错误。

生产率 = 产出总工时 / 投入总工时，如序号 1：15/18.2×100%=82%。

作业效率 = 产出总工时 /（投入总工时 − 外部损失工时），如序号 1：15/（18.2−3）× 100%=99%。

制 ×××× 课组立线日报表

组别：　装配　2 线
日期：20 年 2 月 7 日

序号	制令号	机种	标准工时/s	出勤人数	作业时间/h	投入总工时	实际产出量/件	产出总工时/h	生产率(%)	作业效率(%)	外部损失工时记录		
											损失内容描述	损失工时/h	责任单位
1	MK0811180020	DM30A	300	14	1.3	18.2	180	15	82	99	性能不良	3	研发
2	MK0810170018	CLR553L	397	14	2.0	28.0	200	22	79	85	缺料	2	采购
3	MK0811180012	MA30DLX	300	14	1.9	26.6	286	24	90	90			
4													
5													
6													
整体平均								20.3	84	91			

人员出勤		正常出勤工时	加班工时
	管理者　2　人		
	作业员　14　人		
	总出勤工时	0	

效率计算方法：
生产率 =（标准工时 /3600× 实际产出量）/（出勤人数 × 作业时间）；
作业效率 =（标准工时 /3600× 实际产出量）/（出勤人数 × 作业时间 − 外部损失工时）。

图 12-10　人工型效率报表的损失

12.12 异常工时管理机制

12.12.1 异常工时管理

在全部投入工时内，除去按正常标准工时产出成品所用工时外的工时，统称为异常工时。异常工时有可能是因为不可避免的原因产生的，异常不能100%杜绝，也有可能因可以避免的原因产生的，需要通过管理改善减少。

异常工时要区分归属部门，划分原则为"由谁采取改善对策最为恰当"。所以异常工时改善归属哪个部门，是根据谁采取改善行动最适当为先决条件的。通过找到异常工时产生的原因，来减少或消除异常是异常工时管理的目的。

12.12.2 异常工时汇总管制表

（1）异常工时统计报表　异常工时统计是生产部门非常重要的工作，通常需要异常发生部门开立异常单，记录异常原因和工时，或通过每日的生产日报表反馈，异常经过计划部门汇总，形成表12-7。左列是异常的原因，可以根据管理的颗粒度把原因分为大类和小类，中间列对应每天的损失工时，最右侧和最下侧是汇总。有了这些数据，就可以为后面的改善及考核提供依据。

表12-7　异常工时统计报表举例

2004年10月异常工时统计表　　　　　　　（单位：s）

异常原因	原因明细	4日	5日	6日	7日	8日	……	30日	31日	小计	合计
待指令										0	
待料	欠料	3150	8340	5900	560	600				18550	40037
	呆料处理	4080	2700	1987	4840	3090				16697	
	功能不良	400	970	1260	1250	910				4790	
	少放物料									0	
待修缮	工装治具不良									0	900
	设备保养大修				900					900	
	改机换线									0	
	调机换刀									0	
待检										0	
待能源	停电、停水、停气									0	
	电气故障									0	

（续）

异常原因	原因明细	4日	5日	6日	7日	8日	……	30日	31日	小计	合计
重工	来料重工									0	7200
	自制重工	7200								7200	
	退货重工									0	
待确认	业务变更		1755	3000	450					5205	5205
	设计变更									0	
	计划变更									0	
	工艺不合理									0	
开会培训	公司性会议									0	
	庆生会									0	
	教育训练									0	
	公司性活动									0	
	厂级会议									0	
	课级会议									0	
	组级会议									0	
打样试产	量试									0	
	量试组样									0	
5S	整理整顿									0	
其他	规定盘点									0	4560
	出差									0	
	支援行政	960	2800	800						4560	
	总计	15790	16565	12947	8000	4600	0	0	0	57902	57902

（2）异常工时管理办法　一家公司如果想对异常工时进行有效管理，需要建立相应的制度，该制度一般按照公司通用的流程文件格式编制，包括目的、范围、权责、作业内容、附件等。重点如下：

1）权责指如果发生了异常，哪个部门负责提报、判定审核、问题处理与改善、考核等。

2）作业内容主要涵盖：异常发生后的作业流程、时间要求、制度规定等。比如说产品出现了品质问题，小组长通知车间主任，车间主任与谁沟通，哪个部门要在多长时间到现场处理问题，处理不了，谁通知上级领导。异常影响了生产产生了异常工时，是什么原因导致，由谁判定是哪个部门的责任，是否需要长久改善对策等。谁负责召集改善会议。如果需要考核到部门，由哪个部门来判定承担责任大小，哪个部门以什么形式通知财务扣款等。

图 12-11 是某企业的异常工时管理办法，该办法做得非常细致，可结合自己企业情况灵活借鉴。

标 准 书 名 称				标准编号	
异常工时管理办法				提案单位	董事长室
				制定日期	2010 年 11 月 2 日
版 本	1	版 次	1	页 次 第1页，共3页	修订日期	年 月 日

1. 目的
  1.1 做好异常工时管理，提高生产力。
  1.2 确保掌握停工状况，以彻底解决问题，做好再发防止

2. 适用范围
  凡工厂因物料、品质、机械及其他不可抗力等因素造成的生产延误，且工时有所损失的状况，皆使用本办法。

3. 分类
  3.1 依由哪个阶层人员采取改善对策最为合适的原则区分为：
    B：组长异常工时。
    C：科长异常工时。
    E：经理异常工时。
  3.2 异常工时用两位英文字母表示。
    例：B/①，A/②为组长主持的晨会。
      第①项为异常分类，使用一个英文字母分类。
      第②项为异常项目，使用一个英文字母为代号。

4. 异常报告单填报原则
  4.1 异常项目依据异常工时代号决定是否填写异常报告单。
  4.2 异常判定单位依下列原则决定：
    4.2.1 机械科：判定机械、设备所造成的除外。
    4.2.2 物管科：判定物料供应不及所造成的除外。
    4.2.3 生管科：判定生产计划安排不当所造成的除外。
    4.2.4 品管科：判定产品（物料）品质所造成的除外。
    4.2.5 生产部经理室：判定工具短缺或不良所造成的除外。
  4.3 异常状况依下列原则决定：
    4.3.1 有明确停工时段者，依实际状况填写。
    4.3.2 未有明确停工时段，如品质机械造成工时加长，需要在异常发生时通知各相关责任单位，各相关责任单位到现场处理确认后，该项方为有效。
    4.3.3 未编号的生产性作业必须于生产时通知 IE 人员编定，若未能即时通知视同异常项目处理。
  4.4 异常工时代号明细有大幅度修改，除了政策配合项目及不可避免理由之外，其余异常归属现场科长（但责任工时亦归属责任单位）。

5. 单据流程
  5.1 组长于每日下午三时，填写异常报告单，一式两联。
    5.1.1 该科事务员核对异常报告单张数，内容与工作日报表笔数，内容是否符合，未符合者通知组长填写或修正。
    5.1.2 须填写异常报告单而未填写的异常项目，经查明除另行补齐外，该项异常工时将由填报单位承担，并接受厂规处分（申诫处分）。
  5.2 该科事务员经整理核对无误后于当日下班前送往生管科。
  5.3 生管科整理登记后，转由该异常单位的生管确认异常报告单的内容和时间无误后，再由生管科事务员统筹分发至各判定单位（如内容与时间经生管确认后有不符合者，再退回该科事务员于半日内补回）。

图 12-11 异常工时管理办法案例

5.4 判定单位接到异常报告单后，须查明原因，填写责任单位。然后将第一联（白）转回生管科，第二联（蓝）送至责任单位（若责任单位在两个或以上，则依序传递），再转回生管科统计。

5.5 异常报告单事务流程：（附流程处理时间）

组长（原因判定）$\xrightarrow{第一天下午15:00}$ 科长（事务员整理核封）$\xrightarrow{第一天下班前}$ 事务局（整理登记生管确认）。

$\xrightarrow{第二天下班前}$ 判定单位（判定责任单位）┈┈┬─ 生管科（存）
　　　　　　　　　　　　　　　　　　　└─ 责任单位 $\xrightarrow{第四天下班前}$ 责任单位（第二）（如有两个

责任单位以此类推）┈┈┈┈ $\xrightarrow{第四天下班前}$ 事务局

5.5.1 如异常工时有责任单位划分不清的情况，应准时退回生管科事务局，再统筹由生产部经理判决归属责任。

5.5.2 异常报告单经生管科整理登记转出之后，如有遗失或逾期未回生管科者，该责任工时则归属遗失单位（如白单回，蓝单逾期未回，责任工时属于责任单位，如蓝、白单均未回，责任工时属于判定单位）。

5.6 异常工时，责任单位责任区分如下：

现象	判定单位	原因	责任单位
设备故障或设备不良	机械科	1. 操作不良	现场
		2. 维护不良（一级保养）	现场
		3. 维护不良（二、三级保养）	机械科
		4. 外购设备，设计功能不良	生产部经理室
		5. 内制设备，设计功能不良	机械科
		6. 治具设计不当	机械科
		7. 过期设备未更改	机械科
物料短缺	物管科	1. 料单未发	生管科
		2. 错发物料（依料单发料）	物管科
		3. 计划变更	造成计划变更单位
		4. 购买遗漏，物料不足	物管科
		5. 厂商交期延误	
		5.1 前置时间不足	物管科
		5.2 前置时间足够（内购）	国内采购
		5.3 前置时间足够（外购）	国外采购
		6. 发料不及或地点错误	物管科
		7. 验收不及	
		7.1 交货太慢（内购）	国内采购
		7.2 交货太慢（外购）	国外采购
		7.3 检验延误	品管科
生产延误	生管科	1. 生产计划安排不当或制令错误	生管科
		2. 新车种制作延误	试做科
品质不良	品管科	1. 判断合格与否造成停工	品管科
		2. 特采、选别、退回、修正	采购 SQA 科
		3. 设计问题，BOM 未修正	产品科
		4. 公差内造成停工	产品科
		5. 暂行规范造成停工	SQA 科
		6. 误用物料	现场
		7. 发料错误而误用	物管科
		8. 未按操作标准作业	现场

图 12-11　异常工时管理办法案例（续）

（续）

现象	判定单位	原因	责任单位
其他	生产部经理室	1. 刀工具使用不当	现场
		2. 刀工具来货不良	工具室
		3. 工具短缺	
		3.1 刀工具未请购	工具室
		3.2 刀工具交货延误	国内采购
		3.3 刀具规格，图面未发或错误	机械科
		3.4 工具未制作	生产部经理

5.6.1 前置时间包含协力厂商交货前置时间及物料检验时间三天。

5.6.2 异常工时的原因及责任单位少于 5～6 个的，由生管科与各单位研讨后增列。

5.7 责任单位接到异常报告单后，经确认核对无误后，签名以示接受（如有异常，请详述之），应于一日内将异常报告单转至其他责任单位，或生管科。

5.8 各单位分析责任工时的异常原因，应再发防止，作为部门改善的目标。

5.9 生管科事务局于每月月底整理异常工时分析统计表，呈送给生产部经理，另将各单位的异常工时整理公布。

6. 停工索赔

6.1 厂商交期延误的索赔，以造成现场停工待料为原则。

6.2 生管科事务局依据工作状况日报表及查明异常项目原因，依国内外零件分别填写异常索赔周报表一份，送至物料科核对。

6.3 物管科核对数量、规格，无误后再送至采购科。

6.4 经国内、外采购分别确认国内、外待料厂商，并填写损失材料费及合计损失金额，经主管确认后，转财务科（损失人工由生管科填写）。

6.5 财务科依据异常索赔周报表进行索赔。

7. 附则

7.1 现场除填写异常报告单外，如属于比较严重的异常问题（品质、日常业务、生产等）需要加开异常单。

7.2 本办法呈总经理核准后公布实施修改时亦同。

图 12-11　异常工时管理办法案例（续）

（3）周 / 月度效率会议的召开　根据异常大小、频率，可以按周或按月召开会议，一般由 IE 部门牵头，没有 IE 部门的可以由制造部门负责。具体要求和流程大致如下：

会议时长：2h

会议主持：IE 部（或制造部门）

会议参与：高层领导、生产主管、PMC 主管、技术主管、品质主管……

会议议程：

1）主持部门讲解会议目的及议程。

2）IE 部门进行各部门效率宣讲。

3）生产部门针对异常进行回应。

4）责任异常工时部门进行回应。

5）未来立项改善专案成立定案。

6）高层领导进行指示。

7）主持针对会议决议事项宣读。

12.13 效率与异常工时持续检讨改进

效率与异常工时的检讨与改善一般要先建立基础数据，基础数据一般包括两类，一类是各生产部门（车间）的效率指标，如表 12-8 所示，另一类是按发生原因统计出来的异常工时，如图 12-12 所示。两类数据都是在原始提报数据的基础上汇总统计出来的。两类数据不但反映了存在的效率问题和原因，更体现了问题的重点在哪里，通过建立对照的柱状图可以立刻发现问题的重点。通常根据二八定律选择大的问题点进行改善。

表 12-8 各生产部门的效率指标

2010 年 生产率报表

单位	月次	1月	2月	3月	4月	5月	6月	7月	8月
印刷	总产出工时 /h	7589.0	4259.0	9430.0	8066.0	8660.0	11104.0	9405.0	5278.0
	直接出勤工时 /h	8683.5	4853.0	10930.5	9291.0	10031.0	13933.0	10786.0	6242.5
	总体出勤工时 /h	10157.0	5542.0	12314.0	10721.5	11824.5	14210.0	11350.5	7023.0
	作业效率	87.4%	87.8%	86.3%	86.8%	86.3%	79.7%	87.2%	84.5%
	工作效率	74.7%	76.8%	76.6%	75.2%	73.2%	78.1%	82.9%	75.2%
制造部	总产出工时 /h	13924.9	7833.2	16287.2	15738.5	16649.0	19562.4	10523.7	7887.4
	直接出勤工时 /h	18803.7	10899.0	23095.0	22336.5	23738.5	27680.0	14831.0	13309.5
	总体出勤工时 /h	27772.0	15624.0	33261.5	35721.5	34607.5	39706.7	33674.4	20077.0
	作业效率	74.1%	71.9%	70.5%	70.5%	70.1%	70.7%	71.0%	59.3%
	工作效率	50.1%	50.1%	49.0%	44.1%	48.1%	49.3%	31.3%	39.3%

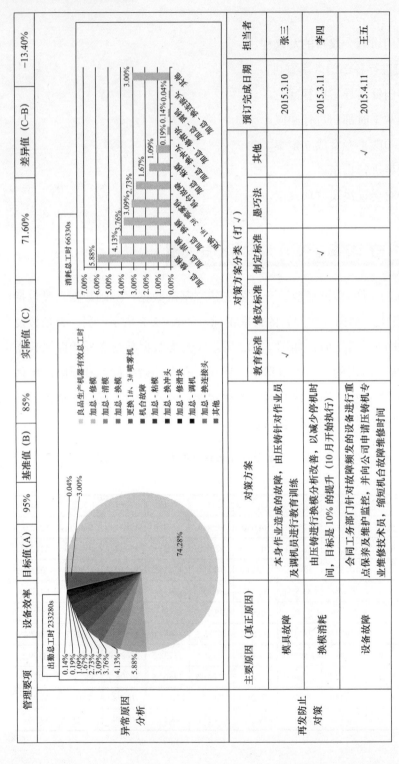

图12-12 异常原因分析图

统计报表上提报的原因是直接原因，要通过一些分析方法，比如QC手法，进行系统分析，找到主要原因，并用图形数据进行呈现，这样看起来会比较清楚，容易让别人理解。同时，需要确定改善措施，计划完成时间，负责人等。改善过程要进行跟踪，执行PDCA循环，直到问题被消除或大幅度改善。异常分析改善报告如图12-13所示。

异常工时统计分析 /h

异常原因	品质不良	生产异常	缺料	修理不良品	发料	业务	色差	BOM资料错	试组	印刷不良	库存返工	外籍不良	公司(除外)	毛边未除净	特采失误	设计	合计
第一周	45	45	35														80
第二周	51	433	498	20				5			196		328				1530
第三周	308	486	809	27	40	80					48		2702			50	4550
第四周																	0
第五周																	0
合 计	359.0	963	1342.0	47.0	40.0	80.0	0.0	5.0		0.0	244.0	0.0	3030.0	0.0	0.0	50.0	6160
所占比	5.8%	15.6%	21.8%	0.8%	0.6%	1.3%	0.0%	0.1%	0.0%	0.0%	4.0%	0.0%	49.2%	0.0%	0.0%	0.8%	100%
累 计	359.0	963	1342.0	47.0	40.0	80.0	0.0	5.0		0.0	244.0	0.0	3030.0	0.0	0.0	50.0	6160
累计比	5.8%	21.5%	43.2%	44.0%	44.7%	46.0%	46.0%	46.0%	46.0%	46.0%	50.0%	50.0%	99.2%	99.2%	99.2%	100.0%	100%

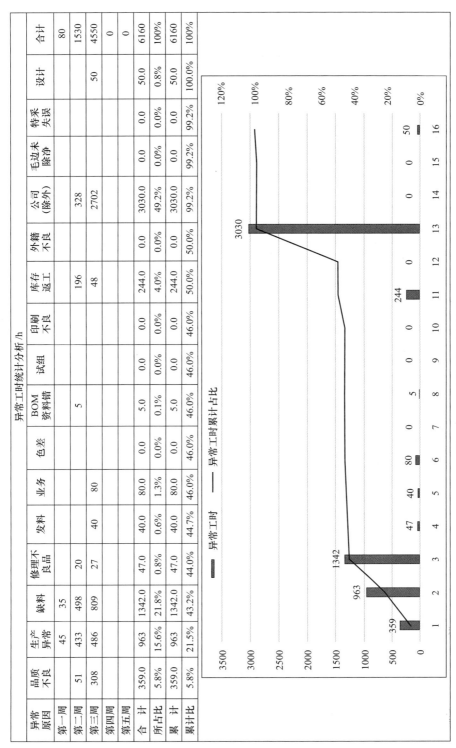

图 12-13 异常分析改善报告

223

改善的方式通常有两种，一种称为专案改善，一种称为自主改善。专案改善通常是比较重要且难度较大的改善，需要组织专业的改善团队进行。自主改善一般是部门内部自己组织的改善，改善难度通常不是很大，依靠自己内部的能力即可完成。两种形式的改善都需要建立制度进行规范的管理，以利于目标达成。两者的具体差异如表 12-9 所示。

表 12-9　两种改善形式对比

	专案改善（外部异常工时）	自主改善（生产损失工时）
层级	以专业团队、基层主管和中层主管为主	以作业（执行）层为主
手法	除 QC 手法外，可运用 IE、VA/VE 等手法	以运用 IE、QC 七工具为主
目的	1) 进行 P、Q、C、D、S、M 的指标提升 2) 强调有形效益及所设定目标达成的必要性 3) 既注重过程亦重视结果	1) 强调无形效益 2) 强调推动精神及过程 3) 营造良好的团队氛围和合作关系，实现参与式管理 4) 塑造一个光明愉快的工作场所

思考题

1. 谈谈你对 OEE 的理解。
2. 生产率与作业效率的区别是什么？
3. 设备类作业的标准工时和产能是如何计算的？

13.1 6S 的起源及必要性

13.1.1 6S 的起源

6S 最早起源于 20 世纪 50 年代的日本，当时丰田公司接到很多订单，现场非常忙碌，因为管理粗放、物料乱放，经常出现工伤事故。为了保证安全作业，丰田提出了"安全始于整理，终于整理整顿"的口号。整理整顿（2S）最初的目的是解决安全问题，后来为了提高效率和保证品质，又增加了清扫、清洁、素养 3 个 S。5S 成为日本企业现场管理的主要方法，极大改善了日本产品的质量，"日本制造"成为高品质的代名词。5S 也逐渐被其他国家所学习。2002 年海尔为了强化安全管理，在 5S 基础上，加上了"安全"，使之成为 6S。国内一些机构在 6S 的基础之上，又提出了 7S、8S、9S 等，导致一些企业家认为 S 越多管理水平越高。事实上，丰田公司在多年实践的基础上发现，从整理开始，如果每个 S 都做得扎扎实实，是不需要做那么多 S 的，丰田现在主推的是 4S。本章主要讲解国内比较流行的 6S。

13.1.2 推行 6S 的实际益处

（1）提高产品品质 6S 将良品与不良品分开，避免将不良品当成良品。物品摆放不落地，并做好防护，减少磕碰。员工遵守标准作业，遵守自检和互检的规定，确保产品质量。

（2）减少浪费、提高效率 将不需要的物料、工具等清理出现场，减少面积的占用；物品定置管理，需要的时候快速拿取，减少工时的浪费，提高效率。

（3）保障安全、减少伤害 孕育良好的安全文化，现场视野开阔，物料一目了然，警示标识清晰，防呆装置完善，拥有健康安全的环境，才能确保员工作业安全。

（4）快乐的工作岗位 明亮整洁的工作现场，让员工赏心悦目，增加新员工对公司的信心；不断推动 6S 改善，让员工感受到自身的价值，养成良好的习惯。

（5）提升企业形象　越来越多的客户把干净整洁的现场作为企业管理水平的标志，客户对企业有信心，更愿意下单。相反，一些不重视现场的企业，客户会取消其供应商资格。

（6）培养人、改造人　提升人的质量。让员工养成凡事认真，遵守规定的态度是推行 6S 的最终目的。

13.2　6S 的做法详解

13.2.1　整理

将必需物品与非必需品区分开，在岗位上只放置必需物品。这样就腾出了空间，防止物料的误用。也可以通过重新布局来缩短搬运距离。做好整理的步骤如下：

1）对工作场所进行全面检查，包括看得到的和看不到的，所谓看不到的是指没有暴露在外面的，比如在柜子里面的物品。

2）制定"要"和"不要"的判断标准，如表 13-1 所示。

表 13-1　区分要与不要的标准

类别	使用频度		处理方法	备注
必需物品	每小时		放工作台上或随身携带	
	每天		现场存放（工作台附近）	
	每周		现场存放	
非必需物品	每月		仓库储存	
	三个月		仓库储存	定期检查
	半年		仓库储存	定期检查
	一年		仓库储存（封存）	定期检查
	两年		仓库储存（封存）	定期检查
	未定	有用	仓库储存	定期检查
		不需要用	变卖 / 废弃	定期清理
	不能定		变卖 / 废弃	立刻废弃

3）清除不要的物品。

4）重要的物品要调查使用频度，决定日常用量。

5）制定废弃物处理方法；需要报废的物品要建立清单，经领导审批后处理。

6）每日自我检查，发现问题立即处理。

对于整理要注意的是，现实中，有些物品难以判定到底是要还是不要，必要时，要召开现场会，当场判定，甚至要邀请老板一起参加。处理一些没有价值的物品可能会遇到比较大的阻力，购置这些物品花费了大量资金，处理这些物品对企业利害关系人来说在心理上难以接受，因此，处理时需要一些勇气和智慧。

13.2.2　整顿

将留下来要用的东西，依规定分类、定位、定量整齐摆放，明确标识，将必需品放置于任何人都能立即取到和立即放回的地方，以节约时间。做好整顿的步骤如下：

（1）物品分类　物品在摆放前一定要分类，同一类的物品放在一个区域。

（2）决定放置位置　结合拿取的便利性，考虑摆放的位置。

（3）决定放置数量　结合消耗的速度，决定放置的数量。

（4）决定放置方式　比如是放在托盘上，还是放在物流车上，或者是放在物料筐里。

（5）划线定位　划线也要有一定标准，比如线条的宽度、颜色。

（6）明确标识　标识的方式有多种，最常见的有纸质的标识、在地面上刷油漆、在空中悬挂指示牌等，标识的风格要统一。

（7）实施改善　把物品按方案放到指定的位置，做好日常管理。

在实务上，先做好定置改善方案，再移动物品，有时候确定具体的量可能需要一定的时间，不能一次到位，也可以先把物品放到指定的位置，再进行划线和标识。要站在新人的立场来看，物品放在什么地方更为明确，同时要考虑物品在使用后便于恢复到原位。

整顿示意图如图 13-1 所示。

工具架
在工具上标明编号及名称，在放置的位置也同样标明，使工具摆放更有秩序和易于取用，降低因错误使用而造成的危险。

出口

工具架

通道
以划线区分通道及工作间范围，令环境更加整齐，减少碰撞意外发生。

货架
把同类的材料及应放置的位置涂上相同颜色，使员工容易找到，避免混乱。

储货区
货品应整齐叠起并远离通道，以防因货物叠放过高而倒塌导致意外发生。

图 13-1　整顿示意图

13.2.3　清扫

清除脏污，防止污染，将岗位变得无垃圾、无灰尘、干净整洁，对环境和设备进行维护和点检，创造一个一尘不染的环境。清扫不是简单的打扫卫生，而是要使取出的东西立即能用，达到零故障、零损耗，实现稳定品质。清扫的过程是一个点检的过程，是一个发现问题、解决问题的过程。做好清扫的步骤如下：

1）准备工作，比如前期的教育、清扫工具的准备等。

2）从工作岗位扫除一切垃圾、灰尘。

3）清扫点检机器设备。

4）整修在清扫中发现有问题的地方。

5）查明污垢的发生源，从根源上解决问题。

6）实施区域责任制，每个区域都要有人管。

7）制定相关清扫标准。

理论上，每个区域都有人负责，每天坚持做就可以了，但在实务上发现有些工厂，人少，车间大，不太容易做到位，所以要区分重点，必要时，可以每周安排一到两次大扫除。

清扫示意图如图 13-2 所示。

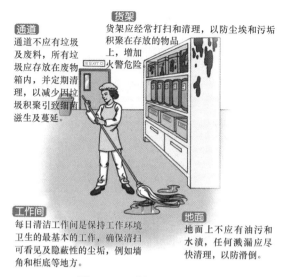

通道 通道不应有垃圾及废料，所有垃圾应存放在废物箱内，并定期清理，以减少因垃圾积聚引致细菌滋生及蔓延。

货架 货架应经常打扫和清理，以防尘埃和污垢积聚在存放的物品上，增加火警危险。

工作间 每日清洁工作间是保持工作环境卫生的最基本的工作，确保清扫可看见及隐蔽性的尘垢，例如墙角和柜底等地方。

地面 地面上不应有油污和水渍，任何溅漏应尽快清理，以防滑倒。

图 13-2 清扫示意图

13.2.4 清洁

将整理、整顿、清扫进行到底，并且标准化、制度化。4S 的目的是维持上面 3 个 S 的成果，并成为惯例和制度，为标准化打下基础，这个时候企业文化开始形成。做好清洁的步骤如下：

1）落实前面 3S 工作，持续狠抓没做到位的工作。

2）制定 6S 实施办法，形成规范文件，如图 13-3 所示。

文件编号：	版本：		版次：		总页数：	页

现场 6S 管理程序书

修改页次	修改章节	修订版本		修订细节	生效日期
		修订前	修订后		

评审部门会签							
部门	签署	部门	签署	部门	签署	部门	签署

图 13-3 6S 管理文件举例

3）制定稽核方法。

4）制定奖惩制度，加强执行。

5）主管带头巡查，全员重视 6S 活动。

清洁工作的重点是维持和改善，将前面 3 个 S 的实施过程纳入班组日常管理工作之中，多层次的检查工作是固化改善成果的关键。这个阶段如果做得不到位，6S 效果很容易出现反复。检查的力度、频率要根据现场的情况灵活调整。

清洁示意图如图 13-4 所示。

图 13-4　清洁示意图

13.2.5　素养

对于规定了的事情，员工都按要求去执行，并养成一种习惯，让员工遵守规章制度。企业应培养具备良好素质、良好习惯的人才，铸造团队精神，提升员工的素养，成为对任何工作都保持认真态度的人。做好素养的步骤如下：

1）学习公司的规章制度、标准。

2）理解规章制度、标准。

3）努力遵守规章制度，从我做起。

4）完善自我，成为他人的榜样。

5）具备了成功的修养，共同遵守标准。

素养示意图如图 13-5 所示。

履行个人责任
员工每天下班前 15min 自发性地清洁工作岗位，并在每年盘点时自发性参与大扫除活动。

遵守安全守则
把常用的物件放在容易拿取的地方，而将妨碍员工工作的文件搬移。

定时评估
主管通过巡查计划定期评估 6S 执行的成效，从而决定未来改善行动的方案。

使用个人防护用具
当员工更换复印机碳粉时，自发性地穿戴合适的个人防护设备，例如手套等。

图 13-5　素养示意图

素养阶段要强化各项制度的检查，制定员工的礼仪规范，开展一些 6S 月、6S 日活动，加强 6S 职场教育。

13.2.6　安全

安全是指创造一个安全（S）、健康（H）、环保（E）的生产环境，建立系统的安全管理体制，保障员工安全，减少工伤事故，保证生产系统的正常运行。做好安全的步骤如下：

1）制定现场安全作业基准。

2）规定员工的着装要求。

3）制定预防火灾的措施。

4）制定应急措施。

5）强化日常作业管理。

管理的无情就是对员工最大的有情，管理的松懈就是对员工最大的伤害。安全工作无处不有、无时不在，涉及每一个人。要重视员工的安全培训教育，坚持现场安全巡视，排除隐患，不要抱有侥幸心理。安全生产警示如图13-6所示。

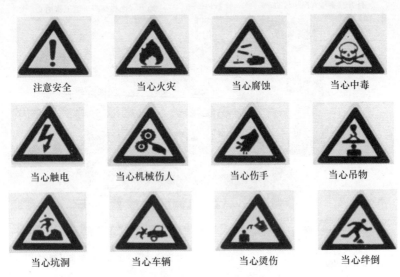

图13-6　安全生产警示

13.2.7　6S口诀与关联图

（1）6S口诀　为了把握6S的核心要素，经过多年的发展，提炼出如下口诀，便于记忆。

整理：要与不要，一留一弃。

整顿：科学布局，取用快捷。

清扫：清除垃圾，美化环境。

清洁：形成标准，贯彻到底。

素养：形成制度，养成习惯。

安全：严守规程，消除隐患。

（2）6S关联图　6个S不是孤立的，是有一定的逻辑关系的，如图13-7所示。

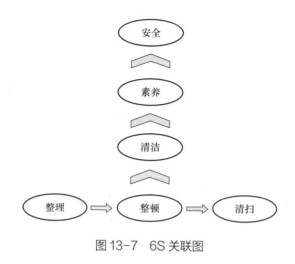

图 13-7　6S 关联图

13.3　6S 的推进方法

13.3.1　推进过程

6S 的推进首先是高层认识到 6S 管理的重要性，表达了明确的意愿和坚定的决心。其次是进行目标设定，公司的 6S 要达到什么水平，可以对标一些 6S 做得好的企业，也可以制定一些定量指标，比如不符合项数目、工伤数目。再次就是成立推进组织，一般称为 6S 领导小组，项目要成功，必须要有组织的保障。然后要制定企业整体的推进计划，一般来讲要先建立样板区，在正式开始之前，要进行文宣，比如张贴宣传条幅、标语，营造改善氛围，同时要形成评价奖惩激励制度。当示范区做好后，要进行成果发表，对这一阶段的工作进行评价总结。最后做横向展开，在全公司范围内推动。

在实务中，很多公司都已经推行过 5S 或 6S，只是结果不够理想，推动形式不一定要完全按照上述流程。如果是咨询公司进入，可以先做样板车间，这样可以在最短时间内看到效果，企业可以自己推动所有车间同步进行，以样本车间为重点，让大家都动起来，避免不必要的争执。

6S 推进流程如图 13-8 所示。

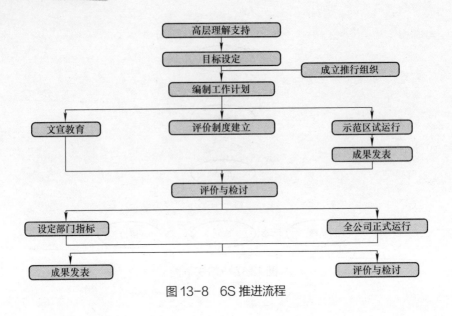

图 13-8　6S 推进流程

13.3.2　活动开展

改善实践表明，要使项目顺利开展，消除改善阻力，建立改善的氛围非常重要。开展活动是营造氛围的一种手段，具体活动建议如下，6S 推进人员要不断创新活动方式，让员工时刻感受到公司对 6S 改善非常重视，而不是仅仅体现在口头上。

（1）动员大会　项目开始之前要进行动员，高层要表明态度和决心，员工要宣誓。

（2）演讲竞赛　培训之后，可以组织演讲比赛，将培训内容与企业实际情况结合，让员工学习 6S 知识。

（3）参观标杆　在改善前或改善进行一段时间后，可以组织员工到 6S 优秀的企业去参观，参观之后要组织讨论。

（4）红牌作战　在改善过程中，可以不定期组织红牌作战，用贴红色牌子的方式查找问题点，这种方式会给现场比较大的压力。

（5）班组评比　在改善过程中，通过班组评比，鼓励先进、鞭策落后。

（6）寻宝活动　改善项目进展到一定程度后，可以组织员工到其他部门互相寻找问题点，根据找到的问题点给予适当奖励。

（7）工厂洗澡　每过几个月，公司可以进行一次彻底的清扫工作，有助于改善效果的维持。

（8）成果报告会　组织开展阶段性的成果分享，互相学习、互相激励。

6S 评比方法举例见表 13-2。

表13-2　6S 评比方法举例

区域编码	区域名称	区域细节	6S 执行标准	评分标准				备注
				0分	1分	2分	3分	
5-5-05	SMT 电子仓	门窗	门窗完好干净	破损脏污，随意开启	完好，表面干净，无障碍开启	编号、状态、开关方向等标识清晰	包括顶端端干净无灰尘	
5-5-06	SMT 车间	地面	地面干净，无杂物	有坑洼／积水、非本区域物品（如烟头）	干爽、地上无产品，铺材掉落在地	干爽、无碎屑落地，无卫生死角	光亮、无灰尘污渍，容器／产品没有直接落地	
5-5-06	SMT 车间	楼道	墙面与天花完好、干净	破损脏污（如渗水、脚印、蜘蛛网等）	完好无缺、干爽，应急指引灯完好	无涂鸦污渍、墙边／凸角有防护、标识整齐	明亮干净、凸出部分也无灰尘	
5-5-06	SMT 车间	生产线	生产线物品管理	存在眼下不使用的物品，脏乱	区域内只有眼下使用的物品，且整齐有序	分类标识清晰，且只存放 1 天以内用量	仅摆放当单物品且只存放 2h 以内用量	
5-5-06	SMT 车间	物料	车间物料限高	无限高	限高 2m	限高 1.2m	与生产线取放高度一致	
5-5-06	SMT 车间	工具	办公工作台干净	桌面摆放凌乱	桌面干净、物品整齐、椅子在桌子底下	岗位标识清晰、桌面物品有形迹管理	桌面仅摆放当日使用物品、抽屉有形迹管理	
5-5-06	SMT 车间	工具	计算机干净整洁	计算机凌乱，布满灰尘	显示屏、键盘干净无灰尘	电线整齐无落地	机箱内部干净	
5-5-06	SMT 车间	工具	治具架管理良好	治具摆放凌乱，功能不明	治具完好，编号标识清晰，摆放整齐	治具及治具架里外干净整洁	按储位分布图存放，能按储位查找	
5-5-06	SMT 车间	门窗	窗台干净明亮	破损脏污，无杂物	完好，窗面干净、无杂物	窗台窗面干净、无灰尘	玻璃里外光洁、无灰，透亮、无印痕	
5-5-06	SMT 车间	门窗	门窗完好干净	破损脏污，随意开启	完好，表面干净，无障碍开启	编号、状态、开关方向等标识清晰	包括顶端端干净无灰尘	
5-5-06	SMT 车间	设备	控制柜／配电箱完好	破损脏污	正常使用无噪声，周边干净	标识清晰，开关状态明确，四周／顶部干净	点检记录完好，电箱内部防潮，滤网干净	
5-5-06	SMT 车间	生产线	SOP 管理	没有悬挂 SOP	最新版 SOP，更新履历清晰	SOP 与现场实际作业一致	有明确管理者每小时工作	

13.3.3　注意事项

1）很多公司 6S 不能持续，最基本的原因是主体弄错了，干部们把 6S 推动人员当成主体，高兴的时候配合一下，不高兴的时候就不配合，其实真正的主体是各个部门（现场）的负责人，要通过文件的形式把主体明确下来。

2）很多公司无论是车间，还是仓库都有大量的库存，在这种情况下，整理整顿非常困难，改善效果难维持，建议的思路是先降低库存，库存少了，整理整顿就容易了。

3）6S 与其他工作分家，比如 6S 由车间副主任负责，车间主任负责生产和质量，车间主任不认为 6S 是他工作的一部分，见到现场摆放不合规也不过问，员工会认为，领导都视而不见，说明公司没有那么重视，一边在口头上强调 6S 的重要性，一边用行为不断暗示 6S 不重要。

4）破窗原理告诉我们，一扇窗子破了如果不及时修补，就会越来越破。一面洁白的墙壁被涂污了一小块，如果不及时制止，就会有越来越多的人乱涂乱画。车间发生了不遵守 6S 标准的问题点，一定要及时制止，并按规章制度处理。不要一忙起来就不管了，领导不能坚持，就不要期望员工能坚持。

5）很多公司人员流动大，培训跟不上，十年树木，百年树人，提高员工素质不是一朝一夕的事情，企业家要有家国情怀，认识到即使员工离开了，也是为社会做贡献，就会愿意在员工身上投入成本了。

13.4　目视化的要点

13.4.1　目视化的意义

所谓目视化管理是用直观的方法揭示管理状况和作业方法，让全部员工一看就明白的一种管理方式。人类大脑获得的信息 80% 来自视觉，要借助眼睛观察出异常所在。要使工作场所中发生的问题点、异常、浪费等一目了然，塑造一目了然的场所。具体来讲要达到以下要点：

1）想要管理的地方一目了然。

2）易知正常与否，且谁都能指出。

3）从远处就能辨认出正常与否。

4）任何人都容易遵守，更容易修正。

5）有助于把作业场所变得更明亮、整洁；有助于保持安全、愉快的环境。

6）营造员工与顾客满意的场所。

13.4.2 目视化实施的原则

1）视觉化 将标示、标识进行色彩管理，利用不同颜色对人的视觉和心理的差异，对管理对象加以识别和区分。比如车间不同区域可以用不同颜色表示，不良品区、消防设备放置区一般用红色表示；作业区、库存缓冲区一般用黄色表示；合格品、作业区、安全通道一般用绿色表示。

2）透明化 将需要看到的被遮住的地方显露出来。比如机器故障，停止工作，不容易被发现，可以用一个风车挂在电动机的排气口，风车不转就立即暴露问题。再比如，车间产量每两个小时在看板上展示，很容易能判断生产是否出现异常。

3）标准化 标明正常与异常的定量管理界限，使之一目了然。比如物料的限高标识，超过限高，就说明物料超标了。再比如，质量的推移图，合格率低于某个确定的标准就可判定为不合格。

13.4.3 目视化的三层境界

（1）第一层境界 有物必有区、有区必挂牌、有牌必分类、有账必一致。这里重点强调现场的区域划分、物料分类、标识清楚，以及厂区车间通道、线条的类型、宽度、颜色等的配置，如图 13-9 所示。

图 13-9 分类摆放、标识清楚

（2）第二层境界 信息共有化、要求精准化、问题显现化、改善明晰化。信息共有化是指产品、工艺流程、车间负责人、规章制度都能通过看板展示出来，一看便知。要求精准化是指把作业指导书、点检标准清楚明白地展示在现场。问题显现化是指把不良品照片、6S 不符合项展示出来，也就是通过目视化暴露问题。改善明晰化是指要把改善的进程、改善的成果展示出来。目视化管理看板举例如图 13-10 所示。

图 13-10　目视化管理看板举例

（3）第三层境界　一目了然、一见钟情、一步惊心、一触即发。一目了然是指对现场的各类信息一看就清楚，一见钟情是指客户和员工喜欢这样的工厂环境。一步惊心是指人们看到后不敢违反规定。一触即发是指人们看到后产生改善的想法与冲动。很多世界级工厂都会达到这样的水平。要想达到上述境界，首先车间要做高质量的地坪，对于一些重型设备车间，要做金刚砂地坪，金刚砂有不同的强度等级水平。地面质量差，现场不会有很好的效果。一些软包装、包材的残留物要由供应商处理干净，不要进入车间。其次是敢于应用色彩，注重美学设计，适当投资，提升看板等材质的质感。车间可以放置一些绿色植物，提高生活气息，放一些数字化大屏提升现代气息。再有就是在细节的设计上独具匠心，要做到系统、完整、有层次感、有条理性。某精益道场效果展示如图 13-11 所示。

图 13-11　某精益道场效果展示

13.5　6S 及目视化标准建立

6S 的根本目的就是训练员工遵守规章制度，按标准做事，所以在整个改善推动过程中要部署标准，以便员工清楚工作的要求，同时也是检查的依据。

13.5.1　标准的类型

标准的类型可以分为两种，一种是通用标准，比如装配车间有十条生产线，各线的 6S 和目视化的要求大同小异，这十条生产线用相同的标准就可以；另一种是局部标准，比如生产线共用的备料区、车间统一的工装放置区、设备维修区，这些区域的特点是独立的，需要配置局部标准。

在标准的呈现上也有两种形式，一种是图文并茂的形式，另外一种是纯文字形式。图文并茂的形式表达更清楚、更生动、更容易掌握，但是制作工作量大，需要时间。纯文字形式可以快速完成，尤其在改善初期，将一些非常明确的要求形成文字，快速落实下去，也是非常必要的，后面再逐步转化成图文并茂的形式。

6S 图文并茂标准举例如图 13-12 所示。6S 纯文字标准举例如图 13-13 所示。

项目	标准图片	序号	标准说明
总装车间PE房		1	窗帘拉下，工作区域光线符合要求，工作台面保持"整洁、干净"
		2	当前所需工具或设备使用后"归位摆放"
		3	当前所需物料"分类放置"在物料盒内
		4	仪器设备按点检表点检记录，保持"干净、整齐"
		5	归属区域地面保持干净，无杂物
		6	暂时不使用的物件/设备/工具或垃圾要及时"清理"
		7	不使用临时插座，工作台面的电线扎紧"不乱拉"
		8	下班后"关闭"所有的仪器和设备电源
		9	遵守员工守则，统一着装标准，按 SOP 作业
		10	
		页数：11/14	版本：1/0

图 13-12　6S 图文并茂标准举例

> 1. 通道线、普通的区域线用黄色；不良品、报废品、危险品用红色；清扫工具和垃圾箱用白色。配电柜、消火栓用黄黑斑马线，区域线为 50mm 宽，通道线视车间大小可选择 50mm 或 100mm 宽。
> 2. 放置物料的区域距离墙面 10cm，用黄线隔离，以保护墙面。
> 3. 地面胶带、油漆线要保持清晰，不能有明显的破损、脏污。原则上，地面胶带每个月底维护一次，油漆线每半年维护一次（6 月、12 月）。
> 4. 地面无赃物、无油污、无垃圾、无掉落的产品以及工具；工作区域或机台平时要保持清洁，工作现场每天要进行打扫；每周三、周六，所有机台、楼梯、车间空地和车间管理的卫生区彻底大扫除一次。
> 5. 所有物品要分类摆放，不属于一类的物品不能放置在一个区域。

图 13-13 6S 纯文字标准举例

13.5.2　标准的部署

标准的部署一般有两种方式，一种方式是先制定标准，比如哪些物品可以放在工作台上，哪些可以放在车间，哪些可以放在窗台上；现场的清扫要做到什么标准；定位要采用什么形式，标识卡用什么形式。把标准制定出来，现场按标准执行就可以了。这种方式要求制定者对标准有清醒的认知，标准的要求应该是可行的、实用的。

另一种方式是把问题点找出来，要求现场不断进行整改，整改到一定程度，大家认为做到这个水平满足当前的要求了，这个时候把现场的状态用文字和图像的形式记录下来，就形成标准。

在实务中，这两种方式结合起来应用会更好，有非常明确的要求时，先定标准，比如现场划线的标准、看板的风格等；有些要求不是很明确时，可以先做改善，再定标准。

13.5.3　标准的要点

1）标准的覆盖要系统、全面。比如厂区、办公室、车间的标识、车间设备、车间工具、车间看板、物料、安全规范、生产细节的目视化等，都要有标准。

2）文字描述要明确、严谨，要注重细节，越重要的要求，越要放在前面。正向描述不够清晰，也可以从反面来表达，正向表达是应该怎么做，反向表达是不应该做什么。比如说工具不能放在红色盒子里。再比如说，车间的一些气管、电线、网线要扎起来，扎完之后，扎线多余的部分要剪掉，要涵盖到这些细节。

3）图片要清晰，必要时可以从不同角度拍摄，用几张照片来表达正确的状态。有时候为了更直观，可以用改善前后的照片进行对比，这样车间员工就很容易掌握什么是对的，什么是错的。

思考题

1. 谈谈你对 6S 的理解。
2. 如何做好车间的目视化？
3. 结合公司的情况，策划一些 6S 竞赛活动。

第14章 设备作业型工序的精益改善

14.1 设备型生产的特点

设备型生产的特点是工厂的产能主要依赖设备，人在这个过程中的作用主要是操作设备，不是以人的体力进行产品的加工作业，设备的运作可以是全自动或半自动的，生产管理偏重在设备及模具的技术管理方面。另外设备型生产所用的设备通常比人工作业所用的设备大，如注塑机、压铸机、CNC（计算机数字控制）加工中心、自动冲压机、SMT贴片机等。

14.2 TPM设备维保改善

14.2.1 TPM的含义

TPM（Total Productive Maintenance）意为全员生产性保全或全员设备保养。它是指以最有效的设备利用为目标，以自主的小组活动来推行生产维修，使损失最小化，效益最大化的活动。

TPM中的T有三层含义：全员，由设备的采购、管理、操作使用、维修、报废、安全等所有相关人员，从最高经营管理者到第一线作业人员全体参与；全系统，以维修预防、预防维修、改善维修和事后维修综合构成设备全系统管理的运行体制；全效率，以追求零浪费、零故障、零不良、零事故为目标。如图14-1所示，彻底的5S是做好TPM的基础。

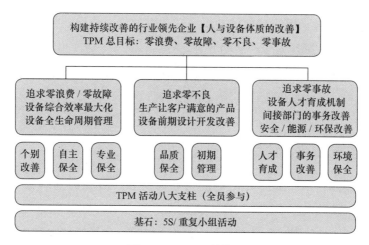

图 14-1　TPM 的体系

14.2.2　TPM 八大支柱

（1）个别改善　也称焦点改善，为追求设备效率最大化的极限，最大程度地发挥设备的性能和机能，就要消除影响设备效率化的损耗，我们把消除引起设备综合效率下降的 4M1E 的损耗的具体活动称为个别改善。

（2）自主保全　自主保全活动就是以车间为主体，以操作人员为主，对设备和装置依据特定的标准，通过一定的教育训练，使之自主开展清扫、加油、紧固、调整等设备保全活动，并且能对简单的故障做简单的修理和改善。

（3）专业保全　也称为计划保全，是以专业维修人员为主，对设备和工装依据特定的针对性计划，凭借专业技术和工具，对设备进行保养、检查、更换、校准、复原、改善等一系列活动。

（4）品质保全　控制生产制造过程的诸多条件来保证产品质量，建立有效的质量保证体系。

（5）初期管理　是指对设备设计之初和产品在投入使用或量产前为了确保设备的性能稳定，使产品在批量生产中不出现不良品，而做的前期防范性工作的总称。

（6）人才育成　通过 TPM 重点活动实施设备运转、保全技能的提升训练，根据其他支柱所需的要求和被教育者的知识、能力、个性、岗位等方面进行针对性训练，培养出所期望的人才。

（7）事务改善　指间接部门的事务性效率改善。消除各类管理损耗、提高效率、改进系统，更好为生产活动服务。

（8）环境保全　消除危险作业、困难作业，消除任何可能引发灾害的隐患，创造适合人与设备的良好工作环境，节能降耗，资源再生，保护环境。

14.2.3　TPM 活动方针与目标

TPM 活动的方针是 TPM 活动的指导性纲领，对应的基本目标就是 OEE 的提升。要提升 OEE，有很多具体的工作，对应着一些过程指标。其中反映 TPM 活动效果的指标除了 OEE 之外，还有 MTBF（平均设备故障间隔时间）、MTTR（平均设备维修时间）等，如图 14-2 所示。

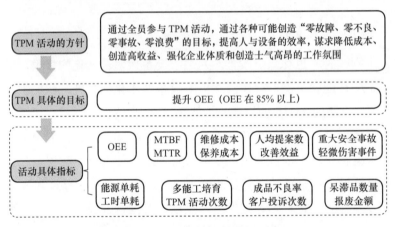

图 14-2　TPM 的方针－目标－指标

14.2.4　全生命周期任务展开及分工

TPM 全生命周期任务展开，涵盖设备处理的规划管理、设备使用管理、设备日常保养管理、设备定期保养管理、设备故障维修管理、备品管理、设备技改管理、设备变更管理、设备能源管理、设备报废管理、设备信息化管理、设备绩效管理、设备安全管理。任务可以细化展开，并确定由哪个部门主责，如表 14-1 所示。由于篇幅所限，表 14-1 中只介绍了部分内容。

表 14-1　TPM 任务展开表举例

TPM 全生命周期任务展开及分工表　主责 ●　协助 ○

基本目的	通过良好的设备规划与预防保养的进行，提升设备运转效率，降低损失及能源成本								
主要任务	任务展开	重点输出资料	本期TPM	生产部门					装备
				原料	精馏	成品	环保	其他	
设备日常保养管理	设备 TPM 活动的开展及维持	TPM 活动评分表	√	●	●	●	●		●
	设备日常点检 / 保养的执行	点检表	√	●	●	●	●		●
	设备点检异常无法排除的反馈作业	异常反馈记录（检修卡）	√	●	●	●	●		●
	重点设备日常巡检作业的记录（特种、AB 类）	巡检记录表（重点设备与重大危险源合并）		●	●	●	●		●
设备定期保养管理	年度 / 季度 / 月度定期保养计划的拟订	定期保养计划表		○	○	○	○		●
	定期保养计划的执行作业	保养内容记录		○	○	○	○		●
	设备委外保养的主办作业	外协保养内容记录		○	○	○	○		●
	定期保养记录	定期保养计划完成率		○	○	○	○		●
设备故障维修管理	设备故障维修需求提出	异常反馈流程		●	●	●	●		●
	设备故障维修作业	故障维修记录		○	○	○	○		●
	设备故障检修记录	故障维修记录	√	○	○	○	○		●
	设备故障统计及原因分析	故障分析表	√	○	○	○	○		●
	设备改良作业	改良报告	√	○	○	○	○		●

14.2.5　自主保全

自主保全指每个操作者以"自己用的设备自己维护"为目的，致力于进行自己设备的日常点检、给油、锁紧、异常的发现与恢复、简单更换与修理等工作。简单地讲就是操作员根据自己制定的基准进行设备的维护、管理的活动。传统的认知认为设备的保全应由设备维修部门负责，操作部门只负责操作。正是这种认知造成了设备效率不能发挥到最高。

自主保全通过八个步骤的训练，使设备操作者养成"自己用的设备自己维护"的观念，让操作者掌握必要的技能，自己制定基准并有效执行。

步骤 1：整理 / 整顿　区分必要的和不必要的，只保留必要的，做好三定管理，以保证快速找到需要的，对相关的问题点进行改善。步骤 1 属于 5S 的范畴，对 TPM 非常重要。

步骤 2：设备初期清扫　通过清扫发现问题点并进行复原改善，对设备基本条件（润滑、注油、油量表、连接状态等）进行整备。

步骤 3：发生源、困难地点对策制定　清扫困难地点根本改善，污染源、发生源的去除。针对现场的污染源、困难源、危险源进行现场记录并组织团队分析原因制定整改对策，列出整改计划并确定责任人实施整改。制作改善前后对比总结报告。从根本上解决点检困难的问题，使员工更方便进行日常设备点检及维护，最终减少设备故障。设备三源查找整改报告书如图 14-3 所示。

设备三源查找整改报告书			检查日期	
			检查人员	
			被检查部门 / 责任人	
序号	地点 / 位置（工序）	问题图例	存在问题	谁来整改	解决方案
1	后侧		漏油	设备部	修理
2	右侧		漏油	设备部	修理
3	左侧		漏油	设备部	修理
4	前端		漏油	设备部	修理

图 14-3　设备三源查找整改报告书

步骤 4：清扫、注油基准书的制定　清扫、注油基准的制定及注油困难地点的改善，学习正确的注油技能，并在此基础上开展日常点检。设备日常点检表举例如表 14-2 所示。

文件编号：

表 14-2　设备日常点检表举例

设备点检及日常保养记录表

设备名称	氩弧焊机	设备编号		设备型号		制造厂商		编号	

年　　月

检查内容	周期	点检日期																															
		01	02	03	04	05	06	07	08	09	10	11	12	13	14	15	16	17	18	19	20	21	22	23	24	25	26	27	28	29	30	31	/
1. 打扫机台卫生，保持机器干净、清洁	日																																
2. 检查开关、按钮是否正常	日																																
3. 检查电动机接线、电器装置是否良好	日																																
4. 检查冷却水温、水位是否符合要求	日																																
5. 稳压电源状态是否正常	日																																
6. 气管管路是否有漏气现象	日																																
7. 检查散热风扇是否正常	日																																
设备开动时间																																	
点检人员签名																																	
主管确认签名	周																																

记号栏　　√：正常　　△：简单调整　　×：需要修理，但不需要停机　　○：需要紧急修理　　◎：需由制造厂修理

247

步骤 5：设备总点检　设备点检及点检技能的学习，清扫、注油、点检技术的统合及点检困难地点的改善。具体包括：

1）根据设备的工作原理、结构、运行机制对班组长及操作工进行培训。

2）班组记录好设备发生故障的次数、故障问题、故障原因及整改措施，并每月分析设备 MTBF 指标。

3）针对常见故障部位，专业技术人员组织员工进行设备复原活动。

4）针对常见故障发生点增加日常维护保养项，针对不经常发生故障点，减少日常维护保养项或点检频次。自主化点检循环流程如图 14-4 所示。

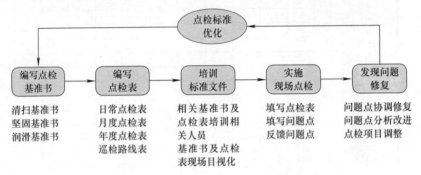

图 14-4　自主化点检循环流程

步骤 6：自主点检　将步骤 5 展开及标准化，设备点检技能的完整体会（学习），设备影响品质的原因发掘及复原。

步骤 7：品质保全　制定不发生故障和不良的基准，实现品质保全基准的标准化、系统化，以及运转员的准专业化（日常点检及补修）。

步骤 8：自主管理　现工程 / 设备状态的维持，维持基准的改善及标准化。培养一线设备操作人员主动发现问题、解决问题，同时对自身设备标准进行修订优化，自己管理自己，进而达到会操作、会保养、会检查、会排除一般故障的四会设备操作人员。

14.2.6　专业保全

专业保全活动是以专业维护人员为主，对设备和工装依据特定的针对性计划，凭借专业技术和工具，对设备进行保养、检查、更换、校准、恢复、改善等一系列活动。建立设备预防性维护体系，在故障出现之前就将影响故障的因素予以消除。

专业保全分类如图 14-5 所示，其中改善维修是为提高设备性能或寿命进行的维修工作。预知性维修是通过给设备加装传感器等手段预先知道设备即将出现故障，提前进行的维修工作。通过专业保全获得设备的高可靠性，使设备随时都能发挥应有的效能，把对生产率和质量产生的不利影响压缩到最低限度。"消灭"事后修理，以最大限度减少维修成本浪费的发生，并使设备停产损失为"零"。

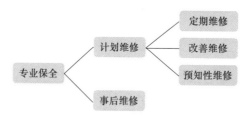

图 14-5 专业保全的分类

专业保全一般采用 PM 分析法，即 Phenomenon（现象）- Mechanism（机理）分析法，如图 14-6 所示。首先要掌握设备的结构和工作原理，这是进行系统分析的基础。其次是明确设备或系统各个关键部位的故障类型，也就是现象掌握。再次是对每个故障点进行机理分析，一层一层地将问题展开，如表 14-3 所示。最后是针对根因明确改善措施。PM 分析需要对设备原理非常清楚，适合专业人员使用。

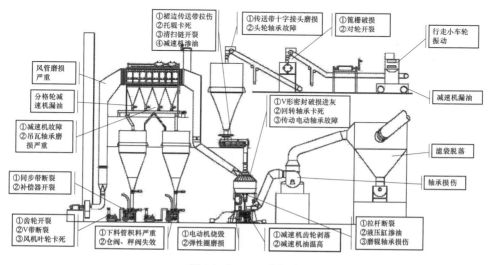

图 14-6 PM 分析法

表14-3 故障分析举例

设备名称：离心泵　　　　　设备位号：P-A219a/b/c/d/e/f　　　　　车间/班组：成品车间

问题点	现象	1W	2W	3W	4W	5W	改善措施
机封漏液	漏液	动静环密封不良	静环磨损	弹簧压缩量过大或过小	弹簧压缩量调整不符合标准	安装时未校准检测弹簧压缩量	1）依弹簧规格选定弹簧压缩量标准值 2）规范安装返修流程，注明安装好弹簧时必须测量弹簧压缩量 3）将测量弹簧压缩量方法形成OPL（一点课），培训机修员
		动静环密封不良	静环磨损	运转负荷大	配料关阀时，离心泵未停机		配料完成后，关阀的同时，把离心泵也关闭
		静环与压盖密封不良	静环抽出	缺液、抽空	罐的液位低	合成釜间隔式供液	计算机观察到母液液位低于20%时停止泵运转
		静环与压盖密封不良	静环抽出	缺液、抽空	过滤器堵塞	母液有颗粒杂质	压力不稳定时清洗过滤器
		动环与弹簧座密封不良	密封圈硬化	"○"形密封圈库存期过长，超过有效期			规范备品备件储存要求及库存量标准
		动环与弹簧座密封不良	"○"形密封圈压断	"○"形密封圈没装好	"○"形密封圈尺寸不合格		"○"形密封圈尺寸来料抽检，领取物料时检测尺寸
		动环与弹簧座密封不良	密封圈硬化	"○"形密封圈材质不良			

14.3 设备快速维修改善

虽然有事前对设备进行点检及维护，但设备故障的发生是避免不了的，如果无法快速解决设备故障，停机时间所造成的损失会不断加大。

维修效率低通常表现如下：

1）出现故障时，作业员不能及时通知相关人员进行处理。

2）无法快速找到维修人员，或者维修人员不能及时到岗。

3）维修人员不能快速维修好设备。

4）设备的故障重发频率较大。

14.3.1 快速维修反应——安灯系统

安灯系统是响应问题的机制，当生产系统发生异常时，比如说出现设备故障需要维修，作业员按对应面板上的按钮，呼叫信号就会发出，一种方式是显示在车间或办公人员的数字化屏幕上，让管理人员都能看到车间在呼叫。另一种方式通过手机或腕表直接呼叫对应的维修人员，维修人员接到信息后，立即赶到现场，并通过系统进行签到，开启维修作业。维修人员响应呼叫的时间和维修的时间都可以被记录下来，作为快速响应的绩效指标。安灯系统有不同的类型，可以根据需要和投资情况进行选择，安灯系统的分类有以下几种：

（1）硬件式安灯 传统的安灯系统是加装一些报警装置起到呼叫的作用，比如声光报警器、LED 显示屏等。安灯 LED 显示屏如图 14-7 所示。

图 14-7 安灯 LED 显示屏

（2）软件式安灯 有些工厂信息化水平高，车间现场配备了计算机，通过软件把求助信息显示在车间大屏上。触发呼叫、签到响应和解除都是通过软件进行的，软件可以对过程中的时间进行记录，并进行分析。

（3）硬件＋软件安灯 报警信号的触发是通过硬件进行的，后面的响应过程是由软件完成的，异常处理后，维修人员可以登录软件，提交异常处理报告等，通过详细的记录，为追溯统计提供更详细的资料。

（4）自动触发的安灯系统 上述三类是人工触发异常处理机制，还可以通过设备状态监控实现自动触发。异常状态如果持续到指定的时间，系统就会自动触发报警机制，把异常信息传递到车间广播系统、电子看板或呼叫相关人员。安灯呼叫机制如图 14-8 所示。

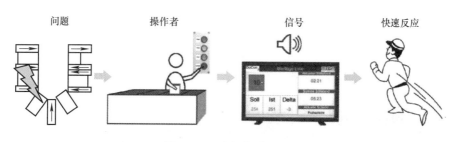

图 14-8 安灯呼叫机制

14.3.2 多级报警机制

异常发生会触发异常通知，如果一级责任人没有按时赶到现场进行签到，系统会呼叫二级责任人，如果二级责任人没有按时赶到现场进行签到，系统会依次呼叫三级、四级责任人，责任人赶到现场，按控制按钮进行签到，并开始维修作业。如果维修人员没有在规定时间内完成维修工作，系统也会依次呼叫二级、三级、四级责任人解决问题，直到异常解决，进行登记，流程结束。要对设备维修反应时间和维修时间进行检讨，持续改善，缩短时间。另外，如果投入的设备保养时间增加，正常来讲，异常发生的次数应该降低才对，否则就说明保养的过程有问题，效果不明显，需要检讨。多级报警流程如图14-9所示。

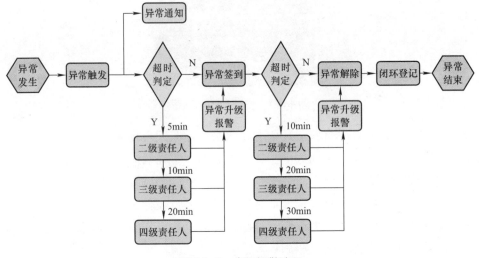

图14-9 多级报警流程

14.4 设备快速换模改善

当前的市场环境已趋向多品种、小批量、定制化的生产模式。在生产过程中，当更换品种时，就必然要更换模具，这个时间越长，产出损失越大。也有很多企业因为换模时间长，不愿意换线，从而影响交付或生产大量库存。

14.4.1 换模时间的定义和构成

换模时间是指介于一个生产作业的最后一件合格品和下一个生产作业的首

件合格品之间的时间。换模时间主要由 4 部分组成，如图 14-10 所示。

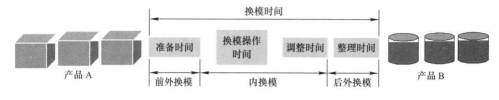

图 14-10　换模时间构成

（1）准备时间　换模之前准备模具、工具等的时间。

（2）换模操作时间　更换模具的时间。

（3）调整时间　换好模具后，调整到可以生产出合格品的时间。

（4）整理时间　整理现场，把模具归位的时间。

换模时间长主要有两个方面的原因，一是混淆了内部和外部的切换作业，内部作业指必须在机台停机时进行的作业，外部作业是可以在机台开机时进行的作业，很多作业是可以在机台开机时进行的，事实上却在停机时进行；二是换模工作没有进行优化，没有制定合理的标准——谁做，何时做，做什么，没有进行平行作业——2 人以上同时作业，工具、工装、配件远离机台，难以取到，很多配件需要装配，有的装配比较困难，此外参数设置也需要调整。

14.4.2　换模主要步骤

如果对换模过程进行拆解，可以分成以下步骤，如图 14-11 所示。

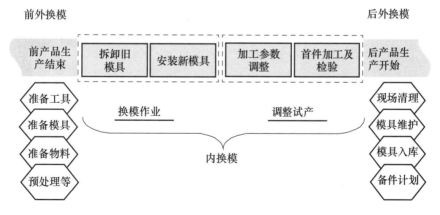

图 14-11　换模主要步骤

（1）前外换模　就是前面的产品做完了，要做的准备工作：包括准备工具、准备模具、准备物料、预处理等。

（2）内换模　包括换模作业和调整试产，换模作业包括拆卸旧模具、安装新模具；调整试产包括加工参数调整、首件加工及检验。

（3）后外换模　首件确认后，开始生产。这个时候可以进行现场清理、模具维护、模具入库、备件计划等工作。

14.4.3　快速换模的原则

（1）换模 4 原则　主要包括以下内容。

1）严格区分内部作业和外部作业。

2）将内部作业尽可能转换成外部作业。

3）排除一切调整过程，缩短内部作业时间。

4）完全取消作业转换过程，实现一触即发的换模。

（2）换模 5 法则　主要包括以下内容。

1）事前做好准备。

2）多人分工并行作业。

3）快速定位、紧固。

4）设置防错装置。

5）消除调整时间。

表 14-4 是某注塑设备换模作业流程分析改善表，采用流程程序分析，找出换模过程中的浪费，消除无效劳动。最后换模时间缩短 38%，内部作业时间缩短 63%。限于篇幅所限，只截取了案例中间的部分工序。

表 14-4　某注塑设备换模作业流程分析改善表

现行过程

作业车间：注塑车间　　作业类别：卧式注塑机与立式转盘机组换模过程（2.5 个模具）

步骤	作业内容	活动类型（操作 移动 等待 确认 检验）	操作/s	移动/s	等待/s	检验/s	移动距离/m	移动方式	改善要点（剔除 合并 重排 简化）	改善方法
…										
17	将模具放至地上	操作	80							引入电葫芦，代替人工滑轮
18	找叉车	等待			21				剔除	
19	将模具叉入模具放置区	移动		112			30	步行	合并	提前准备
20	用气枪吹掉模具内的水分	操作	16						重排	转移到列外部操作
21	取新模具并移动到机台边	移动	38	136					重排	
22	放置地上并更换吊环	操作	35				35	步行	重排	
23	寻找并更换吊环									
24									合并	提前准备
25	将模具吊至机台内	操作	247						简化	引入电葫芦，代替人工滑轮
26	安装定位杆	操作	52							
27	移动模具并锁模	操作	51							
28	拆调整原码铁螺钉位置	操作	68							
29	找纸张	移动		53					剔除	提前准备
30	调整模具对准注嘴	操作	168							
31	上定位杆螺钉	操作	73							
32	锁正面码铁	操作	97							
33	拆下吊环并移开吊车	操作	47							
34	锁紧背面码铁	操作	97							
35	接入水路	操作	108						简化	使用快速接头
36	移回机械手	操作	37							
37	调整模具试验开合模	操作	66							
38	找抹布	移动		33					剔除	提前准备
39	清理模具油污	操作	61							
…	合计/min									107.6

改善过程

测量日期：　　　　分析人：张三　　2018/7/6

步骤	作业内容	活动类型（操作 移动 等待 检验）	操作/s	移动/s	等待/s	检验/s	移动距离/m	移动方式	备注
…									
17	将模具放至架子上	操作	60						
18	将模具吊至机台内	操作	120						
19	安装定位杆	操作	52						
20	移动模具并锁模	操作	51						
21	拆调整原码铁螺钉位置	操作	68						
22	调整模具对准注嘴	操作	168						
23	上定位杆螺钉	操作	73						
24	锁正面码铁	操作	97						
25	拆下吊环并移开吊车	操作	47						
26	锁紧背面码铁	操作	97						
27	接回水路	操作	30						
28	移回机械手	操作	37						
29	调模具试验开合模	操作	66						
30	清理模具油污	操作	61						
31	消除料管、调整工艺参数，调整模具	操作	357						
32	立式转盘机停机开模	操作	39						
33	两个模具喷防锈油	操作	42						
34	拆水路	操作	30						
35	拆卸两个模具转子	操作	292						
36	将一个模具转至转盘机上	操作	124						
37	调整模具对准注嘴	操作	168						
38	锁上模	操作	138						
39	调整模具下模位置	操作	95						
…	合计/min								77.8

14.4.4 改善流程

（1）现状测量——准备工作 主要包括以下内容。

1）各种型号产品换模的平均时间是多少。

2）现在的换模作业步骤和时间是多少。

3）换模的频率是多少。

4）换模过程中需要哪些人参与。

5）换模前后的产品型号分别是哪个型号。

6）不同型号模具换模的时间是多少。

7）现场观察换模过程并将所有的步骤记录在观测表上。

（2）现状测量——现场录像及换模作业流程分解 对换模的全过程录像，中间不要停顿，以便能用录像分析各步骤的时间。注意换模人员的手、眼、身体运动。在会议室回放录像内容并用秒表记录各活动的时间。

（3）现状测量——换模人员作业线路分析 通过分析换模人员作业过程中的行走路线以及花费时间，可以识别过程中的浪费。如图 14-12 所示，通过分析和记录整个过程，会发现行走路线很长，有很大的浪费，通过作业分工、布局的改善可以大幅度地减少移动距离，减少换模时间。

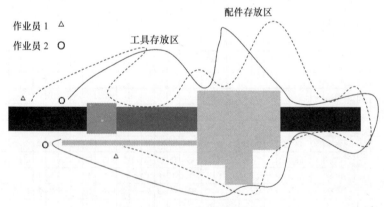

图 14-12 行走路线图分析

（4）分离内部和外部作业 将机台开机时就能做的工作与必须停机后才能做的工作分开。停机后做的工作占用机器工作的时间，所以希望将停机后做的工作减少或移到停机之前来做。停机后发生的浪费如下：

1）停机后才将模具或工具等移至机台。

2）在换模时才发现工具或模具缺陷。

3）在换模的过程中更换或维修配件。

4）在模具安装好后才发现模具的缺陷。

5）在换模过程中到处找配件、螺钉、材料等。

6）没有合适的升降设备、作业标准等。

（5）IE 工程师、换模人员及必要管理人员，开会研讨　主要包括以下内容。

1）针对流程过程中的内、外部时间进行区隔。

2）针对流程中的等待进行取消讨论。

3）针对可以通过方法加快速度的内部作业进行讨论。

4）讨论后的内容形成书面结论。

表 14-5 左边部分是分解后的作业流程说明、换模人员、起止时间。改善建议包括取消作业、提前准备等。

表 14-5　换模改善建议实例

换模基本资料：　　　　　　　　　　　　　　　　　　　分析人：

部门别：塑胶科　　　机台号：9#　　　吨数：320t　　　模具型号：029 支撑面板

步骤	作业流程说明	换模人员			过程耗时 /min				备注	改善建议
		A员	B员	C员	起	止	A员	B员		
1	关闭机器									
2	洗料管	√				0:04:38	0:04:38		2/3 同步	
3	加原料		√		0:01:51	0:02:16		0:00:25	2/3 同步	可同步进行
4	关闭中子液压缸	√			0:04:38	0:05:14	0:00:36		4/5/6 同步	
5	拆水管	√	√		0:05:14	0:07:55	0:01:41	0:02:41	4/5/6 同步	
6	寻找水管、油管工具	√			0:06:55	0:07:40	0:00:45		4/5/6 同步	提前准备好
7	等待		√		0:07:55	0:08:45		0:00:50	7/8 同步	取消
8	下水管油管	√			0:07:40	0:14:03	0:06:23		7/8 同步	
9	等待	√			0:14:03	0:14:38	0:00:35			取消
10	寻找吊环	√			0:14:38	0:17:05	0:02:27			提前准备好
11	准备工具		√		0:14:03	0:14:50		0:00:47		提前准备好
12	天车对位		√		0:14:50	0:15:54		0:01:04		

（续）

步骤	作业流程说明	换模人员			过程耗时 /min				备注	改善建议
		A员	B员	C员	起	止	A员	B员		
13	寻找吊环		√		0:15:54	0:17:05		0:01:11		提前准备好
14	上吊环	√			0:17:05	0:17:45	0:00:40		14/15/16/17/18/19 同步	
15	模具上天车吊钩	√			0:17:45	0:18:12	0:00:27		14/15/16/17/18/19 同步	
16	等待		√		0:17:05	0:18:20		0:01:15	14/15/16/17/18/19 同步	取消
17	整理模具水管	√			0:18:12	0:18:40	0:00:28		14/15/16/17/18/19 同步	
18	松压板螺钉	√	√		0:18:20	0:23:11	0:04:31	0:03:05	14/15/16/17/18/19 同步	
19	等待		√		0:21:25	0:23:25		0:02:00	14/15/16/17/18/19 同步	取消
20	松压板螺钉		√		0:23:25	0:23:40		0:00:15	20/21 同步	
21	等待	√			0:23:11	0:23:40	0:00:29		20/21 同步	取消
22	松开模具		√		0:23:40	0:24:03		0:00:23	22/23/24 同步	
23	拆水嘴	√			0:23:40	0:25:53	0:02:13		22/23/24 同步	
24	换射嘴		√		0:24:03	0:34:06		0:10:03	22/23/24 同步	
25	寻找工具		√		0:34:06	0:34:50		0:00:44	同步作业	提前准备好
26	将模具搬运至模具放置区	√			0:25:53	0:29:45	0:03:52			
27	寻找需换模具	√			0:29:45	0:30:22	0:00:37			提前准备好
28	吊起需换模具	√			0:30:22	0:31:25	0:01:03			
29	将模具搬运至机台	√			0:31:25	0:35:09		0:03:44		
30	封模具进胶口	√			0:35:09	0:36:26	0:01:17			
31	调模具	√			0:35:27	0:36:27	0:01:00			
32	装射嘴发热圈		√		0:34:50	0:43:05		0:08:15		
33	处理旁边机台异常	√			0:36:27	0:37:28	0:01:01			让其他同时准备
34	调模具	√			0:37:28	0:41:20	0:03:52			
35	等待	√			0:41:20	0:41:42	0:00:22			取消
36	寻找工具	√			0:41:42	0:42:34	0:00:52			提前准备好

（续）

步骤	作业流程说明	换模人员			过程耗时 /min				备注	改善建议
		A 员	B 员	C 员	起	止	A 员	B 员		
						作业现状				
37	等待	√			0:42:34	0:43:05	0:00:31			取消
38	将工具收集归位		√		0:43:05	0:44:15		0:01:10		
39	封射嘴	√			0:43:05	0:44:42	0:01:37			
40	等待		√		0:44:15	0:44:42		0:00:27		取消
41	封射嘴		√		0:44:42	0:46:10		0:01:28		
42	等待	√			0:44:42	0:46:50	0:02:08			取消
43	装射嘴防护罩		√		0:46:10	0:46:50		0:00:40		
44	装压板螺钉	√	√		0:46:50	0:54:35	0:07:45	0:06:00	同步作业	
45	松天车吊钩		√		0:52:50	0:53:20		0:00:30		
46	接水管		√		0:53:20	0:54:20		0:01:00		
47	寻找水嘴		√		0:54:20	0:55:57		0:01:37		提前准备好
48	调机	√			0:54:35	0:55:45	0:01:10	0:01:10		
49	等待	√			0:55:45	0:56:12	0:00:27			取消
50	换水嘴		√		0:55:57	0:56:45		0:00:48		
51	整理水管	√	√		0:56:45	1:01:10	0:04:25	0:02:43		
52	设置开机参数		√		0:59:28	1:00:10		0:00:42		
53	调机	√			1:00:10	1:04:00	0:03:50			
54	寻找抹布	√			1:04:00	1:04:22	0:00:22			提前准备好
55	擦拭模具内腔	√			1:04:22	1:04:38	0:00:16			
56	寻找清洗剂	√			1:04:38	1:05:16	0:00:38			提前准备好
57	清洁模具内腔	√			1:05:16	1:06:43	0:01:27			
58	寻找清洗剂	√			1:06:43	1:10:05	0:03:22			提前准备好
59	清洗剂装瓶	√			1:10:05	1:10:36	0:00:31			
60	清洁模具内腔	√			1:10:36	1:12:24	0:01:48			
61	将工具归还	√			1:12:24	1:13:00	0:00:36			
	合计	1	1	0	/	/	1:10:42	0:54:57		
	人员负荷						100%	78%		

（6）找出可多人同步进行的工作　大的机器设备在换模的各步骤间常常需要来回移动，过多的移动浪费了时间和劳动力。仔细分析换模作业人员的移动路线并制定出最合理的作业顺序，发展并执行高效的作业程序，考虑使用一人以上来进行模具、产品品种切换。如图 14-13 所示，原来是一个人作业，因为机器比较庞大，换模过程也比较复杂，所以人员移动的距离很远，通过两个人各自负责一部分工作，每个人遵循一个固定的程序，人员移动的区域比较集中，两人同时作业，缩短了换模时间。对于平行操作要建立信号或通知系统以确保安全。要避免一个人操作机器时，因为信息沟通不畅，对另一个人产生伤害，比如在对方不知情的情况下，启动了机器。

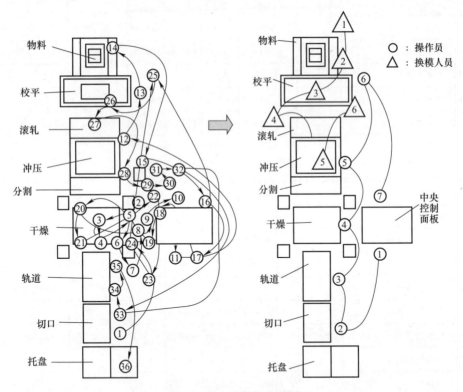

图 14-13　平行作业举例

（7）进一步优化内、外部作业　优化内部作业的方法如图 14-14 所示。优化外部作业包括贮存和运输原材料、部件及工具，不必寻找配件和工具，不会使用错误的配件和工具，不要进行不必要的移动，围绕这些原则进行改善。缩短外部时间改善如图 14-15 所示。

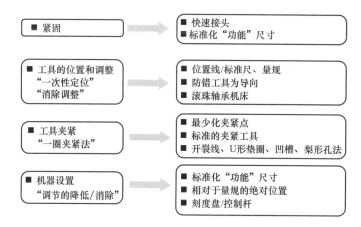

图 14-14 优化内部作业的方法

带有切换配件的可移动小车

带有切换配件的可移动小车

在生产线附近的用配件影像标明的配件板

图 14-15 缩短外部时间改善

（8）督导实施新方案，验证效果，实施标准化　实施前与相关人员沟通新的流程和方法，并进行培训，确保相关人员完全理解和接受新方案。实施过程中找出可能存在的问题并及时完善。跟踪实施新的流程和方法，不断调整，以使流程和方法达到最佳，并做好记录和归档的工作。

14.5 人机作业分析改善

14.5.1 人机作业分析的目的

1）减少人员或机器的闲置、等待，以提高生产率。

2）使机器与人员的作业负荷均等，减少机器等人、人等机器的时间。

3）使人员所负责的机械台数适中。

4）减少机器的数量，确保达成规定生产量。

14.5.2　人机作业分析的记号

人机作业分析需要对作业过程进行分类，人的作业过程包括人单独作业、人机联合作业、人的空闲等待；机器的作业过程包括机器的单独作业，也就是自动作业，人机联合作业或称共同作业，以及机器的空闲等待。为了清楚地区分，人机作业分析用不同记号表示，人机独立作业用双向的斜线，人机联合作业用单向的斜线，空闲时间用空白标识。实务上也可以用其他记号，以方便手工画图为宜。人机作业分析图例如表 14-6 所示。

表 14-6　人机作业分析图例

作业者		机械	
	单独作业		自动作业
	就时间方面来说，是指跟机械以及其他作业者无关的工作，作业者单独作业		机械自动加工与其他作业者无关
	人机联合作业		人机联合作业
	跟机械或者其他作业者一起工作，时间方面会受到任何一方限制的作业		时间受制于程序中的安装、卸除、徒手作业活动的作业
	空闲等待		空闲等待
	由于机械以及其他作业者在工作，最容易引起的等待		等待作业者的配合

14.5.3　人机改善的着眼点

人机改善的着眼点从等待的角度切入，如果人等机器，就要考虑机器怎么提高效率，人是否可以安排其他工作。如果是机器等人，就要考虑如果改善思路是提高作业者效率的，是不是可以把手动作业转化为机器作业。如果人和机器都很忙，没有等待，可以分别提升人和机器的作业效率。人机改善的着眼点具体如表 14-7 所示。

表 14-7　人机改善的着眼点

分析结果	着眼点
作业者在等待的场合	1）自动运转时间的缩短、高速化，以及机械的改善等 2）自己动手的时间的改善，找找看，有没有在自动运转中能够从事的作业
机械在空闲的场合	1）缩短作业者单独作业的时间 2）改善必须动手做的作业，以及徒手作业的自动化
作业者、机械在空闲的场合	1）重新编制作业次序 2）考虑 1～2 项的着眼点
作业者、机械都没有等待以及空闲的场合	改善作业者及机械的作业

14.5.4　人机改善案例

如表 14-8 所示，作业员首先对 A 机器进行零件加工卸装作业，用时 3.0min，A 机器开始加工作业后，作业员走向 B 机器，用时 0.1min，开启 B 机器加工卸装作业，用时 5.0min，B 机器开始加工零件后，作业员又从 B 机器返回 A 机器，开启一个新的循环。这里的机器都是数控设备，机器在加工过程中不需要人员监控。如表 14-9 所示，通过改善，缩短了 B 机器的零件加工装卸时间，由 5.0min 缩短为 3.0min。整个作业周期缩短了 24%，改善前后空闲时间占整个周期时间的百分比发生了明显的变化，人的空闲率为 0，一直处于忙碌状态，A 机器的空闲率由 39% 缩短到 19%，B 机器的空闲率由 9% 提高到 11%，虽然百分比有所增加，但 A 机器和 B 机器总的空闲时间缩短了。

表 14-8　人机作业分析表（改善前）　　　　（单位：min）

时间	作业者		机器			
	甲	时间	A	时间	B	时间
1— 2—	A 机器零件加工卸装	3.0	零件转入机器	3.0	加工	2.4
3—	A-B	0.1			空闲	0.7
4—	B 机器零件加工卸装	5.0	加工	2.0		
5— 6—					更换工程阶段	5.0
7—			空闲	3.2		
8—	B—A	0.1			加工	0.1
周期时间：	8.2	/	8.2	/	8.2	
空闲时间：	0	/	3.2	/	0.7	
空闲率：	0%	/	39%	/	9%	

表 14-9　人机作业分析（改善后）　　　　　　（单位：min）

时间	作业者		机器			
	甲	时间	A	时间	B	时间
1～2	A 机器零件加工卸装	3.0	零件转入机器	3.0	加工	2.4
3	A-B	0.1			空闲	0.7
4	B 机器零件加工卸装	3.0	加工	2.0	更换工程阶段	3.0
5～6			空闲	1.2		
6	B—A	0.1			加工	0.1
周期时间：	6.2	/	6.2	/	6.2	
空闲时间：	0	/	1.2	/	0.7	
空闲率：	0%	/	19%	/	11%	

14.6　设备连线作业改善

14.6.1　设备连线作业的意义

按照精益生产的理念，精益追求的是流动生产，也就是把生产周期压缩到极致。传统生产模式倾向于功能式布局，也就是把相同功能的设备放在同一个区域，不同区域放不同类型的机器。这样机器之间的距离就会比较远，物料从前工序向后工序流转的时候一般都是批量作业，不能实现做一个传一个，另外后面很多台机器都可以加工流转过来的物料，前后不是一对一的关系。功能式布置和流程式布置如图 14-16 所示。精益的思维是希望把设备按工艺流程布置，设备之间尽量靠近，这样的好处是：

1）设备距离近，可以做一个传一个，实现单件流动。

2）工序间在制品生产时间大幅缩短。

3）生产周期大幅度压缩。

4）出现品质问题很容易被发现，损失少。

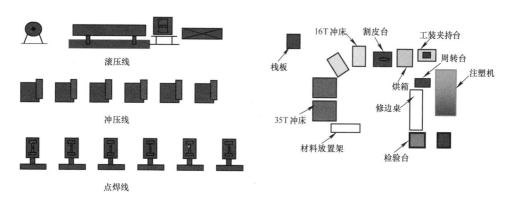

图 14-16　功能式布置和流程式布置

14.6.2　设备连线作业改善方法

对设备进行连线作业，即按流程布置，并不是简单地将设备摆在一起。一般建议按以下流程进行。

（1）选择产品　原来的功能式布置要生产多种产品，连线之后，不同的产品应在不同的生产线上进行生产，通常需要进行产品族划分，将工艺接近的产品部署到一条生产线上。要考虑订单的波动，确定生产线的节拍。

（2）工艺设计　选择基本的工艺和设备，评估换线时间、设备加工时间、人员作业时间以及周期时间。计算设备需求和人力需求，确定加工批量等。

（3）配套设计　包括物料容器的选择和搬运设备的选择，线平衡设计、工序间在制品数量确定、质量保证方法确定、员工技能要求确定与作业分派。

（4）布局设计　识别作业单位、相互关系、各单位的面积、车间的限制条件等。连线作业的生产线形状可以是一字形，也可以是二字形、U 形或其他形式。应考虑工艺流程和车间的实际情况来进行布局图的绘制，如图 14-17 所示。

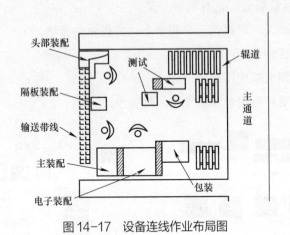

图 14-17　设备连线作业布局图

14.7　设备模具管理改善

模具是制造过程中最重要的生产要素之一。模具管理的好坏直接影响到模具的寿命、生产率和产品的质量，关系到制造成本。良好的模具保养是生产顺利进行的保障。

14.7.1　模具管理

（1）建立模具档案　每套模具入厂后都要建立模具使用记录，包括每天的使用次数。它是模具维护和保养的重要数据。

（2）备件准备　模组从入厂后，其配件要列入模具档案，尤其是易损件，要做好安全库存，避免需要的时候没有。

（3）标记管理　在给模具做台账的同时，要对模具本体进行标记，这样在使用过程中不易用错。

（4）成本与效率管理　比如一些带液压缸的压铸模具，如果配置快速转接头，在更换过程中，一方面可以减少液压油的浪费，另一方面也可以加快装卸模具的时间。

（5）员工培训 要建立模具使用管理规定，并对员工进行系统培训，定期检查执行情况。

（6）模具维护与保养 针对一套模具，一个批次的任务，模具卸下后，对模具进行仔细检查，了解总计生产模次，查看末件产品，了解模具的状态。

14.7.2 模具保养

1）模具人员在维修保养模具的过程中，不允许私自更改模具的尺寸，改变尺寸意味着可能出现批量事故的风险，要养成校正尺寸的好习惯。

2）按照模具保养规定进行保养工作，要建立模具保养的流程及作业标准，禁止不当的保养做法。

3）对于顶针等易损件应进行仔细检查，若有弯曲、破裂等，应及时更换。做好易损件加工数量和更换频率的分析。

4）抛光过程因为局部发热会影响模具的寿命，哪里有问题就抛光哪里，尽量减少抛光造成的损伤。

5）做好模具的保养维修记录，做好模具点检管理工作。

6）台账、图样、档案要做到一致，模具不能拆开存放，长期不用的模具应做好防锈处理。

7）对模具所有的运动部位，结合部位做润滑和防锈处理。要有规范的指导书，要使用规范的润滑剂和防锈剂。

模具保养指导书如表 14-10 所示。

表 14-10 模具保养指导书

注塑	车间	模具维护保养作业指导书				类别：	成型
共1页	第1页					编号：	cx001
序号	等级	检查保养对象	常见问题	对策	责任部门	备注	
1	一级	分型面	有污渍、毛屑、灰尘	用棉布条蘸去渍油擦拭	作业员	日常保养	
2	一级	导向系统	有杂质	擦拭导柱、导套，加润滑油	作业员		
3	一级	滑块	有灰尘、杂质	用棉布条擦拭，加润滑油	作业员		
4	一级	顶出系统	有灰尘、杂质	擦拭干净，加顶针油	作业员		
5	二级	模面、模板	锈迹与脏污	用油石蘸火花油清洗，用棉布擦干	模具组		

（续）

注塑 共1页	车间 第1页	模具维护保养作业指导书			类别： 编号：	成型 cx001
序号	等级	检查保养对象	常见问题	对策	责任部门	备注
6	二级	模芯滑块、导柱等配件	废油与脏污	毛刷蘸去渍油清洗	模具组	
7	二级	弹簧、顶针、限位开关等	烧伤与断裂、卡顿	维修与更换	模具组	
8	二级	……	……	……	……	
				编制	审核	批准

思考题

1. 快速换模有哪些主要步骤？
2. 做好模具管理有哪些注意事项？

第15章 人员作业工序及流水线精益改善

15.1 流水线生产的特点

1914 年，美国福特公司创立了第一条装配流水线，为福特公司创造了巨大效益，流水线极大地提高了生产率。在这之前，采用离散装配的方式装配一个汽车底盘需要 12.5h，改成流水线的方式后，只需要 93min，劳动生产率提高了 8 倍多，流水线因为减少了工序间的在制品，压缩了生产周期，同时因为作业分工，提高了熟练程度，继福特之后整个汽车制造业以及其他行业都引入了装配流水线，并且得到大规模的应用。流水线有如下特点：

1）将工序分解后，分配给多人，依照工艺顺序作业完成的生产线，称为流水线。

2）流水线传递产品可以采用不同的方式，可以由人工直接传递，也可由机械动力传递。

3）流水线的形状不限，可以采用"非"形、"一"形、"U"形等不同的方式体现。

4）流水线的作业方式可以是"坐式"作业，也可能是"站立式"作业。

5）流水线适合的作业形式不限，可以为"装配型"，也可以为"加工型"。

15.2 动作分析与工作站改善

15.2.1 动作分析的目的

动作分析是把整个工序的作业分解成动作要素，同时还必须对身体移动过程中的步行数及部件之间的距离、身体的姿势等进行定量的分析。通过这样的分析可以掌握动作的要领，消除或减少不增值、不合理的动作，提高作业效率和作业者的舒适度。通过动作分析可以掌握身体各部位作业中的动作方法、顺序，明确动作中是否存在不经济、不均衡和不合理现象以及观察身体的整体动作是否平衡。动作分析的质量决定着动作改善的质量。

15.2.2 动作要素分析

动作分析的先驱吉尔布雷斯（Gilbreth）把以手部为中心的作业（包括眼睛的动作）细分为 17 个动作，并用不同的记号表示。他把这些动作称为"动作要素"，简称动素，用它们对动作进行分解，后人称为沙布利克分析。沙布利克分析可以使动作分析变得简单明了，是动作分析的基本工具。这 17 个动素被分为三类：

（1）进行作业时必要的动作　指的是取出作业对象（如零部件、材料等），对其进行加工、装配、检验等作业，以及作业完成后进行必要的整理。

（2）阻碍第一类动作进行的动作　如果工作现场缺乏整理、整顿，材料、工具摆放凌乱，往往需要在工作时花时间进行寻找，这一类动作会使第一类动作变得迟缓。

（3）不是在进行作业的动作　指的是因为各种原因导致动作无法持续进行，处于等待的状态。

动素汇总表如表 15-1 所示。

表 15-1　动素汇总表

类别	序号	名称	文字符号	Therblig 符号		例子：拿起桌子上的铅笔写字
				符号	注释	
第一类	1	伸手（Transport Empty）	TE	⏝	绞盘的形状	伸出的（伸向放铅笔的地方）
	2	握取（Grasp）	G	∩	抓住物品的形状	握住铅笔
	3	移物（Transport Loaded）	TL	◡	在盘里放东西的形状	把铅笔拿过来
	4	放手（Release Load）	RL	◠	把盘翻过来的形状	放下铅笔
	5	定位（Position）	P	9	物品搁在手指尖的形状	把笔尖放在特定的位置上
	6	装配（Assemble）	A	⫢	组合的形状	套上铅笔帽
	7	使用（Use）	U	∪	杯口朝上放置的形状	写字（使用铅笔）
	8	拆卸（Disassemble）	DA	⊦⊦	从组合物上取下一根的形状	摘掉笔帽
第二类	9	寻找（Search）	SH	◯	用眼寻找物品的形状	找一下铅笔在什么地方
	10	选择（Select）	ST	→	指明所选物品的形状	从数支铅笔中选出一支合适的
	11	检查（Inspect）	I	◊	凸透镜的形状	查看一下字写的如何
	12	预定位（Pre-position）	PP	⑁	立着的保龄球的形状	调整握笔的姿势，以便容易书写
	13	计划（Plan）	PN	ⱷ	手托着脑袋思考的形状	考虑写什么样的字

（续）

类别	序号	名称	文字符号	Therblig 符号		例子：拿起桌子上的铅笔写字
				符号	注释	
第三类	14	持住（Hold）	H	∩	物品被磁石吸住的形状	一直拿着铅笔
	15	迟延（Unavoidable Delay）	UD		像人跌倒的形状	因停电而无法写字，手闲着等待
	16	休息（Rest）	R		人坐在椅子上的形状	为恢复体力而休息
	17	故延（Avoidable Delay）	AD		人睡着了的形状	没有写字

15.2.3　动素详解

1. 伸手（Transport Empty，用 TE 表示）

定义：空手移动，伸向目标，又称为运空。

起点：当手开始伸向目的物的瞬间。

终点：当手触及目的物的瞬间。

分析：

1）伸手是指空手。

2）此动素前常接"放手"，后跟"握取"。

3）此动素不能取消，但可缩短距离。

4）移动距离是指动素的实际路径，而非两点间的直线距离。

5）在其他条件不变时，手移动长距离比短距离需要的时间要多。

6）熟练的操作者在重复性工作的持续周期内，手的移动几乎经过完全相同的路线。

7）伸手通常包括下列三种过程：

a）由静止开始，加速到最大。

b）以后即以此速度等速前进。

c）最后减速到完全停止。

8）手移动时，必须以眼引导手，故眼的移动次数及距离长短常对操作有影响。

改善：

1）能否缩短其距离？

2）能否减少其方向的多变，尤其是突变？

3）能否使工具物件移向手边？

4）手移动的种类，按其需时的多少，顺序如下：

a）伸手至一固定位置的物件或地点。

b）伸手至每次位置均略有变动的物件（此时需用眼寻找）。

c）伸手至一堆混杂物中选取，或伸手至甚小的物件。

2. 握取（Grasp，用 G 表示）

定义：利用手指充分控制物体。

起点：当手指或手掌环绕一物体，想要控制该物体的瞬间开始。

终点：当物体已被充分控制的瞬间结束。

注意：当物体已被充分控制后的握取称为持住（即已不是握取了）。

分析：

1）此动素不能取消，只可以改善。

2）此动素的定义着重点在以手指围绕物，如用任何工具夹物，都不能称为握取。

3）握取常发生在"伸手"与"移物"之间，其后常跟"持住"。

改善：

1）是否可一次握取多件或减少握取次数？

2）是否可在容器端开一缺口以便握取。尤其是较小零件，是否可以改善容器的边缘以便握取？

3）工具、物件能否预先放好，以便握取？

4）前一工位的操作者放下工件的位置以及工具等放置的位置，能否使下一位操作者方便握取？

5）是否能用其他工具代替手的握取？

6）工具、物件能否预先放于回转盘内，以便握取？

3. 移物（Transport Loaded，用 TL 表示）

定义：手持物从一处移至另一处的动作称为移物，又称为运实。

起点：手有所负荷并开始向目的地移动的瞬间开始。

终点：有所负荷的手抵达目的地的瞬间结束。

分析：

1）运送的物件可能被手或手指携带，亦可能由一地点滑送、拖送、推送等。

2）此动素所需时间，依其距离、重量及移动种类而定，故可缩短距离、减轻重量及改良移动种类，以达到改善。

3）运实途中常发生"预定位"。

4）此动素前常接"握取"，后跟"定位"及"放手"。

改善：

1）能否减少其重量？

2）是否可应用合适的器具，如容器、盛具、镊子、钳子及夹具等？

3）是否使用身体的合适部位，如手指、手腕、前臂、肩等？

4）能否能用重力来滑运或坠送？

5）搬运设备能否用脚来操纵？

6）是否因物料的搬运或程序的往返，而增加搬运时间？

7）是否可因增加一小工具或将搬运物靠近作用点而取消搬运？

8）搬运方向的突变是否可以取消？各种障碍物能否搬去？

9）常用物料是否已放置于使用点？

10）是否已用合适的手具、小盒子等，且其操作是否按装配顺序排列？

11）是否根据搬运物的重量，使用身体最合适的部位以达到最快的搬运速度？

12）是否有些身体动作可以取消？

13）双手的动作能否同时、对称而又反方向？

14）能否由提送改为滑进？

15）眼的动作能否与手的动作相协调？

4. 放手（Release Load，多用 RL 表示）

定义：从手中放掉东西，称为放手或放开。

起点：手指开始脱离物体的瞬间。

终点：手指完全脱离物体的瞬间。

注意：考虑放手的终点是否为下一动素开始的最佳位置。

分析：

1）此动素为所有动素需要时间最少者。

2）实际测时，此动素常与前一动素合并计时。

改善：

1）能否取消此动素？

2）能否就在工作完成处放手，用坠送法收集物件？

3）能否在运送途中放手？

4）是否必须要极小心的放手？能否避免？

5）容器或盛具是否经过特殊设计，以便能接纳放手后的物件？

6）放手后，手或运送的位置是否对下一动作或下一次移动最为有利？

7）能否一次放手多件物件？

5. 定位（Position，用 P 表示）

定义：将物体放置于所需的正确位置为目的而进行的动作，又称为对准。

起点：开始放置物体至一定方位的瞬间。

终点：物体已被安置于正确方位的瞬间。

分析：

1）此动素前常接"移物"，后常跟"放手"。

2）很多情况此动素常可能发生在"移物"途中。

3）此动素所需时间常按下列情形而定：

a）对称物件，或任何方向均可放置的物件，所需时间最少。

b）半对称物件，即能有数个位置可以放置，所需时间较对称物件多，较不对称物件少。

c）不对称物件，仅有一个位置可以放置，所需时间最多。

改善：

1）是否必须对准？

2）能否用量具来对准？

3）松紧度能否放宽？

4）手臂能否有依靠，能否使手放稳而减少对准的时间？

5）物件的握取是否容易对准？

6）能否利用脚来操作夹具？

6. 装配（Assemble，用 A 表示）

定义：为了两个以上的物件的组合而做的动作。

起点：两个物件开始接触的瞬间。

终点：两个物件完全配合的瞬间。

分析：

1）此动素的改善多于取消。

2）此动素前常接"定位"或"预定位"，后常跟"放手"。

改善：

1）能否用夹具或固定器？

2）能否使用自动设备？

3）能否同时装配数件？

4）工具是否已达最有效的速度？

5）是否可用动力工具，以减少人的装配时间？

7. 使用（Use，用 U 表示）

定义：利用器具或装置所做的动作，称为使用或应用。

起点：开始控制工具进行工作的瞬间。

终点：工具使用完毕的瞬间。

分析：

1）此动素常可获得改善，不但可节省时间，更可节省物料。

2）在某种操作内，常可连续发生多次的"使用"。

3）以手代替工具工作时，亦属于此动素，如用手裁纸，即属于在"使用"手。

改善：

1）能否用夹具或固定器？

2）能否使用自动设备？

3）能否同时使用数件？

4）工具是否已达最有效的速度？

5）是否可用动力工具，以减少人的使用时间？

8. 拆卸（Disassemble，多用 DA 表示）

定义：对两个以上组合的物体做分解动作。

起点：两个物体开始分离的瞬间。

终点：两个物体完全分离的瞬间。

注意：尽量使用工具，以减少时间。

分析：

1）此动素常可获得改善。

2）此动素前常接"握取"，后常跟"移物"或"放手"。

3）此动素所需时间，常与两物件的连接情况及松紧程度有关。

改善：

1）能否用夹具或固定器？

2）能否使用自动设备？

3）能否降低前面装配的松紧度？

4）工具是否已达最有效的速度？

5）是否可用动力工具，以减少人的时间？

9. 寻找（Search，多用 SH 表示）

定义：确定目的物的位置的动作。

起点：眼睛开始致力于寻找的瞬间。

终点：眼睛找到目的物的瞬间。

分析：

1）新手及不熟练者此动素较多，训练有素及工作熟练者，则费时极少。

2）如工具、零件、物料各有定所，工作现场布置合适，则此动素费时极少，且此亦为取消此动素最有效的方法。

3）如能取消此动素为好。

4）操作越复杂，越需记忆，或物件越精细时，此动素费时越多。

改善：

1）物件给予特别标示（用标签或涂颜色）。

2）良好的工作场所布置。

3）需要特殊的灯光。

4）物件、工具有固定位置，并放置于正常工作范围内。

5）操作人员应培训，使之成为习惯性的动作，而取消此动素。

10. 选择（Select，用 ST 表示）

定义：在同类物件中，选取其中一个。

起点：寻找的终点即为选择的起点。

终点：物件被选出。

分析：

1）实际上常将"寻找"与"选择"合并来计时。

2）物件越精细，规格越严格，此动素的时间越长。

3）物件分类放置，避免混杂在一起，以及有效的现场布置，常可用于取消此动素。

改善：

1）是否可取消此动素？

2）工具物件能否标准化和互换使用？

3）能否改善安排，而使选择较容易或可以取消？

4）能否在当前操作完毕时，即将零件（物料）放于下一操作的预放位置？

5）能否涂上颜色，以利选择？

11. 检查（Inspect，多用 I 表示）

定义：将产品和所制定的标准进行比较的动作，称为检查或检验。

起点：开始检验物体的瞬间。

终点：产品质量的优劣被决定的瞬间。

分析：

1）此动素为眼注视一物，而大脑正在判断是否合格。

2）此动素的重点是心理上的反应。

3）检验时，按操作情况需用视觉、听觉、触觉、嗅觉、味觉等器官。

4）此动素所需时间常因下列因素而定：

a）个人的反应快慢。

b）标准的精确度。

c）物料的误差。

d）视力等感官的好坏。

5）若其他条件相同，则人对声的反应比对光的反应快，而对触觉的反应比声与光的反应更快。人对声的反应时间为 0.185s；人对光的反应时间为 0.225s；人对触觉的反应时间为 0.175s。

改善：

1）能否取消或与其他操作合并？

2）能否同时使用多种量具或多用途的量具？

3）增加亮度或改善灯光的布置是否可减少检验的时间？

4）检验物与检验者眼睛的距离是否合适？

5）检验物的数量是否足够采用电动自动检验？

12. 预定位（Pre-position，多用 PP 表示）

定义：物体定位前，先将物体安置到预定位置。

起点：开始放置物体至一定方位的瞬间。

终点：物体已被安置于正确方位的瞬间。

分析：

1）此动素常与其他动素混合在一起，最常见的情况是与"移物"一起发生。

2）所谓预定位，是指必须能将物件放置于合适的位置上，方便以后的再行取用。将用完的笔放置于倾斜竖起的笔架上，此处宜用"预定位"，因为下次从笔架上拿笔时，就能握取使用时的位置。

改善：

1）物件能否在运送途中预先对正？

2）工具的设计是否能使放下后的手柄保持向上，以便下次使用？

3）工具能否悬挂起来，以便一伸手即可拿到？

4）物体的设计能否使每一面（边）均相同？

13. 计划（Plan，用 PN 表示）

定义：在操作进行中，为决定下一步骤所做的考虑。

起点：开始考虑的瞬间。

终点：决定行动的瞬间。

分析：

1）此动素完全为心理的思考时间，而非手的动作时间。

2）操作中由于操作者的犹疑，即发生此动素。

3）操作越熟练，此动素时间越短。

改善：

1）是否可以改善工作方法，简化动作？

2）是否可改善工具、设备，使操作简单容易？

3）操作人员是否已培训，使其熟练而减少或消除此动素？

14. 持住（Hold，用 H 表示）

定义：手握物并保持静止状态，又称为拿住。

起点：用手开始将物体定置于某一方位的瞬间。

终点：当物体不必再定置于某一方位上为止的瞬间。

分析：

1）此动素常发生在装配工作及手动机器的操作中，前为"握取"，后为"放手"。

2）手绝对不是有效的持物工具，而是成本最贵的夹持工具。

3）应设法利用各种夹具来代替手持物。

4）能否于操作中取消此动素？

改善：

1）能否用夹具持物？

2）能否运用摩擦力或黏着力？

3）能否应用磁铁？

4）若持住不能取消，是否已设"手靠""手垫"以减轻手的疲劳？

15. 迟延（Unavoidable Delay，用 UD 表示）

定义：不可避免的停顿。

起点：开始等候的瞬间。

终点：连续开始工作的瞬间。

分析：

1）当程序发生故障或中断时，即为迟延。

2）由于程序的需要，而等待机器或他人的工作，或等待检验、待热、待冷等。

改善：此动素的发生非操作者所能控制，必须在管理及工作方法上做某些改善。

16. 休息（Rest，多用 R 代表）

定义：因疲劳而停止工作。

起点：停止工作的瞬间。

终点：恢复工作的瞬间。

分析：

1）此动素所需时间的长短，视工作性质及操作者的体力而定。

2）此动素通常都在工作周期中发生。

3）改善工作环境及动作等级可减少或消除此动素。

改善：

1）肌肉的运用及人体动作的等级是否合适？

2）温度、湿度、通风、噪声、光线、颜色以及其他工作环境是否合适？

3）工作台的高度是否合适？

4）操作者是否坐立均可？

5）操作者是否有高度合适的座椅？

6）重物是否用机械装卸？

7）工作时间长短是否合适？

17. 故延（Avoidable Delay，用 AD 表示）

定义：可以避免的停顿。

起点：开始停顿的瞬间。

终点：开始工作的瞬间。

分析：

1）这是由于操作者的疏忽而产生的，可以避免。

2）如果能建立一个有工作意愿、有纪律、有效率的工作团体，此动素即可避免。

改善：

1）改善管理方法、规章、制度、政策，使操作者毫无抱怨。

2）改善工作环境，提供一个合适、健康、愉快而有效的生产现场。

3）改善工作方法，降低劳动强度等。

15.2.4　动作经济原则

"动作经济原则"又称"省工原则"，是使作业的完成能以最少的劳力投入，产生最有效率的效果，达成作业目的的原则。动作的改善基本上可以以四项基本原则作为基本思路，也就是减少动作数量、同时使用双手、缩短移动距离、轻松地做动作。动作经济原则经过吉尔布雷斯、巴恩斯等多位工业工程专家的实践总结，划分为三大类，共计 22 种，（1）～（8）是关于人体部位的应用原则，（9）～（16）是关于操作场所的布置原则，（17）～（22）是关于工具和设备的设计原则。

（1）两手同时开始及完成动作　在单手作业时，为保持身体平衡，容易产生平衡疲劳。采用双手作业，可形成自然之平衡，且富有节奏感，较不易疲劳。双手作业的改善如图 15-1 所示。

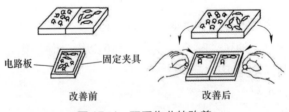

电路板　固定夹具

改善前　　　　　　　改善后

图 15-1　双手作业的改善

（2）尽可能利用物体的动能或惯性工作　在工作时，应充分运用自然产生的动能来改进工作。比如工人挥动大铁锤的方法，其最佳效果的效率为 9.4%，如果能借助铁锤挥动的动能，其效率可达到 20.2%。

（3）除休息外，两手不应同时空闲　双手同时动作可创造更高的效率。

（4）两臂的动作应反向且对称　基于生理因素，必须反向且对称，动作才能得到最佳配合。双手同时对称的动作使动作得以相互平衡而不易疲劳。如果只有一只手运动，则身体肌肉必须一方面维持静态，而另一方面保持动态，肌肉无法休息，故容易疲劳。双手反向作业改善举例如图 15-2 所示。

单手作业　　　　　　　　　双手对称反向作业

图 15-2　双手反向作业改善举例

（5）尽可能用最低级动作完成　动作级次越低，所需时间越短，所耗费的体力越少。如图 15-3 所示，第 5 级动作是最不经济的动作。第 1 级手指动作也不是在任何操作中最省力、最有效的动作。在许多情况下，第 3 级动作被认为是最有效的动作。很多公司希望把动作降到 3 级，称为 M3 改善。

级别	运动枢轴	人体运动部位
1	指节	手指
2	手腕	手指及手腕
3	肘	手指、手腕及小臂
4	肩	手指、手腕、小臂及大臂
5	身体	手指、手腕、小臂、大臂及肩

图 15-3　人体的动作等级划分

（6）连续的曲线运动比含有方向突变的直线运动好　直线方向的突变运动，需要肌肉用力向前推，产生加速度前进。每到方向突变时，必须用肌肉制止速度，使速度减为零。转向新方向时又必须用力向前推，产生加速度前进。由于不断产生加速与减速，肌肉一推一拉容易疲劳，同时因必须停止才能转变方向，时间上也会产生延迟。连续曲线运动，除开始时产生加速度外，其他各点均不用速度减为零，所以运动圆滑快速，省力而不易疲劳。直线运动与曲线运动比较如图 15-4 所示。

a）直线方向突变运动　　　　　　b）连续曲线运动

图 15-4　直线运动与曲线运动比较

（7）弹道式运动较轻松　在弹道式运动中，一经用力后就不加以限制，而利用其产生的动能来工作，所以动作研究工程师总是将动作直线的走向改成曲线或弹道式走向。例如锻工使用手锤时，有经验的老工人常常仅在锤举起或刚落下时用力，锤行至半途时即放松肌肉，使其自然下落（依靠自然产生的势能）以求省力。

（8）动作应尽可能轻松自然，富有节奏　节奏能使动作更加流畅，自然节奏是人类的习惯与天性。大多数从事重复性操作的人，都喜欢把操作安排得流畅，轻松地从一个动作过渡到另一个动作，并且按节拍进行，因为这样会得到提高效率、减少疲劳的效果。

（9）工具、物料应放置固定场所　在17个动素中，寻找是属于非生产性的浪费动素，应设法予以消除或减少。如果工具和物料没有固定的位置，则操作者势必会在每一个操作周期中都要花费时间去寻找，这样会耗费精力。而工具和物料定点存放，可以促使人养成习惯知道它们存放的位置。实际上，当要用手去拿某物料或工具之前，总是用眼睛指引手伸向目标。如果工具和物料有明确而固定的地点，则不需要用眼睛注视，手就会自动地找到正确的位置。

（10）工具、物料、操作装置尽量布置于操作者前面近处　如图15-5所示，在双手最佳的作业区域内，人的作业最便利，移动距离最短，这样可以提高效率。

图15-5　物料的摆放示意

（11）工具、物料应依最佳工作顺序排列　工具及物料依一定的次序放置，可以使操作者养成按照最佳顺序工作的习惯。操作者可以不经思索而顺利进行工作，能以较小的精力达到工作目的。物料的摆放示意如图15-5所示。

（12）零件物料的供给，应利用重力送至作业者手边　比如通过斜面，经物料从上工序滑到下工序，作业者一伸手就可以抓取到，这样节省了拿取的时间和移动的距离，提高了效率。

（13）应尽量利用重力实现物料输送　物料的移动有很多种方法，比如用滚道、人力输送等，这些方法都要消耗成本，如果能采用重力的方式无疑是最经济的方式。借助流利条实现物料自动滑落如图 15-6 所示。

图 15-6 借助流利条实现物料自动滑落

（14）工作台、座椅高度应使作业者坐立舒适 工厂企业及机关广泛使用的工作台、工作椅，必须与使用者的各部位尺寸相吻合，符合大部分人站姿或坐姿的人体尺寸。

（15）工作椅样式及高度应使工作者保持良好姿势 合适的座椅应使作业者的重量压在臀部和骨架上，座椅的高度应稍低于小腿高，这样能使作业者保持相对舒适的作业姿势。

（16）应有适当的照明 适当的照明可以改善精细工作的视力疲劳，如某工厂原来装配一只电表需 45min，且因为有些零件很小，需靠近眼睛才能看清，使眼睛过度疲劳而影响效率。照明设备改善后，效率大幅提高。

（17）尽量以夹具代替手工作业 在操作过程中，常发生手在做持住的工作，把时间和力量用在非生产性的动作中。应设计出适当的夹具，以代替手去执行持住的动作，而双手去做其他具有生产性的动作。

（18）尽可能将两种工具合并使用 将两端各有一种用途的手工工具掉头使用，总比放下手中的工具，再去寻找握取另一种工具省时省力。在日常生活中，红蓝铅笔（二色笔）、带橡胶头铅笔就是明显的例子。在生产中，能敲能拨的钳锤，双口扳手，都是例子。所有装配用的工具，均应考虑此原则。

（19）工具物料应尽可能预放在工作位置 事前定位是指把物料放到预先确定的位置上，以便要用时能在使用它的地方拿到。有人做过试验，将工具放置的位置分为"未预放""半预放"和"完全预放"三种，若"完全预放"用需时 100 来表示，则"半预放"为 123，"未预放"为 146。可见，"完全预放"与"未预放"其效率相差接近 50%。

（20）手指分别工作时，应按手指负荷本能分配工作 一般情况下，人们都习惯用右手，认为右手与左手相比不易疲劳，且更灵活。实际上，右手与左手能力相差不大（约 10:9），所以可以训练双手工作。每个手指的能力有一定的差别，各手指的本能以右手食指为最强，左手小指为最弱，如表 15-2 所示。

表 15-2　各手指能力顺序

手指	左手				右手			
	小指	无名指	中指	食指	食指	中指	无名指	小指
能力顺序	8	7	5	3	1	2	4	6

（21）手柄的设计，应尽可能使其与手的接触面积增大　用手操作，其所用的力量，都由手的接触处传至工具或机器。手的接触面积越大，单位面积上所受的力量越小。

（22）操作杆、手轮的位置，应使操作者极少变更姿势　机器上的操作杆、十字杆及手轮的位置，应能使操作者少变动其姿势，因为在操纵机器时，如要变动姿势，必是第 5 级动作。所以，机器在设计时，应使操作者轻松地完成所需动作，使操作方便省力，避免出现弯腰、转身、走动甚至爬高等 5 级动作。

15.2.5　工作站改善

工作站改善的主要目的是提高员工的作业效率，减少工时。改善的着眼点有以下两方面。

（1）作业分析与改善　包括双手作业分析、人机作业分析、联合作业分析，从作业的层面分析对象间（双手、人与机器、人与人）的配合，减少等待和延迟以提高效率。

（2）动作分析与改善　通过动作分析、工位布局的调整以及工装治具的导入，消除不必要的动作，降低动作的等级，缩短移动的距离，进而实现工时的减少。

15.3　生产线平衡改善

15.3.1　生产线平衡的意义

随着流水线技术的不断发展，人们认识到流水线的不足之处。流水线各工位连接紧密，如果各工序加工时间差异大，也就是流水线不平衡，就会导致频繁的等待与延误，还会导致在制品挤压，引起质量问题。目前我们国内企业生产线的平衡率普遍在 70% 左右，管理水平相对较高的大型企业也只在 80% 左右。为了发展我国制造业，增强企业竞争力，必须解决生产线平衡问题。

生产线平衡是指构成生产线各道工序所需的时间处于平衡状态，作业人员的作业时间尽可能保持一致，从而消除各道工序间的时间浪费，进而取得生产线平衡。生产线平衡的意义在于：

1）减少单件产品的工时消耗，降低成本。

2）提高整体效率并降低生产现场的各种浪费。

3）消除人员等待现象，提升员工士气。

4）减少工序间的在制品，减少现场场地的占用。

5）可以提高产品质量。

15.3.2 生产线平衡率的计算

生产线平衡是通过调整各工序作业负荷和作业方式，消除工序不平衡和工作浪费，使各工序时间接近，并且小于节拍时间。首先介绍几个关键概念。

节拍：依照客户需求（计划量）计算出来的生产节奏。

标准工时：依照标准工时测定方法制定的工位工时。

投入人数：该工位实际配置的人数。

瓶颈：最长工时的工序。

节拍计算举例：

$$节拍时间 = \frac{可用工作时间}{客户需求数量}$$

$$节拍时间 = \frac{(60 \times 工作小时/天) - 休息 + 午餐 + 其他停顿时间}{每天客户需求数量}$$

$$节拍时间 = \frac{(60 \times 17.0)\ min - ((15+15+30+20) \times 2)\ min}{1000件} = \frac{860min}{1000件}$$

$$A\ 装配线节拍时间 = \frac{860\,min \times 60s/min}{1000件} = 51.6s/件$$

争取使每一工位每 51.6s 生产一件合格品

平衡分析举例：

如图 15-7 所示，根据标准工时，工序 4 为瓶颈工序，时间为 21s，为了进一步提高平衡率，调整了各工位的配置人数。从分摊后的工时来看，瓶颈为工序 3。根据上面的数据计算生产线的平衡率以及不平衡损失。

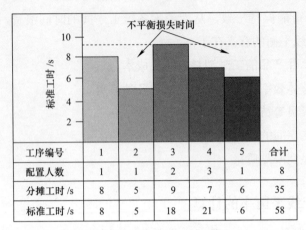

图 15-7　生产线平衡举例

1）不平衡损失 =（瓶颈工时 × 合计人数）− 各工序工时总和

$$=（9×8）−58$$

$$=14$$

2）生产线平衡率 = 各工序工时总和 /（瓶颈工时 × 合计人数或工位数）×100%

$$=58/（9×8）×100\%$$

$$=80.6\%$$

3）生产线不平衡损失率 =1− 生产线平衡率

$$=1−80.6\%$$

$$=19.4\%$$

15.3.3　影响生产线平衡的因素及对策

影响生产线平衡的因素有很多，一般按照人机料法环五个维度进行分类：

1. 人员

原因：

1）工人自律性不够。

2）工人技能差异。

3）工人生理、心理疲劳，影响时间。

4）工人对操作不够熟练，导致失误。

5）工作没有按需分配。

6）工人责任意识、节约意识不够。

7）企业员工流动率大。

8）员工缺少团队合作精神。

9）员工技能单一。

10）班组长领导能力欠缺。

11）企业没有安排适当休息。

对策：

1）充分尊重人性，提高满意度。

2）建立团队工作法。

3）开展合理化建议活动。

4）培训多能工。

5）加强班组长管理能力。

6）建立正确用人制度。

7）设置合理的休息时间。

2. 机器

原因：

1）机器故障频发。

2）机器维护制度不健全。

3）机器维修不及时。

4）没有建立机器设备维修日志。

5）机器设备落后、设计不合理。

对策：

1）全面生产维护 TPM。

2）加强设备相关人员的管理，培养责任意识。

3）提高维修工的维修水平。

4）注重设备的保养。

5）生产设备上安装自动检测装置。

3. 物料

原因：

1）物料配送搬运不及时。

2）生产布局不合理，导致搬运混乱。

3）搬运工责任意识不够。

4）搬运设备落后。

5）来料品质不良。

对策：

1）合理安排车间的布置。

2）规划安全准时的物料配送机制。

3）选择合适的搬运设备。

4）巧用重力原则、自动化原则、空间利用原则来使搬运轻松化。

5）与供应商一起形成精益链。

4. 方法

原因：

1）动作不科学、不经济、不合理。

2）操作时动作随意。

3）工序顺序安排不合理、不科学。

4）原材料或零件设计不合理，导致花费更多时间甚至带来不必要的操作。

对策：

1）做好程序分析，对产品整个过程进行全面分析，找出改善机会。

2）善用五 WHY 分析法，寻找根因。

3）常用 ECRS（取消、合并、重排、简化）改善原则展开改善。

4）用动作分析、作业分析进行改善。

5）设定标准作业，确保方法高效。

5. 环境

原因：

1）生产车间脏。

2）生产车间乱。

3）生产车间差。

4）企业硬件条件没有保障。

5）噪声危害。

对策：

1）5S 管理。

2）目视化管理。

3）降温、取暖改善。

4）降噪措施。

15.3.4　生产线平衡改善

1. 改善步骤

1）选择：确定研究生产线。

2）现状研究：工艺流程掌握、工时测量、山积表制作。

3）分析：用 ECRS、动作改善分析改进。

4）建立：建立方案、新的工艺顺序、改善后的山积表。

5）实施：导入新的方案并验证。

6）标准化：将有效的方法形成 SOP。

2. 四大法宝

1）取消（Eliminate）。任何无价值的作业，如搬运等，予以取消。

2）合并（Combine）。对于无法取消而又必要的作业，看是否能合并，以达到省时简化的目的。

3）重排（Rearrange）。在取消与合并工序之后，对生产线重新排列组合。

4）简化（Simplify）。考虑能否采用更简单的方法及设备，以节省人力、时间及费用。

3. 主要手段

1）作业分割。

2）利用或改良工具、机器。

3）提高作业者的技能。

4）调换作业者。

5）增加作业者。

4. 改善模拟图

1）缩短瓶颈时间，提高单位产量。如图 15-8 所示，可以通过分割作业，把瓶颈工序中的一部分作业分割出去，减少瓶颈工时，也可以通过压缩工时来改善，比如通过动作改善或增加人员的方法缩短瓶颈时间。

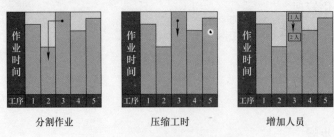

分割作业   压缩工时   增加人员

图 15-8　缩短瓶颈时间示意图

2）减少人员，产量不变。这个方向的改善通常是通过作业分割，把工时短的作业分派到其他工序，也可能是把工时非常短的工序合并在一起达到减人的目的。有时候，某些工序的浪费比较大，可以直接通过缩减人员来达到减人的目的。减少人员示意图如图 15-9 所示。

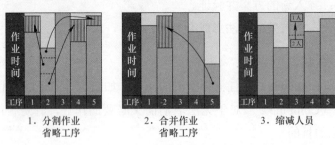

1．分割作业　　　2．合并作业　　　3．缩减人员
　　省略工序　　　　省略工序

图 15-9　减少人员示意图

5．改善案例

如表 15-3、表 15-4 所示，改善前，人均产值为 92/42=2.2，生产线平衡率为 64.1%。改善后人均产值为 113/35=3.2，生产线平衡率为 91.1%。

表 15-3　改善前工时统计表

生效日期：　　2012.12.07
页　　次：　　1/1
版　　次：　　A/0

产品型号	MF-2000		每日计划产量/件	960		每日最大产量/件	736		生产线平衡率	
产品名称	奶泡机		每日工作时间/h	8		每时最大产量/件	92		64.1%	
相关产品			目标周期时间/s	30.0		标准工时总计/s	1053.6		标准工时/h	
生产部门	装配部		最长周期时间/s	39.1		使用人数总计（含品管）	42		0.456	
工序代码	工序名称	观测时间/s	宽放率	标准工时/s	计算机建议人数	分配使用人数	每人均分工时/s	每小时总产量/件	每日总产量/件	工作量	备注
1	选杯本体	25.9	12%	29.1	0.97	1	29.1	124	991	97%	
2	点焊端子线	25.6	10%	28.1	0.94	1	28.1	128	1024	94%	

（续）

工序代码	工序名称	观测时间/s	宽放率	标准工时/s	计算机建议人数	分配使用人数	每人均分工时/s	每小时总产量/件	每日总产量/件	工作量	备注
3	锁把手	35.6	10%	39.1	1.30	1	39.1	92	736	130%	
4	选中座	27.2	10%	30.0	1.00	1	30.0	120	962	100%	
5	锁控制板	21.2	10%	23.3	0.78	1	23.3	155	1238	78%	
6	锁地线	20.8	10%	22.9	0.76	1	22.9	157	1258	76%	
7	锁保险丝 A	16.0	10%	17.6	0.59	1	17.6	205	1637	59%	

表 15-4　改善后工时统计表

生效日期：　2012.12.07
页　　次：　1/1
版　　次：　A/1

产品型号	MF-2000	每日计划产量/件	896	每日最大产量/件	908	生产线平衡率	
产品名称	奶泡机	每日工作时间/h	8	每时最大产量/件	113	91.1%	
相关产品		目标周期时间/s	32.1	标准工时总计/s	1011.1	标准工时/h	
生产部门	装配部	最长周期时间/s	31.7	使用人数总计（含品管）	35	0.308	

工序代码	工序名称	观测时间/s	宽放率	标准工时/s	计算机建议人数	分配使用人数	每人均分工时/s	每小时总产量/件	每日总产量/件	工作量	备注
1	选杯本体	25.9	12%	29.1	0.90	1	29.1	124	991	90%	
2	点焊端子线	25.6	10%	28.1	0.88	1	28.1	128	1024	88%	
3	锁把手	27.9	10%	30.7	0.95	1	30.7	117	939	95%	
4	选中座	27.2	10%	30.0	0.93	1	30.0	120	962	93%	
5	锁控制板	28.8	10%	31.7	0.99	1	31.7	113	908	99%	
6	锁地线及保险丝 A	26.4	10%	29.0	0.90	1	29.0	124	992	90%	
7	锁中座固定片一	26.1	10%	28.7	0.89	1	28.7	126	1004	89%	

15.4　快速换线改善

15.4.1　快速换线的意义

现如今，企业面临多品种小批量的市场形态，在生产现场需要频繁地更换型号，在加工车间需要频繁地更换模具，在装配车间需要频繁换线，换线涉及人员、设备、工装、工艺卡片等的更换，均会产生不同程度的等待浪费；如按每产品转线时间为40min，每个产品完成整个生产周期需要平均人数为85人来计算，即每次切换损失工时为 $40/60 \times 85h = 56.67h$。因为流水线人数众多，所以会产生大量的工时浪费。

15.4.2 换线情况掌握

（1）换线时间统计 想要做换线改善首先要掌握当前的换线时间和换线过程中的问题点，这是改善的基础。

A产品停止生产时间：即换线前产品停止投料时间（第一个工序）。

A产品生产完成时间：即换线前产品完成最后一个工序的时间。

B产品开始投产时间：即换线后产品开始投料时间（第一个工序）。

B产品换线完成时间：即换线后第一个合格品完成最后一个工序的时间。

如表15-5所示，换线时间=B产品换线完成时间-A产品生产完成时间，换线总时间=B产品换线完成时间-A产品停止生产时间。因为流水线是从第一个工位开始就可以切换，所以要考虑A产品投料停止时间，在这一点上与快速换模不同。

表15-5 换线时间统计表

序号	日期	线别	换线前状况 产品型号（A）	换线后状况 产品型号（B）	A产品停止生产时间	A产品生产完成时间	B产品开始投产时间	B产品换线完成时间	换线总时间/min	换线时间/min	备注
1	2005/08/08	Line23	F150812G1	F150486G2	15:48	16:14	15:55	16:45	57	31	
2	2005/08/10	Line22	F150514M10	F150888M2	08:25	08:50	08:32	09:14	49	24	不用换模板
3	2005/08/12	Line22	F150514M10	F150407M2	16:32	17:00	17:10	17:40	68	40	换模板和胶袋
4	2005/08/12	Line20	F150485M4	F150485M5	14:30	14:42	14:32	14:45	15	3	同类型产品不需要更换模板
5	2005/08/13	Line6	F020532S1	F150592M1	14:35	14:55	15:10	16:07	92	72	换线时需要更换模板
6	2005/08/16	Line22	F150407M2	F150888M2	16:38	17:10	17:20	17:52	74	42	换模板和胶袋
7	2005/08/16	Line16	F150459M5	F150522M11	10:00	10:30	10:40	11:10	70	40	换模板和胶袋
8	2005/08/16	Line20	F150485M5	F020710I11	13:45	14:00	14:05	14:45	60	45	换线时需要更换模板
9	2005/08/17	Line16	F150522M11	F150482M3	09:30	10:00	10:10	10:40	70	40	换模板和胶袋

（2）联合作业分析 换线过程中会有多个部门、多个岗位参与其中，换线过程中作业员、物料员、检验员、线长都有他们自己的工作任务，需要通力合作才能完成整个换线作业。关键岗位的作业过程要被记录下来，分析过程中的浪费，进行改善，这个过程因为多人在作业，所以很难准确测量时间，通常需要用录像的方式进行记录，最后通过回放进行整理。

1）IE工程师：标准工时及排位图的提供（提前1天）。

2）生产组长：生产计划的安排，换线过程的督导与协助物料员完成换线工作。

3）跟线物料员：根据生产计划及实际进度完成换线的全部备料工作。

4）操作员：配合物料员完成换线时工具的更换动作，作业指导书的更换，余料的整理及物料异常的及时反馈。

5）机修人员：根据计划协助生产线进行换线时的设备调整。

换线过程联合作业分析如图 15-10 所示。

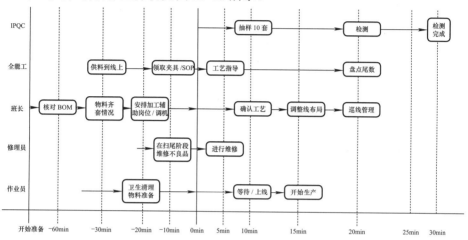

图 15-10　换线过程联合作业分析

（3）原因分析与分类　在联合作业分析中有很多时间上的浪费，这些浪费都应查明原因，一般用鱼骨图的形式，从人机料法环五个维度进行分析。分析的原因先在图中标注出来，再在这些原因中选择对换线时间影响大的原因制定改善对策，优先改善。可能的原因有以下几点：

1）装配换线前工作准备不足，导致换线异常频发。

2）没有充分调动老员工、多能工、物料员等参与换线，导致换线时间长。

3）没有产品排线标准，导致换线时间长。

4）缺少技术、品质部门协助，导致换线时间长。

换线时间浪费原因分析如图 15-11 所示。

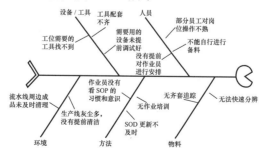

图 15-11　换线时间浪费原因分析

（4）改善对策　如表 15-6 所示，从人人机料法环五个维度将换线问题点列出，进行原因分析，明确改善措施、责任人和计划完成时间。

表 15-6　换线问题改善对策

序号	大项	问题点描述	原因分析	建议改善措施	责任人	完成时间
1	人员	没有提前对作业员进行作业及工位安排	不熟悉每个人员工的技能掌握情况	建立个人技能厂牌，写上可胜任工种，直接进行安排	×××	××月××日
2	人员	部分员工操作不熟练	部分员工对机型不熟练，不便调试	对员工进行技能培训	×××	××月××日
3		员工无法自己从线边备料到工位	员工对物料编码不熟悉	将 BOM 表打印出，跟着件流下，自行核对物料编码，由个人打钩	×××	××月××日
4		打胶机调机速度慢，调试后不稳定	打胶机无最新 SOP 及现场培训	建议对 SOP 进行更新，并对员工进行现场讲解培训	×××	××月××日
5	工装/治具	转型前未能把打胶机调试机调试完成	由于打胶机一段时间未使用，导致调机速度变慢	建议对设备进行定期维护，并建立标准	×××	××月××日
6		转型后的机型需求工具准备不足，临时使用锤子敲网罩	转型后未能找到压合机	对设备进行统一管理和调配	×××	××月××日
7	物料	物料齐套情况追踪不够全	需要拿着 BOM 与物料员一一核对	建立清单，由物料员反馈	×××	××月××日
8		物料不好识别	为防止混料，对标签每箱进行审视	对标签签加色系管理，对旧标签及时进行处理	×××	××月××日
9	方法	没有阅读 SOP 的习惯，不知道生产物料状况	未提前将人员安排到各工位；部分员工不清楚自己的岗位在哪里	适当培训，灌输按标准执行意识	×××	××月××日
10		SOP 较为笼统，不够细分	随着生产线的优化，SOP 未跟上更新	工序做出优化改善完成，SOP 同时进行更新	×××	××月××日
11	环境	部分齐线料不足	不能充分看到，光线偏弱	木箱内部检查	×××	××月××日
12		木箱粉尘	木箱粉尘散落需要时常进行打扫	来料进行风枪除尘	×××	××月××日

294

15.4.3　换线改善推动

（1）设定目标　设定一个具有挑战性的换线目标，如同一系列机种换线时间为多少分钟，首次量产机种换线时间为多少分钟，每隔一段时间设定一个新的挑战值。

（2）换线推动　如图 15-12 所示，原来的换线时间是 90min，通过把换线时间区分为内部换线时间和外部换线时间，大大减少了换线时间。首先是把内部换线时间转化成外部换线时间，如 10 月 12 日、10 月 14 日，内部换线时间减少，外部换线时间增大，总的换线时间没有改变。之后是缩短内部换线时间，如 10 月 18 日，再努力减少外部换线时间，如 10 月 21 日，这样就减少了总的换线时间。

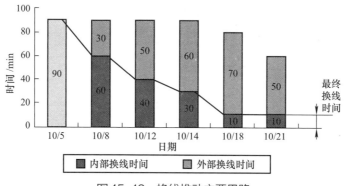

图 15-12　换线推动主要思路

制定了改善对策，在实施过程中，要监控每天内部换线时间和外部换线时间，换线的时间总体上是持续减少的，有些时候也会有异常情况出现，导致总的换线时间延长，如 10 月 15 日，这些异常情况要记录下来，并对其进行持续改善。换线过程记录如图 15-13 所示。

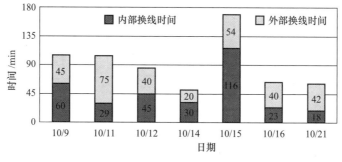

图 15-13　换线过程记录

（3）标准化作业流程　换线改善到一定程度，对结果相对来讲比较满意后，需及时推进标准化作业，也就是把换线的过程标准化，各岗位按标准执行。标

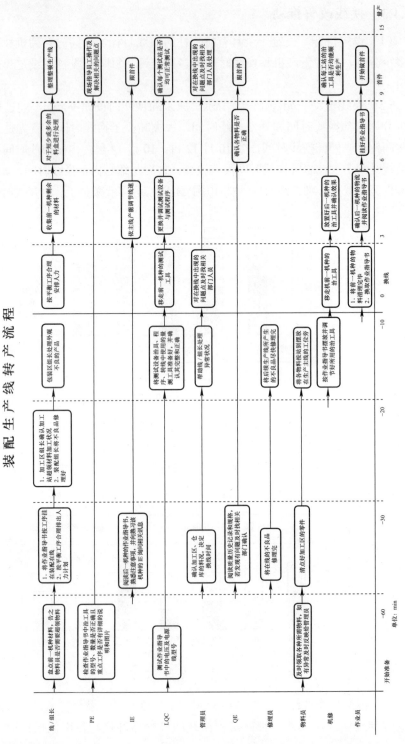

准是一个阶段内相对理想的方案，可以在执行过程中进一步完善，改善的成果就会变形，进而出现倒退的现象。换线流程标准化如图15-14所示。

图15-14 换线流程标准化

15.5　LCIA 改善

近年来，随着大环境的变化，社会整体需求放缓，企业人力、原材料成本增加，同时随着智能制造、数字化技术的发展，很多企业希望通过自动化来实现减人增效。在实践中，相当多的企业因为产品种类多、工艺流程复杂、原材料一致性差、人才匮乏，所以全面推行自动化的效果并不理想。在这样的背景下，LCIA 应运而生。

LCIA 为低成本智能自动化（Low Cost Intelligent Automation 或 Karakuri），它强调制作简单实用、低成本的设备，不需要采用复杂、高度精密的设备。它一般由企业的生产部门与技术部门一起研发，在这个过程中，企业把员工的创造力、智慧融入其中。通过应用 LCIA，企业可以提高效率，降低人力成本，保证人员安全并提高产品质量。

15.5.1　LCIA 的分类

1. 无动力和有动力

（1）无动力　指简易的机关、装置、工具等，比如通过重力、弹簧、杠杆、滑轮等，有些需要借助人力驱动。这种装置成本低、简单、便于现场独立制作，同时维护和升级改造都比较容易。

（2）有动力　指借助电或压缩空气以及传感器，接近开关等的自动化简易装置，有些时候仅借助重力、弹簧等不足以实现特定的功能。这样的装置成本比较高，需要技术人员更多地参与，在维护和升级改造上有一定的专业性，可以实现更为复杂的控制功能。

无动力和有动力的 LCIA 举例如图 15-15 所示。

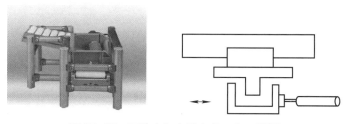

图 15-15　无动力和有动力的 LCIA 举例

2. 安全、质量、效率

（1）针对安全的 LCIA　一般设备的防护装置是通过双手启动开关或安全光

栅来保障作业员的安全，如果希望进一步增加安全系数，可以采用防护装置下降的方式，只有防护装置下降后才能启动作业开关。针对安全的 LCIA 改善举例如图 15-16 所示。

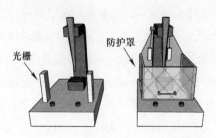

图 15-16　针对安全的 LCIA 改善举例

（2）针对质量的 LCIA　用一些测定器对工件的尺寸进行测量，不合格则通过控制器发出报警信号，没有处理就不能加工下一个，体现了有问题就自动停机的思想。比如电缆厂对电线直径的测量，就是简单的 LCIA 方式，用比较低的成本实现了质量的稳定。针对质量的 LCIA 改善举例如图 15-17 所示。

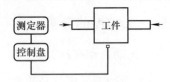

图 15-17　针对质量的 LCIA
改善举例

（3）针对效率的 LCIA　如图 15-18 所示，通过弹簧等部件，实现物料筐自动返回以及保持在固定的高度上，减少了拿取的时间，提高了效率。

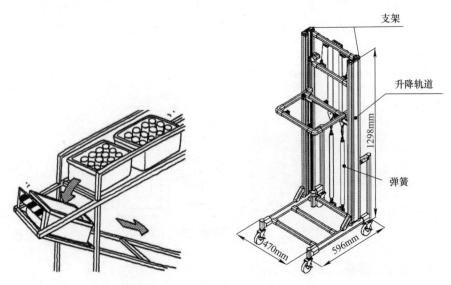

图 15-18　针对效率的 LCIA 改善举例

15.5.2　LCIA 的改善流程

1）识别浪费，把握现状。通过对现场八大浪费的识别，思考发现浪费和去除浪费的方法，发现的浪费越多越好。

2）作业的目视化沟通。组织相关人员对问题点进行讨论，明确改善困难点。

3）把浪费进行分类，并根据难易程度确定改善顺序。

4）对改善方案进行讨论，确定改善机构的构造原理，并设计图样。

5）制作 LCIA 机构并对其进行安装。

6）对实施中未达成目标的方案进行持续改善并标准化。

15.6　柔性细胞线生产方式改善

15.6.1　大批量生产方式与单元生产方式的区别

传统的大批量流水线，因为分工过细，熟练度虽然能够快速提升，但过于单调乏味；人数较多，换线或线平衡不佳时系统损失工时较多；流水线设备大型固定，订单量变化时不能灵活变动；人员多，节拍时间短，导致了生产线平衡率较难提升，人均产能低；过多的取放次数，导致了损失工时增加；半成品较多，容易影响质量。如图 15-19 所示，在产量变动的情况下，生产线只能通过增加或减少工作时间来适应，否则就需要重新规划平衡生产线，不可避免地会影响生产线的效率。

大批量生产方式的产量变动

600 台 / 日 ×1=600 台 / 日　　　　450 台 / 日 ×1=450 台 / 日　　　　900 台 / 日 ×1=900 台 / 日

单元生产方式的产量变动

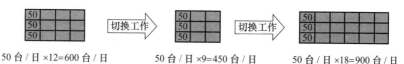

50 台 / 日 ×12=600 台 / 日　　　50 台 / 日 ×9=450 台 / 日　　　50 台 / 日 ×18=900 台 / 日

图 15-19　大批量生产方式与单元生产方式的区别

由多条短线或细胞线组成的生产线，也称为单元生产线，在切换时可以关闭和增加新的生产线，不需要对生产线本身进行调整。这样的生产线对于多品种小批量的环境柔性更大，具体表现为：

1）通过小幅度的成组产能调整（关闭或增开），可避免订单起伏变化造成的产能不足或产能过剩。

2）每名作业员可以完成更多的作业，减少了断点的次数，其流线化作业效果更佳。

3）压缩单次切换时间，分流切换次数，避免无效切换，大大减少了切换所带来的时间损失。

4）拥有技能熟练的全能工，减少不必要的工时损失。

5）由于工作台可随意拼凑，当产能变化时，可随时增插或抽减人员。

6）机种切换只需要更少的时间，保证了快速制造的要求，提高了生产率。

15.6.2　细胞线的常用布线形态及硬件

1. 布线形态

1）分割式单元生产线，由多人共用一条生产线，根据生产线平衡的需要进行作业的合并。作业员之间分工作业，可以互相协助。

2）逐兔式单元生产线，一般由两个人共用一条生产线，每个人完成全部流程，一前一后作业。因为在作业过程中可能发生超车问题，人数多了会导致混乱，所以在实务中较少采用。

3）屋台式单元生产线，为一人完结式生产线，每名作业员拥有一条单独的生产线，适合产量较小的产品。

2. 布线形态举例

细胞线一般为 U 形，作业员位于生产线内侧，站立式作业，物料从外侧供应，如图 15-20 所示。

图 15-20　细胞线布线形态举例

3. 细胞线常用的硬件

细胞生产线一般用精益管或铝型材搭建，每个工位采用独立的作业台，便于根据工艺的差异快速调整，重新组合。精益管目前用得比较多的是二代管和三代管。二代管为不锈钢材质，价格相对便宜，三代管为铝合金材质，因表面为非光滑结构，可以实现更多控制功能。与管型材搭配的还有很多附件，比如流利条、连接件、脚轮、防静电胶皮、中空板等。在实务中，可以买材料，根据需要自己加工组装，也可以设计好，由硬件供应商按规格加工好，回厂组装即可。精益管工作台举例如图 15-21 所示。

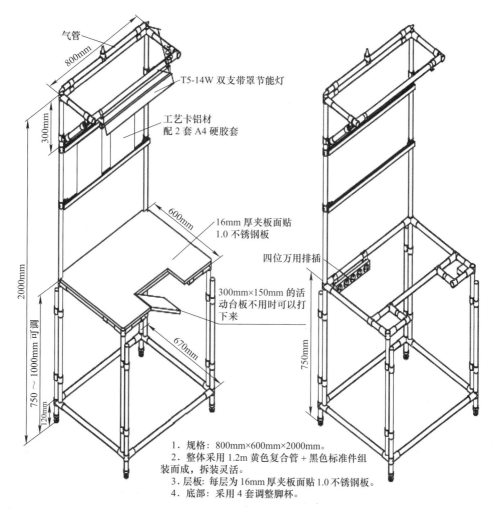

1．规格：800mm×600mm×2000mm。
2．整体采用 1.2m 黄色复合管＋黑色标准件组装而成，拆装灵活。
3．层板：每层为 16mm 厚夹板面贴 1.0 不锈钢板。
4．底部：采用 4 套调整脚杯。

图 15-21　精益管工作台举例

15.6.3 细胞线的设计

（1）节拍计算 细胞线节拍的计算方法与传统流水线相同，计算完成后，要根据节拍的数值考虑配置几条细胞线。一般而言，细胞线的节拍会比传统流水线要长，这样细胞线切换的频率会降低，损失会减少。举例如下：

$$节拍时间 = \frac{每天可用工作时间}{每天客户需求数量}$$

$$节拍时间 = \frac{60 \times 工作小时 / 天 - 休息 + 午餐 + 其他停顿时间}{每天客户需求数量}$$

$$节拍时间 = \frac{(60 \times 17.0)\ min - ((15 + 15 + 30 + 20) \times 2)\ min}{258件} = \frac{860min}{258件}$$

$$\frac{ABC\ 装配线}{节拍时间} = \frac{860min \times 60s / min}{258件} = 200s/ 件$$

（2）作业分配 细胞线因为用了更少的人员完成作业，所以节拍时间长，需要将更多的作业进行组合，以合并工位，同时工位间的在制品也降低了。如表 15-7 所示，改善后，因为合并工位，节拍时间增加了，因为有更多的基础作业单位可以合并重排，所以生产线的平衡率得到了提高。改善前为 82%，改善后为 89%。改善前人均产量为 5.59，改善后人均产量为 6.43，效率提高了 15%。

（3）工位布局 有了作业分配，就可以进行初步的布局规划，可以得到不同的布局方案，经过分析，方案二出入口一致，工序间协作方便，有利于实现多工序操作，且步行最短，易实现单件流，故最终选择方案二。明确了布局方案后，就可以进行线体的细节设计，明确每个工作台的空间尺寸以及工作台上设备、物料、工装、工具的微观布局设计。布局方案如图 15-22、图 15-23 所示。

表 15-7　细胞线改线前后作业分配比较

改线前数据								改线后数据						
工序号	工序名称	物料	工具及设备	标准工时	分配人数	人均工时	小时产能	工序号	标准工时	修正工时	分配人数	人均工时	小时产能	备注
右盖前置	橡胶板华司涂油			13.2	1	13.2	273							
	齿盘轴组合品(排华司)			22	2	11	327							
	勾鸟片弹簧	鸟片、弹簧	尖嘴钳	4.53	0.5	9.06	397	Q01	57.5	57.5	1.55	37.1	97.1	
	齿杆组合品	齿杆、套筒	手压机	8.78	1	8.78	410							
	勾拨动片弹簧	弹簧、拨动片	尖嘴钳	5.38	0.5	10.76	335							
左盖前置	滴答钮穿华司	滴答钮、华司		3.58	0.5	7.16	503							
	滴答钮组立	滴答片、螺钉、华司、绿胶水、黄油	电笔、小模座	12.06	1	12.06	299	Z01	47	40	1	40	90.1	通过熟练度提高及料件摆放速度，同时前置加工位可协助帮忙
左盖组合	套铜组立	止退华司、套铜、黄油		9.99	1	9.99	360							
	传动齿组立	螺丝、传动齿轮、套铜、黄油	电笔	11.86	1	11.86	304							
	弹片组立、装箱	弹片、螺钉、黄油	电笔、毛刷	13.12	1	13.12	274							
	离合器扳手组立	右盖、离合器轴、弹簧、螺钉、扳手	电笔	12.16	1	12.16	296	Y01	38.2	38.2	1	38.2	94.2	
	调钮内孔上油	调钮、黄油	毛刷	2.7	0.3	9	400							
	调整扭组立(含入弹簧)	O形圈、止退华司	尖嘴钳	11.17	1	11.17	322							
	星型扳手组立	星型扳手、齿盘轴组合	(支撑模具)	12.18	1	12.18	296							
右盖组合	上齿盘油及离合器油	黄油		2	0.2	10	360							
	勾鸟片组立	套筒、华司、轴销	电笔	12.09	1	12.09	298	Y02	39.8	39.8	1	39.8	90.4	
	锁固组立	固定板、螺钉1、螺钉2	电笔、底模	27.72	2	13.86	260							
	齿盘轴锁紧螺钉	华司、螺钉	电笔、底模	11.91	1	11.91	302							
	齿杆组立	弹簧2个、离合板、齿杆组合	电笔	11.64	1	11.64	309	Y03	36.2	36.2	1	36.2	99.6	
	拨动片组立	螺线、拨动片组合		12.6	1	12.6	286							
	总人数:	47							总人数:		14			
	人均产量:	时产能:	5.53						人均产量:		时产能:	6.43		
	生产线平衡:	0.82							生产线平衡:		0.89			
												时产能:	90	

注：部分工序省略

303

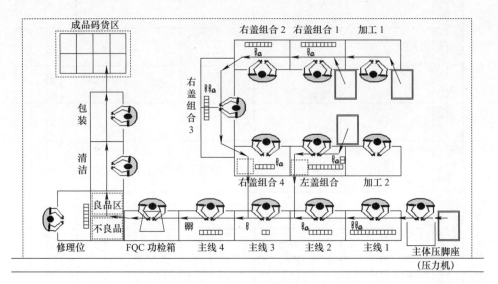

图15-22 布局方案一

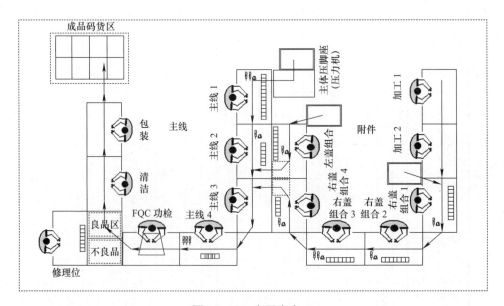

图15-23 布局方案二

（4）在制品管理　也称标准手持量设定，是细胞线的重要设计环节之一。单元线各工位间的在制品数量应该有明确的定义，通过工位间的协同配合，各工位之间控制的在制品数量最多为 2 个，这样可有效减少由产品堆积碰撞而造成的制程内不良。具体实施时，可以采用电工胶带，在作业台上进行定位，一旦在制品数量超过 2 个，前工序就要停止作业。

工序间在制品数量标准设定如图 15-24 所示。

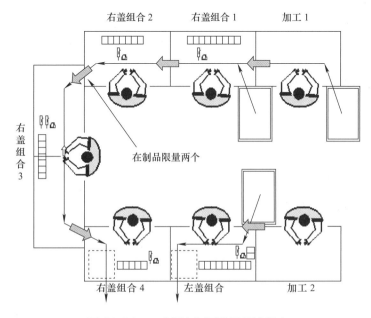

图 15-24　工序间在制品数量标准设定

（5）多能工训练　对于细胞线，为了适应多品种小批量的市场环境，生产线可能需要根据产量的变动，随时调整作业员的配置，所以需要作业员掌握更多的技能，以提高生产线的适应能力。可以采用技能盘点表对作业员的技能进行统计，并制订训练计划。多能工训练可以分为以下几个步骤：

1）选定划入单元内的主要产品，理清作业员的作业范围。

2）盘点作业员的工序能力水准。

3）制订训练计划。

4）落实训练。

5）考核、上岗。

作业员技能盘点表举例如表 15-8 所示。

表 15-8　作业员技能盘点表举例

组立线作业员技能盘点表									
姓名	工号	工序内容							
		主体装配	线壳装配	摇臂加工	线轮加工	功能检验	外观清洁	外观检查	包装
作业员 A	OKC007	◎	◎	◎	●	△	○	△	△
作业员 B	OKC012	●	●	●	●	○	△	○	△
作业员 C	OKC009	◎	◎	△	△	●	◎	●	◎
作业员 D	OKC123	●	◎	◎	◎	△	○	△	△
作业员 E	OKC321	△	◎	◎	◎	○	●	○	●
作业员 F	OKC072	△	△	◎	◎	●	◎	●	◎
训练程度：		△—计划学习		○—基本掌握		◎—完全掌握		●—精通掌握	

思考题

1．动作分析有哪些指导性原则？

2．快速换线与快速换模相比有哪些不同？

3．细胞线相对于传统流水线的优缺点是什么？

第16章 仓储管理与精益物流配送改善

16.1 精益物流概述

如图 16-1 所示，物流可以分为外部物流和内部物流，工厂根据生产计划生成物料计划，供应商按照客户的物料计划组织生产和送货。供应商送货到工厂物流仓库或送货到第三方物流仓库，相关方接收物料，办理入库，这是外部物流。由第三方物流仓库或工厂物流仓库出库，进行质检或分拣，配送到线边仓，这个过程属于内部物流，之后就进入生产执行。无论是内部物流还是外部物流都需要加强流动管理，提高效率，实现准时供应。

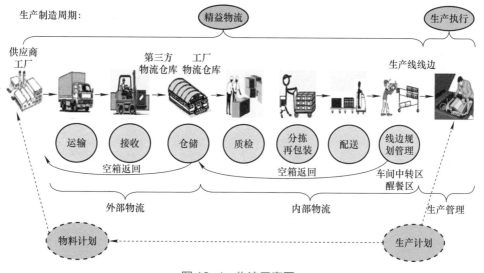

图 16-1 物流示意图

16.2 精益物流配送的意义

16.2.1 物料配送相关问题

在生产过程中，生产线经常会因物料配送问题而影响正常的生产过程。以下是一些工厂常见的场景。

1）某工厂的管理干部，为了减少员工离岗取料的工时浪费，将大量物料堆积在生产线旁边，导致工位物料较多，无法直观生产过程。

2）某企业由于配送的物料放置的容器较大，员工无法快速拿取物料，造成大量因为员工转身或动作幅度过大而形成的动作浪费。

3）某企业生产线在生产过程中，当工位的物料用尽时，由生产线员工去线边物料区拿取物料，导致了生产线因为员工离岗而造成停线。

4）某企业生产线在生产过程中，由于工位的物料用尽，导致整条生产线的员工都在等待物料员的配送，造成工时浪费。

生产线物料问题举例如图 16-2、图 16-3 所示。

图 16-2　生产线物料问题举例 1

图 16-3　生产线物料问题举例 2

16.2.2　配送频率与缺货风险

从精益的角度出发，希望生产线在不断料的情况下，车间的库存越少越好。如图 16-4 所示，如果企业想降低库存，就需要小批量多频次地配送物料，配送频率越高，线边库存量越低，配送成本就越高，缺料风险也随之增加。线边库存量和配送成本之间有一个平衡点，在这个点附近总成本最低。相同的道理也适用于原材料库存。当然，配送频率和配送成本之间并不是线性关系，可以通过一次配送多种物料的方式，有效降低配送成本，同时又可以实现库存的降低。

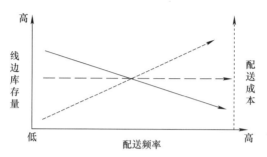

图 16-4　配送频率与配送成本及线边库存量的关系

16.2.3　JIT 的目标

JIT（Just In Time），意指在正确的时间以正确的方式按正确的路线把正确的物料送到正确的地点，每次都刚好及时。这也是精益物流的核心目标。JIT 是丰田生产的一大支柱。要实现 JIT 目标，需要从流动的角度出发，从物流到生产进行全系统的变革。

16.3　传统物流配送与精益物流配送的区别

传统物流配送更多地考虑物流活动自身的成本优化和安全送达，并未考虑物流在生产率提升方面的作用，如果将生产和物流活动作为独立的单位进行改善，可能会导致生产和物流活动存在更多的浪费。

16.3.1　传统物流配送的特点

1）为了减少物流成本，企业采用大批量运输方式，导致大量的库存堆积，占用大量的空间。

2）为了减少存储面积，企业增加了堆积高度，造成取放效率低下以及安全问题。

3）企业使用叉车搬运托盘大小的容器，导致物流成本高、效率低。

4）拆包等动作在生产现场完成，占用了生产时间。

16.3.2 精益物流配送的特点

1）物流容器的尺寸是精心设计的，通常与供应商统一，以提高生产的效率。

2）在拣货区域完成拆包动作，不进入生产车间。

3）用合适的物流设备、固定的路线和周期时间，以及标准化的包装进行配送，降低物流成本。

4）小批量多频次配送，以 JIT 方式供应物料。

16.4 现代仓储管理的重点

（1）自动化和智能化　利用先进的技术和设备，如自动化存储和检索系统、机器人等，提高仓储作业效率和准确性。尤其是对于多品种小批量的零部件来说，通过自动化立体仓库进行存储，能有效提高运作效率。自动化立体仓库如图 16-5 所示。

（2）数据管理和分析　信息化系统的实时监控以及管理仓库的各项指标，包括库存量、出入库记录等，可以提升仓库运营的可视化和优化能力。仓库管理系统（WMS）功能示意如图 16-6 所示。

图 16-5　自动化立体仓库

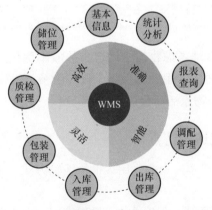

图 16-6　仓库管理系统（WMS）功能示意

（3）精细化和个性化服务　根据客户需求和产品特点，实施精确的库存管理、拣货和配送策略，提供个性化服务。

（4）供应链的协同与合作 与供应链上下游企业密切合作，共享信息和资源，实现供应链管理的协同与优化，提高整体供应链的效率和竞争力。

（5）安全管理和风险控制 建立完善的安全管理体系，包括防火、防盗、防灾等措施，同时进行风险评估和控制，确保仓库运营的安全性和可靠性。

16.5 外部精益物流配送的改善重点

任何制造企业的外部物流都可以划分为两个方面，供应物流与交付物流。供应物流包括所有原材料的供应及入库的所有活动，包括供应商之间的运输和出库活动。交付物流包括从成品超市或仓库开始的所有物流活动，包括出库、运输和客户储存点的入库活动。

16.5.1 循环取货

循环取货（Milk Run）来源于送牛奶的员工每天按照既定的路线到不同的用户处送牛奶，并取回空瓶。不管物料是在供应物流中还是在交付物流中，这种方式都是创建流动的关键方式。这种方式通过频繁可靠的运输实现多频次补货，从而大大降低了库存。循环取货有以下三种类型。

（1）本地循环取货 如图 16-7 所示，本地循环取货是考虑到精益生产需要的小批量配送成本高，采用一辆货车一次到几家供应商取货的模式。如果有个别供应商距离本地比较远，需要在本地建立转运中心。如果供应商位置分散，这种方式显然不适合，需要通过长期的供应策略，培养集中的供应商。同样，供应商给几家客户发货，也可以采用类似的方式。

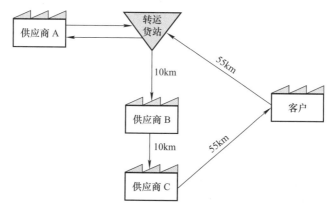

图 16-7　本地循环取货

（2）远距离循环取货　如图 16-8 所示，供应商距离远，但彼此较接近，为了实现小批量供应，可以采用远距离循环取货方式，在中间一些节点交换拖车或司机，这样做的好处是可以长距离满载运输，节约成本，司机也可以按时休息。

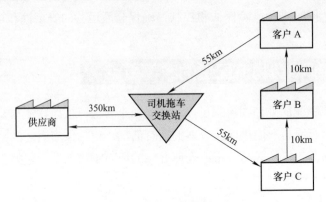

图 16-8　远距离循环取货

（3）带集货点的远距离循环取货　如图 16-9 所示，如果一个循环取货的系统不足以满载运输，同时供应商数量又多，距离又远，可以通过设置多个循环取货的系统，并设置集货点，之后通过满载运输到客户处。

当一种产品只是偶尔从某供应商处取得时，可以采用公共的物流或快递系统。

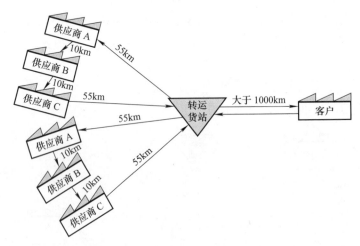

图 16-9　带集货点的远距离循环取货

16.5.2　供应物流

（1）供应物流的重点之一是入库作业　入库作业包括零件接收和存储到指

定货位、处理需要回收的包装容器，以及处理供应商带来的一些废料，比如一些包装材料。传统入库作业和精益入库作业模式差别如表 16-1 所示。

表 16-1　传统入库作业和精益入库作业模式差别

传统入库作业	精益入库作业
尽可能用最小频率接收大批量物料	尽可能多频次接收小批量物料
使用一次性包装（纸箱）	使用可回收包装
大部分零部件都使用托盘	大部分零部件都使用胶筐
有来料质量检验	无来料质量检验
堆叠托盘容器到很高的货架	从货车直接到超市

（2）物料衔接方式　物料配送最理想的方式是从供应商的生产线直接运到客户的生产线，这样的浪费是最小的。基于现实情况，可以将传统仓库逐步改造成流动性更好的超市，再逐步取消超市，直接送到生产线。

（3）供应物流的另一个重点是循环取货系统的设计与实施　基本步骤如下：

1）明确典型产品的物料清单。

2）绘制供应商分布图。

3）确定供应商发货数量、体积、重量。

4）定义主要供应商与集货点。

5）定义取货循环，明确线路、频率、时间表、各站点作业。

6）实施取货作业并持续改善。

16.5.3　交付物流

交付物流的模式基本上与供应物流相似，不同之处在于，交付物流针对的是成品，相当多的成品适合用托盘运送（非零部件类）。成品从仓库出库，送到配送中心，再由配送中心送到零售店。在这个过程中会涉及路线、包装容器、运输工具的选择。除了上文提到的循环取货之外，提高仓库的出入库效率也是个重点。

仓库内的理想流动需要具备以下特征：每个存货单位只有一个位置，就是不能分散存放，以免查找困难；货物可以从货车上直接流动到仓库指定的货位，没有物料堆积和再加工的情况；货物可以从货位快速流动到货车上，整个过程作业人员按标准作业进行操作。要做到这种水平并不容易。传统仓库拥有大量的库存以及各种类型的 SKU（存货单位），不容易采用单一的方法来处理这些搬运单元。解决方法是把一个大的仓库分成若干个小的仓库，分别制定标准化的作业模式。

16.6 内部精益物流配送的改善重点

厂内的物料流动通常分为两步：第一步是从仓库到车间，一般是根据生产计划，提前备料至车间物料暂存区，也称物料超市；第二步是从车间到生产线，根据生产线工位需要，由专人适时配送至工位。

16.6.1 超市规划

物料超市是在车间或生产线旁专为物流工作提供的专用场地。物流超市将备货地到装配地之间的运输距离缩短到最近；保证正确的零件以正确的数量在正确的时间送往生产线；有利于减少生产线上不创造价值的工作。

超市的概念在工厂里显得有点模糊，它的特点是像日常到超市购物那样，可以非常方便地取用物料，不像传统仓库那样，需要借助设施到高层拣货，它可以节省大量时间。物料超市一般有五类。

（1）带有斜面的物料架　一般用精益管搭建，容易实现先入先出，这种物料架虽然高度较低，但是不需要叉车通道。

（2）装有轮子的平面货架　容易移动，作为车间的周转区，流动性非常好，可以实现快速取用物料。

（3）超市＋传统货架　用传统的能承载标准托盘的货架与超市结合，可以放置更多的物料，拿取比较费时间，可以给流动货架供应物料。

（4）线边物料超市　在生产线附近或与生产线相连，目的是满足生产随时可用，形式上与（1）和（2）相同。

（5）单套物料货架　对于汽车等行业混流加工来说，零件很容易用错，现在的趋势是把零件配套后，放在一个带有轮子的容器里，然后送到生产线上，省去了拣选的动作。

在实务中，物料的情况差异比较大，具体采用什么形式，需要结合实际情况，比如物料以托盘的形式放在地面上，或者是将物料放置于传统的仓储货架上，应该优先选择便于流动的模式。物料超市示意如图 16-10 所示。

图 16-10　物料超市示意

物料超市要进行必要的储位规划，确保物料有序摆放，可以快速找到。储位规划涉及储存空间的计算、储位编号以及编号的目视化，如图 16-11 所示。

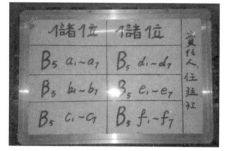

图 16-11　储位规划示意图

超市所需容器的大小、形状以及标准容量的设计，要考虑到制程的作业性质及质量要求，结合供应商供货周期以及工位的布置等需求统一考虑。容器的选择示意如图 16-12 所示。

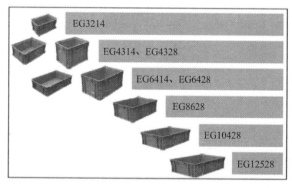

图 16-12　容器的选择示意

16.6.2 物料拉动方式改善

物料配送模式一般有两种模式：一种是主动配送，一种是被动配送。主动配送是指根据生产线物料需求情况，主动把物料送到物料超市。被动配送是指当物料需求出现异常时，根据生产线的呼叫信号把物料送到对应位置。

（1）主动配送 经典的物料配送模式是采用看板拉动配送模式，如图16-13所示。当线边员工取料时，投出看板卡，物流员工把看板和空箱收集起来，运到仓库，根据看板卡的内容拣货装车，给每个物料筐上面附上看板卡，送到生产线旁边的超市即可。

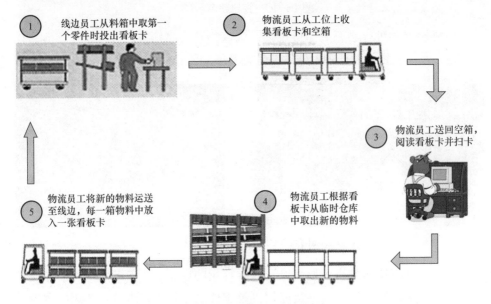

图16-13 看板拉动配送模式

现实中，丰田的看板拉动模式对系统的稳定性要求很高，需要按节拍运行，在相当多管理水平低的工厂不容易运行起来。在实务中根据订单的生产计划，按照图16-14的物料配送清单进行配送是大多数公司比较现实的做法。如工序号 SD5 对应的物料名称有 3 个，说明需要 3 个零件进行装配，整个生产线的节拍是 18s/ 个，合身组合工位数量是 1.0，最高存量是 28，最低存量是 5，最低存量是考虑不确定性的最小库存量。上料频次是 8min，上料数量是 28 个，也就是每车 28 个，物料在线边超市的地址是 BA2/9。最高库存量取决于物料的大小和消耗的速度，再结合物料的包装单位。$28 \times 18/60 = 8.4$min，每 8min 配送一次能满足要求。第二个零件接喉组合，$800 \times 18/3600 = 4$h。第三个零件螺钉，$6000/3 \times 18/3600 = 10$h，18s 消耗 3 个，6000 个需要 10h 消耗完毕。当然，如果要想在线边放置更少的物料，就要增加配送的频率。这要综合考虑配送的成本和库存有的降低。在实际配送中，不一定能完全做到按这个表进行，但这个表相当于物流统计划，对配送工作进行指导，使配送工作有章可循。

物料配送清单

型号：F110566L50/L60　　班组：A3　　标准产能：200 个/h　　生产线节拍：18s/个

工序号	工序名称	物料名称	工位用量	最高存量	最低存量	上料频次	上料数量	单位容量	物料暂放位置
SD5	接喉接头入合身装螺钉	盒身组合	1.0	28	5	8min	28	28/车	BA2/9
		接喉组合	1.0	800	50	4h	800	800/中盆	SD5B
		螺钉	3.0	6000	100	10h	6000		A1
SD6	PCB 板入盒身	PCB 板组合	1.0	50	5	15min	50	5/中盆	PCB1
SD7	PCB 板装螺钉（1）（含解微动制线）	螺钉	2.0	4000	100	10h	4000		A1
SD8	PCB 板装螺钉（2）（含解微动制线）	螺钉	2.0	4000	100	10h	4000		A1
SD9	盒身装微动制开关组合	螺钉	3.0	6000	100	10h	6000		A1
SD10	放气阀组合装螺钉	放气阀组合	1.0	80	10	25min	80	80/中盆	V3
		螺钉	2.0	4000	100	10h	4000		A1
SD11	发热线原子线装螺钉（含套介子）	螺钉	1.0	2000	100	10h	2000		A1
		介子	1.0	2000	100	10h	2000		A1
SD12	发热线原子线接插片	收缩通	1.0	600	50	6h	600	600/小盆	A1
SD13	发热线原子线收缩收缩通（含解线）								

图 16-14　物料配送清单举例

（2）被动配送　在物料配送过程中，主动配送是主要的方式，但是总会出现一些异常，比如生产的异常，配送的异常、订单的调整导致生产现场物料缺料等。这个时候应该启动安灯系统，也就是生产线作业人员启动安灯按钮，安灯系统对应的物料号就会高亮显示，物流人员取走安灯板对应的物料卡片，并根据卡片到仓库取料，同时取走空箱和看板卡，这是一种叫料的形式。被动配送模式示意如图 16-15 所示。

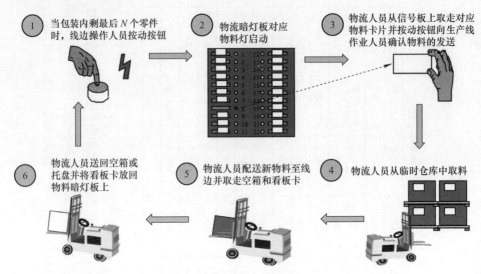

1 当包装内剩最后 *N* 个零件时，线边操作人员按动按钮

2 物流暗灯板对应物料灯启动

3 物流人员从信号板上取走对应物料卡片并按动按钮向生产线作业人员确认物料的发送

6 物流人员送回空箱或托盘并将看板卡放回物流暗灯板上

5 物流人员配送新物料至线边并取走空箱和看板卡

4 物流人员从临时仓库中取料

图 16-15　被动配送模式示意

16.6.3　水蜘蛛、车辆、路径规划

内部物流改善的第三个重点是水蜘蛛系统，内部物流工作人员通常被称为"水蜘蛛"，这个词源于水蜘蛛在水里游动的敏捷性。首先要确定并培训"水蜘蛛"的人选。"水蜘蛛"不但动作要迅速，同时头脑也要清晰灵活，对物料非常熟悉，能够掌握生产线的瞬息变化，懂得采取应对措施，所以，人选非常重要。一般都是由作为下一任基层管理者的人选来担任"水蜘蛛"。

"水蜘蛛"配送示意图如图 16-16 所示。

图 16-16　"水蜘蛛"配送示意图

然后要规划配送的车辆。根据物料状况来规划相应的物料周转车。周转车的设计需要考虑零件放置的稳定性，物料的配套性，车子操作的灵活性、方便性及物流量。常用的搬运车辆有拖车、带轮子的货架、AGV 等，如图 16-17 所示。

图 16-17　搬运车辆

　　传统的厂内物料配送一般是采用叉车运送物料，类似于出租车点对点的物流模式，通常是采用托盘运输，这种方式没有固定的路线，没有固定的周期时间，所以不是标准化的。这种方式在一天之内的负荷是不均衡的，可能会有很多空行程。在精益体系里一般作为临时性的补充措施。

　　精益的物流模式一般类似于公交车模式，水蜘蛛有一个固定的路线和固定的周期，以一种标准化作业的方式运作。水蜘蛛在不同站点进行搬运作业，然后驾驶拖车开往下一个站点。这种方式运货量大，运输成本比叉车低，更容易操作。物料配送路线模式如图 16-18 所示。

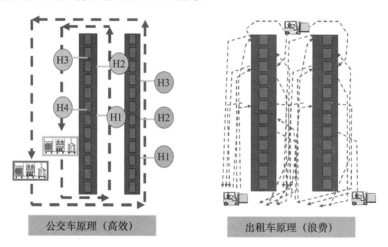

图 16-18　物料配送路线模式

思考题

1．精益物流有哪些特点？

2．现代仓库管理的重点是什么？

3．结合工厂的实际情况编制一份物料配送清单。

第 3 篇

组织运营精益改善篇

17.1　运营管理的意义

17.1.1　运营管理的范畴

运营（Operation）在早期指的是产品或服务从输入到输出的转化过程，在制造业中更多地被认为是生产，也称生产运营，包括与生产密切相关的职能，比如计划、采购、品质等。早期运营的范畴如图 17-1 所示。

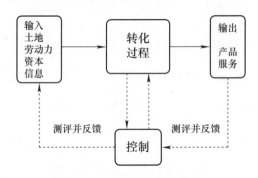

图 17-1　早期运营的范畴

随着管理理念的不断进步，管理者认识到研发、人力资源等对产品实现有着非常重要的作用，比如没有对员工进行充分培训，生产难以准时完成；没有好的研发设计，生产的效率没有保证。这个时候提出的运营模型如图 17-2 所示，财务、营销还没有被认为是运营管理的一部分。

图 17-2　运营模型

现实中，管理者发现运营、财务和营销很难分得非常清楚，比如预算，公司需要对运营活动的财务需求做出安排，也需要对预算的执行情况进行评估，运营部门需要掌握中短期的客户需求信息，以便提供更好的服务。人们逐渐认识到运营实际上会涉及所有的职能部门，从而对运营的内涵进行了延伸。

运营是指组织或企业在日常运作中实施和管理各种活动的过程。运营的目标是确保企业的日常运作高效、顺畅，并实现业务目标。运营包括生产、供应链管理、物流、质量控制、市场营销等方面的活动。

运营管理是指对运营过程的计划、组织、实施和控制，是与产品生产和服务密切相关的各项管理工作的总称。

17.1.2　运营管理与经营管理的区别

经营管理是指组织或企业的高级管理层对企业进行全面管理和决策的过程。经营的目标是确保企业的长期发展，并实现利益相关者的利益最大化。经营包括制定战略、规划、组织、领导、控制等活动。经营的重点是如何制定企业的愿景和目标，以及如何将资源有效地配置和管理，以实现长期成功。

从定义上讲，经营的范围应该大于运营，经营的内容更加宏观，它更多的是关注企业的战略性经营活动，有时会制订大的战略计划。而运营则更关注企业日常的、具体的、细节的运营活动，如生产、销售、服务等。经营的方法包括市场调研、战略规划、产品策略等。而运营的方法则包括流程优化、生产计划、库存管理、销售策略等。经营需要面向外部市场环境，运营更强调内部的运作。

17.1.3　运营管理的意义

运营管理的重点是如何优化资源、提高效率，以满足客户需求，并实现企业的利润最大化。好的运营管理在以下六个方面为企业实现可持续发展提供保障。

（1）品质　产品与服务品质是运营管理的重要目标。

（2）效率和速度　流程优化通常是实现高效率和高速度的关键。因此，运营管理人才致力于改善流程，以提高生产率和服务效率。

（3）交付　交付是对顾客的承诺，保质保量、准时交付是客户满意的基础。

（4）变革的能力　在商业世界中，只有不断创新和改变，不断适应环境的变化，深入挖掘并满足客户需求，才能保持对市场的竞争力。

（5）成本　成本是运营管理的重要目标，在很大程度上体现了管理的水平。

（6）人才培养　企业需要高素质、有经验且受过专业训练的员工，并为他们提供发展和激励的机会，这是人力资源在运营上的重要作用。

17.2 运营管理面临的挑战

（1）存量市场的竞争　目前市场已进入存量时代，企业为了求生存，一定要做好运营管理，只有这样才能在激烈的竞争中赢得一线生机。

（2）移动互联网的冲击　近年来，传统电商向移动互联网进一步发展，除了阿里巴巴、京东、拼多多等电商平台之外，涌现出了抖音、小红书、B站等平台，直播带货、网红经济成为一大亮点。传统销售渠道被压缩，信息更加透明。企业运营需要适应新的变化，需要直面困难。

（3）劳动力成本的增加　随着人们生活水平的提高、物流等服务行业的发展以及社会保障制度的完善，人口红利已经消失，劳动力供给资源减少，制造业的人力成本也随之提高。如何解决招人难，如何降本增效都是企业运营管理中必须面对的问题。

（4）多品种小批量的市场环境　目前相当多的订单倾向于多品种小批量定制化的模式，对习惯于大批量生产方式的企业来说是极大的挑战。如何面对市场带来的复杂性和不确定性，需要企业创新运营管理模式，并提升快速响应能力。

（5）供应链的脆弱性　随着产品的复杂度增加，供应链已经由传统的链条形演化成网状结构。供应链中断是制造业企业的主要问题之一，库存水平的下降导致了供应链的脆弱性。更多的仓储空间以及更好的需求预测和库存跟踪系统可以帮助企业应对供应链中断的挑战，但更多的库存同样会给企业运营带来风险。

17.3 运营管理追求的方向

企业经营不是单纯地追求盈利，而是要满足相关方的期望（见图17-3），首先是满足客户的期望，没有客户就没有订单，所以客户是衣食父母；其次是满足股东的期望，股东是投资人，投资人需要回报；再次是满足员工的期望，将企业的发展与员工的期望相结合，只有人员稳定，企业才能发展得更好；最后是满足社会的期待，承担一定的社会责任，最近一些房地产企业频繁暴雷，给家

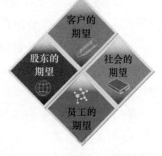

图17-3　满足相关方的期望

庭、社会带来非常不稳定的因素，除了市场因素的不确定性原因，更多的是缺乏社会责任感，这样的企业可能红极一时，但最终会被市场无情淘汰。

　　企业运营管理是企业经营活动的具体落实，它本质上就是为了满足上面四个相关方的期望，所以必须围绕上面四个方向进行展开，落实到执行层面。在具体的层面，运营管理可以概括为两大基础和一个目标，两大基础是指一流的现场管理和一流的人才梯队。企业运营是一个大系统，所有环节息息相关、互相影响。对于制造型企业来说，任何大问题的产生，都可以从现场找到根源。丰田公司前社长丰田英二先生强调造物即育人，人才是经营企业的关键，企业的兴盛衰败取决于人才的质量。只有人才能造物，不培养人才，工作自然无法顺利开展。运营管理的目标是指打造领先的竞争优势，这一点尤为重要。只有企业具有竞争优势才能保证在竞争中存活下来，同质化的产品或服务必然会导致价格战。企业必须思考在哪些方面与竞争对手拉开差距。卓越运营的核心如图 17-4 所示。

图 17-4　卓越运营的核心

　　企业可以从不同方面打造竞争优势，期望与竞争对手形成差异。传统企业倾向于建立低成本的竞争优势，精益的企业更注重品质和交期的改善，以实现高品质的快速交付。通过持续的精益改善，实现卓越运营的目标，精益运营和卓越运营本质上是一回事，一个强调手段，一个强调结果。需要强调的是，创新能力更是企业获得竞争力的关键，无论是产品创新、技术创新还是商业模式创新，在竞争激烈的市场环境中，企业需要不断地推陈出新，才能在竞争中占据优势。在传统的精益体系里更加强调持续改善，持续改善是创新的基础，创新的过程也应该纳入企业运营过程中进行管理。企业核心竞争力如图 17-5 所示。

图 17-5　企业核心竞争力

17.4　运营管理规划与改善逻辑

　　运营管理的逻辑框架如图 17-6 所示，从组织架构的建立到定义部门职责、定义管理要项，再到执行改善，最后是绩效管理。以下对一些关键节点的含义进行说明。

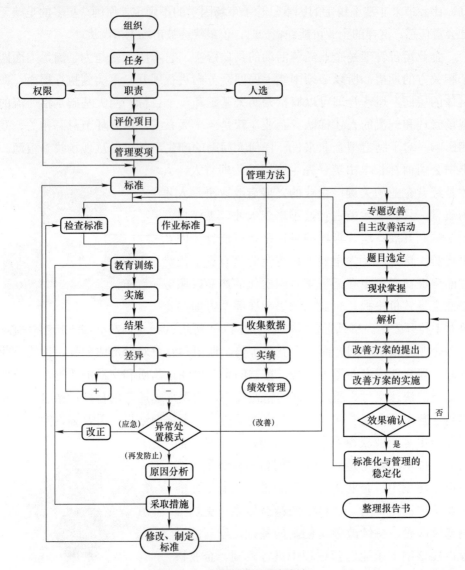

图 17-6 运营管理的逻辑框架

组织：依照不同发展阶段，组织需要规划适合的组织架构图，组织架构图反映了组织的权责结构。

职责：明确各职能的定位、分工及详细职责规划；明确各部门具体应该做什么。

人选：选择合适的职能负责人来担当该职能的运营管理工作。职能负责人在知识、技能、态度等方面应与岗位匹配。

权限：界定清楚职能职级间关键作业流程及管理权限，比如审核、批准等权限。

管理要项：制定符合公司发展及职能定位的关键绩效指标，如销售额、准交率等。

标准：建立或优化关键管理过程的工作流程及作业标准。标准包括两大类，一类是作业标准，一类是检查标准，标准是改善的基础。

收集数据：持续不断针对关键绩效指标进行数据搜集及异常分析。真实完整的数据是问题分析的基础。

专题改善：针对各职能运营过程中的异常指标进行改善，直到这些指标达到正常范围或目标。

绩效管理：定期复盘工作成效，实施绩效考评，优胜劣汰。

思考题

1. 谈谈你对运营管理的认识。
2. 企业运营管理面临哪些挑战？
3. 结合企业实际情况和行业动态，提炼企业的竞争优势。

第18章 年度经营策略及计划管理

18.1 年度经营计划的意义

年度经营计划是指企业为达到战略目标而制订的年度内一系列目标、计划及行动方案。它是企业战略的实施和落实，旨在实现战略目标，并在年度内对企业运营进行指导及日常监管和分析。年度经营计划通常包括对市场环境、竞争情况的分析，对产品研发、生产和销售等方面的规划以及对人力资源、财务等方面的安排。它是一个全面的计划，旨在确保企业在年度内实现预期的目标，并为未来的发展打下基础。公司做年度经营计划的意义在于以下几方面。

1）明确企业目标，年度经营计划是企业明确其目标的重要文件，它可以帮助企业设定具体的目标，并为实现这些目标制订具体的计划。

2）提高企业效率，年度经营计划可以帮助企业有效利用资源，提高其经营效率。它可以确保企业的资源（人力、物力、财力等）得到充分利用，避免浪费和重复。

3）提高企业竞争力，年度经营计划可以帮助企业评估市场环境和竞争情况，从而制定有效的经营策略。这可以提高企业的竞争力，使其在市场上获得更多的机会和成功。

4）计划体现经营能力，计划能力越强，把握外部经营环境能力越强，让企业的发展从"偶然业绩"到"必然结果"。

5）年度计划是企业经营的起点，是促进整体业绩最大化的开端，起点决定终点。

6）年度计划是培养经营人才的开始，制订计划的过程，本身就是选拔、培养经营人才的过程。

7）通过年度经营计划制订的互动过程，贯彻企业经营理念，达成对经营环境和现状问题的统一认知，统一目标与行动方针，实现全员参与经营。

8）年度经营计划是系统解决企业问题的最佳时机，其目的是要将看不见的企业经营意志，通过战略、战术落实到员工每一天的行动中去。

因此，年度经营计划对于公司来说非常重要，它可以帮助公司明确目标、提高效率、增强竞争力、培养人才、统一认知和行动方针以及系统解决企业问题。

18.2　年度经营计划的框架

一个公司的年度经营计划通常是承接企业发展战略的。它的形成和落实大致可以分为六个步骤，每个步骤又可以分为若干个环节，每个企业因为规模、内外部的情况不同，不一定要完全走完每个步骤。但是大的框架希望按照这个框架进行，以形成高质量的经营计划。其中年度经营环境分析和年度竞争策略规划是制订经营计划的输入，年度经营策略及目标、年度业务计划及经营预算、年度经营计划实施平台构建是制订经营计划的过程，年度经营计划实施管理是制订经营计划的输出。

年度经营计划框架如图 18-1 所示。

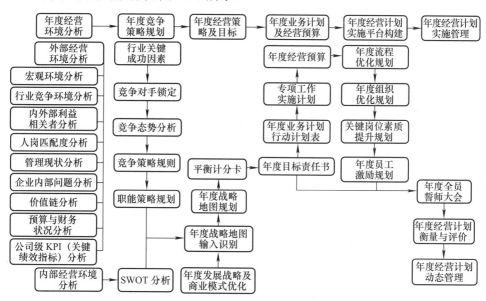

图 18-1　年度经营计划框架

18.3　年度经营环境分析

环境分析分为外部经营环境分析和内部经营环境分析，外部经营环境分析包括宏观环境分析、行业竞争环境分析以及内外部利益相关者分析等，它的输出是企业的风险和机遇。内部经营环境分析包括价值链分析、预算与财务状况分析、公司级 KPI 分析、企业内部问题分析、人岗匹配度分析等，它的输出是企业的优势和劣势。两者的输出最终会作为 SWOT 分析的输入。

18.3.1　宏观环境分析

企业想在激烈的市场竞争中立于不败之地，必须掌握当前的宏观经营环境，跟上时代步伐，顺势而为，成功的概率会更大。比如国家的"双减"政策对教培行业有着巨大的影响。宏观环境分析常用的工具称为 PEST 分析，如表 18-1 所示，从政治（Politics）、经济（Economy）、技术（Technology）、社会（Society）四个维度进行分析。

表 18-1　PEST 宏观环境分析

政治环境	经济环境
政治制度与体制、政局、政府的态度等；政府制定的法律、法规、税收	经济政策、通货膨胀、失业率水平、人口结构、汇率、人均收入
技术环境	社会环境
新技术的发展，行业技术的进步，新能源、新材料的使用，5G 数字化技术	民族特征、文化传统、价值观念、宗教信仰、教育水平以及风俗习惯

各环境因素以及子因素对应的权重由企业根据实际情况选择和确定。评分一般采用分组的方式进行打分，最后取平均值，打分由低到高，1 分为重要威胁，2 分为次要威胁，3 分为次要机会，4 分为重要机会。考虑这些因素对市场容量和对产品销售的影响大小，以及是否会影响原材料的供应等。重点是找出机会和威胁，表 18-2 中的权重只是参考，可作为长期收集信息的依据。PEST 分析表示例如表 18-2 所示。

表 18-2　PEST 分析表示例

宏观环境因素	权重	子因素	子因素权重	子因素评分	机会或威胁	最终得分
政治	20%	俄乌冲突	10%	1	威胁	0.1
		税收减免政策	10%	4	机会	0.4
经济	30%	经济增长放缓	15%	2		0.3
		工厂倒闭多	15%	1	威胁	0.15
社会	20%	教育水平	10%	3		0.3
		文化风俗	10%	2		0.2
技术	30%	新技术	20%	3	机会	0.6
		新材料	10%	3		0.3
合计	100%		100%			

18.3.2　行业竞争环境分析

行业竞争环境对企业生存有非常大的影响，环境在持续变化中，可能对企业产生威胁，也可能产生新的机会，企业如果不能够及时把握环境的变化就会非常被动。比如现在很多企业都用数字大屏作为演示工具，这样投影仪的市场需求必然会下降，这就是替代品的影响。经典的竞争环境分析工具称为波特五力模型，是由迈克尔·波特（Michael Porter）于 20 世纪 80 年代初提出的，对企业战略制定产生了深远影响，它从五个维度对竞争态势进行评估。波特五力模型示意图如图 18-2 所示。

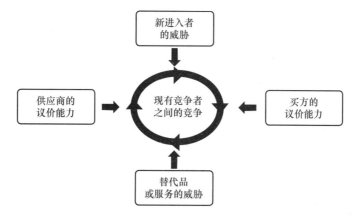

图 18-2　波特五力模型示意图

要使用这个模型，首先应该研究每个维度的影响因素，如表 18-3 所示，买方的议价能力由三个因素组成，然后对这些因素进行打分，打分的原则是越认同这个因素，分值越低，意指竞争激烈，最后算平均分。平均分低表明卖方竞争非常激烈，买方的议价能力很强，对卖方非常不利，构成威胁。波特五力模型也是有一定局限的，它假设制定对策者非常了解整个行业的信息，对这些影响因素非常熟悉，但现实情况并非总是如此，所以要结合其他工具进行全面分析。

表 18-3　波特五力模型使用举例

竞争者类型	影响因素	单项得分	平均分	机会或威胁
买方的议价能力	本行业大部分企业提供类似的产品	1		威胁
	客户转换供应商非常容易	1	1.67	威胁
	购买者对产品质量敏感	3		
……				

18.3.3　内外部利益相关者分析

利益相关者是对企业战略目标和经营计划制定有影响的个人或组织，企业在制订发展战略与年度经营计划时，要考虑到重要的利益相关者的利益诉求是否得到满足，否则企业的计划很难落地。企业外部的利益相关者包括政府、银行、客户、供应商、媒体等。企业通过评估对重要利益相关者的利益满足情况进行分析，评估企业内外部的风险。因为利益相关者众多，在评估之前要进行分类，按类评估以简化问题的复杂性。外部利益相关者矩阵如表 18-4 所示。

表 18-4　外部利益相关者矩阵

实力	可预测性	
	高	低
小	实力小，可预测，不重要	实力小，难预测，次要
大	实力大，可预测，次要	实力大，难预测，重要

如表 18-4 所示，根据组织实力的大小以及其利益诉求的可预测性进行分类，越是实力大，难预测的诉求越是需要更多的精力去考虑，需要优先满足重要利益相关者的诉求。能够比较好地满足重要利益相关者的诉求，就是企业的机会，否则就是企业的威胁。内部利益相关者包括股东与不同层级的员工。分析方法与外部利益相关者类似，此处不再详述。

18.3.4　外部机会与威胁识别

通过上述三个维度的分析，根据评分可以进行机会与威胁的选定，评分低的作为威胁的候选，评分高的作为机会的候选，再通过对具体事项的分析，确定哪些是机遇，哪些是威胁，形成表格。某公司外部机会与威胁识别如表 18-5 所示。

表 18-5　某公司外部机会与威胁识别

序号	机会	序号	威胁
O1	政府在大力推动数字化转型	T1	大量竞争者涌入
O2	低代码技术的发展节省了开发成本	T2	企业订单减少，不愿意投入
O3	经济形势不好，减人增效成为企业关注点	T3	

18.3.5　价值链分析

价值链分析是由美国哈佛商学院教授迈克尔·波特提出的，是一种寻求确定企业竞争优势的工具。它把企业的经营活动分为基本活动（物料准备、生产、成品储运、市场营销和售后服务）和支持活动（人力资源、组织建设、技术开发、采购活动），通过拆解这些活动，分析企业的劣势或优势，通过改善把劣势转化成优势。价值链分析经过不断的发展，已经从企业内部推广到整个供应链环节，如图 18-3 所示。

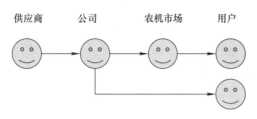

图 18-3　价值链分析示意

某公司生产农用机器，其销售渠道是通过农机市场销售给终端客户，也可以由工厂直接销售给终端客户。按价值链分析各环节问题：

（1）供应商　平均采购周期为 1 周，有断料情况，品质问题不大，不合格的约占 3%，付款方式大部分为月结，钢板为现金结算。

（2）公司　一次准时交货率很低，接近 0，农用机车制造周期为 25 天，缺乏竞争优势，一次合格率为 98%～99%，技术问题导致的生产问题比较多，骨干员工流动影响生产。

（3）市场　客户最担心的是产品质量，市场规模可以达到千亿，战略瓶颈在市场，突破农机市场是关键。需要通过客户痛苦分析，进行营销策划和销售系统管理，深挖农机市场，大幅提高销售业绩。

综上可知，目前该公司采购问题不大，需要大幅改善准交率、缩短交付周期，建立运营上的竞争优势，在此基础上，拓展市场。本案例在比较宏观的层面进行价值链分析，也可以进一步把企业内部活动展开分析。

18.3.6　预算与财务状况分析

企业经营得好与坏最终都要从财务角度体现出来，财务决算是企业对资金的使用以及经营计划的执行与完成情况进行的分析。一般是年初做预算，年末做决算，也可以通过弹性预算持续跟进计划的执行情况。财务分析还包括对财务报表进行分析，包括对利润表、资产负债表、现金流量表进行分析，通过分析净值变动的趋势，评估企业经营的情况，比如企业账上的现金增加了，通常反映企业的运营趋向于良性，如果现金流紧张，说明企业经营风险大。财务分析还包括对一些关键的财务指标进行分析。财务指标可以分为三大类。

（1）盈利能力　比如主营业务利润率、成本费用利润率、总资产报酬率、净资产收益率等。

（2）运营能力　比如库存周转率、库存周转天数、固定资产周转率、应收账款周转率等。

（3）偿债能力　比如流动比率、负债比率、速动比率等。

18.3.7　公司级 KPI 分析

公司的经营计划要考虑去年的 KPI 达成情况，哪些做得好，哪些做得不好，做得不好的是否需要列为明年的改善重点。公司级 KPI 核心还是围绕质量、成本、交期、财务等关键指标，举例如表 18-6 所示。表现好的指标代表优势，表现差的指标代表劣势。

表 18-6　公司级 KPI 举例

质量	成本	交期	财务
成品合格率	人均产值	一次准交率	利润率
来料检验合格率	计件工资占比	生产周期	库存周转率
客户投诉次数	OEE	交付周期	现金流周期

18.3.8　其他需要考虑的方面

其他方面还需要考虑企业内部问题、客户满意度、管理成熟度、员工满意度、人岗匹配度等方面，总之考虑得越全面，得到的结论越可靠，需要投入的精力越多，在这个过程中抓大放小是非常有必要的，这样做的目的是评估企业内部管理的优势和劣势。

18.3.9　公司内部的优势和劣势

通过上述不同维度的分析，目的是得到公司在哪些方面做得好，哪些方面还有很大问题，通常可以通过打分的方式进行评比，根据定量的数据进行决策更快捷一些，有些也需要定性分析。总之通过这样的分析可以最终确定公司的优势和劣势，如表 18-7 所示，这可以为未来的分析奠定基础。

表 18-7　某公司优势与劣势识别

序号	优势	序号	劣势
S1	技术在行业中领先	W1	初创公司，管理成熟度差
S2	产品容易标准化	W2	交货期长，没有竞争力
S3	产品的毛利润很高	W3	垫资高，现金流紧张

18.4　年度竞争策略规划

18.4.1　SWOT 分析

上述分析已经明确了企业的外部机会和威胁、企业内部的优势与劣势，将它们进行交叉匹配得到如下四种策略，具体案例如表 18-8 所示。

（1）优势 + 机会　为 SO 策略，增长型策略。

（2）劣势 + 机会　为 WO 策略，扭转型策略。

（3）优势 + 威胁　为 ST 策略，多元化策略。

（4）劣势 + 威胁　为 WT 策略，防御性策略。

表 18-8　某公司 SWOT 分析举例

OT	SW	
	S：优势 1. 业务排名：2024 年上半年企业在国内市场上排名第一 2. 技术实力：长期坚持不少于销售收入 5% 的研发投入，并坚持对机器视觉的新技术进行持续跟踪。老板技术出身，在行业内有知名度 3. 成本优势：长三角地区的劳动力相对廉价 4. 优质服务：立足国内用户做本土化服务	W：劣势 1. 民营企业，老板个人色彩浓烈，一权独大，多是经验管理，管理团队整体水平不高 2. 企业在技术研发上投入大，原始积累有限，资金实力不够雄厚 3. 老板技术出身，不擅长市场营销，宣传力度不够，不利于提高企业形象
O：机会 1. 机器视觉技术的快速发展，给企业带来了新的机会，大量的高科技产品对检测的要求越来越高 2. 国际形势风云变幻，产业升级迫在眉睫，高新技术前景最为广阔，国家对于高新技术产业的扶持力度大	SO：利用优势抓住机会 1. 开拓国际市场，内外销两手都要硬 2. 创新产品，推出更多拥有自主知识产权的产品 3. 整合国内外优质资源，共同发展	WO：抓住机会降低劣势 1. 培养客户和市场，努力培养优秀的销售管理人员 2. 将重心转向有潜力的市场，抢占市场 3. 合并或兼并，多领域发展
T：威胁 1. 与国际公司的竞争日趋激烈，企业在人力资源、设计等领域处于劣势 2. 国内低质量产品的竞争，加上经济不好，客户不断压价 3. 贸易保护导致很多国家设置了贸易壁垒，出口受阻 4. 国际上实力强大的企业不断涌入	ST：利用优势减小威胁 1. 提高设备技术含量和服务水平，吸引对服务质量要求较高的经济实力强的用户 2. 加强与政府相关部门合作，争取各省工信厅支持的项目 3. 利用老板的知名度，在企业的竞争中弥补劣势	WT：降低劣势使威胁降到最低 1. 优化人员结构，同时削减开支，使资源使用最佳化 2. 聘请品牌营销专家，精准宣传以提高品牌知名度 3. 加强同国内外高校、企业合作，弥补资金人才不足

18.4.2　竞争策略规划

企业的竞争策略除了与内外部环境有关外，还要重点考虑竞争对手的策略，竞争对手无时无刻不在想办法在竞争中获胜，要选择最直接的竞争对手进行对比分析。竞争策略规划步骤如下：

1）确定行业关键成功因素，3～5个为宜。

2）根据经验或头脑风暴法确定各因素重要性，由高到低排列。

3）锁定企业竞争对手，1～2家为宜。

4）针对关键成功因素，与竞争对手进行对比打分，将成功因素分为5个等级：优秀、较好、一般、差、很差。

5）根据评分确定竞争态势，分别为我强敌强（SS）、我强敌弱（SW）、我弱敌强（WS）、我弱敌弱（WW）。

6）确定竞争策略：

领先策略：主动挑起竞争，企业先发制人。

跟随策略：不主动挑起竞争，跟随竞争对手。

维持策略：企业根据自己的情况，维持现状不变。

竞争策略分析举例如表18-9所示。

表18-9　竞争策略分析举例

排序	成功因素	企业	对手	差异	竞争态势				竞争策略
					SS	SW	WS	WW	
1	交货期	5	3.5	1.5		√			领先
2	良率	4	3.2	0.8		√			跟随
3	新产品数	3	5	−2			√		领先
4	成本管理	3	3.1	−0.1				√	维持

通过上述分析，针对明确的关键竞争因素，结合企业的资源情况以及投资回报率等因素，决定对应的竞争策略，比如交货期采取领先战略，竞争对手的交货期是10天，企业最少要做到7天，要在这个目标下，梳理出具体的改善动作才可以落实策略。

18.4.3　职能策略规划

企业的竞争策略可以让企业对如何参与市场竞争更加清晰，其中把需要的竞争能力建立起来至关重要，这显然需要各职能部门共同努力，为达成上述能力需要做一些保障工作，比如销售线索保障，保证企业有足够的意向客户；产品保障，保证要货有货，不缺货；人力资源保障，做好人力资源供给；资金保障，做好现金流供应，不影响员工工资发放及原材料采购等。某公司职能策略规划举例如表 18-10 所示。

表 18-10 某公司职能策略规划举例

职能部门	职能策略
市场营销	1）建立销售团队 2）完善营销与销售体系 3）建立销售进度监控体系
研发设计	1）购买新的开发框架，自主开发数字化系统 2）导入敏捷开发技术 3）导入研发过程优先顺序机制
供应链	1）老板亲自负责采购 2）成立供应商辅导团队 3）完善供应商管理制度
人力资源	1）建立新人留任率指标 2）导入宽带薪酬制度
财务	1）从财务角度提出企业降本的着眼点 2）建立应收账款的阶梯账期政策

18.5 年度经营策略及目标

18.5.1 年度发展战略及商业模式优化

企业发展战略是对未来 3～5 年的整体规划，近年来，因为市场变化快速，通常建议企业做 3 年的战略规划。在制订年度经营计划时，要回顾战略规划的落实情况，要根据执行情况和市场变化进行修正，同时要考虑明年战略规划的部署，所以战略也是年度经营计划的输入。战略一般分为四个层次。

（1）使命、愿景 回答企业存在的意义及长远追求，比如未来 30 年，企业要成为一家什么样的公司。

（2）战略目标 确定未来 3～5 年内企业的发展目标是什么，财务目标是什么，业务目标是什么。

（3）业务战略（核心竞争力） 确定企业做什么产品或提供什么服务，为哪些客户提供服务，企业的核心竞争力是什么。另外，还要确定产品与市场的优先级，也就是企业应将重点放在哪里。

（4）职能战略 为了达成战略目标，打造核心竞争力，确定企业各个职能部门应该做的具体的事情。因为现在的规划考虑的线条会粗一些，比如企业要打造快速交付模式，职能战略是导入拉式生产。在做年度计划时，才需要将拉式生产分解成更具体的步骤。

企业商业模式指的是企业赚钱的逻辑，通常在激烈的同质化竞争环境下，通过商业模式的创新达到与竞争对手的差异化。比如过去的杀毒软件公司靠卖软件盈利，但现在软件是免费的，因此它们通过使用软件过程中的一些增值服务盈利。比如 360 软件它的盈利一方面是靠广告，另一方面也提供一些手机游戏。商业模式优化是企业经营活动中的一大改变，一般也应该纳入企业的发展战略中。

18.5.2 年度战略地图输入识别

通过上述对多个维度的分析，可以梳理出很多需要在年度计划中推进的项目，这些项目有些是重复的，在不同的维度分析中都有所体现，有些项目需要较大投入，当前的人力、资金的条件可能不具备。企业需要对这些改善项目进行整体盘点，合并同类项，并区分重要性，本质上是对这些策略进行筛选。具体如表 18-11 所示。

表 18-11　改善策略盘点表

策略来源	策略	是否战略需要	是否关键策略	是否系统性问题	是否阶段性问题	是否资源充分	备注
SWOT 分析		√		√			
竞争策略			√		√	√	
职能策略							
年度发展战略							

18.5.3 年度经营策略分解表

上述各项策略经过筛选后，需要通过评估项目的紧迫性和重要性，区分执行的优先顺序，要明确责任部门，责任部门可能是一个，也可能是多个，但是只能有一个主责部门。年度经营策略分解表如表 18-12 所示。

表 18-12　年度经营策略分解表

序号	策略名称	紧迫性			重要性			主责部门
		非常	紧急	一般	非常	重要	一般	
1								
2								
3								

18.5.4 平衡计分卡与年度经营目标分解

经过多维度、多步骤的分析提炼后，形成了多个年度经营策略，也可以理解成改善项目，这些改善项目需要列在年度计划中去推动落实。这些项目经过多轮的提炼，虽然都是重点项目，但因来源不同，所以它们之间的逻辑关系略显零散，对企业目标达成的脉络不够清晰，可以采用平衡计分卡对它们进行再分类。平衡计分卡的基本逻辑如下：

1）为使股东满意，需要达成什么样的财务目标。

2）为达成财务目标，需要满足怎样的客户需求。

3）为了满足客户需求，需要哪些内部运作及流程超越他人。

4）为了使运作与流程能够顺利运行，员工需要如何学习与成长。

5）将对应的改善策略以指标的形式落实到责任部门或责任人就形成了平衡计分卡指标系统。

图 18-4 称为平衡计分卡战略地图，这里的财务指标其实就是公司的年度经营目标，通常以销售额或利润的形式体现。指标的确定，最主要的来源是企业的发展战略，比如三年战略规划中，每年的达成目标和对来年情况的预判，比如企业原来的目标是销售增长 20%，确定请咨询公司介入，就可能将期望值调高，如果经济形势不好，就可能降低目标。平衡计分卡强调平衡，即财务、客户、内部业务流程、学习与成长要保持平衡，过度忽视某个方面都不利于目标的完成。

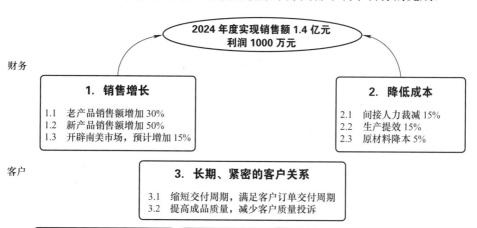

图 18-4　平衡计分卡战略地图

通过对年度经营策略进行四个维度的分类，重新整理汇总，就可以成为最终的年度经营策略。这些经营策略进一步与业务策略结合，并结合财务预算，最终才能付诸实践。年度经营策略汇总表示例如表 18-13 所示。

表 18-13　年度经营策略汇总表示例

一级战略	二级战略	衡量指标	目标	部门	类别
2023 年公司经营目标		销售收入	2.5 亿元		
		销售利润	2000 万元		
销售提升	老客户提升	销售收入	1.8 亿元	业务部	财务
	新客户提升	销售收入	0.7 亿元	业务部	财务
成本控制	低成本自动化	减少人工	50 个	工程部	财务
客户价值最大化	在厂内设置组装班组	交货周期	4h	生产部	客户
缩短生产周期	在制品库存压缩	库存周转率	12 次	计划部	内部业务流程
新员工稳定性	导入改善提案字段	提案件数	1 件 / 月	IE 部	学习与成长

18.6　年度业务计划与经营预算

年度业务计划是明确在未来一年，公司各业务部门要做哪些事情，包括前面的经营策略。比如说为了达成明年的销售额，业务部门要开展哪些活动，如品牌建设、促销、开发新市场等。

（1）年度销售计划　包括营销计划、销售计划、渠道管理、客户服务等。

（2）年度研发计划　包括市场调研、新产品开发、老产品升级、新产品上市计划、老产品淘汰计划等。

（3）年度供应链计划　包括生产计划、采购计划、仓储物流计划、品质与工程计划等。

（4）年度人力资源计划　包括年度人力资源规划、招聘、培训、薪酬、企业文化建设等。

（5）年度财务计划　包括投融资计划、税务筹划、成本控制计划、费用控制计划、企业风险管理等。

企业要维持正常的经营活动，必然伴随着资金的流入和流出，比如采购原材料、生产产品、交付成品、收款、给员工发工资。企业需要对未来的经营活动进行财务层面的预测和筹划，通过对执行过程的监控，对资金的使用和相应业务的达成情况定期跟进，从而对经营活动进行指导。

预算以公司年度目标为基准，首先是业务部门进行业务分解，其次是供应链相关部门进行任务分解和费用的计算，再次是人力资源部门汇总人力相关需求，最后是财务部门进行财务的汇总分析，最终形成财务预算报表。如果该报表不能满足公司目标，需要及时进行调整，直到各部门达成共识为准。当前因市场波动大，不确定性因素较多，一年的预算有时候会有比较大的出入，此时可以在年度预算的基础之上，做未来三个月的预算，称为 $T+3$ 预算。业务部年度预算表如表 18-14 所示。

表 18-14　业务部年度预算表

项目	上年实际	本年预算	销售单价	第一季度								第二季度							
				1月		2月		3月		合计		4月		5月		6月		合计	
				销量	销售额	销量	销售额	销量	销售额	销量	销售额	销量	销售额	销量	销售额	销量	销售额	销量	销售额
1. 销售收入（分产品）																		
产品 1																		
产品 2																		
产品 3																		
……																		
销售收入总计																		
2. 销售回款																		
2.1　销售回款率																		
销售回款额																		
2.2　应收账款与预收账款																		
期初应收账款																		
期初预收账款																		
本期销售收入																		
本期销售回款																		
期末应收账款																		
期末预收账款																		

18.7　年度经营计划实施平台构建

年度经营计划确定后，如果与过去存在较大的变化，需要对组织的流程和架构以及激励机制进行变革以支撑年度目标的达成，称为年度经营计划实施平台构建。

18.7.1　流程的变革

流程是设定好的一系列步骤，以生产产品或服务来满足客户需求。有些流程是在某个部门内部的，大部分流程是跨部门的。流程就像天然气管道，绵延经过不同的地区，不仅要测量管道两端的参数，还要对关键接头部位测量压力和浓度。流程也是需要有目标以及过程指标的，如果流程不能达到设定的目标，就要对其进行改善。

（1）目标设定 需要对流程设定目标，并对关键环节设定控制指标，如图18-5所示。

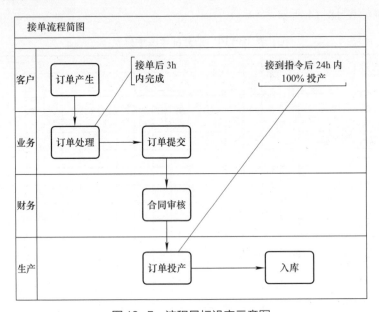

图18-5 流程目标设定示意图

（2）建立流程绩效管理机制 负责流程的部门需要及时反馈信息，对流程中不合理、缺失或多余步骤进行持续改善，而非流程中断后的抢修。

（3）为流程配置足够的资源 传统的资源分配更倾向于面向职能，追求的是部门产出，正确的方式应该是以完成流程目标为出发点配置资金和人员。

（4）做好流程的接口管理 当流程跨越不同的职能部门时，就会出现接口，这些接口是最容易产生问题的地方，需要持续管理。

18.7.2 组织架构与职能调整

企业的发展战略和年度经营计划在一定程度上决定了企业的组织架构，举例来讲，如果一个企业规模越来越大，那么其业务可能会变得非常复杂，此时传统的PMC体系可能会变得效率低下，导致部门间意见不统一，难以协同。这个时候需要建立供应链管理部，把计划、采购、仓储、物流整合起来，就需要改变组织架构以及对应的部门职能和岗位职能。这个改变如果是非常明确的，就应该在完成年度经营计划时，立即调整，为下一年的发展扫清障碍。再比如说，直播电商的兴起，使个人 IP 的价值不断放大，这个时候传统的管理职能就要做出调整，从原来重管理转向重服务。

18.7.3　配套的薪酬与激励制度

为了提升员工的积极性，有信心开始新的一年，不可避免地会涉及薪酬、福利、激励制度的改革，如果能在新的一年开始之前都调整好，对于开局来讲是非常有意义的，但是这个问题非常敏感，需要三思而后行。

18.8　年度经营计划实施管理

年度经营计划在实施过程中，企业要定期对目标完成情况进行检讨、评价和改善，这种活动一般以月度经营分析会的形式进行。

现如今，市场变化非常快，很多问题没有办法预见，所以有"计划不如变化快"的说法。但是"凡事预则立，不预则废"，做计划还是非常重要的，建议在每个季度的经营分析会上，对未来几个季度的策略、目标、计划进行修正和优化，以保证经营计划的指导作用。

思考题

1. 企业为什么要做年度经营计划？
2. 年度经营计划有哪些输入条件？
3. 业务计划与预算是什么关系？

19.1 企业运营职能自评的意义

19.1.1 什么是运营自评

企业运营职能自评是通过区分企业不同职能的关键要素，针对各要素进行打分，最后将评分汇总，以得到各职能综合的定量表现。评分可以采用百分制或十分制，可以将得分做成雷达图的形式，清楚地看到哪些职能表现好，哪些职能表现差，也可以看出现状与最高分之间的差距。图 19-1 左边是各职能得分，右边是对应的雷达图。每个企业因设置不同，职能可能有所不同。

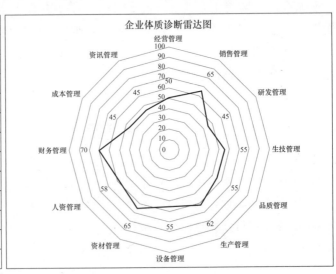

运营职能类别	得分
经营管理	50
销售管理	65
研发管理	45
生技管理	55
品质管理	55
生产管理	62
设备管理	55
资材管理	65
人资管理	58
财务管理	70
成本管理	45
资讯管理	45

图 19-1　运营自评图形化呈现

19.1.2 运营自评的意义

通过定期对企业运营职能进行自我评价，企业能够不断完善自身的运营体系，提高运营效率和竞争力，实现长期稳定的发展。

（1）持续改进与优化　企业运营职能自评的核心意义在于识别运营过程中存在的问题，并推动持续改进。例如，某电商企业在自评中发现物流配送效率低下，通过改进配送路线和对配送员进行培训，显著提高了配送速度和客户满意度。

（2）战略决策支持　运营自评为企业提供关于运营状况的全面信息，有助于制定更科学、合理的战略决策。例如，某能源企业在运营自评中发现新的市场需求和增长机会，它便调整战略规划，进入可再生能源领域，实现了可持续发展。

（3）对标与竞争优势　通过对标行业内的最佳实践，企业可以明确自身的优势和劣势，并针对性地提高竞争力。例如，某零售企业通过对标其他成功企业的运营策略，优化了商品组合和营销策略，提高了销售额和市场占有率。

（4）员工激励与发展　运营自评不仅是企业对运营的评估，也是对员工的激励和反馈。通过运营自评，企业可以了解员工的工作表现和发展潜力，提供相应的培训和晋升机会。

（5）增强风险控制　通过运营自评，企业可以发现潜在的风险点，并采取措施进行预防和控制。例如，某制造企业在进行运营自评时发现生产线安全隐患大，它便及时进行了设备更新和流程优化，降低了安全事故的发生概率。

19.2　企业经营机能的运营自评

企业经营机能原则上不属于各职能部门的工作，但是与运营密切相关，从某种意义上讲，可以理解成总经理或董事长的职能，所以也纳入评价范围，如表 19-1 所示。

表 19-1　经营管理诊断表

公司名称：　　　　　　　　　　　　　　　　　　　　　　　　　　　　　　日期：

经营管理			评分					备注
加重计分	项次	检查项目	E 完全未进行 （劣）	D 几乎未进行 （不佳）	C 有时进行 （尚可）	B 大致进行 （佳）	A 完全进行 （优）	备注
※	1	是否明确经营理念（价值观 Value）、愿景（Vision）并使全员了解？						
※	2	是否拟订中长期发展策略、目标（Goals）并往下展开？						

（续）

经营管理			评分					备注
加重计分	项次	检查项目	E 完全未进行（劣）	D 几乎未进行（不佳）	C 有时进行（尚可）	B 大致进行（佳）	A 完全进行（优）	
※	3	是否制订年度方针、目标并展开达成目标的行动方案？						
	4	是否定期检讨经营绩效并推动项目改善？						
	5	是否规划并推进管理诊断与稽查？						
	6	组织架构是否合理及运作顺畅？						
	7	部门任务职责是否明确？						
	8	管理会计职能是否建立？						
※	9	部门日常要项管理机制及数据是否掌控？						
	10	会议体制完备性及运作效能如何？						
	11	标准化活动的推进组织、系统及成效如何？						
	12	上下层级间的沟通是否顺畅？						
※	13	组织横向沟通是否顺畅？						
	14	经营分析与改善推动能力如何？						
	15	经营管理Plan-Do-Check-Action循环运作如何？						
小计								
合计点								
评语								

从表 19-1 中可以看出，诊断表由加重计分、检查项目、评分等组成。检查项目是针对经营机能梳理出的关键要素。根据这些要素的得分情况评价经营机能的好坏。具体的检查项目是根据顾问多年的实践经验提炼出来的，企业可根据实际情况进行调整。这些要素的重要性不尽相同，需要确定各要素的权重，有些要素非常重要，权重就应该大些。在加重计分栏中，用"※"标识，在实际计算中要转换成比较大的权重值，一般按百分比计算较好。表中右侧是评分

区域，共分为五个等级，如表 19-2 所示。

表 19-2　评分等级表

等级	等级描述	评分（百分制）
A	完全进行（优）	81～100
B	大致进行（佳）	61～80
C	有时进行（尚可）	41～60
D	几乎未进行（不佳）	21～40
E	完全未进行（劣）	0～20

分数的计算：首先针对每个要素，参照表 19-2 的等级描述进行打分，写在表 19-1 对应的表格里。用权重乘以每个要素的得分，写入表 19-1 中的小计栏中，把各个等级的小计得分相加就是经营管理这个大的类目的最终得分，计入合计得分栏即可。

因为打分具有一定的主观性，个人的偏好对结果影响比较大，在实务中最好让经理级别以上的领导都参与打分，最后取平均值，如果高层认为分数不妥，再做适当调整。表 19-1 最下方是评语，需要对评价的结果进行分析和总结，形成概括性的结论。

19.3　市场销售机能的运营自评

市场销售机能的运营自评如表 19-3 所示，一共 15 项，5 项为重点检查项。具体操作方法同上，此处只列出关键信息。

表 19-3　市场销售机能的运营自评

销售管理		
加重计分	项次	检查项目
※	1	营销和销售部门是否设定了目标，目标完成情况如何？
	2	市场需求预测的准确度如何？
	3	营销部门在市场研究、定位和品牌建设方面能力如何？
	4	销售部门在开拓新客户和市场方面的效果如何？
※	5	是否有人负责定期分析竞品的销售情况与策略？
	6	销售流程的管理是否明确并彻底执行？
	7	报价方法是否合理明确？

（续）

加重计分	项次	检查项目
※	8	业务部门在数据收集、分析和报告方面的能力如何？
※	9	产品的质量与交期是否满足了客户的需求？
	10	售后服务与客诉处理是否明确进行？有无改善？
	11	销售人员是否服从公司的管理？
	12	与各部门间的协调是否明确、迅速？
※	13	对业务人员是否进行系统培训？
	14	销售费用的控制是否恰到好处？
	15	销售业务是否实行 Plan-Do-Check-Action 的闭环循环？

19.4 研发机能的运营自评

研发机能的运营自评如表 19-4 所示。

表 19-4　研发机能的运营自评

研发管理		
加重计分	项次	检查项目
※	1	研发项目的完成情况以及最终产品的质量如何？
※	2	研发部门在技术创新、产品升级方面的贡献如何？
	3	研发周期、资源利用效率以及工作流程的优化程度如何？
	4	研发部门的预算执行情况以及成本控制能力如何？
	5	对项目风险是否有识别、评估和控制能力？
	6	是否有进行专利、软件著作权申请等？
	7	内部团队之间的协作与沟通能力以及与其他部门的沟通情况如何？
	8	对员工的培训、技能提升是否到位？
※	9	新产品在市场上的表现和竞争力是否足够？
※	10	在项目立项、可行性分析方面的专业能力和准确性如何？
	11	小批量试产阶段的问题是否重复发生？
	12	研发部门对产品售后服务的支持程度和客户满意度是怎样的？
	13	产品的工程资料是否齐全、准确？
※	14	研发进度控制是否有效实施？
	15	研发设计的业务是否实行 Plan-Do-Check-Action 的闭环循环？

19.5　生技机能的运营自评

生技机能的运营自评如表 19-5 所示。

表 19-5　生技机能的运营自评

加重计分	项次	检查项目
生产技术		
※	1	生产工艺的设计是否合理，生产线是否准时交付？
※	2	在设备选型、投资决策方面是否足够专业？
	3	在提高自动化水平、减少人工干预方面的努力是否显著？
	4	操作程序的设定与生产线布置是否科学？
	5	在设计和生产过程中的标准化程度如何？
	6	治工具、计测仪器的准备与管理是否周全？
	7	标准工时的设定是否合理？
※	8	量产试作过程中的安排及处理是否严谨？
※	9	在提高生产率、降低制造成本方面的成效是否显著？
	10	内部团队之间的协作与沟通能力以及与其他部门的沟通是否顺畅？
	11	是否快速有效地响应制造过程中的异常？
※	12	是否在量产前解决了大部分问题？
	13	生产技术相关文件是否及时、准确？
	14	对员工的培训、技能提升的支持是否足够好？
	15	生产技术业务是否实行 Plan-Do-Check-Action 的闭环循环？

19.6　计划物控机能的运营自评

计划物控机能的运营自评如表 19-6 所示。

表 19-6　计划物控机能的运营自评

加重计分	项次	检查项目
计划物控管理		
※	1	生产计划是否准确反映了市场需求以及能否有效预测和应对生产中的变化？
	2	与其他部门（如销售、采购、生产等）之间的协调沟通能力怎样，能否有效解决生产过程中的问题？
※	3	对订单交期的回复是否科学合理？

（续）

加重计分	项次	检查项目
	4	订单评审是否解决了大部分问题？
	5	物料分类与安全存量设立是否合理？
※	6	产能规划是否可行，是否能够根据市场需求和产品特点进行有效的产能配置？
	7	MRP 是跑毛需求还是净需求？
	8	供应链的信息化水平如何？
※	9	物料计划是否准确，是否能够确保生产所需的物料及时供应？
	10	在成本控制方面的表现如何，包括物料的成本核算、生产成本的预测和控制等？
	11	能否快速调整计划和物料供应以保障生产的稳定？
※	12	在数据收集、整理、分析和报告方面，能否为决策提供有力支持？
	13	计划物控部门是否有持续改进的意识，以及在生产计划和物料管理等方面是否有改进的项目和成果？
	14	对员工的培训、技能提升的支持是否足够好？
	15	计划物控业务是否实行 Plan-Do-Check-Action 的闭环循环？

19.7 采购供应机能的运营自评

采购供应机能的运营自评如表 19-7 所示。

表 19-7　采购供应机能的运营自评

采购管理		
加重计分	项次	检查项目
※	1	采购相关政策是否明确，是否彻底下达到执行部门？
※	2	对供应商政策与管理是否有双赢的做法？执行情况吻合吗？
	3	对供应商的选择、评定适当吗？不佳的供应商比率是否太高或有替换动作？
	4	对依存度高的供应商，有无具体管理方法？
	5	采购合同适当吗？有无相关 Q.D.C 的规定内容？执行情况如何？
※	6	有关进货的质量检验标准，其执行情况怎样？有异常的反馈处理又如何？
	7	对于不良品的特采规定如何？是否会影响产品质量？
	8	采购（外协）价格的决定、变更的制度、权限是否合理？
※	9	对采购/外协成本降低的改善行动效果如何？
	10	评估采购部门是否掌握在价格谈判、合同签订等方面的谈判技巧和策略？
	11	是否对供应商进行了辅导？

（续）

加重计分	项次	检查项目
※	12	采购部门与其他部门之间的沟通协作能力如何，能否及时提供和获取所需信息？
	13	采购部门在应对突发事件或紧急需求时的响应速度和效果如何？
	14	对员工的培训、技能提升的支持是否足够好？
	15	原材料供应与采购管理是否实施 Plan-Do-Check- Action 的闭环循环？

19.8 品质管理机能的运营自评

品质管理机能的运营自评如表 19-8 所示。

表 19-8　品质管理机能的运营自评

品质管理		
加重计分	项次	检查项目
※	1	是否依照经营方针制订质量计划（理念、方针、推进方法、业务执行）？
※	2	是否依照质量计划制定品保手册与建立作业系统？
	3	推进组织与任务职责、权责是否明确？
※	4	新产品开发阶段的质量管理是否有效？
	5	制程管制规范是否系统地建立并落实执行？
	6	供应商评价与期间考核是否实施并提供改善指导？
	7	进料、制程、出货的检验计划是否从质量保证与 TQC 的推进观点充分检讨后来加以制订？
	8	计测仪器是否进行规范管理？
	9	客户投诉的处理程序与售后服务是否合适？
	10	各项质量记录是否加以定期解析提供建议作为改善依据？
	11	不良品的管制是否规范？
※	12	是否进行品管教育计划的规划、查核与推进？
	13	统计手法的运用是否纯熟？
※	14	是否进行质量稽核诊断并进行改正行动？
	15	品质管理推进业务是否实行 Plan-Do-Check-Action 的闭环循环？

19.9 生产制造机能的运营自评

生产制造机能的运营自评如表 19-9 所示。

表 19-9　生产制造机能的运营自评

生产制造		
加重计分	项次	检查项目
※	1	是否有明确的生产管理制度，并且彻底执行？
	2	生产部门内部以及与其他部门的协作状况如何，包括与研发、销售、采购等部门的沟通与合作？
※	3	工程能力、作业标准及时间分析是否妥善进行？
	4	设备的日常维护和保养是否规范进行，效果如何？
	5	生产现场的安全管理是否规范，包括安全规章制度、安全培训、事故预防等？
	6	制程质量的管制是否有效进行，绩效如何？
	7	现场制造彻底执行生产计划了吗？
	8	进度掌握及调整的方法是否合适？
	9	现场人员的指派及调度是否合适？
※	10	机械设备的配置、生产能力、稼动率是否掌握并进行必要的改善？
	11	生产异常的处理是否迅速明确并积极预防再次发生？
※	12	成本与生产的管理是否结合并进行积极改善？
	13	交期的绩效是否掌握并进行积极改善？
※	14	生产量的绩效是否掌握并进行积极改善？
	15	生产管理业务是否实行 Plan-Do-Check-Action 的闭环循环？

19.10　设备管理机能的运营自评

设备管理机能的运营自评如表 19-10 所示。

表 19-10　设备管理机能的运营自评

设备管理		
加重计分	项次	检查项目
	1	是否进行设备合适规划及投资效益评估？
	2	是否掌握并建立设备的技术资料且妥善保管？
※	3	设备保养、润滑基准设定是否合适？
	4	设备操作标准、保养作业标准是否完备且有效？
※	5	设备定期保养是否持续进行？
※	6	设备自主保养是否持续推动？
	7	是否进行设备保养历程记录并加以运用？

（续）

加重计分	项次	检查项目
※	8	备品备件的规划是否合理并进行良好管理？
	9	设备故障解析及改善模式是否建立？
	10	设备改良保养是否进行？成效如何？
	11	设备故障检修体系完备否？是否快速有效响应？
※	12	设备操作及保养有关教育训练是否规划并积极实施？
	13	是否有保养预防（MP）体制？
	14	设备管理绩效是否有管理指标并掌握实绩来加以检讨？
	15	设备管理业务是否实行 Plan-Do-Check-Action 的闭环循环？

19.11 仓储物料机能的运营自评

仓储物料机能的运营自评如表 19-11 所示。

表 19-11　仓库物料机能的运营自评

仓储物料		
加重计分	项次	检查项目
※	1	仓储的整体规划是否合乎效率及 5S 的原则？
	2	仓库设施的选择（货架、容器、车辆）是否符合精益的流动原则？
	3	物料的堆码是否规范，标识是否清晰？
	4	物料在仓库中的保存是否完好，没有破损？
※	5	料、卡、账一致性如何？
※	6	有无定期盘点？对呆滞品的处理有无具体计划与行动？
	7	在遇到突发事件时，能否迅速、准确地做出反应？
	8	备料工作是否按计划进行？
	9	仓库中的设备是否做到了定期维护，没有损坏？
※	10	是否有措施保证仓库安全，没有火灾等安全隐患？
※	11	仓库管理软件是否使用熟练，信息化管理水平如何？
	12	是否及时处理入库和出库的货物，以保证生产线的供应？
	13	仓库环境是否做到卫生良好，无污染、无杂物？
	14	对员工的培训、技能提升的支持是否足够好？
	15	仓库管理是否实行 Plan-Do-Check-Action 的闭环循环？

19.12 人资行政机能的运营自评

人资行政机能的运营自评如表 19-12 所示。

表 19-12　人资行政机能的运营自评

加重计分	项次	检查项目
※	1	是否依据企业发展策略来拟定各项人力资源管理政策（用人政策、薪资政策、绩效管理政策、教育训练政策）？
※	2	是否定期进行人力质量盘点，并提出人力计划报告？
	3	人资相关动、静态报表是否定期加以统计、解析？
	4	职系架构、职等、职位及职位设计是否合适？
	5	人员招聘是否有规范的作业流程？
	6	对新进人员是否进行必要的训练与考核？
	7	考勤管理是否规范、合理？
※	8	人力发展计划（传承计划、升迁、轮调等）是否进行？
※	9	是否建构合理的绩效管理制度，并有效运作？
	10	是否有规范的体系化教育训练计划并落实执行？
※	11	薪资制度设计是否与绩效挂钩？是否具有激励效果？
	12	薪资制度设计是否兼顾内部公平性与外部竞争性？
	13	劳资沟通是否通畅，是否建立沟通机制？
	14	是否建立合适的员工福利制度？
	15	人力资源管理是否实行 Plan-Do-Check-Action 的闭环循环？

19.13 信息化管理机能的运营自评

信息化管理机能的运营自评如表 19-13 所示。

表 19-13　信息化管理机能的运营自评

加重计分	项次	检查项目
※	1	信息系统导入是否经过全面专业的评估流程？
	2	信息系统导入或更新的目标是否明确，是否设定可被衡量的指标？
※	3	软件使用者的体验感如何，是否便利？

（续）

加重计分	项次	检查项目
※	4	影响信息系统有效运作的相关教育训练是否规划并进行？
	5	信息系统导入或更新的基础资料准备情况怎样？
※	6	信息系统能否提供充分管理信息给管理者且被应用？
	7	是否有多个软件且能互联互通？
	8	信息系统权限设定是否合理并按规定执行？
	9	企业数字化转型的重要性是否得到高层认可？
	10	系统硬件投入是否进行专业评估且被有效维护？
	11	信息化软件小幅变动是否可以满足各部门需求？
	12	信息系统及档案安全性防护作业状况如何？
※	13	信息系统必要的操作标准手册等技术文件资料齐备否？
	14	数字化的应用程度如何？
	15	信息管理作业是否实行 Plan-Do-Check-Action 的闭环循环？

19.14　财务管理机能的运营自评

财务管理机能的运营自评如表 19-14 所示。

表 19-14　财务管理机能的运营自评

财务管理		
加重计分	项次	检查项目
	1	总账、明细账、日记账等财务记录的准确性与规范性是否达标？
※	2	对包括原材料采购、生产成本、期间费用在内的成本控制是否有效？
	3	对应收账款的催收、对账和风险控制是否准确有效？
	4	对应付账款的核算、支付和核对是否准确及时？
	5	对资金的管理如何，包括资金流入流出、筹资、投资等？
※	6	是否定期与组织实地盘点来核对库存，并做成盘点分析报告？
	7	是否定期与组织对固定资产进行盘点，并做成盘点分析报告？
	8	税务申报、税款缴纳和税务筹划等是否符合？
	9	对预算的执行情况如何，包括预算编制、预算控制和预算分析等？
※	10	财务部门对内部控制的执行情况如何，包括风险控制、内部审计与合规性等？
※	11	对投资项目的决策能力是否有效，包括项目评估、投资分析和风险控制等？

（续）

加重计分	项次	检查项目
	12	对员工的培训、技能提升的支持是否足够好？
	13	对信息系统的应用能力如何，包括财务软件、ERP 系统和其他相关系统的应用等？
※	14	是否每月编制财务报告并解析其合理性以协助管理层进行决策？
	15	财务制度与活动是否实行 Plan-Do-Check-Action 的闭环循环？

思考题

1. 企业精益运营自评的意义是什么？

2. 结合自己公司实际情况，说说自己公司生产制造职能的重点评价项目有哪些。

3. 组织开展一次自评活动，并做出雷达图。

第20章 部门及岗位职能分工规划

20.1 组织架构规划

20.1.1 组织形态的发展

组织活在现实的环境之中，环境是随时改变的，为了求生存，组织也要因适应环境变化而改变。组织结构随着环境变化不断演化的过程构成了组织的生命周期。在组织的生命周期里，组织的形态发展基本上呈现出四种变化，如图 20-1 所示。

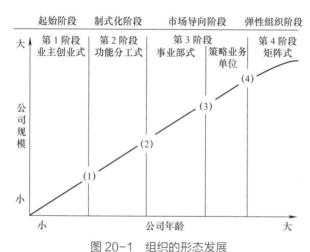

图 20-1　组织的形态发展

（1）业主创业式的组织架构　起始阶段。在这个阶段，企业规模很小，因为业务量少，招的人很少，所以没有特别明确的分工。除了老板是明确的，大部分人都是一专多能的，组织架构表现为简单的直线式，如图 20-2 所示。

图 20-2　业主创业式的组织架构

（2）功能分工式的组织架构 制式化阶段。随着业务量的增加，一个人无法负责全部的工作，就产生了业务分工，比如有人负责接单，有人负责采购，有人负责生产，有人负责发货。分工提高了工作效率，同时导致了本位主义，需要专门的人员协调不同职能的工作。组织形态一方面在水平方向延展，这是业务流程细分的结果，另一方面在垂直方向延展，这是管控的需要，因为管控能力是有一定幅度限制的，所以在垂直方向产生很多层次，形成了如图 20-3 所示的功能分工式的组织架构。

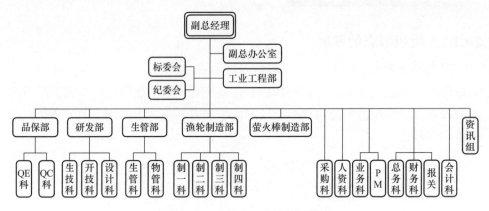

图 20-3　功能分工式的组织架构

（3）事业部式的组织架构 市场导向阶段。随着组织的发展壮大，企业垂直方向的结构越来越长，环节越多，决策越慢，组织僵化。为了提高运作效率，企业对组织进行了分层管理。企业可以根据具体的产品、渠道、区域设置不同的事业部，或根据职能的不同，设置策略业务单位，比如把制氧厂从钢厂分离出来，进行独立核算，从责权利角度进行重新划分，将有些权力下放，有些权力归属总部，从而打破高度集权的模式。事业部式的组织架构如图 20-4 所示。

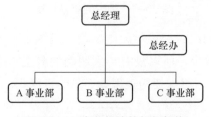

图 20-4　事业部式的组织架构

（4）矩阵式的组织架构 弹性组织阶段。随着市场个性化需求的提升，有些企业需要同时承担多个项目，而且各个项目的资源具有共享性；有些企业业务复杂、组织庞大，高层感觉对职能部门掌控的力度不够。为了提升对客户的响应能力或者提升掌控力，企业通常需要设置专门的项目经理或者委员会负责组织协调工作。这种形式相当于在层级制的基础上增加了另一条管理通路，强化了部门之间的合作与信息交流，有利于打破层级制信息壁垒。矩阵式的组织架构如图 20-5 所示，很多软件开发、施工企业都采用这种组织架构。

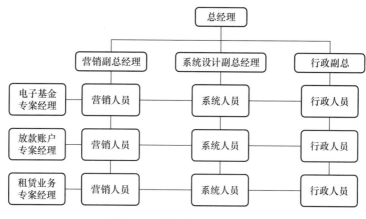

图 20-5　矩阵式的组织架构

20.1.2　组织架构优化的时机

组织不断发展，每一阶段的末尾都会产生一些组织上的问题或危机，体现为效率低下、沟通不畅、内部矛盾。这个组织危机如果能引导企业做一些变革，就可以保持组织的持续成长，否则组织可能陷入困境。

当企业的业务不断发展，有些老板感觉力不从心，希望专业经理人协助来对公司进行管理，此时可以考虑聘请职业经理人或者聘请董事长助理的方式，同时需要调整组织架构。有些经理人觉得他们需要更多的自主权，可能需要成立独立的部门，让他们自负盈亏，总公司的高阶经理人觉得他们对事业部的控制力越来越弱及各部门各自为政，综合绩效不易产生，可以考虑设置专门的委员会进行横向管理。环境因素的变化越来越快，公司要有良好的应变能力或适应能力，这就需要公司改变原来的组织架构，重新进行责权利的分配。

20.1.3　组织架构规划的重点指向

（1）组织架构规划的原则　组织架构规划的原则如图 20-6 所示。

图20-6　组织架构规划的原则

1）能否达成事业经营目的的原则。为了顺利达到企业经营目的，中、长期发展计划，年度经营方针、目标或计划等，组织的形态应随之改变。比如一家咨询公司业务不断发展，根据公司战略规划，先后在江苏、浙江设立了分公司。分公司有地理优势，对客户的需求响应速度快。后来该公司先后辅导了家具、造船的头部企业，在行业内的影响力不断提升，这个时候为了更好地满足客户需求，该公司设立了家具和造船事业部，咨询的产品向着行业板块发展。

2）是否配合管理范围原则。单位主管的直接指挥管理的范围是有限度的，一般是以七名部属作为标准，十名为上限，但直线生产部门若属于大量生产体制者，可以依实际需要来设定。如果管理范围过大，意味着纵向环节比较少，组织扁平化，决策可能比较快，但是很多细节关注不到，也会出现问题，反之亦然。

3）组织效率原则。为达成上级的经营方针和指示，能高效地运用组织，发挥组织的功能。比如一家做汽车零部件的企业过去订单很大，生产率很高，现在经济不景气，订单不足，开始寻求进入汽车维修市场，这个市场的订单小而杂，订单成本高，效率低，生产部门对业务部门意见很大，抱怨颇多，经常把小订单放在后面做。为了改变这种状况，企业从原制造系统抽出部分人员组建了小批量生产车间，执行不同的薪资政策，提高了组织效率，满足了客户需求。

4）应该注意规则以外的例外原则。必须注意无法运用正常规定的规则、标准、计划或预算等方法来处理的意外事项，可能需要建立临时的职能部门，比如某公司在新冠疫情期间，建立了疫情领导办公室，抽调专人负责，有利于掌握事态发展，对接政府指令、准备物资等。

在组织架构优化之时，要综合考虑组织的分权与集权、效率和管理幅度、一元化领导与多重报告等方式。核心是抓住主要矛盾，权衡全局与重点、利弊与得失、成本与产出。

（2）不同层级的组织架构优化　对于中小型企业，公司层级一般为经理级，经理之上可以设副总，随着公司规模的扩大，经理之上可以设总监，总监之上可以设副总，总监与经理可定位为中层，副总为高层。不一定每个职能都设副总级，取决于各职能对公司战略的重要性。如果公司规模比较大，通常总经理会非常忙碌，一般会选一名副总作为常务副总，以强化协调能力，或设置总经理助理，以强化信息反馈能力。公司级组织架构优化如图 20-7 所示。

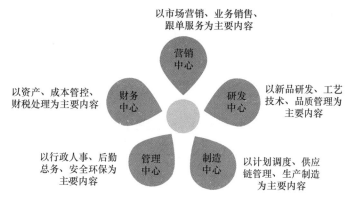

图 20-7 公司级组织架构优化

图 20-8 所示案例为某企业生产部门的架构优化前后对比，现状的职能分工会导致部门主管之间的责权不明确。不明确的责权会影响管理人员的职能发挥，尤其是影响基于人性面积极性的发挥。因此，我们必须要明确部门架构，依照合理的职能分工来进行职能定位重组，确保部门组织有效执行。

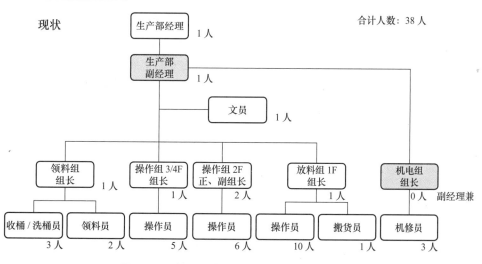

图 20-8 某企业生产部门的架构优化前后对比

部门组织架构图—生产部　　　　　　　　　　　　　　日期：2018-10-26

优化方案

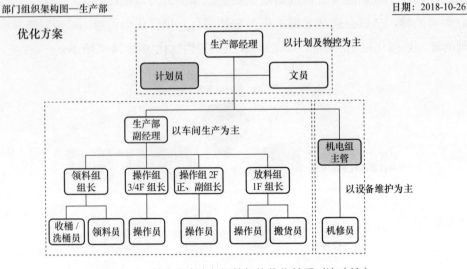

图20-8　某企业生产部门的架构优化前后对比（续）

（3）不同岗位的角色认知　不同层级的岗位在企业中扮演的角色不同，一般规模的企业可以划分为四个层次：

1）睿智的经营层。

2）坚实的管理层。

3）强化每日工作进度的监督层。

4）充满活力、努力不懈的作业层。

经营层的管理者更多的责任是制定公司发展的方向，居于管理层的管理者应该专注于管理阶层的分析管理工作，不可像监督层或作业层那样仅从事生产工作。所谓管理层，就是在经营层明示的经营方针和指示的基础上，设计执行计划，然后将具体的计划交付部属去执行的一个阶层。因此管理者应把部属视为手足，将上级交付的任务具体化后由部属彻底执行，且不只授责亦应授能。部属执行时若遭遇困难管理者应立即协助排除障碍，必要时应向上级请求支援。组织中各层级扮演的角色如图20-9所示，从图20-9职能活动范围中可以看出有些职能是贯穿在不同层级之间的。

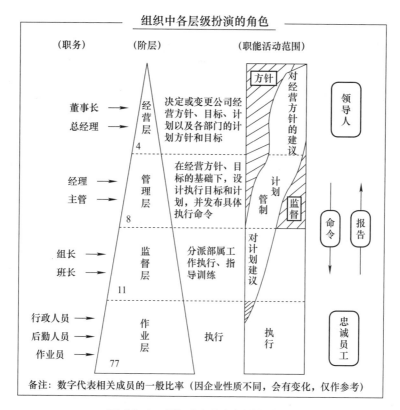

图 20-9　组织中各层级扮演的角色

20.2　部门职能规划

组织架构确定后，首先要明确部门的基本任务，也就是经营者对该部门的期望，即设立该部门的目的，称为一次展开。之后要进行工作职能的展开，工作职能是指达成任务的方法，也就是决定全体从业人员应该做什么，通常要经过两次展开。

20.2.1　部门基本任务（目的）的设定

组织架构经合理设定之后，应依组织规模来决定部门日常管理的单位，一般公司大都以"部"为管理单位。部门日常管理单位确定后，应依企业经营目的与阶段目标，由上级来决定部门的基本任务，并经充分沟通使部门主管能完全理解，如表 20-1 所示，仅供参考。

表 20-1　各部门基本职能汇总

部门	职能基本任务（存在目的）
业务部	配合公司发展策略，严格执行公司的各项工作要求，积极推广各项专案，做好老客户的维护与新客户的开发，完成销售任务
研发部	根据公司发展战略及客户需求，开发合适的新产品，并做好老产品完善，辅助生产与市场的技术支持，确保产品竞争力提升
品保部	制定质量保证的相关标准，并进行进料的质量管理作业，确保在失败成本最低下来达成产品符合客户质量标准，确保客户满意
生技部	有效承接及掌握研发部新产品信息，进行量产设计并主导量产试作，确保移转量产时的质量与产能达成目标，并不断进行生产技术改善，提升生产力并降低成本
PMC 部	做好良好产能规划与负荷管理，并进行生产计划与物料控制，整合和调度所有生产资源来满足订单准时完成
采购部	依物控的需求，发单给研发部开发采购所核定的供应商，并进行交期／质量的管控，及时准时地供应生产所需物料
仓储部	进行良好的仓库规划及进出存管理，达到料账相符，及时准确地供应生产单位所需物料
生产部	依据生管所排定的生产计划来进行生产日程计划并进行人员派工，做好人员训练、设备保养及工作督导，如期完成生产计划并确保零组件质量符合标准
维修部	通过准时有效的设备点检保养，以及各种故障的快速检修，确保各部门生产设备的稳定、高效运行
IE 部	通过良好的标准作业规划及持续改善推动，确保生产管理科学化、合理化、高效化，并最终拉动全员改善，实现持续改善的文化养成
HR 部	依据公司发展战略及营业目标，做好人力资源相关规划及服务作业，做好人力资源管理及企业文化的推动，确保企业发展有序进行
财务部	进行费用与成本管理，并执行账务处理，及时准确地提供外部相关部门／决策层报表数据，保障公司软件顺利运行
IT 部	研究并制定短、中、长期计算机作业的整体规划／整合及推动，提高作业效能，及时提供管理信息协助主管进行管理改善及决策

20.2.2　三级职责展开表

部门职责展开一般采用三级职责展开表的形式，如表 20-2 所示，最左侧是基本任务，中间是任务细项，相当于任务大类，最右侧是部门职责，也就是把任务大类进行细化。通过三次展开，每个部门形成一张表。这张表从宏观到微观，把部门的职能描述得很清楚，让人一目了然。若组织规模大可能需要四次展开。

表 20-2 三级职责展开表举例

部门任务职责展开表

部门: PMC　　　　　　　　　　　　　　日期: 　　年　　月　　日

基本任务（一次展开）	任务细项（二次展开）	部门职责（三次展开）
做好良好产能规划与负荷管理，并进行生产计划与物料控制，整合及调度所有生产资源来满足	1. 订单的审查 / 反馈	1.1 客户预示订单的掌握与管理
		1.2 订单审核
		1.3 工单开立
	2. 生产负荷管理	2.1 产能预估计算
		2.2 产能与负荷分析管理表格制定
		2.3 人员、物料、生产设备需求评估
		2.4 产能小于或大于负荷状况方案设立
	3. 生产计划	3.1 季度的生产计划规划
		3.2 月度的生产计划规划
		3.3 临时生产计划调整
		3.4 产销协调会的召开主办
	4. 物料需求计划与控制	4.1 物料分类、定义及档案维护
		4.2 常备性物料需要计划制订
		4.3 计划性购料计划
		4.4 批次生产性物料需求展开
		4.5 物料到位状况掌握与欠料情况处理

20.2.3　部门职责拟订的方法

1）职责展开时用词应力求简洁，以"名词＋动词"来完成句子，如"生产计划"的"拟订"作业。

2）若无法一下子系统化展开，可先将完成任务的方法直接写下来，写完各种方法之后，再将这些方法进行归类，并明确是属于二级职责还是三级职责。常见的二级职责如表 20-3 所示，仅供参考。

表 20-3 二级职责展开汇总

部门	任务细项（二次展开）	部门	任务细项（二次展开）
业务部	1. 销售任务管理	IE 部	1. 产品报价及合同评审支持
	2. 不定期专案执行		2. 标准作业管理与改善
	3. 新客户开发		3. 标准工时制定与改善
	4. 老客户维护		4. 物料损耗制定与改善
	5. 应收账款管理		5. 生产率数据监控及绩效改善推动
	6. 需货计划提报		6. 提案改善活动推动
	7. 市场信息调研及公司产品反馈		7. IE 专业知识传播
	8. 市场宣传	IT 部	1. 公司信息化软件规划导入
	9. 客户关系管理		2. IT 硬件设备采购
	10. 业务会议		3. 硬件设备维修维护及预防
营销管理部	1. 订单管理		4. 软件故障排除及预防
	2. 产品设计		5. 网络及数据安全维护
	3. 产品报价		6. 监控设施检查维护
	4. 计划及外购品采购		7. OA\ERP 系统维护
	5. 出货管理	技术部	1. 配方管理
	6. 库存优化		2. 检验标准的制定与维护
	7. 客户管理		3. 原材料检验
	8. 业务员管理		4. 半成品色膏检验
	9. 市场宣传		5. 半成品色膏的管理
研发部	1. 新产品研发		6. 样品管理
	2. 老产品改良		7. 退货处理
	3. 产品打样		8. 项目申报、认证、第三方检测
	4. 留样分析管理	计划部	1. 订单的评审
生产部	1. 生产计划管理		2. 生产负荷管理
	2. 物料管理		3. 生产计划
	3. 人员培训及管理		4. 生产进度跟踪
	4. 制程与成品质量管理		5. 交期异动管理
	5. 生产率管控与改善		6. ERP 系统处理
	6. 设备管理	采购部	1. 供应商选用及管理
	7. 现场 5S 及安全管理		2. 常规采购作业的执行
	8. 提案改善活动推动与管理		3. 常规采购进度管控
维修部	1. 生产设备的验收、安装、搬迁		4. OEM 采购
	2. 生产设备点检作业		5. 设备及维修类采购
	3. 生产设备保养作业		6. 采购降本作业推动
	4. 生产设备维修作业	财务部	1. 资产账务处理与盘点
	5. 公司电力设施管理与维护		2. 应收管理
	6. 设备、设施升级改良		3. 应付管理
	7. 公司设施的维修		4. 银行融资
	8. 人员培训		5. 现金管理

（续）

部门	任务细项（二次展开）	部门	任务细项（二次展开）
财务部	6. 存货盘点计划与推动	人力资源部	4. 考勤管理
	7. 车间数据统计		5. 培训管理
	8. 报价管理		6. 薪资核算及异常处理
	9. 财务报表		7. 绩效管理
	10. 成本统计与分析		8. 工分制管理
品保部	1. 进料质量管理		9. 社保及员工关系管理
	2. OEM 产品质量管理		10. 企业文化建设
	3. 供应商考核与辅导		11. 法务工作
	4. 成品出货前抽检		12. 会议管理
	5. 质量异常处理	仓储部	1. 仓储日常的 5S 管理
	6. 档案管理		2. 物料进出库管理
人力资源部	1. 人力资源规划		3. 成品进出库管理
	2. 制度建设及档案管控		4. 盘点管理
	3. 人员招聘及异动管理		5. 库存分析及提报

3）在展开时，如果思路不通畅，可进行个人工作项目的现状调查，可以梳理一天的工作，也可以记录日志，然后进行归纳整理，再与上级交付的任务进行比较，把遗漏的内容补充进去即可。

4）部门职务规划时应注意，职能不能漏、不能重复、不能错位。三级职责在内容上要与二级职责对应起来。

20.3　岗位职责规划

20.3.1　部门职能分工到岗位

部门职责展开后，三级职责要分配到具体岗位上，比如订单评审是由业务经理牵头，还是由 PMC 主管负责。在这个过程中还要考虑任务的复杂性、不确定性和重要性，如表 20-4 所示，这些特性在一定程度上决定了需要的人才特质。在任务分派上也是很重要的考虑因素，要标识出来，为后续的人岗匹配分析提供依据。指导原则如下：

1）有完整性要求的工作，尽量由一个人来负责，不要分割得过于零碎。

2）要避免人员负荷分工不均匀，尽量予以平均分配给每一个人。

3）依照工作的重要性，分别由足够资格条件的人或职位来负责。

4）现有手头上的工作，若不在职责展开表内，可能是在任务职责展开过程中遗漏了，也可能是根本不应由本部门来负责，应转交给其他部门，需进行必要修正与转移协调。

5）可以先依主管的经验直接分工，再进行修正或由人资部门协助修正。

表 20-4　工作内容属性区分与评价基准

项目	区分	说明	评价
复杂性	高度复杂	工作需考量多方面影响因素及协商，涉及公司经营方针、策略的需高度思考	5
	中度复杂	工作复杂需进行跨部门协商及进行一些思考来解决	4
	有点复杂	工作有些复杂，需要运用一般的程序及方法来解决问题	3
	不复杂	例行性工作，不需要判断，偶尔有些简单个案要处理	2
不确定性	高度不确定	工作中常会碰到许多无法预期的变动条件，需高度注意并深入研判及思考才能调整	5
	中度不确定	工作中存在一些不确定但预期的条件需要掌控，需要一些研判及思考才能调整	4
	有些不确定	例行性工作，但会有异常发生，需要做例行性的监控以掌握变动即可调整	3
	单纯作业	例行性工作，没有不确定事项，或即使有异常也很容易发现，可以立即处理	2
重要性	高度重要	工作或决策上的错误会给公司造成严重的损失及名声的伤害，短期内很难补救	5
	中度重要	工作失误可能造成重大损失，需花很多时间在规划及预防工作上	4
	有些重要	工作失误可能造成一些损失，但若事前加以防范损失可以避免	3
	不重要	不太可能造成损失，即使错误，损失也很少	2

　　如表 20-5 所示，表的第二部分是对应部门职责的处理周期，简而言之，就是多长时间处理一次，表的最后区域是职位分工，这些职责划给哪个岗位就在对应的岗位上打钩即可。在表的中间部分，列出了职责的复杂性、不确定性、重要性对应的得分，这个分值是部门负责人根据经验参考表 20-4 确定的。之后将三个分值相乘，得分体现了该项任务职责对人员特质的要求，见表 20-6。人员需具备的基本特质分为五个等级，分别是责任感、思考力、行动力、工作历练、受过训练五个方面。得分越高，对人的要求越高。在实务中，这个分析也只能作为一种指导性意见，在具体的工作中，出现人岗不匹配的情况也是正常的，需要进行调整。人的特质有多方面的体现，比如制作 PPT 的能力，不只局限于上述五个方面。

表20-5 三级职责展开表举例

日期：2016年6月6日

部门职责（三次展开）	处理周期						复杂性(X)	不确定性(Y)	重要性(Z)	综合评估 X×Y×Z	需要特别条件或技能	职位分工（或个人）				
	日	周	月	季	年	其他						主管	计划员	物控员	外协	仓管
1.1 订单评审						✓	2	2	2	8			✓			
1.2 流程卡制定						✓	2	2	2	8			✓			
2.1 产能预估计算			✓				3	3	3	27		✓				
2.2 产能与负荷分析管理表格制定			✓				3	2	3	18		✓				
2.3 人员、物料、生产设备需求评估			✓				3	4	3	36		✓				
2.4 产能小于或大于负荷状况方案设立						✓	3	3	2	18		✓				
3.1 生产主排程的制定			✓				4	4	5	80			✓			
3.2 滚动日计划	✓															
3.3 临时生产计划调整						✓	3	3	3	27		✓				
3.4 产销协调会的召开主办			✓				3	3	5	45			✓			
4.1 通用配件计划制订			✓				2	2	4	16			✓			
4.2 计划性购料计划				✓			3	4	3	36			✓			
4.3 批次生产性物料需求展开						✓	2	2	2	8			✓			
4.4 物料配套状况掌握与欠料情况处理						✓	3	4	5	60			✓			
4.5 物料存货的管理及时监控与异常处理						✓	4	3	3	36			✓			
5.1 生产量的及时监控与看板设立		✓					4	4	3	48			✓			
5.2 生产进度相关的定例会召开、计划达成率检讨	✓						3	2	3	18		✓				
5.3 生产异常时生产排程调整		✓					4	4	3	48			✓			
5.4 补数的控制						✓	3	4	3	36			✓			
5.5 每周生产线异常处理事件汇总，并设立改善方案						✓	2	2	2	8			✓			

表 20-6 人员需求特质与岗位评价对标

工作属性综合评比	人员需具备基本特质				
	责任感	思考力	行动力	工作历练	受过训练
125～80	高度成就导向，不断地向上挑战	具备高度思考力与创意，能预见未来问题及寻求解决方案	能事先就采取各种行动，积极主动协调改善	多方面的跨部门工作历练与人际互动历练	良好地深入
79～50	强烈责任感，做不好会议法调整准时运行	具备良好的思考力与创意，能有效规划工作并解决问题	能预先采取行动止异常，并进行跨部门协调	多方面的相关工作历练与跨部门互动	受过与担当工作相关的主要且完整训练
49～30	有责任，且可接受额外的工作要求	具备一般的思考能力，可提供建设性的意见	能迅速采取行动，处理异常	具备基层相关的工作历练与知识	具备相关工作需要的一般性训练
29～15	有责任感，能做好分内工作	有问题时能自动发现并反映	能主动协助上、下游作业的进行	不限，但有基本历练最好	不限，但有相关的训练最好
14以下	能接受一般性的要求即可	有简单的思考能力即可	能在要求时间内完成工作，偶尔延误尚可接受	不限（没有历练亦可）	不限（没有受过训练亦可）

20.3.2 岗位职责卡的规划重点

部门职责分派到岗位上之后，就要确定岗位上更具体的职责。岗位职责卡要能够根据实际需要进行详尽的描述，包括相关的职能目标及具体的工作内容，甚至还能够规划到具体作业工时预估，方便进行作业分析，一份描述完善的岗位职责卡能够很清楚地表达该岗位的具体要求。岗位职责卡举例如表 20-7 所示。

表 20-7　岗位职责卡举例

×××× 科技有限公司		岗位职责卡		版本：	1
部门名称：	IE 部	岗位名称：	IE 部经理	日期：	2018/3/1
岗位职能目标：	负责部门日常事务处理，组织带领 IE 部员工完成相关任务，推动各部门持续改善及标准化建立			直接上级：	董事长室副总
绩效评价基准：	作业指导书失误次数、标准工时相符率、物料损耗降本金额、标准工时改善下降比例、效率改善降本金额、定期培训次数、提案改善降本金额				
	管理能力：掌握企业运营管理、项目管理、报告文书处理能力，具备团队建设、人才培养、IE 学院建设能力，具备较强的组织、沟通、协调能力				
	计算机能力：熟练使用 Office、CAD、Visio 等软件				
应具备的能力：	专业知识：掌握工艺技术流程、工业工程专业知识技能，工业工程改善手法、IE 改善手法、精益生产 TPS 管理、品管圈技能				
应参加的培训：	生产工艺流程、工业工程、精益生产、企业运营管理、品管圈课程、六西格玛课程、六西格玛项目管理体系、中高层管理技能				

序号	工作内容	规律	月耗时（h）	工作内容及标准		
					工作标准	
1	标准作业的管理与改善	每天	26	1. 制定标准作业标准，绘制生产工作作业流程图并审核 2. 负责检核标准作业执行 3. 通过 IE 方法的运用分析，优化改善员工工作流程		
2	标准工时的制定与改善	每天	26	1. 组织新产品标准工时的制定，并审核 2. 每天检核日报表标准工时相符率 95%～105% 3. 每月 6 日组织生产、技术、品质，维修检讨效率异常 4. 组织标准工时的修订 5. 通过推动改善提高工作效率		
3	物料损耗的制定与改善	每天	26	1. 组织物料损耗制定，并审核 2. 负责检核标准损耗 3. 通过推动改善减少物料损耗		

岗位职责卡的结构主要分为三部分，首先是一些基础信息，包括部门名称、岗位名称、直接上级、编制日期与版本号等。中间部分是对该岗位的要求，最下面部分是对具体工作任务的详细说明。

（1）岗位职能目标　该岗位存在的价值与意义，参考表 20-1。

（2）绩效评价基准　此项依据部门管理评价项目，可增加但不能减少，也就是把部门职能对应到该岗位上，因为岗位职责做了细化，可以依重要性增加绩效指标。

（3）应具备的能力　围绕人、事、物的专业技能，管理技能，其他技能。

（4）应参加的培训　根据工作需要而需要参加的培训课程。

（5）工作内容　此项工作应与部门职责展开的分工任务相同，不能少，但有可能会多，更具体化。

（6）规律　此项工作的实际表现频率，如每天、每周、每月、每年等。

（7）月耗时　此项工作的月度耗时，每月以 26 天为标准，根据频率及每次耗时计算出结果。

（8）工作标准　该项工作的具体要求或要点，要让每个岗位的人员很清楚如何去完成工作。

20.3.3　岗位职责卡的管理输出

岗位职责卡是岗位职能标准化的工具，可以避免不同人有不同做法。让新人快速熟悉岗位，了解工作要点。它是岗位绩效考核内容的依据，是岗位工作方法及负荷分析的依据，也是公司级岗位人才提升培训计划的依据。绩效考核指标，员工培训需求，岗位标准工时，这些管理输出是人力管理、负荷分析等方面的管理输入。它的重要性是不言而喻的。

思考题

1. 企业组织架构有哪几种类型，各有什么特点？
2. 结合自己公司实际情况，谈谈组织架构是否存在问题。
3. 部门职责是怎么展开的？

21.1　各职能关键流程的盘点

21.1.1　关键职能标准化及分类

日常管理能否维持稳定正常，人员的训练是关键，人员训练必须基于合理严谨的作业标准。持续不断地优化、完善日常管理相关作业标准，排定配套训练计划，是部门主管的重点工作。标准化要以文件的形式呈现，ISO 体系对文件的层级进行了划分，第一级为手册类，比如 ISO 质量体系手册，第二级为程序类，第三级为标准类，第四级为各种表单。在职能文件化过程中，内容、格式、编号等方面都要遵循标准化的要求，以便管理。ISO 文件的层级如表 21-1 所示。

表 21-1　ISO 文件的层级

文件级层		定　义
一级文件	手册类－规定	适用于集团、全公司性的政策、体系类标准
二级文件	程序类－办法	适用于公司内职能、部门的处理程序、流程标准
三级文件	标准类　规格	适用于产品有关的技术标准
	基准	适用于执行程序类的作业要领、步骤
四级文件	表单	依附在二、三级文件中

21.1.2　关键职能标准书的确立

关键职能标准化文件一般由跨部门流程以及与之相配套的程序书组成。流程从整体上明确了完成一项任务的关键活动节点和先后顺序。程序书明确了流程节点上的细节要求。流程可以认为是程序书的一部分，因为流程文件放在程序书中排版不方便，通常将流程作为程序书的附件。职能标准书以流程为纽带把各个环节的具体要求汇总在一起。

职能标准书盘点可以从部门的二级和三级职责开始，如图 21-1 所示。二级职责的第一项是产品报价与合同评审支持，首先要掌握本部门要做哪些事情，也就是三级职责，然后再沿着流程考虑其他部门要做哪些事情，一共涉及哪几个部门，哪个部门牵头完成这个任务，根据这些信息，可以提炼出职能标准书的名称，牵头部门就是职能标准书的主责部门。比如，二级职责第一项职能标准书的名称是《产品报价作业程序》,主责部门为营销管理部。当主责部门不是当前分析的部门时，职能标准书名称可以写出来，也可以空着，如果担心遗漏就写出来，此时需要标明负责的部门，每个部门领导的想法可能不一致，最后要进行整合修正。再比如二级职责第三项，标准工时制定与改善，这个非常明显，主责部门就是 IE 部门，职能标准书名称为《工时制定与效率改善作业程序》，需要说明的是，不是每个二级职责都要配有职能标准书，核心还是看其重要性，也不是每个二级职责都对应一个职能标准书，要看三级职责的任务是否适合划分在一起。所有的部门职能标准书梳理完成之后，需要进行汇总，把名称统一，主责部门意见不一致的可以讨论确认，最终就可以完成程序书的盘点。

部门任务职责展开及分工表

部门: IE 部　　　　　　日期: 2018 年 1 月 17 日

基本任务 （一次展开）	任务细项 （二次展开）	职责 （三次展开）	职位分工（或个人）		评价项目	职能标准书名称
			经理	IE工程师		
通过良好的标准作业规划及持续改善推动，确保生产管理科学化、合理化、高效化，并最终拉动全员改善，实现持续改善的文化养成	1. 产品报价与合同评审支持	1.1 订单报价所需相关工艺、效率数据资料的提供	√	√	估价提供数据的及时率	《产品报价作业程序》营销管理部
		1.2 参与订单合同评审，提供必要的效率数据	√	√	合同评审提供数据的及时率	
	2. 标准作业管理与改善	2.1 产品工艺流程图的规划与绘制		√		《标准作业管理与改善作业程序》
		2.2 作业指导书的制定需求评估		√		
		2.3 新产品作业指导书制定		√	作业指导书制定准时率	
		2.4 旧产品作业指导书修订		√	作业指导书失误次数	
		2.5 作业指导书的发放及管理		√		
		2.6 作业指导书的实践、执行、督导		√		
		2.7 标准作业的优化改善推动	√	√		
	3. 标准工时制定与改善	3.1 标准工时的制定需求评估		√		《工时制定与效率改善作业程序》
		3.2 新产品标准工时制定		√	标准工时制定准时率	
		3.3 旧产品标准工时修订		√	标准工时相符率	
		3.4 标准工时的发放及管理		√		
		3.5 标准工时的管理实践执行督导		√		
		3.6 标准工时的优化改善推动	√	√	标准工时改善下降比例	
	4. 物料损耗制定与改善	4.1 物料损耗的制定需求评估		√		《物料损耗制定与改善作业程序》
		4.2 新产品物料损耗标准制定		√	新品损耗标准制定及时率	
		4.3 旧产品标准物料损耗修订		√		
		4.4 物料损耗资料的发放及管理		√		
		4.5 物料损耗的管理、实践、执行、督导		√		
		4.6 物料损耗的优化改善推动	√	√	物料损耗降本金额	

图 21-1　程序文件梳理举例

21.1.3　关键职能任务标准化的形式

职能程序书包括了程序文件（见图 21-2）、基础表格（见图 21-3）、流程图（见图 21-4），还包括一些作业指导书、检验指导书等文件。

××××× 集团客诉内部处理程序书

1．目的

针对客户对公司营销、工程、售服等的服务，没有办法满足客户的期望，所反映至公司希望协助处理或提出索赔的案件，由专职单位列管并立项处理，采取必要的补救措施，满足客户的需求，同时对内部的质量管理起到持续的改善作用。

2．范围

该制度适用于 ×× 集团粮机板块外部客户的各种客诉处理工作。

2.1　包括产品、服务。

2.2　产品包括单机、工程。

3．职责

3.1　质监中心：客诉案件处理的主管部门，主要负责各种客诉案件的受理、汇总、分析、认定、协调、督查、考核等工作。

3.2　各责任部门：负责客诉的原因分析、改进和预防措施的制定并实施、每个节点到时间点的处理结果的反馈。

图 21-2　程序文件举例

×× 集团客户投诉信息管制表

G：完成　　R：进行中　　Y：未完成

序号	客诉投诉信息							处理过程信息					事件最终结案状况	资料整理归档状况	备注
	客诉来源	登记时间	客户单位名称	客诉内容	是否有资料	客户联络人	联络电话	是否转为售后处理	售后处理结果	是否有对策	报告编号	对策执行状况			
1															
2															
3															
4															

图 21-3　基础表格举例

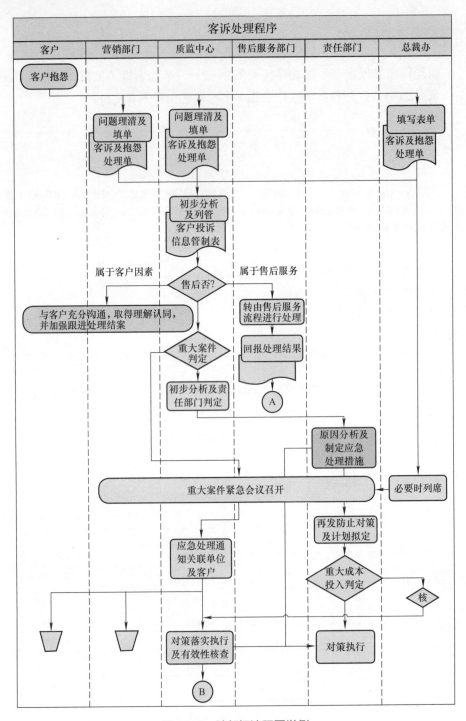

图 21-4 跨部门流程图举例

21.2　管理作业流程图的绘制要点

21.2.1　管理作业流程图的绘制——流程符号

管理作业流程图绘制一般要使用一些通用的符号，以使流程更容易辨识，表 21-2 给出了常用的符号，以及符号代表的含义。

表 21-2　管理作业流程图图例

序号	符号	意义说明
1	（结束）（开始）	作业的起点（开始）及终点（结束）
2		事情的处理程序，作业名称
3		会议（检讨会、研讨会、审议会等）
4	表单①～Ⓝ	表单①～Ⓝ表示表单联数
5	否　是	表示事情的判断、区分
6		审查作业

（续）

序号	符号	意义说明
7	A	核决（Approval）作业
8		流程线
9		跨越线、两条线不相交，表示两个流程分开进行，并未结合
10		表示储存（文件、物品等）
11	A	连接点

21.2.2 管理作业流程图的绘制要领

管理作业流程图可以清楚地表达出作业过程，常用的绘制软件有 Visio、Excel 等，需要熟练掌握各种绘制软件。绘制过程应注意：

1）职能要区分清楚：要考虑好流程涉及的部门，后面增加部门会非常麻烦，部门也不宜分得太细。

2）使用国际标准的符号：符号越通用，别人熟悉流程的时间越短，沟通起来越容易。

3）依照流程逻辑方向绘制。

4）注意箭头的方向：箭头要与流程进行的方向一致。

5）相关的表单要能够被表现：可以在流程图上体现应用的表单，尤其是需要表达单据在不同部门传递的过程时。

21.2.3　管理作业流程图的绘制原则

1）流程线从上至下，从左至右，但回馈线除外。

2）以 P（S）-D-C-A 管理循环来区分程序或步骤，摆在表单左侧。

3）要将部门依作业流程顺序来分别摆在横向表头，使负责部门一目了然，流程线或符号在该部门即是该部门负责此项作业。

4）事情横跨好几个部门时，符号可拉长横跨各部门，但若有其中一个部门不用参与，则可用虚线来表示。

5）会议召开时，会议符号横跨好几个部门，其流程线画在主办单位区间内，事情处理也一样，流程线画在主责部门非协办部门。

21.3　管理作业流程的优化要点

流程优化的核心是去除流程中的断点，所谓断点就是对流程的效果或效率产生负面影响的地方。断点识别主要有三个来源，第一个是绩效指标，比如准时交货率、良品率等表现不佳。第二个是一些活动没有达到标准要求，比如规定接到订单到回复客户交期在半天之内，如果超过半天就是断点。第三个是管理干部认为有问题的地方，有些会有主观成分在里面，需要进一步确认，有些需要寻找更深层次的问题点。识别出断点后进而去改变相应的流程，消除非增值活动。具体到操作层面需要进行以下思考。

（1）流程标准化是否完备　流程流向是否清晰，负责人是否界定，各环节要求是否明晰，资源是否匹配，这是流程优化的基础工作。

（2）压缩等待与传递时间　去除不必要的活动，减少流程环节，减少流程接口，导入信息化、自动化应用。

（3）优化检查、审批点　根据发生错误的概率来决定检查、审批点的设置，取消重复审批，根据金额或风险大小进行分级审批。

（4）减少不良与返工　定义操作级流程、重要活动的操作规范，建立事故预防机制，规范对流程执行人员的培训与检查。

（5）优化与客户的接口　尽量减少客户的工作量，增加客户的体验感，减少多头联络。

21.4　管理标准书的制定编写技巧

管理标准书以 Word 中文版为书写软件，内容的中文字用宋 12 号字，英文和阿拉伯数字则用 Times New Roman 12 号字输入，纸张用 A4 纸。管理标准书结构如下：

（1）目的　表达该文件或内容实现的效果。

（2）范围　表达该文件适用的范围。

（3）职责　表达该作业过程涉及的部门或人的作用。

（4）作业流程　利用流程图示的方式去表达作业过程。

（5）程序　表达作业过程中的要点、基准及注意事项。

（6）相关文件　表达该作业过程涉及其他相关的文件。

（7）使用表格　表达该作业过程中出现的表单。

（8）生效日期　表达该文件的正式发布生效时间。

管理标准书中的作业流程部分通常以见附件《××××流程》的形式体现。管理标准书中的程序部分是管理标准书最核心的部分，内容通常较多，可能涉及多个层级，建议的编号形式如图 21-5 所示，不同层级的文字要错开，同一层级的文字要对齐。程序内容在语言上用词清楚、明了，让人易懂。专业术语尽量使用国家或行业标准的术语。内容能够符合流程主体，也即为最优化的作业表现。内容在非机密的情况下，尽可能详细表达，让使用者能够掌握作业过程。管理标准书示意图如图 21-6 所示。

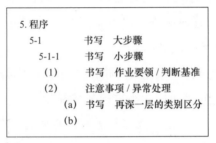

图 21-5　程序部分的格式要求

成本审计制度

1　目的

为了规范成本审计流程，保证成本审计的正常开展，实现成本审计的目标。

2　范围

本制度适用集团公司及下属控股公司，参股公司可参照本规定执行。

3　职责

审计项目组：主审提出按项目实施方案分工，审计专员根据财务部、仓库、人力资源提供的资料进行审查、记录，汇总给主审，最后编制审计报告与问题跟踪工作。

4　作业流程图

成本审计流程（见附件 1）。

5　程序

5-1　审计项目组主审提出按项目实施方案分工，请财务部、仓库和人力资源部等部门配合。

5-2　审计专员审查生产成本开支情况。首先要求财务部提供生产成本明细表，审计专员对其进行复核，与总账数、报表数和明细账数进行对比。

5-3　生产成本由直接材料、直接人工和制造费用 3 个部分组成，首先审查直接材料情况。

5-3-1　首先比较同一产品前后各期的直接材料成本，获取财务部提供的材料成本计算单、直接材料单位成本、原材料科目余额表、材料成本分配汇总表、材料成本发出汇总表等。

5-3-2　其次是抽查材料发出与领用的原始凭证，并查看授权签发是否合规，是否经过适当的复核。

6　使用表单

××集团审计记录表。

7　附则

本制度由公司监察审计部起草和修订，经由公司总裁审批后发布。

图 21-6　管理标准书示意图

所有的管理标准书拟定后应当予以编号，以便识别查找。管理标准书编号以 6 位数的英文字母与阿拉伯数字表示。不同位数的含义如图 21-7 所示。

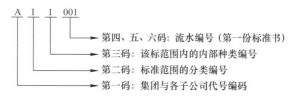

图 21-7　管理标准书编号要求

21.5　管理标准书的教导应用

21.5.1　管理标准书的教导

管理标准书一经拟定确立，意味着该作业方法为目前最佳的作业方法，作业过程有关联的相关职能都应掌握了解，故需要进行统一的教育训练，确保相关人员都能够明白作业方法并被有效执行。教育训练的方式，可以采用把相关人员召集起来进行统一培训的形式，也可以先对各部门负责人进行培训，再由部门负责人对自己内部的人员进行培训。

21.5.2 作业标准及流程执行的查核

作业标准是否被有效执行，会影响到组织绩效的表现，也是标准化是否成功实现的标志。为了确保已建立的作业标准能够被有效执行，通常会由必要的部门（如总经办、标准化委员会、HR、稽核等）进行不定期的稽查，并纳入绩效考核范围之内。作业标准执行情况查核表举例如表 21-3 所示。

表 21-3　作业标准执行情况查核表举例

内部稽核检查表

受稽单位：＿＿＿＿＿＿＿　　　　　　　　　　　　　　　　　　　　　　　　　NO：＿＿＿＿＿＿＿

依据相关办法及条文编号	稽核来源依据	口第__号稽核计划表 口月__号管理干部会议 口__月__号副总经理指示之专案	记录追溯时间	年　月	起 日 止	稽核执行时间	年　月	起 日 止
	稽核内容	无缺点	次要缺点	严重缺点		观察事项说明		

流程：稽核代表→受稽单位→审查核准→总经办存档

管理代表：　　　稽核组长：　　　受稽单位主管：　　　稽核代表：　　　存档单位：　　　存档期限：永久

思考题

1. 结合自己所在部门，梳理部门负责的关键流程。
2. 结合自己所在部门，编写一份作业标准书。
3. 结合公司核心流程，寻找改善的问题点。

22.1 企业会议管理现存的问题

企业里有很多问题需要开会解决，会议是一种群体沟通方式，开会的最大好处是人员齐备，信息高度流通，便于决策。但现实中，会有"会而不议，议而不决，决而不行，行而不果"的情况，即只开会讨论，却不做决策；或者决策后不付诸行动；或者行动不坚持到底。具体表现在以下几个方面。

（1）会议太多　有些公司，尤其是有一定规模的公司，会议很多，领导整天忙于开会，花费了大量的时间，会议成本很高。会议并不是越多越好，也不是参加的人越多越好，会议太多说明会议缺乏规划，没有统筹。

（2）会议时间太长　有些公司的会议拖沓、冗长，原因有很多，可能的原因包括会议的主题过于宽泛，会议过程缺乏控制，比如会议中涉及到复杂议题，应以专题会的形式讨论，干部在发言时经常跑题，争论不休等。

（3）会议没有结论　会议前准备不足，导致开会时很多问题不清楚，没有办法深入讨论；领导干部互相推诿，把问题推给其他部门，形成不了共识；关键的会议，高层没有参与或没有及时拍板。

（4）会议决议难落实　会议形成一定的解决方案，缺乏闭环的监管措施，会议决议没有执行或执行不到位。

22.2 企业各级各部常开的会议

按会议层级一般可分为：

1）班组级会议。

2）部门、车间级会议。

3）公司级会议。

按会议形式可分为：

1）例会：主要包括总经理办公会议、部门工作例会、车间例会、班组例会等。

2）专题会：围绕具体业务组织召开的会议，包括经营分析会、质量分析会、降本增效专题会、营销技术会，以及各部门的管理会议。

按会议内容可以分为很多种类，列举常见的一些会议如下：

1）经营例会。

2）生产协调会。

3）质量分析会。

4）安全例会

5）班前班后会。

6）内审汇报会。

7）年度表彰会。

8）项目进度汇报会。

22.3 会议管理的过程规划

一家公司期望通过会议达成好的效果，需要建立科学的会议体系，对会议进行整体规划，在此基础上需要对会议的过程进行有效管控。

22.3.1 会议汇总整合

将公司现有会议按表22-1格式录入表中，包含区分、会议名称、目的、议题、主办部门、主席、应出席人员、指导者、周期、日期、提报报表。其中：

（1）区分　是将会议按等级分类，是公司级还是部门级或者是班组级。

（2）目的　有些会议开不好是目的不明确导致的，所以要明确会议要解决什么问题。

（3）议题　把会议要讨论的问题按先后顺序排列。通过梳理议题，可以规范会议的流程，使各部门对会议要讨论的内容更清晰。

（4）主办部门与主席　会议的主导部门和主导者，在会前、会中、会后应该发挥重要作用。

（5）应出席人员　应参加会议的人员。

（6）指导者　对于一些独立主导会议效果不佳的部门，可以指定上级领导作为指导者。

（7）周期和日期　会议多长时间开一次，具体哪天开。对于例会，需要明确时间，便于相关人员提前调整好工作。

（8）提报报表　会议需要准备好的资料，事先把资料准备好，是高效会议的基础。

某公司会议规划表如表 22-1 所示。

表 22-1　某公司会议规划表

区分	会议名称	目的	议题	主办部门	主席	应出席人员	指导者	周期	日期	提报报表	备注
公司级	中层领导会议	总结各部门工作，布置下阶段相关工作及要求	1. 月度＋重点工作检查推进 2. 月度布置工作的检查推进 3. 协调解决跨部门事项 4. 主责部门重点工作任务提示 5. 下阶段重点工作审核及布置 6. 公司其他重大事项的审议	行政部	总经理	各部门主管		每月二次	每月15、25号	会议纪要	
部门级	营销月会	总结本部门工作，布置下阶段相关工作及要求	1. 月度营销工作总结 2. 营销知识培训 3. 月度目标计划做任务布置	销售部	销售经理	全体销售人员		每月一次	每月27号	会议纪要	
部门级	采购部周例会	总结本部门工作，布置下阶段相关工作及要求	1. 上周工作任务完成总结 2. 本周计划任务安排 3. 需协调的工作	采购部	采购经理	全体采购人员		每周	周一	会议纪要	
部门级	品管部周例会	总结本部门工作，布置下阶段相关工作及要求	1. 上周工作任务完成总结 2. 本周计划任务安排 3. 需协调的工作	品管部	品管经理	全体品管人员		每周	周二	会议纪要	

通过汇总表对公司的会议进行检讨，会议目的是否清晰，内容上是否有重叠，会议是否过多，是否能合并，是否需要增加会议都是需要考虑的。对于一些集团公司，可能有多个事业部或分子公司，会议有很多，每个事业部的会议也不尽相同，可以考虑总公司和事业部用独立的表格进行汇总分析。

22.3.2　会议管理制度

会议过程与其他业务流程的道理是一样的，需要进行有效的管理，需要配套标准化的程序文件。程序文件的格式前文已进行过讲解。此处，对会议管理制度的一些重点进行说明。

（1）会议召集　会议一般由主管部门负责人或以上领导发起，由该部门负责召集，一般应提前一天或两天发布会议通知，以使参会者有时间做准备。会议通知应明确会议时间、地点、参加人员。每周的例会一般不需要发布会议通知，只要按时来参加即可。

（2）会议准备　会议组织部门要提前检查会议室的软件硬件，落实会场布置，对会议需要提前准备的资料、文件通知到位，并检查跟进。对会议主题及流程进行梳理，以做好充分准备，做到会而有议。

（3）会议签到　会议要准备签到表，凸显会议的规范性，对迟到、缺席、早退等情况进行记录。

（4）会议过程控制　会议主持人要控制会议节奏，对会议跑题、互相推诿、吵架等现象要及时制止。适度讨论后，要形成决议，指定负责人完成目标，并明确完成时间。

（5）会议纪要发布　会议过程中要安排人员对会议上达成的决议进行记录，会后快速整理，请领导确认后，以纸质文档或 OA（办公自动化）等形式下发。会议纪要是防止执行阶段扯皮的必要保证。

（6）会议考核　对违反会议纪律的行为，比如迟到、不请假缺席、经常找理由不参加会议等行为，进行曝光和考核。

（7）后续跟踪　会后对决议案进行规划并执行，对会议落实的事项要有追踪机制，由主管单位追踪或自我追踪提报，以保证落实效果。

会议的种类很多，每种会议的目的不同，要求不同，这里只是给出基本的要点，以加强过程管理。实务上，可以根据会议目的和会上发现的问题，进一步规范和明确会议要求。

22.4　高效会议的提升要点

以上从会议规划到会议过程管理进行了讲解，以提高会议效率。以下是一些会议上经常出现的典型问题，需要重点改善。

（1）会议形成不了共识　在会议上必须认识到不同干部，岗位不同，经历不同，看问题的角度不同，人的想法有差异是正常的。首先应该对问题以及问题背后的原因达成共识，再讨论问题的解决方向，对同一个问题可能有不同的解决方向，比如公司来料出现质量问题影响生产，生产部与品质部一般是希望供应商进行改善，但是采购部会有难处，供应商改善的积极性可能没有很高，供应商的态度与采购价格有关，电子料的采购经常会遇到此类问题，采购部可能希望生产部门进行挑选，生产部门认为挑选浪费工时。如果对解决方向有很大争议，就讨论具体的解决方案，建议分层次按步骤达成共识，步步为营。

（2）会议上扯皮现象明显　会议上需要落实责任人，很多部门负责人互相推诿，不愿意承担责任，这在某些公司是常态。

1）梳理部门职责确保清晰，尤其注意部门间接口地带是否有模糊空间，必须加以明确。

2）多谈数据，多谈具体的行动，哪些是可以做的而没做，少谈责任，不要直接从结果出发追责，要关注过程。比如供应商的来料不及时，是供应商产能不足，还是供应商在给别家做，还是出现临时性异常，是否到现场查看，怎么查看的，这些都是可以追踪的。

3）形成利益共同体。可以采用整体考核的方式，结果不好，大家的利益都会受损，这样推诿的意义就不是很大了，便于形成解决问题的文化，不同部门承担的权重可以有所差异。

（3）解决问题能力差　有些问题的解决，不在于方法，也不在于态度，而是在于技术，比如公司的花草经常发育不良，当然可以分析讨论，但不是专业人士很难得出确定结论，这需要依赖专业解决问题，必要时候可以请外部顾问指导，不是所有的问题都自己解决。

（4）会议上没人愿意发言　一种可能的原因是领导的发言权过大，领导先表态了，下属有不同想法也不便说。还有可能每次发言都不受重视，领导说什么就按领导的意思做就好了，这种情况领导自身需要改变。另外的原因可能与公司的企业文化有关，包括能者多劳，说得越多，做得越多，责任越大。彼此间缺乏信任，言多必失，不合适的绩效考核导致干部力求自保，不求有功，但求无过。

（5）缺乏持续改善机制　良好的会议本质上依赖于管理者的领导能力，有很多细节有待改进，需要持续观察和评估会议的效果，并根据需要进行调整和改进。通过不断学习和改进，才能提高与会者的参与度和会议效果。

思考题

1. 谈谈公司的会议有哪些问题。
2. 尝试对会议进行汇总，看看有哪些不完善的地方。
3. 选择公司问题最大的会议进行改善，思考问题、原因、对策。

23.1 各部门管理项目的选定方法

23.1.1 基于部门职能的管理项目

各部门管理项目的确定是基于对各部门三级职责的梳理，如表 23-1 所示。在三级职责展开后是评价项目，比如三级职责中各部门工作量分析对应的指标，包括工作量分析准确率、工作量分析完成率。员工职责规划的评价项目是规划的合理性。评价项目应该以定量为主，结合定性指标。有些职责属于日常的工作内容，但不是很重要，不是每项职责都必须定义管理项目，也可能是多个职责合并成一个项目。

表 23-1 管理项目评价项目表

任务细项（二次展开）	职责（三次展开）	评价项目	区分		分析					重要度			管理要项
			过程系	结果系	上级要求	表现业绩	本身担心	经常发生	点数合计	A	B	C	
1. 人力资源规划	1.1 年度人力资源相关工作规划												
	1.2 各部工作量分析												
	1.3 员工职业规划												
	1.4 内部调岗建议												
	1.5 年度人力预算												
	1.6 福利方案制订												

之后是对评价项目进行分类，即评价项目是过程指标还是结果类指标，既要关注过程，也要关注结果，指标的选定要保持一定的平衡。比如工作量分析准确率、工作量分析完成率这两个管理项目都是过程指标。

23.1.2 基于企业发展目标的管理项目

基于部门职能的管理项目（指标）与公司目标间的逻辑关系不是很紧密，所以会出现部门绩效好，企业绩效不好的问题。通过企业目标的层层分解，构建上下协同的逻辑关系，有利于围绕企业目标开展工作。目标分解有多种方法，比较有代表性的分解方法是平衡计分卡，如图 23-1 所示。公司目标是提高净资产回报率，这是财务指标，根据杜邦公式，拆分成三个部分：提高企业盈利水平、提高资产利用率、控制合理的财务结构。再从客户层面思考，哪些因素可以帮助完成对应的财务目标，就可以进一步分解到客户层面。比如说提高经销商满意度，经销商多采购，销售量自然会上升。然后从内部业务流程的角度思考，哪些因素可以提高经销商的满意度。在内部业务流程层面展开分解，依次延伸到学习与成长层面。图 23-2、图 23-3 是对财务层面的具体分解过程。图中主要有三部分内容，关键成功因素、关键绩效指标、主要负责部门。其中关键成功因素可以理解为要完成上一层的目标需要做什么动作或事情。这件事情做得怎么样用指标衡量就是关键绩效指标，比如提高企业盈利水平对应的指标就是销售净利润率。而这件事情由谁负责完成，就是最后面的主要负责部门。绩效指标分成两类，一类是核心指标，一类是一般指标，核心指标要纳入管理要项监控，图 23-2 和图 23-3 中用两种颜色对这两种指标进行了区分。

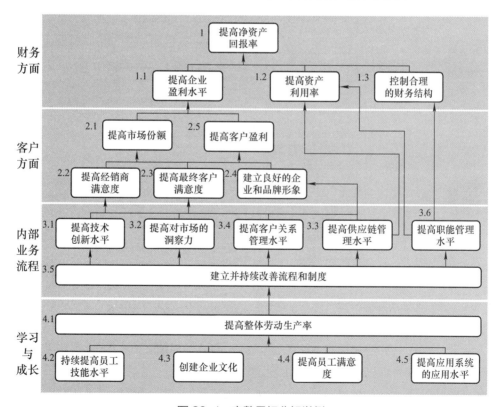

图 23-1　完整目标分解举例

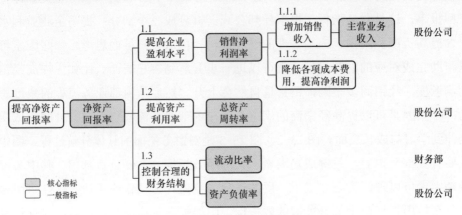

图 23-2　财务层面成功因素与指标分解

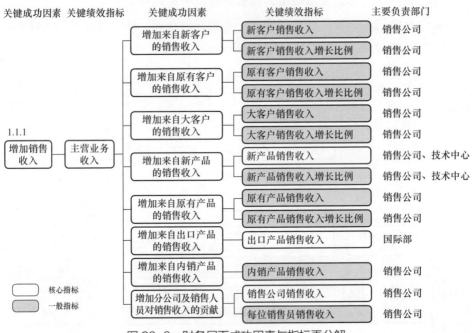

图 23-3　财务层面成功因素与指标再分解

　　如图 23-2 所示，提高企业盈利水平可以分解成两个动作，一个是增加销售收入，另一个是降低各项成本费用，提高净利润。增加销售收入对应的指标是主营业务收入。对增加销售收入继续分解就可以得到图 23-3，可以在新老客户维度、新老产品维度、内销外销维度进行展开。对应关键成功因素的绩效指标有可能是一个，也有可能是多个，比如增加来自新客户的销售收入，对应的关键绩效指标是新客户销售收入和新客户销售收入增长比例。

如果每个因素或指标都从上至下进行分解，会产生很多项目。为简化过程，内部业务流程层面的指标也可以根据企业自身的运营特点和战略目标来设定，以确保内部流程的高效和顺畅，从而支持客户层面和财务层面目标的实现，如图 23-4 所示。

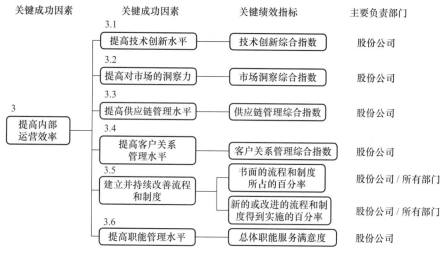

图 23-4 内部业务流程层面成功因素与指标分解

23.2 各部门管理要项选定

管理项目梳理出来后，要进行评价以确定是否将其列入管理要项，管理上要抓大放小，聚焦在重点的管理项目上。各部门的管理要项指标应当基于公司经营目标的需求，并结合部门的工作分工，也就是将职能指标与公司目标分解到部门的指标进行综合，选出重点指标。

各管理项目的评价可以从以下四个维度进行评价。

（1）上级要求　反映上级领导的重视程度，上级领导重视程度越高，越重要。

（2）表现业绩　是否能代表本部门的关键绩效，关键绩效反映本部门的重点工作，重要性高。

（3）本身担心　担心该项目做不好，说明有出问题的风险，需要加以关注。

（4）经常发生　指管理动作是否经常发生，有些事情一年做一次，比如年终总结，有些事情是每月一次，有些事情是每天发生，比如考勤。发生频率越高的应给予更高的关注度。

每个维度的评分可以分为五个等级，分别为1～5分，评分基准参见表23-2，4个维度总分在4～20分之间。在12分以上为A类，8～11分之间为B类，小于8分为C类。一般把A类指标作为管理要项，也就是重点管理项目。如果A类指标表现比较稳定，可以把B类作为管理要项。C类一般不作为关注重点。选定的重要管理项目写在表23-1最后的表格列里。

表23-2　管理要项评价基准表

分数	5	4	3	2	1
上级要求	主管平时非常重视此项目，常提起	时时提及此工作	偶尔会要求	相当少要求	从未提起此项目及此项作业
表现业绩	自己认为此工作做好，可完全表现本单位的绩效	可适度表现本单位绩效	普通	有一点点的表现	完全显示不出本单位绩效
本身担心	此作业及评价项目自己相当担心做不好	担心做不好	普通	偶尔才会想起此事，不太担心	完全不担心
经常发生	频度高，每日发生	每月有数次，每周一至三次	每月发生一两次	一年有数次	一年才一两次

23.3 管理要项的定义

管理要项确定后应建立评价项目定义表，如表23-3所示，明确计算公式、资料来源、范围及定义说明等。

（1）计算公式　明确管理指标的计算公式，比如生产率＝产出工时／投入工时。

（2）管理周期　如日、周、半月、月等，不同的管理项目，管理周期不尽相同，一般以周为管理周期，也就是每周统计项目数据。

（3）资料来源　指的是数据来源的表单，含作业表单、统计表单、相关标准书等。

（4）报表提供单位　明确由哪个单位（部门、车间）收集并提供数据。

（5）范围　指该评价项目适用的对象、产品等，如设备故障率，设备指的是主设备，参考主设备清册。

（6）定义说明　对评价项目相关判断基准等的进一步说明，比如，采购对账及时率这个指标，规定在每月25号之前完成，超过25号的为不及时，这个要求以定义说明的形式呈现。

表 23-3　管理要项定义表举例

评价项目定义表							核决	主办	经办
部门：生管（含物控）-PMC 部门									
日期：2014 年 04 月 16 日									

序号	评价项目	计算公式	管理周期	资料来源（表单或标准书名）	报表提供单位	范围（对象）	定义说明（内涵）
1	工单展单异常件数	工单展单异常件数累计	周	工单展单异常明细表	信息	指工单物料需求及发放采购单的处理过程	所谓异常是指超过 3 天，生管 1 天及采购 2 天的作业天数，此处是指工作天数，扣除放假日
2	交期准确率：成品／零件	如期交货订单数／总应交货订单数×100%	周	1）出货管制表（出货准时率）2）订单交货管制表	生管／业务	成品、零件	1）如期交货：按客户要求的交期准时出货 2）总应交货订单数：包括客户变更交货日期在内
3	产能负荷率	生产计划／生产能力×100%	周	1）各机种产能表 2）各机台产能标准表	生产排程／生管／生技	指的是瓶颈制程，包括成型加工制程及组装制程	1）生产计划指的是已有订单或计划性生产量×标准工时 2）生产能力是公司标准作业时间
4	重点设备稼动率	使用设备数量／单位总设备数量×100%	周	1）生产日报表 2）设备稼动率统计表	生产部	注塑、压铸、加工所有设备	设备故障、维护、保养不算在稼动率里

23.4　管理要项的数据统计

管理要项的数据建立需要收集原始数据，原始数据需要设计过程表格用于数据的记录，比如计算效率，产量的数据、出勤的数据都要有表格，并明确记录的要求。

基础数据收集后，可以按指定的周期统计计算管理指标，需要设计汇总统计表，如把出勤数据换算成出勤小时，产量数据与标准工时结合换算成产出工时，进而计算出效率数据。管理要项指标一般是按月汇总到管理要项实绩总表里，如表 23-4 所示。这张表把管理要项数据按部门整合到一起，便于开会检讨。表中的基准代表管理要项当前的标准，差异是实绩与基准的差距。

管理要项数据需要经过一段时间的实际收集，确保其准确性，刚开始统计数据时，可能有不规范或理解不到位的情况需要不断纠正，管理人员因为一些顾虑也有可能提供不真实的数据，需要配合一定的检查。通过管理数据可以不断反映各部门的日常管理运作状况，凸显问题，以方便持续改善。

表 23-4　日常管理要项实绩总表举例

日常管理要项实绩总表

部门：采购部　　　　　　　　　　　2024 年度

序号	管理项目	单位	统计频率	基准	关键项		(1) 月实绩						(2) 月实绩			指标属性
							第一周	第二周	第三周	第四周	第五周	月度	第一周	第二周	第三周	
1	来料合格率	%	每周	≥99.6%	√	目标	99.6%	99.6%	99.6%	99.6%	99.6%	99.6%	99.6%	/	99.6%	平均
						实绩	99.7%	99.6%	99.6%	99.7%	99.7%	99.6%	99.8%	/	99.64%	
						差异	0.1%	0%	0%	0.1%	0.1%	0%	0.2%	/	0.04%	
2	采购物料集结率	%	每周	≥99%	√	目标	99%	99%	99%	99%	99%	99%	99%	/	99%	平均
						实绩	99.1%	98.3%	99.4%	99%	100%	99.2%	99.0%	/	99.02%	
						差异	0.1%	−0.7%	0.4%	0%	1.0%	0.2%	0%	/	0.02%	
3	物料齐套率	%	每周	≥97%	√	目标	97.0%	97.0%	97.0%	97.0%	97.0%	97.0%	97.0%		97.0%	平均
						实绩	99.4%	98.1%	99.8%	99.7%	98.6%	99.0%	99.9%		99.8%	
						差异	2.4%	1.1%	2.8%	2.7%	1.6%	2.0%	2.9%		2.6%	
4	物料打样准交率	%	每月	≥93%	√	目标	/	/	/	/	/	93.0%	/	/	/	平均
						实绩	/	/	/	/	/	97.33%	/	/	/	
						差异	/	/	/	/	/	4.33%	/	/	/	
5	降低材料成本金额	万元	每周	300 万/年	√	目标	4	4	4	4	4	20	2	/	2	累计
						实绩	2.9	8.35	4.18	−4.45	2.6	13.6	−0.44	/	1.08	
						差异	−1.1	4.35	0.18	−8.45	−1.4	−6.4	−2.44	/	−0.92	

在持续凸显问题的同时，相应的管理要项指标也会在必要时进行增加或修订，确保有利于组织系统问题凸显及持续改善需要。

23.5　管理要项基准设定

管理要项基准的设定，在很多企业都有自己不同的期望值，但设定一个客观、有效的基准值才是真正能够被良好应用的。基准的设置通常结合现状的实际能力、结合系统的瓶颈，以及对所关注指标的期望值（如 QCD 的客户要求指标，都属于必达值）。管理要项基准设定流程如图 23-5 所示。

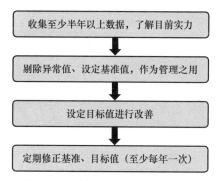

图 23-5 管理要项基准设定流程

举例：单店营业额解析。表 23-5 为某时装专卖店去年的月度数据。

表 23-5 某时装专卖店去年的月度数据（单位：万元）

1月	2月	3月	4月	5月	6月	7月	8月	9月	10月	11月	12月	合计
600	650	500	500	600	620	640	600	400	550	560	560	6780

9 月因店面改装，营业额下降到 400 万元，为异常值，剔除 9 月异常值，平均每月营业额：（6780－400）/11 万元 / 月 =6380/11 万元 / 月 =580 万元 / 月。

若以平均每月营业额的 80% 为最低管理基准；只要营业额低于 464 万元 /月（580 万元 / 月 ×80%），就必须努力了解为何会如此，一定会有特别的原因，需了解并调整。

若以平均值 580 万元 / 月为基准；只要实际营业额与 580 万元 / 月差异超出－20% 即必须注意，要了解原因。计算公式为：（实际营业额－580 万元 / 月）/580 万元 / 月 ×100% ≤ －20%。

确定了基准之后，再设定此单店月目标营业额及年度目标营业额，作为努力目标。定期修正基准值，一般为半年修正一次，最少一年修正一次。

23.6 管理要项定期性检讨机制

为了及时发现问题，解决问题，需要规划每月或每周的定期性管理要项会议检讨机制，公司级会议若每月召开一次，需每月 3 号前汇整资料，5 号前将异常对策制定完成，10 号前召开数据检讨会。部门内部可每周检讨一次。为了使会议更有效，需要制定会议管理流程和程序文件，如图 23-6 和图 23-7 所示（图 23-7 受篇幅限制，只给了部分内容），以规范会前、会中、会后的工作。通过会议检讨部门日常管理要项的管理活动与实绩，了解异常原因、处置对策及改善计划，以确保能有效动作，同时可以起到培训干部主导会议能力的作用。

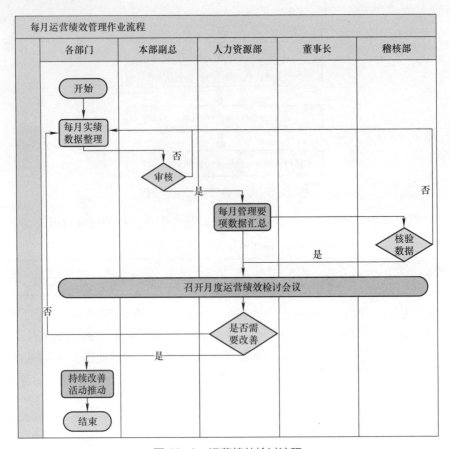

图 23-6　运营绩效检讨流程

×××××× 有限公司			文件编号	QZ-BP-01-01
类别	BP	运营绩效检讨与改善管理程序	机密等级	□ 机密 ■ 一般
制定日期	2018-5-30		版本 / 次	A/0
修订日期			页次	3/7

1．目的

为有效提升公司整体运营管理水平，确保各部门管理项目指标能够定期检讨，并持续推动各项指标改善活动落地执行，特制定本程序。

2．适用范围

适用于公司所有职能部门。

3．职责

3.1 各职能部门：提出、修订本部门合理的管理项目指标，并进行日常数据统计，确保数据准确。定期检讨管理项目数据，针对表现不佳的指标展开持续改善活动。

3.2 各本部副总：督导所辖部门管理项目的数据收集、检讨与改善。

图 23-7　运营绩效检讨程序文件

23.7　通过管理要项选定运营改善的课题

23.7.1　寻找异常指标

定期检讨的管理要项数据实绩表现，可以通过颜色管理来辅助。通常实绩在基准值内可以用绿色表示，异常值用红色表示，管理人员应把检讨及改善的焦点放在红色指标的改善上。至于哪些算异常值，与基准定义的方法有关，也可以根据经验确定。比如表 23-6 中第一项工单履单异常件数为 2 件，8 月、9 月、10 月都大于 2 件，定为异常。第二项交期准确率——成品基准为 99%，8 月份为 95.63%，差异为 –3.37%，定为异常。

表 23-6　管理要项异常值选定举例

部门：生管科					日 常 要 项 管 理 实 绩 总 表　年度											核决	主管	经办
序号	管理项目	单位	基准	目标		实绩												
						1月	2月	3月	4月	5月	6月	7月	8月	9月	10月	11月	12月	
1	工单履单异常件数	件	2	0	实绩						0	1	23	104	26			
					差异						–2	–1	21	102	24			
2	交期准确率——成品	%	99%	100%	实绩						99%	100%	95.63%	100%	100%			
					差异						0.00%	1.00%	–3.37%	1.00%	1.00%			
3	交期准确率——零件	%	60.00%	100%	实绩						31.69%	63.66%	53.50%	65.90%	69.23%			
					差异						–28.31%	3.66%	–6.50%	5.90%	9.23%			
4	产能负荷率——组装线	%	95.00%	100%	实绩						93.14%	88.81%	95.48%	81%	95.68%			
					差异						–1.86%	–6.19%	0.48%	–14.00%	0.68%			
5	产能负荷率——压铸部	%	95.00%	100%	实绩						102.55%	99.57%	96.09%	92.30%	95.74%			
					差异						7.55%	4.57%	1.09%	–2.70%	0.74%			
6	产能负荷率——CNC	%	95.00%	100%	实绩						97.54%	96.65%	95.21%	94.00%	97.00%			
					差异						2.54%	1.65%	0.21%	–1.00%	2.00%			

注：▓ 为红色，▢ 为绿色。

23.7.2　改善方式选择

日常管理要项指标通过定期分析来推动持续改善，根据需要可以选择"专案改善"或"自主改善"来达到绩效提升的目的。两种方法目的相同，专案改善相较于自主改善，涉及的问题比较复杂，通常需要跨部门协作完成，采用的改善方法更为多样。自主改善是基于自己部门的能力进行改善。两种改善方式对比如表 23-7 所示。

表 23-7　两种改善方式对比

改善方式	专案改善	自主改善
范围	由问题发生单位主导，关联多部门参与的方式，形成项目小组，展开分析改善	由问题发生单位主导，本部门人员参与的方式，展开分析改善及自主改善
手法	以 QC 手法为主，同时可运用 IE、VA/VE、六西格玛等手法	以 QC 七种工具为主，其他为辅的方式
目的	1）进行 P、Q、C、D、S、M 的指标提升 2）强调有形效益及所设定目标达成的必要性 3）既注重过程，亦重视结果	1）进行 P、Q、C、D、S、M 的指标提升 2）强调有形效益及所设定目标达成的必要性 3）既注重过程，亦重视结果

23.7.3　深度改善与监管

　　每个部门每月至少挑选一个绩效表现不佳的指标，运用系统解决问题方法进行原因查找、对策提出及落地执行，并定期将改善成果予以发表，各部门共享。可以按问题、原因、对策、计划、执行、总结、标准化的流程进行改善过程的规范，有利于培养管理干部结构化思维模式，提升干部的逻辑分析能力，防止思维跳跃。图形化的展示工具使问题更直观，便于理解与沟通，如图 23-8、图 23-9 所示。

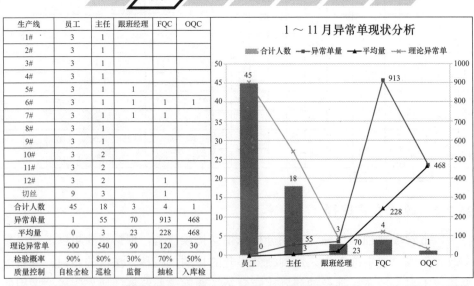

　　现状：通过对 1～11 月份的异常单数量和现场观察分析发现，现场检验过分依赖 FQC，主任的 IPQC 功能失效，员工自检功能失效，导致失误概率大幅提升，一个人失误就会全部错。

图 23-8　改善报告示意 1

| 问题 | 现状 | **方案** | 计划 | 实施 | 总结 | 标准 |

序号	原因	细分原因	改善对策
1	检验能力不足	主任巡检功能严重不足	1）跟班经理发挥每班次质量检验的监督作用 2）生产部提高现场质量检验的执行力度，确保按文件要求检验产品质量 3）质控部指导质检员改善现场检验的方法，提高检验效率 4）在现场公布指导性文件 5）所有员工必须经质量方面考核合格后才能上岗和升级 6）组织相关责任人员对质量事件进行检讨 7）质量事件必须与员工收入或利益挂钩
2		生产线员工基本上没执行过自检	
3		跟班经理质量检验监督作用不足	
4		质检检验效率不足	
5		质检、主任、员工检验能力不达标	
6	制程能力不足	过程质量不稳定，导致质量事件反复发生，造成漏检的概率过高	每季度选择质量课题，组织立项对过程质量最严重的问题进行持续改善

图 23-9　改善报告示意 2

所有因异常管理要项检讨而产生的改善对策，应通过表格汇总管理，如表 23-8 所示，并由相关部门如稽核或 IE 人员进行追踪，确保能够准时有效执行，对策只有执行了，改善才有效，管理数据才能够不断变优，进而产生真正的价值。

表 23-8　管理要项改善稽核表

日 常 要 项 管 理 异 常 追 查 表						核决	主管	经办
部门：　部　科　组			年度					
异常发生累积项次	本月发生项次	合计发生累积项次	已解决项次	待解决项次	修改标准件数	制定标准件数	愚巧法件数	

异常管理项目	发生月份	异常原因	再发防止措施（打√）			拟案		实施		
			教育标准	修改标准	制定标准	标准书名称	愚巧法	拟案日期	发布日期	状况

表 23-9 是某公司改善项目的效果呈现，关键的两列是已产生收益及未来收益，仅供参考。

表 23-9　某企业改善收益汇总表

部门	改善类型	改善内容	已产生收益 / 万元	未来收益 / 万元
总装部	专案类	主滑油投油工艺优化	12.47	
		焊接小车推广应用改善专案	3.5	
		缩短船坞周期改善专案	55	
		缩短舵机安装周期改善专案	0.35	
		减少现配管数量改善专案	0	74
涂装部	专案类	"管系通用底漆 Jotacote F60"实施方案	11.1192	13.89
船台部	专案类	950TEU 分段预总组优化专案课题改善	1.4388	
集配部	专案类	"集配送"优化实施方案	16.7	50
		舾装件制作效率提升改善专案	1.4	15.4
		提升施工效率焊字机应用改善专案	1.5	5.9
动基部	专案类	焊机利用率提升实施方案	10.81	36.61
		空气压缩机节能降耗实施方案	23.53	23.53
制造部	专案类	"胎架周转率"提升实施方案	1130	
		直径 1.4mm 焊丝效率提升优化实施方案	16.6	
		上建分段薄板装焊变形控制改善专案	1.2	6
		提高焊接自动化和半自动率应用改善专案	5	

思考题

1. 管理要项是如何确定的？
2. 管理要项的基准如何设定？
3. 如何建立管理要项改善项目？

第24章 非生产部门的精益改善重点

企业是一个系统，单纯从生产环节进行改善，它的价值是有限的，随着人们对精益认知的加深，精益管理逐渐从生产职能过渡到其他职能。

24.1 市场销售的精益改善重点

24.1.1 销售管理的几个概念

（1）目标客户　就是企业决定为其提供产品或服务的对象。这些群体可能因为他们的需求、购买力、生活方式或社会地位等因素而与企业产品或服务相匹配。

（2）意向客户　指那些对公司产品或服务有兴趣、有需求、有购买能力和决策权的潜在客户。他们没有与供方达成过交易，但表达了交易意向。

（3）成交客户　指已经与公司完成交易的客户。这些客户已经购买了公司的产品或服务，并完成了交易。

（4）忠诚客户　指那些对企业产品或服务持续关注，对产品或服务满意，长期、重复地购买同一企业产品或服务的客户。

（5）营销　是把目标客户转化为意向客户的过程，如果企业的意向客户少，说明营销做得不好。

（6）销售　是把意向客户转化为成交客户的过程，也就是成交的过程，如果企业的成交率很低，说明销售做得不好。

（7）服务　是把成交客户转化为忠诚客户的过程，如果客户的重复购买率很低，说明服务做得不够好。

营销和销售体系如图24-1所示。

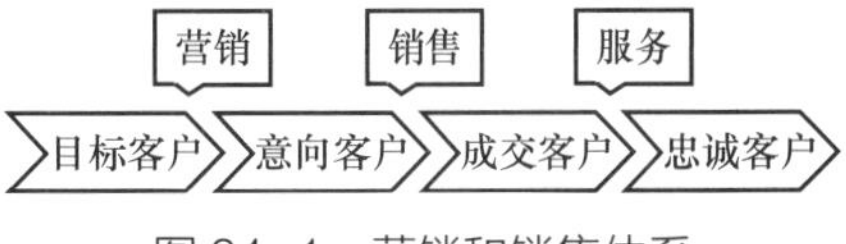

图24-1　营销和销售体系

24.1.2 精益营销重点

（1）销售过程数据建立与分析　销售管理的基础是建立数据，这里的销售是宏观层面的，包括营销、销售和服务。销售管理最基础的数据分析包括销售额/销售量、季节性分析、产品结构分析、客户结构分析、价格体系分析、区域分析等。更深层次的分析是分析销售的过程，也就是各个过程的转化率。结果不好的时候应该检讨的是过程，比如由目标客户到意向客户的转化率，由意向客户到成交客户的转化率。如果意向客户数少或增加慢，需要改善营销，如果成交率低需要改善销售，如果是客户复购率低，需要改善服务，通过数据分析可以有重点地改善。

如图 24-2 所示，前后两年的销售数量差异不大，但销售额明显增加了，这是什么原因，需要深入分析，有可能是提价导致的，也有可能是产品结构发生变化，价格高的产品卖得更多，价格低的产品卖得少了。如图 24-3 所示，整个企业只有二十多个客户，总体上看客户太少了。排名第一的客户采购额占比很大，进一步分析可以发现 30% 的客户占到 80% 的销售额，符合基本的分布规律，可以对照大客户画像寻求市场突破的方向。

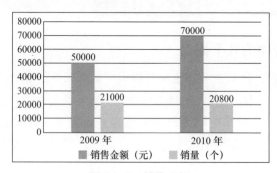

图 24-2　销售分析

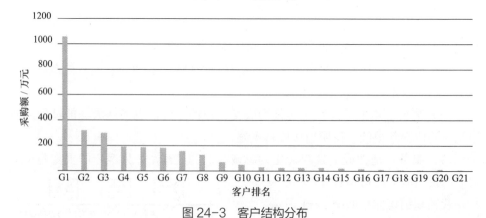

图 24-3　客户结构分布

（2）提高意向客户数　一家公司如果做了大量的营销工作，意向客户数却不尽如人意，说明营销过程中存在大量的浪费，没有产生效果。消除这些浪费，是增加销量与降低成本的有效措施。如图 24-4 所示，意向客户少可能有以下三种原因。

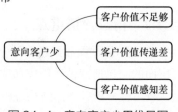

图 24-4　意向客户少思维导图

1）客户价值不足够。在供大于求的今天，市场同质化严重，竞争激烈，如何提升产品或服务的价值是商业成功必须要面对的问题，精益五个原则的第一个原则就是定义客户价值，比如有些直播间的书价格低，物流也快，却卖不过董宇辉老师，因为这些直播间卖的是书，而董宇辉老师卖的是情怀，这个就是价值上的差异。从制造业角度，重新思考客户痛点，实现产品定制化、提供整体解决方案、强化服务是提升客户价值的重点。

2）客户价值传递差。对于大部分制造业的产品，不管是 to B（面向企业）还是 to C（面向客户），通过一定的途径把价值传递给目标客户并不容易，因为目标客户不容易找到。企业可能做了很多广告，但有需求的客户却不知道供应商在哪里。如何做到精准营销且成本可控是精益营销需要解决的问题。

3）客户价值感知差。企业的产品价值足够，信息也传递给客户了，但客户的感觉不好，没有感受到产品或服务的真正价值，没有表达出购买的意愿。认知落差至少有两个原因：一是判断不一，供应商和客户因为期望不同，立场不同，各有侧重，就形成认知落差，需要站在客户的立场思考问题；二是感受上的差异，客户的判断是主观的，不同客户的主观意识不同，需要强化客户体验过程，降低认知难度，比如将产品的设计与人因工程相结合，可以让客户体验更好。

（3）提高成交率　成交率等于实际成交的客户数除以意向客户数，如果意向客户数足够，想提高销售额，重点就是提高成交率。遗憾的是，大多数销售员的成交率不到 10%，一些企业依赖天才销售员，但天才销售员不愿意接受公司管理，难以管控。销售谈判的过程通常被认为是黑箱的过程，输出的结果是成交或不成交，中间过程不容易管控。核心思路是要建立销售流程，对过程中的各个步骤进行管控和改善。这实际上与生产过程改善的思路是一样的。如图 24-5 所示，要掌握不同客户在销售流程的哪些环节发生了销售终止，这个环节就是最应该改善的环节。比如，来客检验是对客户进行筛选，如果不是我们的目标客户，就不要浪费宝贵的销售资源；如果多数客户在产品展示环节发生了销售终止，就要深挖这个环节与客户需求之间有哪些不匹配的地方。此外，也可以采用过程失效模式分析等工具进行流程设计，以得到成交率更高的销售流程。

图 24-5　销售流程举例

24.2　研发和技术的精益改善重点

在一些公司的职能设置中，研发和技术的差异不是非常清晰，研发侧重新产品开发，技术侧重工艺问题解决。

24.2.1 精益研发改善重点

（1）开发周期缩短　基于开发流程规划、项目计划管理及进度控制，识别并消除过程中的浪费，缩短开发周期，确保研发准时交付产品，尤其是在定制化高度发展的今天，研发周期缩短意味着可以大幅度缩短交付周期。图 24-6 展示了对研发过程进行管控的方法。

新产品开发试作项目管制表

开发案号	AAAA032	开发案名	开发案			客户名称			开发设计	张三
机种型号	AAAA65/80	主件编号	×	量试数量	20 件	量试预定日		8 月 28 日	开发专责	李四
项次	准备工作项目		执行单位	负责人	应完成日	申请延期记录		设计延误	开发延误	实际完成	备注
1	新零件设计图面发行完成		研发设计	×××××	3 月 25 日						
2	爆炸图及新开发料件明细表发行完成		研发设计	×××××	4 月 10 日						
3	检具图面发行完成		研发设计	×××××	4 月 10 日						
4	成品质量检验基准确立		研发设计	×××××	5 月 10 日						
5	模具发包完成		开发采贴	×××××	3 月 25 日						
6	新零件送样确认完成		采购	×××××	6 月 5 日	2010/6/25，2010/7/25，2010/8/10，2010/8/18，2010/8/25，2010/8/27，2010/9/3，2010/9/9					
7	BOM 建立		BOM	×××××	6 月 15 日						
8	首次工程样品完成		研发开发	×××××	6 月 28 日	2010/7/7，2010/7/9，2010/7/18，2010/7/24，2010/8/5，2010/8/11					
9	可靠度试验报告		研发开发	×××××	6 月 29 日	2010/7/8，2010/7/10，2010/7/19，2010/7/24，2010/8/4，2010/8/5，2010/8/12					
10	异常汇总分析报告 / 零配件尺寸设计总检讨		研发开发 / 设计	×××××	6 月 30 日	2010/7/9，2010/7/12，2010/7/19，2010/7/24，2010/8/4，2010/8/5，2010/8/12					
11	标准品外观配备表		业务	×××××	7 月 1 日						
12	外观印刷及包装作业指导表（含零件图表）		商设	×××××	6 月 25 日						
13	标准工程样品 15 件 / 寄给客户做配备		研发开发 / 业务	×××××	7 月 28 日	2010/8/10，2010/8/24，2010/8/27				8 月 27 日	
14	量试样品单一次性下达		业务	×××××	5 月 29 日					5 月 8 日	

图 24-6　新产品开发管制表举例

（2）开发良率提高　优化产品开发过程中的每一次评审并将预防措施落实，确保新产品开发的良率，良率的提升与交付和成本都有明显的关联，通过强化研发品质体系保证与改善，减少不良和返工。

（3）开发成本降低　减少研发过程失败及纠正作业，避免不必要的成本损失。尤其对于高技术含量的产品，研发成本的占比越来越高，比如在汽车开发过程中有很多过程测试，需要花费大量时间和成本，要识别过程中的浪费并寻找提高效率的方法。

（4）产品材料降本　从价值工程（VA/VE）的角度及方法去分析产品结构。根据功能选择投入材料，避免价值过剩，这是材料降本非常重要的改善着眼点。

（5）研发人效提升　从研发作业标准化、知识共享及持续学习来提升研发人员的作业速度，减少人员工效浪费。举例来说，开发一款新产品，如果技术资料从与它相近的产品上修改得到，就会减少研发过程中的工作量，提高效率。所以要对产品分类，形成不同的设计族。

24.2.2　技术工程精益改善重点

（1）工艺技术准备　工艺、工时、排线标准、工装、作业指导书等必须在新产品导入阶段（小量试产前）准备好，相当多的情况是因为基础资料没有提前充分准备，导致小批量过程混乱、拖沓。

（2）小批量试产优化　确保工艺技术部门积极参与研发过程，最终实现小批量试产的主导及有效性。确保生产要素准备齐全，对过程中的异常进行详细记录。

（3）制程异常处理　生产过程出现的技术、工艺及品质异常的快速、有效处理，需要从临时及预防的角度去解决。只有把预防对策做好了，问题才会逐步减少。

（4）IE 效率提升　强化现场 IE 的改善，透过基础 IE 方法的研究，不断寻找提升 IE 效率的方法。

异常分析改善举例如图 24-7 所示。

异常报告书

□普件 □急 □特急，必须于_月_日_时_分前对策完成（接单后 2h 必须完成暂定对策并知会相关单位）

NO：101052　　客诉：101008　　已在___内知会　　单位主管（由异常发生单位填写）___

<table>
<tr><td rowspan="6">发现单位</td><td colspan="2">☑客诉</td><td>□行政异常</td><td colspan="2">□产品异常</td><td colspan="2">□首次异常　第__次异常</td><td colspan="2">制表</td><td colspan="2">审核</td></tr>
<tr><td colspan="2">主旨</td><td>0611608 外径偏大</td><td colspan="2">单位</td><td colspan="2">业务部</td><td colspan="2">×××</td><td colspan="2">×主管</td></tr>
<tr><td colspan="2">客户</td><td colspan="3">GPP</td><td colspan="3">制造单位（厂商）</td><td colspan="3">××</td></tr>
<tr><td colspan="2">品名</td><td>延伸管　品号</td><td colspan="2">0611608</td><td colspan="3">本次批量</td><td colspan="3">1200</td></tr>
<tr><td>样品数</td><td>×</td><td>制造日期</td><td colspan="2">2016 年 5 月</td><td colspan="3">不良数（率）</td><td colspan="2">1080 件</td><td>90%</td></tr>
<tr><td colspan="2">异常状况</td><td colspan="9">2016 年 6 月 24 日收到客诉，整批货超过 90% 外径偏大，目前由客户自行研磨，费用由 ×× 承担（由客户提供相关质检数据）</td></tr>
</table>

<table>
<tr><td>发现单位</td><td>建议对策</td><td colspan="8">建议由品管部门深度分析解决</td></tr>
</table>

对策单位	原因分析	1. 首次生产，对磨床作业评估经验不足，造成制程能力不足（新产品试作阶段所使用的工艺与批量生产的工艺是不相符的，需要再补充打样的制作过程相关报告资料） 2. 生产没有严格依照首件确认程序自行流转不合格品至下一序（需要补充首件确认相关资料） 3. 品管判定决策没有依照正常程序走，导致不良发货流出（需要补充相关的出货检查报告）	对策 吴 审核
	暂定对策	1.1 暂由客户负责返工处理 1.2 更改工艺图样，取消外径磨削，生产工艺由磨床工艺更改为抛光工艺处理，原材料外径由原来的 22.3mm 改为 22.1mm	吴 核准
	恒久对策	2.1 依照量产工艺去进行样品制作，并形成可被量产执行参考的作业标准 2.2 磨床严格执行首件确认程序，由第 3 方部门不定期稽查督导，并列入绩效考核内 2.3 由部门主管不定期抽查督导，并列入绩效考核内	吴

<table>
<tr><td rowspan="5">执行单位</td><td>指定执行项目</td><td>1.1</td><td>1.2/2.1</td><td>1.2</td><td></td><td>2.3</td><td>2.2</td><td>2.2</td><td></td><td rowspan="5">核准结案</td></tr>
<tr><td>要求完成日期</td><td>6/25</td><td>6/28</td><td>知会</td><td></td><td>6/28</td><td>6/28</td><td>6/25</td><td></td></tr>
<tr><td>相关配合单位</td><td>业务</td><td>技术</td><td>采购</td><td>生产</td><td>品管</td><td>IT</td><td>磨床</td><td>仪表</td><td>数控</td></tr>
<tr><td>签收</td><td colspan="9"></td></tr>
<tr><td>实际完成日</td><td colspan="9"></td></tr>
</table>

效果确认	□___月__日达成改善之不良率____%　　□建议结案　　□建议重新对策 提案单位签字：_____　　　　　　副总办公室稽查签字：_____

<table>
<tr><td rowspan="2">失败成本</td><td>客诉成本</td><td>商誉损失</td><td></td><td>客诉索赔</td><td></td><td>未实现利益</td><td>500</td><td>合计</td><td>500 元</td></tr>
<tr><td>厂内成本</td><td colspan="8">对厂内异常各单位所产生的失败成本，统一核算为异常处理失败成本以 500 元 / 次</td></tr>
</table>

流程与说明	1. 异常发生单位制表→主管审核（科级以上）→副总办公室编号→对策→审查→源头责任部门主管核准（同时抄送副总）→执行单位→提案单位效果确认→副总室稽查签字→成本计算→管理代表结案→副总办公室结案确认并存档 2. 要求完成期限超过核准日 15 天以上，由研发部主管核准后经副总签字生效 3. 从登录列管到对策呈核准：急或特急件必须由提出单位指定时限（限 2h 内完成暂定对策）；在暂定对策已做出且不影响出货的情况下，恒久对策可在 5 天内完成（但比例不得超过当月异常报告总份数的 30%） 4. 提案单位需于要求完成日到期后一个月内做完成效果确认（注：必须由单位主管亲自确认，不允许授权），无法在一个月内做效果确认的则由部门经理或主管进行裁示

图 24-7　异常分析改善举例

24.3 计划物控的精益改善重点

24.3.1 订单预测准确率提升

定期针对预测订单不准确项进行分析及改善推进。在 VUCA（易变性、不确定性、复杂性、模糊性）时代，订单波动大，预测变得越来越难，需要预测人员对影响订单波动的因素进行深入分析，根据订单波动特点建立预测模型，设置误差基准，通过运行多个预测模型进行比对，确定最佳模型和参数。预测前做好数据记录和清洗的工作，以使数据尽量符合客户的真实需求，预测后与关键人员进行沟通，对预测结果进行调整。如图 24-8 所示，对有季节性的销售数据，采用三参数指数平滑法进行预测，不但给出了预测销售数据，也给出了销量波动的置信区间，可以进行风险评估。

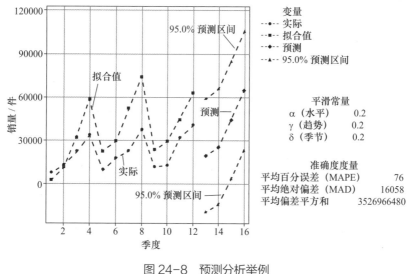

图 24-8 预测分析举例

24.3.2 产能负荷分析评估

以每月甚至每周的频率进行产能负荷及人机需求分析。产能足够是订单准时交付的前提，需要根据已接订单和预测订单的数量，结合产品的标准工时对需要的机器数量和人员数量进行分析。如果产能不足，应与相关部门沟通，及早补充产能，如果产能过剩，可以安排轮休或减少产能。产能负荷分析如表 24-1 所示，从表 24-1 中可以看出注塑的负荷过低，激光雕刻的负荷过高。需要说明的是，适当保持一些富余的产能，对应对生产异常是非常有必要的。

表 24-1 产能负荷分析表

生产单位	人数/机器台数	每天小时数	每月天数	可供时间/h	参考效率	实际可供时间/h	统计日期 7月25日 耗时/h	负荷
注塑	27	23	26	16146	75.00%	12109.5	7232	59.72%
注塑（实际）	17	23	26	10166	75.00%	7624.5	7232	94.85%
滚齿	21	23	26	12558	75.00%	9418.5	7793	82.74%
滚齿（实际）	13	23	26	7774	75.00%	5830.5	7793	133.66%
涂装	1	8	26	208	90.00%	187.2	277	147.97%
激光雕刻	2	8	26	416	75.00%	312	622	199.36%
手印	3	8	26	624	75.00%	468	335	71.58%
曲印	6	8	26	1248	75.00%	936	868	92.74%
移印	12	8	26	2496	75.00%	1872	1775	94.82%
烫印	2	8	26	416	75.00%	312	250	80.13%
三课	95	8	26	19760	70.00%	13832	9488	68.60%
四课	75	8	26	15600	65.00%	10140	8948	88.24%
金盾	60	8	26	12480	70.00%	8736	8313	95.16%

24.3.3 以 JIT 为目标的后拉计划

以出货日为目标进行月、周、日计划排程；根据订单评审的交期按生产周期和产能的要求进行排程，可以根据不同的管理目的进行月、周、日计划的排程。在排程的过程中对产能、物料、工装等信息进行排查，发现问题及时处理，确保满足顺利生产的条件。图 24-9 是某公司日程计划表示意图。

制定日期：2014 年 5 月 8 日

生产计划日程表　　　　　　修改日期：2014 年 5 月 15 日

8	9	10	11	12	13	14	15	16	17	18	19	20	21	22	23	24	25	26	27	28	29	30	31
四	五	六	日	一	二	三	四	五	六	日	一	二	三	四	五	六	日	一	二	三	四	五	六
1000	800																						
		200	1000	1000																			
				800																			
					800	800																	
							800	800	800	800													
											800	800	800	800									
																1000	1000						
																		800	800	800	800	800	
					1000	1000	1000	1000	388														

图 24-9　某公司日程计划表举例

24.3.4　以 JIT 为目标的供料日程安排

以生产需求日程后拉采购物料交期。比如生产车间某工单的生产日期是 10 号，该工单所需物料的到货日最晚也要在 9 号，才能不影响正常生产。如果采购周期是 5 天，那么 4 号就要下单给供应商。当然在一些世界级的工厂，也可以用 h 作为计算的依据，比如提前 2h 到货。

24.3.5　准交率提升改善

一般按月度汇总订单准交率，针对不准时问题进行深度改善；准交率是客户直接感知的重要指标。产品不能准时交货，可能给客户带来很多麻烦，比如客户不能准时开工、缺货。长时间不能满足客户要求，客户可能更换供应商。如果只是零星问题，可以做些局部改善。如果不准时交货的问题很严重，通常是计划执行体系非常不完善，需要进行大的手术式改善，这时需要对整个产销体系进行梳理，比如交期承诺是否合理，产能是否有监控，订单跟催机制是否有效，各种异常的改善动作是否闭环等。图 24-10 是某公司的产销体系图举例。

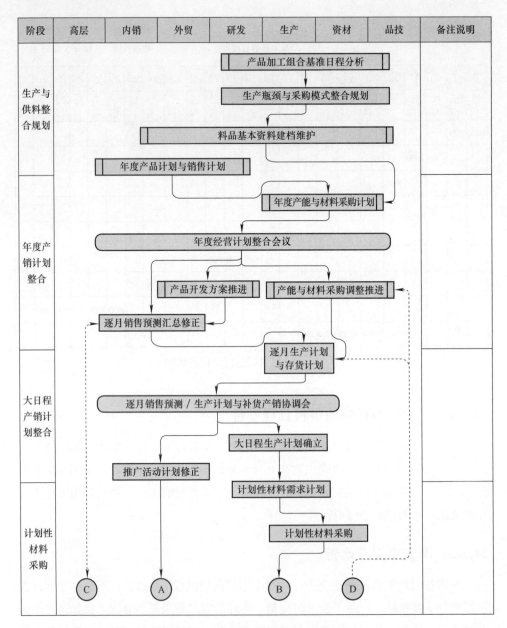

图 24-10 某公司产销体系图举例

24.3.6 交付周期缩短改善

通常采用月度汇总、季度分析的方式，对交付周期进行缩短改善。在满足准时交货的前提下，交付周期越短对市场响应能力越强。比如市场上同行交付周期为 2 周，如果企业可以做到 1 周，意味着客户可以晚一个星期做采购决策，同时企业可以减少资金占用。所以交付周期改善对客户和企业来说都有非常重要的意义。

24.3.7　库存降低改善

（1）提高市场预测准确度　为了提高预测的准确度，需要遵循一定的流程，比如先按市场、客户、产品分别预测，再汇总，然后与销售沟通，最后对预测数据进行调整等。预测的关键步骤如图 24-11 所示。

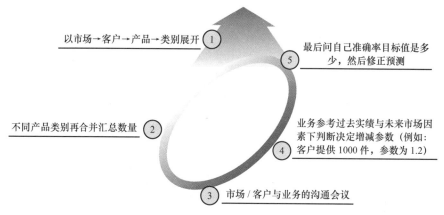

以市场→客户→产品→类别展开　①

⑤　最后问自己准确率目标值是多少，然后修正预测

不同产品类别再合并汇总数量　②

④　业务参考过去实绩与未来市场因素下判断决定增减参数（例如：客户提供 1000 件，参数为 1.2）

③　市场 / 客户与业务的沟通会议

图 24-11　预测的关键步骤

（2）计划性采购及生产的改善对策　原材料的库存与采购关系巨大，图 24-12 列出了一部分决定采购量大小的原因以及改善对策。

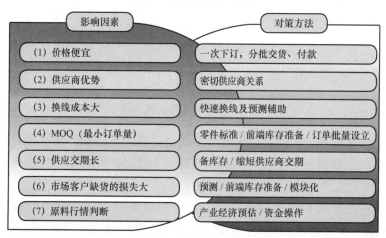

影响因素	对策方法
（1）价格便宜	一次下订，分批交货、付款
（2）供应商优势	密切供应商关系
（3）换线成本大	快速换线及预测辅助
（4）MOQ（最小订单量）	零件标准 / 前端库存准备 / 订单批量设立
（5）供应交期长	备库存 / 缩短供应商交期
（6）市场客户缺货的损失大	预测 / 前端库存准备 / 模块化
（7）原料行情判断	产业经济预估 / 资金操作

图 24-12　降低采购批量的对策

（3）零件设计与更改控制 一些零件在量产后，发生变更，就会产生额外的库存，这些库存最好在零件变更之时就确定用途。如能减少零件变更也是从根本上控制这部分库存的方法。零件变更的原因和对策如图 24-13 所示。

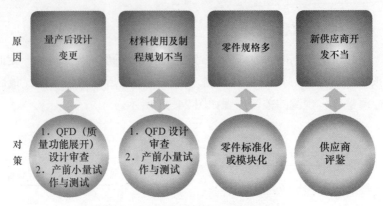

图 24-13 零件变更的原因和对策

（4）产品生产制程规划 不同的生产模式，在制品库存不同，传统模式向精益模式转换是降低库存的有效方式，比如流线化、小批量生产、容器小型化以及拉式生产的补货模式等。生产模式导致的库存减少对策如图 24-14 所示。

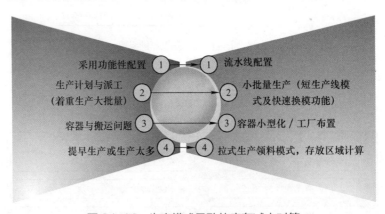

图 24-14 生产模式导致的库存减少对策

（5）资材管理不佳改善 原材料管理不良可能产生额外的库存。如供应商超量交货、仓库 5S 不佳、仓库数据不准等，如图 24-15 所示。应根据问题产生的原因，制定改善对策。

（6）仓库管理作业体系优化 仓库管理体系的重要步骤包括来料检验、入库、出库、库存管理与盘点、呆滞品处理等。这些过程如果处理得不够及时、不够到位就会产生物料的停顿，停顿就会产生库存。比如仓库管理不好，找不到物料，时间长了，就形成呆滞。再比如来料入库不及时，就会产生大量物料堵在收货区，需要不断优化和精进仓库管理的作业流程。理想的情况是快进快出，物料齐套。注意事项包括：

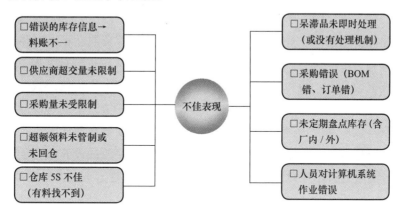

图 24-15 原材料管理不良导致的库存

1）检讨物料的性质、规格、使用频率，重新梳理并规划大、中、小储位，必要时物料的存放地点会进行调整变动。

2）优化各外协件存放区目视管理，通过看板、标识等方式，让仓储管理更高效省时。

3）完善物料的收、发、管过程作业，协助做到料账准确率提升。

4）建立完善的物料盘点制度，确保大、中、小盘点能够持续展开。

仓库管理流程举例如图 24-16 所示。

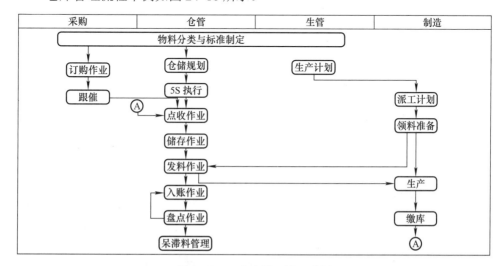

图 24-16 仓库管理流程举例

24.4 采购供应的精益改善重点

24.4.1 供应商评估及认证

企业需要强化对供应商资质的评估、考核，确保资质认证。对供应商的评估可以从多个维度进行，当供应商基础较弱时，应以品质与交付为主；当品质与交付表现较佳时，可以纳入成本因素，但不能以成本作为第一权重指标，这也是很多企业供应商管理做不好的主要原因。图 24-17 为某公司供应商月度评估表举例。供应商考评之后，对达不到要求的供应商要求整改并进行辅导，或配套进行降级处理，并调整采购额度；对拒不配合整改或没有改善的企业做淘汰处理，淘汰之前，应对供应商物料以及付款情况进行盘点，做好处理。

供应商月度考核评分表

被评价单位：			送货批数：	合格批数：		评价时间：		
评价项目	评价细则	标准分	评价标准		得分	评价单位		评价扣分原因
质量指标 (40)	送货质量	30	30× 进料批次合格率（对来料批次大于 6 次时）			质监		
			有 1 批次质量不合格扣 5 分（含某一品种不合格，来料批次小于或等于 6 次）					
	使用质量	10	有 1 品种出现质量问题扣 2 分			质监 / 使用部门		
交货能力 (40)	准时交货	30	不扣分			跟单主管		
	延迟 1 ～ 2 日		每批次扣 5 分					
	延迟 3 ～ 4 日		每批次扣 10 分					
	延迟 5 ～ 6 日		每批次扣 15 分					
	延迟 7 日以上		不得分					
	订单增减变化接受能力	10	强 10 分，一般 6 分，差 0 分					
服务方面评价 (20 分)	不合格问题处理速度和态度	5	诚意改善，积极主动配合，改善效果良好：5 分			跟单员		
			诚意改善，积极主动配合，改善效果不佳：3 分					
			改善诚意不足，不积极主动配合：1 分					
			置之不理：0 分					
	售后服务及时性	5	退换售后不良品，按时积极主动配合出分析报告：5 分			跟单员		
			退换售后不良品，偶尔不按时出分析报告：3 分					
			退换售后不良品，经常不按时出分析报告：1 分					
			置之不理：0 分					

图 24-17　某公司供应商月度评估表举例

服务方面评价（20分）	报价积极合理性	5	价格较合理，报价迅速：5分		缆效主管	
			价格较合理，报价缓慢：3分			
			价格稍微偏高，报价迅速：2分			
			价格稍微偏高，报价缓慢：1分			
			价格不合理，报价缓慢：0分			
	对公司提出的事情配合态度是否诚恳而迅速；如送样、协议签署等	5	态度诚恳，积极配合：5分		采购经理	
			态度诚恳，配合稍差：2分			
			态度诚恳，配合差：1分			
			态度不诚恳，配合差：0分			
合计得分：						
考评人签字：						

图 24-17　某公司供应商月度评估表举例（续）

24.4.2　供应商策略整合及优化

应针对不同材料的供应商进行策略性评估整合，比如采购订单过于分散会导致供应商订单过少、利润太少、企业的订单不被重视、交货不及时等问题。可以考虑对供应商进行整合，减少供应商数量，以提高供应商订单数量，提高供应商积极性。再比如同类供应商很少，可以采用入股等形式强化和供应商的关系或者给供应商提供有竞争力的账期。与供应商建立长期的互信、互利关系，有助于保证供应及异常快速响应。

24.4.3　供应商质量管理改进

对供应商进行质量监控，一般要建立来料合格率、投诉次数、批量事故次数等指标。当指标偏离基准时，不仅要求供应商处理有质量问题的物料，更要督促供应商开展质量改善活动。比较通用的供应商改善工具是 8D 报告，如表 24-2 所示。一些公司虽然要求供应商填写了 8D 报告，但是检查没有跟上，导致供应商改善措施没有落到实处，供应商质量自然不会改善。企业不但要检查改善措施的执行情况，还要分析改善措施的针对性。

表 24-2　8D 报告模板

产品:		签发日期:	
顾客:		最终日期:	
D1: 团队成员		D2: 问题描述	
D3: 临时措施	日期:		实效:
D4: 根本原因			影响程度:
D5: 永久改进措施			实施日期:
D6: 效果验证			验证者:
D7: 预防措施			实施日期:
D8: 表彰团队	关闭日期:		签名:

24.4.4　供应商准交率提升改善

每月汇总供应商的交货表现数据，要求准交率不佳的供应商进行改善。企业的供应商一般都比较多，实务上应把压力给到供应商，让供应商清楚物料不准时交付给公司带来的损失，必要时也可以要求供应商承担一定的责任，供应商才会有改善的积极性。

24.4.5　供应商采购周期缩短

一般采用月度汇总季度改善的方式，针对重点物料进行周期缩短改善。当前市场环境客户要求的交期越来越短，供应商有必要缩短周期，以提升供应链的反应能力。供应商的周期缩短了，客户的库存才会降低。理论上，供应商缩短周期的方法与客户工厂是相同的，一般来讲供应商的材料通用性更强，合理的库存是缩短周期最快的方法。

24.4.6　供应商管理提升辅导

可针对重点物料或供应商进行驻厂监督及必要辅导。对于管理基础差的供应商，单纯要求它改善或检查跟进效果可能不够理想，有能力的企业应组织团队对供应商进行驻厂辅导，可针对具体的问题，由采购或品质牵头组织研发、工程、计划等部门对供应商进行辅导。企业应逐步提升 SQE（供应商质量工程师）团队的能力，在出现问题时与供应商一起寻求解决方案。企业与供应商共同努力，提高产品质量、降低成本、提高效率。帮助供应商成长是一种长期理念。

24.4.7　供应商物料配送优化

企业可以通过优化供应商送料，标准化容器及少量多次配送等方式改善物料配送中的问题，降低库存，减少缺货，进而降低成本。

24.5　品质管理的精益改善重点

24.5.1　品质体系优化

可建立基于全面品质预防的管理体系。企业应当检讨现有品质体系的规划及执行状况，如品质目标、品管流程、相关程序文件及标准书等。发现问题及时改善或纠正，确保企业能够拥有可有效执行的品质管理体系。图 24-18 是某企业品质体系流程图，仅供参考。

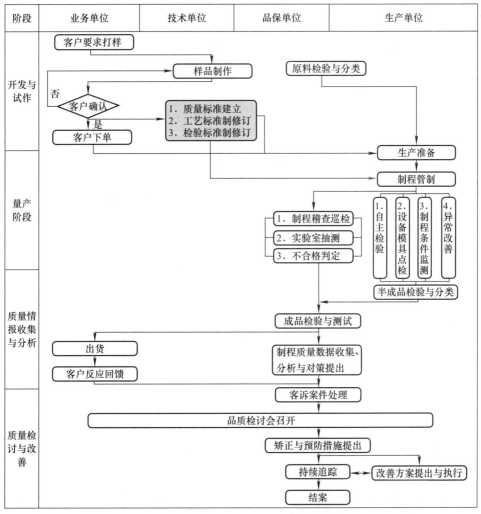

图 24-18　某企业品质体系流程图

24.5.2 数据统计优化

优化品质数据统计的准时性、准确性及完整性，确保可通过有价值的数据促进品质改善。企业应当检讨现有各工段品质检验过程中的数据统计方法，强调数据的完整性、及时性及准确性，规划或优化相关品质报表，协助推动现场品质数据的搜集与提报流程。如图 24-19 所示，对不同班组的检验合格率进行了统计，通过该图可以清楚地展示出问题最大的前三个部门，为改善提供指引。

××月份制程检验汇总分析

班组别	检验次数	合格次数	不合格次数	不合格率
果冻灌装	126	126	0	0.00%
瓶装 1 线	120	118	2	1.67%
瓶装 2 线	132	132	0	0.00%
瓶装 3 线	123	123	0	0.00%
瓶装 4 线	132	131	1	0.76%
瓶装 5 线	114	114	0	0.00%
软管灌装	147	140	7	4.76%
气泵灌装	187	184	3	1.60%
软管组装	78	78	0	0.00%
软管贴签	57	57	0	0.00%
油画棒铸笔	48	46	2	4.17%
油画棒贴签	42	41	1	2.38%
油画棒组装	39	39	0	0.00%

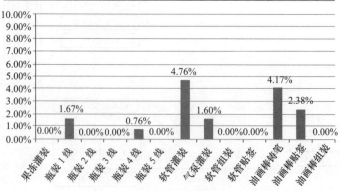

图 24-19 品质数据分析举例

24.5.3 检验标准优化

强化对作业标准化及执行的督导，建立完善的检验流程、标准书，明确各产品的质量标准。企业应当检讨现有各工段品质检验所使用的标准书，以及作业过程指导书，检讨标准书的方法、标准是否清晰可执行。必要时，进行优化，确保标准作业执行。检验标准书举例如图 24-20 所示。

××××× 有限公司			成品检验标准书		编号	QZPQ-2014002
					版本	A0

产品	滑套油画棒套装		规格	所有滑套油画棒产品			
检验项目		检验工具	检验方法	检验标准	标准依据	抽样数量	允收水准	责任人

检验项目		检验工具	检验方法	检验标准	标准依据	抽样数量	允收水准	责任人
外观	外箱	目视	观察外箱封箱	1. 摇盖对齐不错位 2. 封箱胶带平整地封住箱子摇盖 3. 胶带中线与缝隙对齐 4. 胶带的尽头要平整地粘在箱体侧面，不得有大面积褶皱或者粘连状态	标样	3 箱 /2h	98%	班长
	包装系数	目视	清点	符合外箱系数	外箱系数	3 箱 /2h	100%	班长
	印刷	目测	将产品置于胸前观察	1. 色相与标样无明显差异 2. 图案清晰 3. 套色准确	标样	100 盒 /2h	98%	班长
	彩盒覆膜	目测	将产品置于胸前观察	光亮，无气泡	标样	100 盒 /2h	98%	班长
	开窗	目测	将产品置于胸前观察	开窗用料粘接牢固、透明度好、无划痕、无残留胶	标样	100 盒 /2h	98%	班长
排序		目测	将产品置于胸前观察	颜色排序是否符合标样	标样	100 盒 /2h	100%	班长
封塑		目测	取出滑托观察	1. 封膜平整，无坏膜 2. 无皱纹，不凹心，膜内无杂物 3. 封膜留角不得过长（≤3mm）	标样	100 盒 /2h	98%	班长
					总允收水准：98%			

附图：

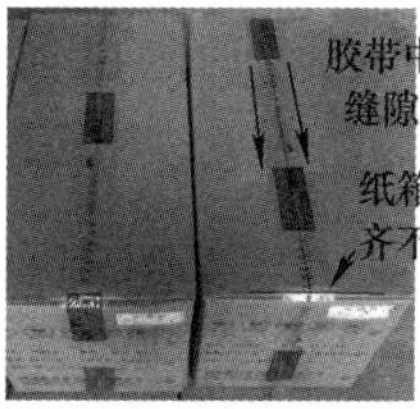

图 24-20　检验标准书举例

24.5.4　品质改善专案

持续分析各种品质数据，并主导推动各种质量改善专案，从预防的角度去落实品质保障的行动措施。企业应当检讨现有品质改善的做法，包括品质异常的处理、客诉处理、QCC、品质检验周 / 月度例会等，必要时，优化相关做法，确保品质改善能够持续进行。品质改善示意如图 24-21 所示。

选题并研讨　　　　　　　　　　　　　定期发表分享

图 24-21　品质改善示意

24.6　人资行政的精益改善重点

24.6.1　招聘达成率提升

招工难一度成为很多企业难以解决的难题，应针对当前招聘合理性及招聘方式进行分析，寻找达成率低的原因并分类，针对性提出对策并落地实施。一些企业人员离职率高，需要不断招聘，企业应该首先控制离职率，不应把招不到人或离职率高简单归咎于工资低。可以从在职时长、所在部门、离职月份、入职培训、车间环境等角度进行比对，寻找显著差异，配合面谈等形式进行分析。离职率分析举例如图 24-22 所示。

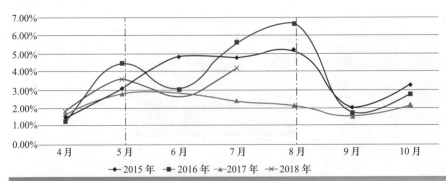

1. 对 2015—2018 年的数据进行分析，发现 5 ～ 8 月份离职率均较高。
2. 2018 年离职率与 2017 年相比，有所增高。

图 24-22　离职率分析举例

24.6.2　间接人员优化

长久以来，间接人员的效率因其工作有一定的不确定性，导致没有被足够重视，可以对当前各部门间接人员进行统计，并结合工作分析法进行具体的工作分类和分析改善，从而减少差错，提高办公效率。通过计算机化作业流程可以部分替代间接人员的工作，也是重点改善方向。

24.6.3　员工技能提升

针对各岗位进行职能分析，评估出应当进行的教育训练课程，并推进落实，提升人才能力。人才培养是需要投入成本的，企业应把人才培养纳入年度工作计划中，做好预算。培训之后如何产出实际的效果，需要跟踪落实并配套一些资源。

24.6.4　绩效管理优化

针对当前各部门的绩效考核系统进行评估，针对不足的地方进行优化，做到合理考核、有效考核。企业绩效考核的初衷是激励员工更好地完成工作目标，掌握工作完成情况，改进工作绩效，但很多企业的绩效考核没有发挥出作用，不但不能促进绩效改善，还导致出现很多负面问题，比如部门之间相互推诿，不愿意承担责任，针对这些问题需要深入分析并进行改善，第 25 章会专门介绍。

24.7　信息化管理的精益改善重点

24.7.1　流程规范化

企业信息化最基本的目的是规范管理。传统管理在线下作业，可视性差，不按要求作业也不能及时发现。通过管理流程的信息化，对流程关键节点进行控制以达到管理的目的，比如针对供应商过早、过量送货问题，就可以通过信息系统的设置进行控制。企业流程是需要不断优化精进的，相应的信息化流程也要调整。流程的简化有助于实现减人增效。

24.7.2　业务数据化、打破信息孤岛

把日常作业的纸质数据转化成计算机数据，便于利用计算机处理信息，便于信息的互联互通，比如把工厂端的数据与门店端的数据连起来，就可以实现补

货机制。同时，因为缺乏整体规划，很多企业拥有多个信息化软件，比如客户关系管理系统、ERP、工资计算系统、报价系统等，这些系统是孤立的，很多输入信息都是重复的，需要把这些软件打通，以减少工作量。在推进信息化的过程中，如果企业信息化部门的能力比较强，可以借助低代码软件或开源数字化软件自己开发，一方面满足独特需求，另一方面降低成本。如果不具备开发能力，应协助职能部门做好需求分析、软件选型等。开源 ERP 软件 ODOO 系统如图 24-23 所示。

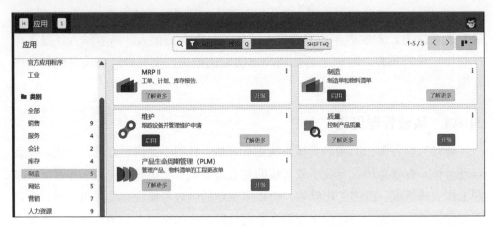

图 24-23　开源 ERP 软件 ODOO 系统

24.7.3　数据业务化、创新商业模式

过去企业获得数据的能力有限，现如今随着 5G 技术及互联网、物联网技术的发展，数据的获得变得容易，如能利用这些数据进行商业模式创新，颠覆传统的业务模式，必将对企业的发展起到举足轻重的作用。比如高端西装的大规模定制、数字人直播、基于大数据的前置仓、共享单车、微信公众号推送订单进度、集成供应链等必将极大改善客户体验，提高效率。

24.8　财务管理的精益改善重点

24.8.1　预算管理改善

企业预算管理长期以来都存在着费时费力，做出的方案对实践的指导价值有限等问题。提高预算的效率和效果是大部分企业迫切需要改善的问题。预算管理涉及预算编制、预算跟踪、预算分析、预算调整等环节，财务部在预算管理过程中承担了非常重要的角色。应用精益的理念和工具优化预算的流程，减少沟通成本，提高各种成本计算的准确性，以及对预算执行过程中的各种问题进行改善是非常有必要的。

24.8.2　资金管理改善

企业的现金流在某种意义上讲比利润更重要，很多企业因为资金周转不开而倒闭。与现金流有关的项目包括应收账款、应付账款、库存、账期、投资、筹资等。很多民营中小企业在应收账款的管理上比较薄弱，因此，应收账款的管理是其改善的重点。改善方向之一是根据客户的等级给予不同的账期，改善方向之二是对收款周期进行监控，跟踪到位，及时回款，减少坏账损失。从图 24-24 可以看出，该公司的应收账款在 2014—2023 年呈现下降的趋势，在 2021 年到 2022 年间，应收账款大幅度减少，这是持续改善的结果。

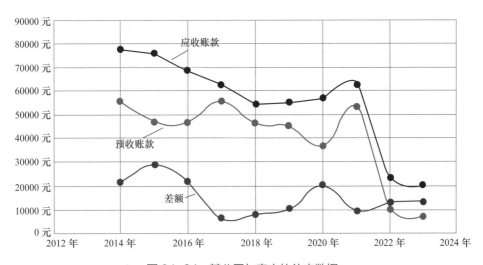

图 24-24　某公司与客户的往来数据

24.8.3　决策分析指引

随着信息化技术的发展，传统会计核算以及发工资等职能在很大程度上可以由计算机替代，传统财务向业务财务转型是当前的新趋势。一方面财务要为公司重点决策（投资）提供科学的财务表现及风险评估，另一方面通过财务分析，识别公司业务层面的改善重点，尤其是建立精益成本管理体系，建立成本占比的行业标准，以分析降本空间等。图 24-25 给出了材料成本控制的分析方法。

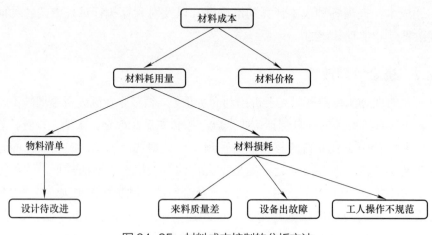

图 24-25　材料成本控制的分析方法

表 24-3 给出了某服装企业的财务报表。从表 24-3 中可以看出该企业一年将近 3000 万元的销售额，利润却只有 15 万元，非常低，变动成本占比为 67.11%，属于正常范围，固定成本占比为 32.38%，明显过高，需要进一步拆解固定成本的构成，此外还要考虑盈亏平衡点，思考提升利润的改善方向。

表 24-3　某服装企业的财务报表

（单位：万元）

销售额		2977
变动成本	原料成本	1299
	计件工资	699
变动成本占比（%）		67.11
边际利润		989
边际利润率（%）		33.22
固定成本		964
固定成本占比（%）		32.38
利润		15
利润率（%）		0.50

24.8.4　财务日常职能优化

财务日常管理中也会存在很多问题，比如工资算错、工资无预警不按时发放、新产品报价不合理、费用报销时间长，相关审批流程没有得到严格执行等问题，导致相关方感受非常差，针对这些问题需要持续改善。

思考题

1. 结合公司实际，谈谈贵公司营销的改善重点。
2. 品质管理应从哪些方面进行精益改善？
3. 如何缩短研发周期？

第25章 责任中心及绩效管理

25.1 绩效管理的意义

绩效管理是指企业管理者与员工为达成战略目标，通过绩效计划制订、绩效辅导沟通、绩效考核评价、绩效结果应用、绩效目标提升的持续循环过程。绩效管理的意义在于：

（1）提升组织与个人绩效　通过设定明确的目标和期望，以及持续地监控和反馈，帮助员工提升工作效率和效果，进而提升企业绩效。

（2）薪酬兑现与职务调整　绩效管理过程中的评估和反馈可以为组织在人员选拔和晋升、淘汰等方面提供重要依据，也是员工绩效工资兑现的依据，防止干好干坏一个样。

（3）培训需求分析确认　绩效管理过程中的评估可以将表现不佳的部门与岗位反映出来，在此基础上可以找出员工知识技能上的缺失，为培训需求提供清晰的指引。

25.2 不同组织责任中心的区别

25.2.1 责任中心的由来与分类

企业发展到一定规模后，业务量越来越大，老板事必躬亲的经营模式不再适应企业的发展，需要剥离出一部分权力，下放到下级单位，使相关单位有一定的经营自主权，在分权的同时，责任也要分配下来，这就是责任中心制的由来。

分权的组织管理控制制度，激励各中心主管做到"全员经营"的理想境界，就其职权开展领导工作，并透过高效能与高效率管理，完成其所应负的责任目标。责任目标包括成本、收入、利润、投资效益等财务面的要求和其他质量、技术水平等非财务面的要求。责任中心分为五类：

（1）费用中心　不创造收入的辅助部门、研发部门，不对市场负责的销售代表处等，管理者只对期间费用负责。

（2）成本中心　不负责销售的制造单元或工厂，管理者只对成本、费用负责。

（3）收入中心　不能控制生产的销售部门或销售分公司，管理者只对收入负责。

（4）利润中心　兼具生产与销售职能的子公司、业务单元、区域性经营管理分部。管理者同时对收入、成本、费用和利润负责。

（5）投资中心　同时具有全部经营权，也具有外部投资权的子公司或事业部，管理者同时对收入、成本、利润和投资效益负责。

责任中心在企业中的设置也是有一定层次关系的，如图 25-1 所示，越往上，职权越大，越往下，职权越小。

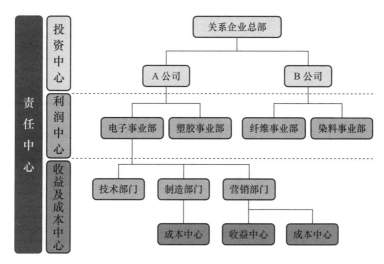

图 25-1　责任中心关系举例

25.2.2　不同组织责任中心的设定

成本中心或费用中心都可以通过设置内部结算价格变成利润中心。比如生产车间把零部件转给装配车间，设定一个内部交易价格，生产车间就转化为利润中心，称为人为利润中心。这与不同组织的管理理念有关，如果一个公司所有的责任中心都是利润中心，基本上等同于阿米巴模式，阿米巴模式的颗粒度会更细一些。

（1）与经营理念有关　比如某手机制造商认为产品是第一位的，服务在次要的位置，就把服务部设为成本中心，而不是利润中心，尽管服务部门也接触客户；如果把服务部设为利润中心，组织就会想方设法赚钱，可能会影响到服务。

（2）与企业成熟度有关　比如新设立的子公司、事业部，其业务还不稳定，重点是扩大业务规模，建立样板项目，这个时候利润不是主要诉求，设定为收入中心就比较合适。如果设为利润中心，很多事情都没法做，只要投入，利润就少了。

（3）与绩效管理需要有关　有些公司把研发设定为费用中心，很多时候，产品在市场上销售不好，销售人员会抱怨研发的产品不给力，而研发人员则认为业务部销售能力差。如果都定位成利润中心，以实际销售计算收入，二者的利益就捆绑在一起了，再互相扯皮意义就不大了。

（4）与财务部门能力有关　划分责任中心，需要配套进行财务预算、核算，所以划分得越细，核算过程越复杂，固定成本的分摊会导致计算结果扭曲，责任中心之间的结算价格也会影响各自的利益，这都考验财务部门的能力。所以不是划分得越细越好，也不是利润中心越多越好。某集团公司责任中心设置举例如表25-1所示。

表25-1　某集团公司责任中心设置举例

公司类别		责任中心				
		利润中心	成本中心	投资中心	收益中心	费用中心
1. 国际贸易公司				●		
2. 国内营销中心		●				
3. 研发中心					●	
4. 工程服务中心	工程部		●			
	售服部		●			
5. 生产中心			●			
6. 电控公司	自营	●				
	配套		●			
7. 模具公司		●				
8. ×× 分公司	全公司			●		
	干燥厂		●			
	钢板材		●			
	输送带厂		●			
9. 发展部					●	
10. 采购部			●			
11. 其他间接部门（财务/人资/运营/质监）						●

25.3　企业独立核算的过程

独立核算指企业按责任中心分别计算财务表现，以反映各中心的经营状况。由上文所述，不同责任中心承担的责任不同，核算的方法也不同，比如成本中心核算料工费，利润中心要核算成本、收入、利润。建立独立的核算机制主要包括以下几方面。

（1）数据准备　因为会计核算需要大量的数据，需要制定相应数据的采集方法和标准，确保数据的准确性和及时性。除了最基本的资产负债表、利润表和现金流量表，还包括配套的基础数据表，比如培训费、差旅费、材料费，有些公司财务功能比较完善，也导入了财务软件，获得这些数据相对比较容易，财务管理薄弱的公司，统计起来非常困难，需要监督落实相关数据的采集。

（2）核算规则制定　根据企业的实际情况和财务管理需求，制定针对独立核算的核算规则。这些规则需要确保财务核算以及进行必要的调整，以符合相关财务报表的财务标准，形成核算制度。

1）各种收入、成本、费用的分类明细。

2）固定成本费用的分摊原则，哪些需要分摊，哪些不分摊，分摊比例如何确定。

3）内部结算价格的确定。国内有很多公司是以结算价格计算的利润作为绩效考核的依据，因此这个数据常常有很大的争议。有些公司会采用市场计价或以成本计价的方式。

4）明确利润计算的方法。

5）一些特殊情况下的计算原则，比如订单不足时如何计算。

（3）核算　根据核算规则和责任中心的类型进行会计科目的计算，检查数据是否符合要求，识别可能存在的异常情况并进行调整。

（4）复核与公布　对结果进行复核，确认核算结果的准确性，并向各级责任中心发布核算报告。

25.4 部门级绩效管理的方法

25.4.1 部门绩效考核的方法

绩效管理包括多个环节，已在前面进行论述，本节把重点放在绩效考核环节。有了部门绩效指标后，要根据部门实绩计算出各指标得分，然后根据各指标的权重计算部门的总分。如图25-2所示，主要的项目包括管理项目、单位、基准、总分数（权重）、计分规则、考核依据、实绩与计分。基准也称目标值，即该控制指标当前希望达到的最佳值。如设备点检完成率，基准是100%，总分数是该指标的最高得分，一般按百分制计算，权重就是得分，比如设备点检完成率这个指标的权重占15%，最高分就是15分。

计分规则一：总分数－（基准－实绩）/基准×总分数，是按超出基准百分比扣分。举例：如1月份设备点检完成率为90%，则得分为：

$$15-（100\%-90\%）/100\%×15=13.5 分$$

如果设备点检完成率为50%，按上述公式计算得分为：7.5分。如果认为得分过于容易，可以分段要求，如：设备点检完成率>98%=15分，95%～98%=6～14分，<95%=0分。

计分规则二：按超出基准数值扣分，如：设备维修时间超出5h扣1分，直到扣完为止。

扣分的力度要经过测算，结合企业现有的管理水平和当前的管理目标，将各管理项目的得分汇总，得到这个部门的考评得分。部门关键绩效指标的考核计算表举例如图25-2所示。

部门：维修部　　　　　　年度：2019年

序号	管理项目	单位	基准	总分数（权重）	计分规则	封顶分数	考核依据		1月	2月
1	设备点检完成率	%	100%	15	依公式计算如下：总分数－（基准－实绩）/基准×总分数	15	根据管理要项实绩	实绩	100%	100%
								计分		
2	设备定保执行完成率	%	100%	20	依公式计算如下：总分数－（基准－实绩）/基准×总分数	20	根据管理要项实绩	实绩	100%	100%
								计分		
3	设备维修反应时间	min	4	15	超出基准，超出1min扣2分，此项权重扣完为止	15	根据管理要项实绩	实绩	无统计	无统计
								计分		
4	设备维修时间	h	80	20	超出基准，超出5h扣1分，此项权重扣完为止	20	根据管理要项实绩	实绩	72.5	41
								计分		

图25-2　部门关键绩效指标的考核计算表举例

25.4.2 部门绩效激励方法

部门绩效评分可以作为部门激励的依据，非财务属性的奖励包括升迁、奖惩、表扬等，实质激励奖金可以按季度或月度发放，也可以把部门绩效与个人绩效结合起来，在个人工资中体现部门绩效对应的部分，防止个人绩效好，部门绩效不好，部门绩效好，企业绩效不好。如表 25-2 所示，公司拿出一部分奖金放入奖金池，各部门按贡献大小比例进行分配，结合部门绩效系数，形成部门奖金，部门奖金发放办法由部门负责人确定。

表 25-2　季度奖金发放举例

情况说明	季度发货 8000 万元，毛利率 25%					
季度奖金池	8000 万元×25%×0.5%＝10 万元					
部门	生产部	计划科	技术	质量	采购	仓库
部门贡献比例	32%	20%	15%	12%	10%	11%
部门绩效系数	1.2	1.0	0.8	1.0	0.8	1.0
部门奖金	3.84 万元	2 万元	1.2 万元	1.2 万元	0.8 万元	1.1 万元

25.5 个人绩效管理的方法

25.5.1 绩效考核的流程

绩效考核需要按一定的流程进行，个人绩效考核除业绩指标外，还有领导的定性评分。所以在流程中要体现出这个环节。一般的流程是部门发放考核表，被考核人完成自评，部门领导检查、打分，最后经考核组审查，总经理审批，考评结果交给被考核人，通过绩效面谈，对结果进行确认，总结经验教训，制订改进计划，确认后，公开发布，最后转到人力资源部进行薪酬发放。图 25-3 是某企业干部绩效考核流程，图 25-4 是某企业普通员工绩效考核流程，略有不同，仅供参考。

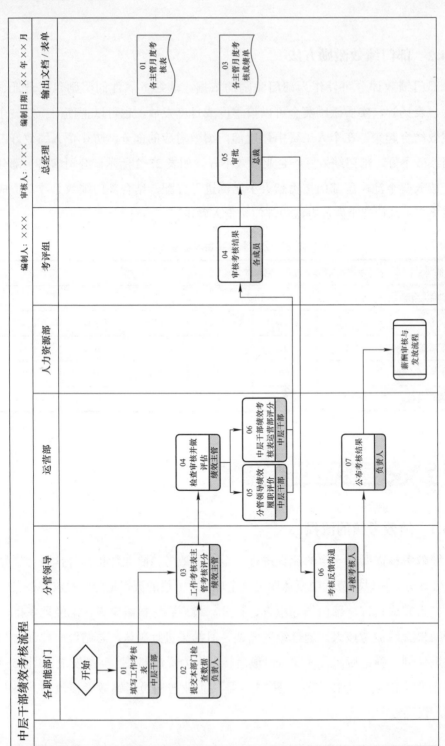

图 25-3 某企业干部绩效考核流程

员工绩效考核流程

总经理	人力资源部	各部门考核负责人	被考核员工

编制人：×××　审核人：×××　编制日期：××年××月

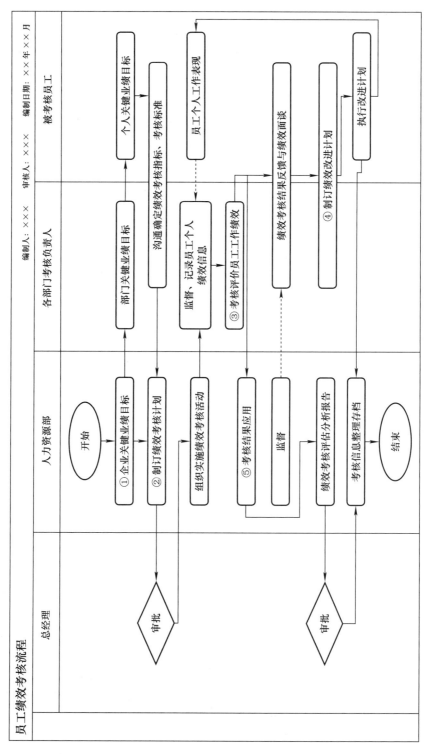

图 25-4　某企业普通员工绩效考核流程

25.5.2 分数评定

个人绩效考核的指标一般来源于岗位职责，评分的方法与部门考核类似，只是个人绩效考核指标通常包括定性的部分，比如员工的态度与能力，所以业绩指标的权重一般不是100%，可能占到70%，也就是70分。而态度与能力占30分。这样做的好处一方面可以从多维度评估员工的表现，帮助员工成长，另一方面员工也会以较积极的态度面对领导的工作要求。将定量的得分与定性的评分加起来，就是员工的绩效得分。定性部分的比例不应过高，定性的标准应尽量明确，以便评价者公平打分。员工定性指标考核举例如表25-3所示。

表25-3　员工定性指标考核举例

部门	生产部	岗位	姓名	基准	权重	得分
工作能力（15%）	技术／技能（5分）	熟练掌握本岗位专业知识和工作流程并能进行效果改善		5	15%	5
		了解本岗位专业知识和工作流程并能独立工作		3		
		不太了解本岗位专业知识和工作流程，需要他人协助进行工作		0		
	管理／组织（5分）	善于组织、部署工作任务，快速达成工作计划和目标（工作效率高）		5		3
		尚能组织、部署工作任务，基本达成工作计划和目标（工作效率一般）		3		
		不能组织、部署工作任务，工作方式不佳（工作效率低）		0		
	协作／配合（5分）	能主动提出工作方案和建议，并能帮助相关人员提高工作业绩		5		3
		需要在主管辅导下提出工作改进方法，能帮助相关岗位提升工作业绩		3		
		只能做本岗工作，不提出建议，也不帮助相关人员		0		
工作态度（15%）	主动性（5分）	不需要主管督促即可安排并完成工作		5	15%	0
		需要主管督促并安排才能完成工作		3		
		在主管不断督促下，有时也不能按时完成工作		0		
	责任性（5分）	对安排的工作不敷衍了事，不讲条件，尽量多做事		5		3
		在工作时，不扯皮，不推脱，不敷衍了事。		3		
		对工作中的失误不愿意承担责任（总是找借口或推辞）		0		
	纪律性（5分）	坚决服从公司的管理制度、标准和流程并认真和及时地执行		5		3
		服从上级指示，及时执行上级下达的工作，并及时复命		3		
		服从上级指示，但执行缓慢，也不及时复命		0		

25.5.3　绩效工资计算

每个企业员工的工资构成都不尽相同，比如基本工资、考核工资。月度绩效工资 = 考核工资 × 考核系数。绩效工资计算方法举例如表 25-4 所示。

表 25-4　绩效工资计算方法举例

等级	A	B	C	D	E
定义	优秀	良好	一般	较差	差
评分区间	≥ 90	85 ～ 89	75 ～ 84	65 ～ 74	64
考核系数	1.2	1.1	1	0.9	0.8

25.6　绩效管理中的误区规避

（1）绩效考核推动过快　很多公司对绩效考核抱有非常高的期待，认为建立了绩效考核，员工就会非常努力。通常做法是请咨询公司做一套方案，然后强力推动，快速执行。因为没有历史数据支撑，数据波动大，确定的指标、标准都不合理，员工意见很大，员工的积极性受到打击。比较好的方式是先建立数据系统，然后不断围绕指标进行改善，当改善进行到一定程度后，企业现有的运营水平就有了充分的数据支撑。在这个基础上确定指标和标准就有了依据，通常建议这个过程至少要持续 6 个月。

（2）重考核，轻管理　很多公司认为绩效管理的核心是绩效考核，每个月到时间就把绩效考核做了，对于存在的问题、员工的困难不去过问或者认为是员工自己要解决的，这样的绩效考核很难真正起作用。一家公司财务部负责检查仓库的物料准确率，发现数据不对，就对仓管员进行考核，实际问题是上夜班，仓库没人，生产、研发、技术到仓库私自拿料，也不按要求填写领料单，数据自然对不上，仓库员受到不公平对待，提出了辞职。帮助员工达成绩效是管理者的责任，也是绩效管理的本意。

（3）指标太多，没有重点　很多人都知道这样一句话，员工不会做你希望的，只会做你考核的。为了让员工把方方面面都做好，每个员工都抗了十几个绩效指标，这样员工在工作过程中所有的任务都很重要，实际上就没有重点了。一般建议合理的指标数量不应超过 8 ～ 10 个，当某些指标做好了，可以换成其他指标。不同阶段可以关注不同的重点。

（4）只关注结果，不关注过程　在设置绩效指标时，多数是结果型指标，不重视过程指标，举例来讲，一家五金制品工厂，冲压是其主要工艺，产品的合格率是结果型指标，哪些因素会影响到产品的合格率，比如冲压的首末件检验，模具是否及时维修，需要把对应的指标建立起来。对于一些重要的结果性指标，应该有意识地检查对应的过程指标是否纳入考察，保持二者的平衡。

（5）考核就是扣钱　有些企业，考核就是扣钱，员工自然很抵制，甚至不把考核工资看作自己工资的一部分，这就失去了考核的意义。站在老板的角度，请员工来做事情，没做好，当然要扣钱，戴明博士说，岗位的绩效不好，员工只占15%的责任，85%的问题是管理系统的问题。另外，有些企业考核力度太大，导致员工离职。员工的好习惯是需要培养的，罚钱就能把管理做好，管理岂不是太容易了。

（6）有责无权　绩效管理要产生好的效果，责、权、利必须是匹配的。一家工厂的食堂满意度低，公司老板责成行政部进行改善，但食堂的经营已外包给专业的供应商，他们是通过政府领导介绍给公司老板的，餐费也是直接向员工收取。行政部门负责人有责无权，感到非常无力，没有办法进行改善，这种情况在企业里并不少见。

（7）管理者的心态与能力不足，导致评分趋同　对个人的评价除了客观的指标以外，还包括定性的打分过程，有些上级对绩效管理认识不到位以及做好人的心态，都给打高分，起不到奖勤罚懒的作用，需要高阶领导加强指导和监督。

思考题

1. 责任中心的划分要考虑哪些因素？
2. 绩效管理的意义是什么？
3. 谈谈贵公司绩效考核有哪些问题。

第26章 企业大学建设

26.1 企业大学建设的意义

企业发展需要诸多要素的支撑，比如资金、技术、管理、市场等，但最本质的还是人才，企业越小，越不愿意培养人才，希望拿来即用。现实情况是，很多企业招不到专业能力合适的、认同企业文化的、能与企业战略匹配的人才，人才培养任重道远。传统企业的人才培养是围绕人力资源部的培训职能展开的，当企业不断发展壮大，对人才的要求越来越高，需要的人才数量越来越多时，人才培养的职能最好从人力资源部门独立出来，以企业大学的形式推动人才培养。

（1）战略支撑　传统培训多数是根据员工或部门领导的要求安排一些外训或内训的课程，培训部门在组织架构中的位置决定了它不可能站在战略的高度思考人才培养，课程的内容与需求的匹配度不是精心设计的，企业大学可以通过精益战略部署的方式，分析得出岗位能力要求，进而匹配合适的课程。

（2）知识管理　传统培训主要以外部讲师培训为主，很少会关注企业内部的知识沉淀与积累。企业大学通过组建内部讲师队伍，自主研发课程，结合企业的问题，提炼课程案例，是一种知识管理的手段。

（3）文化传承　企业大学把企业文化、价值观的宣贯上升到公司层面，通过学校的建立，提升人才培养的关注度，向员工传递进取的文化，通过高层管理者的定期教学，有利于企业文化的传播与传承，并通过授课等形式向客户与供应商传播，强化了企业的品牌形象。

（4）变革创新　大学需要具有一定的研发和创新能力，站得高才能看得远，对人才培养需要有一定的前瞻性，需要与企业内外部专家合作，洞悉企业内外部环境的变化，通过授课的形式，传递研讨企业管理中的各种新问题、新方法，传达变革理念，统一思想。

26.2 内部各岗位学习课程的规划

课程建设是人才培养的重中之重。企业大学的培训首先要规划与企业发展相关的课程，课程的规划涵盖以下几个方面。

（1）课程的配套信息　课程规划首先是对课程进行分类，比如技术类的、管理类的、研究类的等。在大的类别下面需要明确开设哪些课程、课程的需求部门、讲师的来源、授课部门、主讲以及助教等信息。这些信息的确定要根据具体的需求并结合企业的内外部资源，同时要进行明晰的预算。某企业大学课程规划表如表 26-1 所示。

表 26-1　某企业大学课程规划表

××大学 教育训练课程规划表

课程名称	需求部门	讲师来源	授课部门	主讲	助教
项目管理	所有	内部	IE 部	×××	×××
安全、环保知识	所有	内部	安环部	×××	×××
全面质量管理	所有	内部	品保部、技术部	×××	×××
精益生产管理	所有	内部	IE 部	×××	×××
现场 6S 管理	所有	内部	IE 部	×××	×××
标准化作业管理	所有	内部	IE 部	×××	×××
班组管理技巧	生产相关部门	内部	生产本部	×××	×××
计算机操作技能	行政办公	内部	IT 部	×××	×××
产品知识	国贸、电商	内部	研发部	×××	×××
工艺知识	国贸、电商	内部	技术部	×××	×××
营销与销售管理	国贸、电商	内部	营销管理部	×××	×××

（2）课程需求的来源

1）各部门报送：一些公司每年做预算时或年底时，由人力资源部门对各业务单位上报的培训需求进行统计，经领导审核后，确定培训需求。

2）岗位职责卡：管理较规范的公司，通常基于岗位职责会明确需要具备的能力以及应参加的培训课程。基于岗位职责的培训课程如表 26-2 所示。

表 26-2　基于岗位职责的培训课程

岗位职责卡			版本	1
			日期	2018/3/15
部门名称	维修部	岗位名称	副经理	直接上级	生产副总
岗位职能目标	领导部门人员准时有效地执行设备点检、保养以及各种故障的快速检修，确保各部门生产设备的稳定及高效地运行				
绩效评价基准	生产用设备台账相符率、设备操作指引的覆盖率、设备点检/保养基准的完整率、设备点检/保养基准的覆盖率、设备维修反应时间、设备维修时间、设备维修费用、设备改良完成率				
应具备的能力	计算机能力：掌握办公软件 Office、CAD 基本制图能力及 OA 系统 管理能力：具备团队管理与领导力、成本管控与改善能力、设备 TPM 管理能力、协调沟通能力 专业知识：掌握产品工艺知识、各种设备的工作原理、设备故障分析及排除能力，熟悉各种设备操作顺序流程，了解和掌握动作要领				
应参加的培训	办公及绘图软件、TPM 知识、电工专业知识、设备基本原理知识、团队管理知识、QC 七大手法				

3）基于战略解码：每年做年度计划时，对战略以及达成目标的改善行动进行分解。对应的能力达不到的环节要安排相应的培训。比如公司明年的目标是销售额提升 30%。经过分解，意向客户数要提高 20%，成交率要提高 10%。意向客户数提升的重点策略是精准投放广告，成交率提升的策略是提升谈判技巧，如果对相关业务不熟或能力不够，就要对其进行相应的课程培训。

4）公司远景规划：类似于企业文化、公司根据长远发展目标制定的行为规范等，公司对新老员工都会安排经常性持续的培训课程，以形成行为习惯。

通过整合上述需求，培训负责人根据需求的紧迫性、需求的部门人数、层级、费用等因素综合考虑决定哪些课程列入优先安排的清单。

26.3　课程训练方式的规划

课程训练方式有多种，各有特点，适合不同的场景，实务上，应结合课程的特点与企业现有的资源，并考虑教学目的，比如有些知识点需要了解，有些知识点需要熟练掌握，来进行系统的规划与组合。

（1）讲授法　以讲解为主，通过口头表达向学员传授知识，适合对基本概念、基础知识、原理的讲解，比如讲解当代制造业的痛点。

（2）案例教学　通过分析具体案例，让学员理解知识的具体运用，培养分析问题和解决问题的能力。该方法适用于应用理论知识解决实际问题的场景，比如讲解双手作业分析，可以结合具体的案例。

（3）讨论法　可以将学员分成小组，教师给出问题，各组讨论，发表看法。该方法适用于培养学员独立思考、团队协作的场景，比如让学员分析影响准时交付的原因。

（4）实验法　通过实验操作和观察，让学员直观理解知识，适用于难以理解或需要训练动手能力的场景。比如在讲解对异常的响应方式时，可以通过戴明的漏斗实验，让学员理解什么样的方式是无效的。

（5）沙盘训练　通过对实际业务的抽象和简化，让学员掌握只靠听课难以理解的现象或原理，比如啤酒游戏，通过游戏的过程，学员比较容易理解什么是牛鞭效应。

（6）项目教学　通过带领学员完成一个项目的方式，让学员理解知识应用的过程，比如工厂布局规划的课程，指导学员完成某个车间的布局改善，学员的实操能力就会有比较大的提升。

教学训练方式还有很多，比如组织学员到标杆企业参观，参观回来再进行分享，有些训练方式需要投入较高的成本，在实际教学中，教师可以根据课程特点和学生需求，灵活选择或综合运用多种讲课方式，以达到最佳的教学效果。

26.4　内部培训讲师的培育

有效推进企业大学一定需要较好的师资支撑。企业选用的培训老师除了外部聘请以外，也可通过内部讲师训练的方式来确立大部分的导师。这样不仅能够为企业省掉一大笔外聘费用，最关键的是能够为企业培养出一批综合能力强的管理或技术人员。因为在培养内部讲师的过程中，他们自身也在不断成长。有效实现内部讲师团队，需要注意如下要点。

（1）内部讲师的遴选　企业里大部分干部讲课比较少，讲课的技巧不够娴熟，讲课的氛围也不够浓厚，最初开展内部讲师遴选时，干部的积极性一般不是很高，建议采用领导推荐和干部自荐相结合的方式。领导要做好思想工作，要求不能太高，主要是考察讲师的计算机使用水平、专业能力、语言表达能力。企业可以先打造一批示范讲师，再逐步扩大队伍。

（2）内部讲师的训练 讲师的训练可以从以下三个方面逐步完善。

1）教学文件审查：可用的教学文件包括但不限于教学大纲、课件、作业等。教学文件可以反映教学内容是否围绕课程目的展开，也可以反映教师在课前的准备工作是否充分。通过对教学文件的审查，发现不足，完善教学文件，比如教学文件的内容、风格、字体要给出要求或示范，如表26-3、表26-4所示。

表 26-3　教学文件举例

顺序	课程名称	教学大纲	教学重点	教学方法
1	如何培养班组长	1. 班组长能力和意愿矩阵 2. 班组长培养的原则和方法 3. 培训体系的建立和落实	1. 影响绩效的因素 2. 讨论：教会徒弟，饿死师傅 3. 工作教导步骤和重点 4. 做教练型管理者	1. 看视频 2. 举例 3. 演练 4. 提问
2	QC七大手法	1. 品质问题解决流程 2. 七大手法介绍 3. 七大手法活用	1. 根因分析 2. 层别法、鱼骨图、柏拉图 3. 非品质问题应用	1. 分组讨论 2. 讲解 3. 案例分析

表 26-4　5-3-1作业举例

课程名称	5项收获	3项运用	1项行动
精益领导力12范式	慢计划快行动 领导是老师 停线解决问题 关注长期目的 暴露问题	慢计划快行动 停线解决问题 暴露问题	暴露问题

2）试讲：正式讲课之前要组织内部讲师进行试讲，重点考察讲师的仪容仪表、普通话水平与表达能力、专业技能与实用性、课程准备、课程效果等方面，对表现不佳的方面与讲师讨论并进行改进。

3）评教：正式讲课要进行评教，评教是培养讲师的重要环节，即把课程的效果、问题反馈给讲师及管理部门。评教包括学员的评价以及培训部门的后续跟踪反馈。如图26-1所示，学员更多的是从课程是否能满足学员的需求，能不能解决问题，学员能不能听懂的角度进行评价。培训部门评价举例如表26-5所示。评价分为即时、短期、中期、长期评价，更多的是关注培训给企业带来的实际价值。

1. 课程目标

1）这个课程的目标与我的工作相关	5 4 3 2 1 0
2）课程内容达到了我的期望程度	5 4 3 2 1 0

2. 课程设计和安排

1）课程内容组织符合逻辑，易于学习	5 4 3 2 1 0
2）课堂的程序安排妥当和顺畅	5 4 3 2 1 0
3）课程难易度适中	5 4 3 2 1 0
4）所学的知识和技巧能在工作中运用	5 4 3 2 1 0

3. 培训讲师

1）课前准备充分	5 4 3 2 1 0
2）讲解十分清楚	5 4 3 2 1 0
3）课程中使用的培训技巧、练习、个案讨论都是行之有效的	5 4 3 2 1 0
4）有很多机会让我参与	5 4 3 2 1 0
5）有足够时间让我练习所学技巧	5 4 3 2 1 0

图26-1　学员评教举例

表26-5　培训部门评价举例

评估等级	评估方式	评估时间	评估内容
一级评估	满意度评估	即时（培训结束时）	对培训师、培训管理过程、测试过程、课程材料、课程结构的评价
二级评估	考试、演讲	即时或短期（培训结束时或培训结束后半个月）	学员对培训的知识、态度与技能方面的了解与吸收程度
三级评估	授课/项目实践	中期（培训结束后一个考核周期，通常为三个月）	测量所学知识和技能的转化程度，以及学员的工作行为是否改善
四级评估	多个部门配合完成	长期（半年/年度，视数据采集周期定）	学习带来的变化对学员或组织发展带来的可预见的和阶段性的作用

（3）内部讲师的激励　对讲师的培养，除了对讲课过程进行管控，帮助讲师讲好课之外，建立讲师的激励制度，提高讲师的积极性，无疑是非常重要的。比如通过讲课比赛，对表现优异的老师进行奖励；根据培训年限、讲授课程数、课程效果等对讲师进行星级评价，给予对应的荣誉和报酬，在晋升上享有优先权等。

26.5　内部培训环境的搭建

（1）培训室设施规划　企业大学的规模会因企业的规模不同而有很大差别，中小企业一般设置一两个培训室即可，大型企业可能需要一栋办公楼或者一个校园。此处仅对培训室提出重点要求。

1）培训室选址应避免与嘈杂的环境相邻。培训室规划首先应考虑参加培训的人数，以决定培训室的大小；其次应考虑培训的类型，比如以讲授为主，还是以小组讨论为主，这些因素与桌椅布局有关。培训室设施一般包括桌椅、讲台、教学设施、音响设备、空调等。为了方便不同类型的培训，培训室的桌椅可以考虑安装转轮，以便于挪动。

2）培训室应考虑的辅助设施包括休息区、饮水机、网络、充电设施、白板等。培训室应保证光线充足，墙面可适当装饰以凸显企业文化或企业成长历程，适当配些绿色植物作为点缀，营造出一种清爽、专业的氛围。现代简约风格适合大多数企业培训室，尤其是那些强调效率和专业性的场合。

某企业大学改造方案如图 26-2 所示。

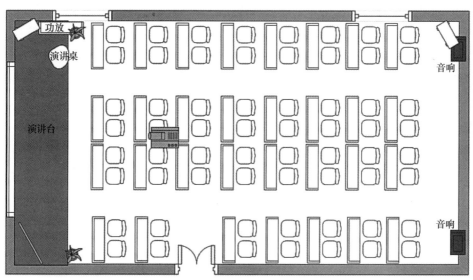

增加设施及费用预算

序号	物品	数量	预算 / 元	升级方式	备注
1	演讲台	1	1000	找工程队制作	
2	演讲桌	1	500	家具店购买	
3	音响设备	1	5000	外购	
4	计算机、投影仪	1	0	现已配置	
5	其他	1	500	根据需要外购	花草＋装饰
合计			7000		

图 26-2　某企业大学改造方案

（2）培训道场建设　对于某些课程，可以建设培训道场，比如精益道场、安全道场、专业技能道场，借助道场培训可以增加直观感受以及方便现场操作演练。道场建设应考虑培训人数、课程开设频率、课程重要性以及投资情况。

（3）网络平台建设　在互联网和移动互联网高度发达的今天，企业大学应搭建网络学习平台，推动在线教育。网络平台应该包括计算机端和移动端，企业可以自主开发系统也可以购买现成的系统，逐步把老师的一些视频课程进行剪辑并上传网络，包括教案、课件、作业、试卷、参考资料等，这也是企业沉淀知识的一种途径。通过系统的应用，掌握课程的学习情况，并通过线上进行考评。

26.6　企业大学的运营管理

（1）组织架构　企业大学一般应由企业董事长作为企业大学校长或称院长，下设执行校长或院长，这样就从传统的培训职能中剥离出来了。在执行校长下，如果大学职能比较庞大，可以按学科或职能成立分院，比如管理学院、技术学院、先进生产力研究中心等，再往下可以配置讲师负责人、课程负责人等。如果企业大学刚开始筹建，规模小，也没有合适的执行校长，可以先挂在副总下面，给副总配备课程助理，发展一段时间后再剥离。某企业大学组织架构举例如图 26-3 所示。

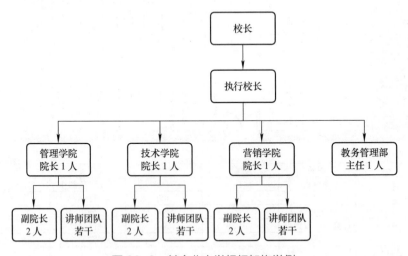

图 26-3　某企业大学组织架构举例

（2）职责与流程　企业大学的职责可根据建立大学的目的，对其进行二次及三次展开，细化到具体的工作层面即可，同时对一些重要的职责，比如讲师选拔、课程建设等梳理出相应的管理流程，相关方法在前面章节已进行说明。企业大学三级职责展开表举例如表 26-6 所示。

表 26-6 企业大学三级职责展开表举例

基本任务（一次展开）	任务细项（二次展开）	职责（三次展开）	
开展各种培训、研究工作，与企业战略对接，推动人才建设，引领企业未来	1. 岗位能力培训	1.1	课程需求分析
		1.2	师资建设
		1.3	课程开发
		1.4	培训、评教
		1.5	培训效果跟进
		1.6	激励落实
		1.7	资料归档
	2. 咨询式培训	2.1	战略方向理解
		2.2	课程需求分析
		2.3	师资建设
		2.4	课程开发
		2.5	培训、项目跟进
		2.6	供应链延伸培训
		2.7	激励落实
		2.8	资料归档
	3. 前沿管理理论研究		

（3）计划与执行　运营企业大学除了搭建组织、建立职责与流程之外，还需要做工作计划，如表 26-7 所示，可以分职能把具体的工作、具体的课程列出来，明确到月份，就形成了一年的总计划，总计划可以在月度进行细化展开。在大学建设的初期，很多方面都不完善，建议优先打造 5 门核心课程，通过课程的实践，把讲师、课程、管理的流程逐步完善，再拓展到其他课程，当运营有了一定的规范和水平之后，企业大学的培训对象可以从企业内部转向供应商和客户，甚至面向社会，以实现盈利。

表 26-7 企业大学工作计划

序号	工作	工作细项	负责人	1	2	3	4	5	6	7	8	9	10	11	12	备注
1	日常管理	企业大学顶层设计		■	■											
2		培训管理流程优化				■										
3		讲师管理办法制定					■									
4		线上平台开发						■	■							
5	课程体系	年度计划与月度计划执行		■			■									
6		新教师岗前培训					■			■						
7		人力资源课程建设						■								
8		供应链课程建设							■							
9	讲师管理	内部讲师选拔				■		■								
10		讲师成长训练											■			
11		外部讲师选择与管理					■									

26.7 精益人才能力的定期盘点

随着精益越来越成为制造业必备的管理技能，企业大学承接精益人才培养，并把这种培养工作上升到战略高度。企业大学应定期组织精益人才能力盘点，掌握管理干部的精益水平，以针对性地制定培养方案。精益人才能力评定除了考察对精益知识的掌握之外，还应考察应用精益知识解决实际问题的能力。知识的掌握可以通过考试来评估，而能力水平只能通过项目实践进行考察，另外还有必要考察使用不同工具推动项目的能力，精益的场景不同，需要的工具也不同。

（1）认证标准 精益水平认证标准如表 26-8 所示。

表 26-8 精益水平认证标准

认证等级	精益课程	改善工具	项目效果	备注
专家级	高级课程平均分大于 70 分	能主导精益战略部署，推动战略转型	指导公司战略转型，推进全系统诊断与年度主计划拟定	
高级	高级课程平均分大于 70 分	能主导价值流改善活动	主导两项价值流改善项目，累计收益大于 50 万元	
中级	中级课程平均分大于 70 分	能主导 QCC 改善活动	主导 3 项 QCC 改善课题，累计收益大于 1 万元	
初级	初级课程平均分大于 70 分	参与改善提案活动	提出并落实 5 项改善提案，并持续应用	

（2）注意事项 包括以下内容。

1）参与认证员工需入职满 6 个月。

2）初级与中级认证建议每半年举行一次，高级与专家级认证每年举行一次。

3）认证通过，发放等级证书。

4）认证可以与任职资格挂钩。

5）定期对精益人才的构成进行分析，形成新的培养计划。

思考题

1. 建设企业大学的意义是什么？

2. 如何培养内部讲师？

3. 制定精益人才评价标准并进行评价。